U0516087

BLUE BOOK

智 库 成 果 出 版 与 传 播 平 台

汽车蓝皮书
BLUE BOOK OF AUTOMOBILE

中国汽车品牌发展报告（2022）

ANNUAL REPORT ON THE DEVELOPMENT OF CHINESE AUTOMOBILE BRANDS (2022)

汽车品牌向上

中国汽车技术研究中心有限公司／研创

社会科学文献出版社
SOCIAL SCIENCES ACADEMIC PRESS (CHINA)

图书在版编目（CIP）数据

中国汽车品牌发展报告 . 2022 / 中国汽车技术研究
中心有限公司研创 . --北京：社会科学文献出版社，
2022.7
　（汽车蓝皮书）
　ISBN 978-7-5228-0371-5

　Ⅰ.①中…　Ⅱ.①中…　Ⅲ.①汽车工业-品牌战略-
研究报告-中国-2022　Ⅳ.①F426.471

中国版本图书馆 CIP 数据核字（2022）第 107057 号

汽车蓝皮书
中国汽车品牌发展报告（2022）

研　　创／中国汽车技术研究中心有限公司

出 版 人／王利民
责任编辑／张　媛
责任印制／王京美

出　　版／社会科学文献出版社·皮书出版分社（010）59367127
　　　　　地址：北京市北三环中路甲 29 号院华龙大厦　邮编：100029
　　　　　网址：www.ssap.com.cn
发　　行／社会科学文献出版社（010）59367028
印　　装／天津千鹤文化传播有限公司

规　　格／开本：787mm×1092mm　1/16
　　　　　印张：25.25　字数：378 千字
版　　次／2022 年 7 月第 1 版　2022 年 7 月第 1 次印刷
书　　号／ISBN 978-7-5228-0371-5
定　　价／128.00 元

读者服务电话：4008918866

主要编撰者简介

王　铁　副高级工程师，中汽信息科技有限公司党委书记、总经理。主要从事汽车行业检测、认证技术研究与应用、汽车行业咨询服务、汽车文化品牌传播等工作，作为主要负责人参与完成汽车行人保护测试、汽车轮胎绿色评价与认证、实车碰撞关键测试技术与成套装备研究等多项科研项目，获中国机械工业科学技术奖等多项科技成果奖项。在业务领域，牵头开展"民族汽车品牌向上计划"；主持推进消费者研究、知识产权、产品技术、数字化等咨询业务；打造世界智能驾驶挑战赛、中国量产车性能大赛、安行中国等行业赛展盛会，以及泰达汽车论坛、知识产权年会、车身大会、区域峰会四大论坛；构建中国汽车工业年鉴、中国汽车工业信息网、ToC新媒体、世界汽车四大媒体平台，多维度整合行业资源，助推中国汽车产业蓬勃发展。

朱向雷　中国汽车技术研究中心有限公司战略规划与科技创新部总经理，中汽中心首席专家。长期从事汽车产业研究、市场研究、品牌研究和产品研究等。曾主持或参加国家和省部级课题、中汽中心课题近40项；获得省部级科技成果一等奖1项、二等奖3项；发表学术论文50余篇，获得专利和软件著作权10余项。

傅连学　高级工程师，中汽信息科技有限公司副总经理、总工程师，中国汽车工程学会知识产权分会秘书长。长期从事汽车市场研究工作，在政策研究、行业咨询、知识产权、消费者调研等领域拥有丰富经验。在市场预测领域，提出将 ARIMA 差分整合移动平均自回归模型和 LSTM 长短时记忆深度学习模型相结合，通过自身层面、竞争层面、宏观层面三个层面 13 个因素对销量进行研究分析，使预测结果更加准确。此外，长期担任科技部火炬计划中心项目评审专家，同时是中国汽车工业协会、中国汽车工程学会专家咨询委员会专家。

杨　靖　中国汽车技术研究中心有限公司消费者研究领域专家，中汽信科技术委员会委员，长期从事市场调研、消费者研究、品牌研究等。曾主持或参加中汽中心课题 20 余项，发表学术论文 20 篇，获得软件著作权 3 项。获得中汽中心科技成果奖二等奖 1 项、三等奖 2 项。

序　言

2021 年是中国汽车行业机遇与挑战并存的一年，亦是极具里程碑意义的一年。一方面，整个行业发展仍然面临芯片短缺、原材料供应不足等因素的掣肘；另一方面，汽车电动化智能化趋势持续深入，新能源汽车产业逆势而上，实现销量的井喷式增长，从而带动了汽车市场整体的正向增长。

随着汽车行业技术不断创新、产品品质全面提升以及工业 4.0 阶段汽车电动化与智能化的双螺旋发展，民族汽车品牌已经具备了与合资品牌一争高下的实力，同时正在往中高端甚至豪华品牌领域延伸，然而面对合资品牌百年发展的积淀，民族汽车品牌的向上之路必然不会一帆风顺。

道虽阻且长，行则将至。2020 年 7 月 23 日，习近平总书记在中国一汽集团研发总院考察时"一定要把关键核心技术掌握在自己手里，我们要立这个志向，把民族汽车品牌搞上去"的重要讲话精神极大地提振了民族汽车人的信心，激发了民族汽车人的热情。

中国汽车技术研究中心有限公司自成立以来，始终坚持"独立、公正、第三方"的行业定位，以引领汽车行业进步，支撑汽车强国建设为奋斗使命。为聚合行业内外资源的品牌向上新思路，群策群力助推民族车企高质量发展，中汽中心积极践行央企责任，牵头组织行业机构和多家民族车企，于2021 年 4 月发起"民族汽车品牌向上计划"。

由中汽中心组织编撰的《中国汽车品牌发展报告（2022）》在时代要

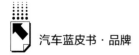

求、国家号召、行业需求之下应运而生，本书具有以下鲜明特点。

《中国汽车品牌发展报告（2022）》是"民族汽车品牌向上计划"研究成果的集中体现，报告以高度的责任担当和使命感，本着总结历史、展望未来的严肃态度，对民族汽车品牌的发展变迁进行深入盘点，旨在为汽车行业发展提供深度分析与权威报告，为实现"十四五"规划和2035年远景目标提供更有价值的决策参考，也为希望了解民族汽车品牌发展历程的广大读者提供全面资讯。

全书分为总报告、企业篇、评价篇和专题篇四大板块，全面分析了民族汽车品牌发展的行业环境，指出民族汽车品牌未来发展的潜力方向并为民族汽车品牌发展提供方法论指导。其中总报告综述了中国汽车品牌发展现状、民族汽车品牌发展历程以及对其未来发展的建议；企业篇从民族汽车品牌发展实际出发，覆盖新能源赛道、品牌形象塑造焕新、用户共创和品牌高端化等主题，指出民族汽车品牌未来发展的潜力方向；评价篇对"民族汽车品牌向上计划"中品牌力相关研究成果进行系统介绍，包括品牌力的测量方法与模型、品牌力测量结果和原因分析以及品牌向上影响因素和机制，为民族汽车品牌发展提供方法论指导；专题篇涵盖数字化时代的品牌建设、民族汽车品牌政策法规和技术发展趋势、年轻群体用户变化趋势、新时代汽车品牌特征以及民族汽车品牌发展建议与展望等内容，阐明了民族汽车品牌面临的行业环境。

当前，虽然消费趋势向好，且各个企业都开始良性探索与尝试，但从市场情况来看，民族汽车品牌想真正实现向上，仍然面临不小的困难与阻碍。

本书旨在为汽车品牌力研究领域提供创新性成果，为汽车行业从业者提供指导方向，为民族汽车品牌向上发展提供方法与助力。在科研层面，丰富了汽车品牌研究体系，创新性地提出汽车品牌力的概念、品牌力测量和影响因素模型，为广大专家学者提供了新的研究视角；在行业层面，中国汽车品牌发展现状与未来趋势的分析、汽车品牌力的调研结果能够为行业发展提供指导方向；在企业层面，年轻群体与营销方法分析、品牌力测量和影响因素模型以及相关实践能够在理论和实践层面为民族汽车品牌向上提供品牌监测、对比和提升的全链路方法论。

2022 年 4 月于天津

摘　要

　　《中国汽车品牌发展报告》是关于中国汽车品牌发展的研究性年度报告，2022年首次出版。本书在多位相关行业资深专家、学者顾问的指导下，在中国第一汽车集团有限公司特别支持下，由中国汽车技术研究中心有限公司的多位研究人员，以及行业内相关领域的专家学者共同撰写完成。

　　2021年中国汽车市场整体呈现回暖趋势，总体销量1970.3万辆，同比上涨6.3%。随着民族汽车品牌技术进一步发展和产品品质进一步提升，中国汽车市场呈现民族汽车品牌与合资汽车品牌、新能源汽车品牌与燃油车品牌的竞争格局。当前中国民族汽车品牌集中在中高端市场、年轻群体市场以及新能源市场展开较量：民族汽车品牌高端化的定义并不是局限于静态的价格、产业的高端等级，而是指品牌动态向上提升的过程，是品牌全方位多维度的向上发展；成长于汽车消费普及时代的年轻群体受到丰富的社交媒体、资讯平台、影视娱乐内容的影响，对于自我的个性与生活方式表达欲望更加强烈，有针对性地满足年轻群体的独特消费需求已成为各大车企抢占年轻市场的重要课题；在新能源领域民族汽车品牌不仅创新了品牌发展战略，而且积极实行"走出去"的发展路线，以用户为中心，以市场为导向，在电动智能汽车新时代展现核心竞争力和战斗力，民族汽车品牌实现品牌向上、实现新能源赛道的"弯道超车"或许指日可待。展望未来，中国汽车市场既面临日益严峻的市场竞争环境，也有政策支持、数字化和智能化技术支撑，民族汽车要在稳中求进总基调下，充分利

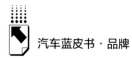

用新能源汽车，抓紧智能化发展大势，构建国内外"双循环"协同发展格局，重塑民族汽车品牌战略。

关键词： 汽车品牌　汽车产业　品牌建设

目 录 ↖⟩

Ⅰ 总报告

Ⅱ 企业篇

Ⅲ 评价篇

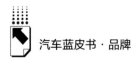
IV 专题篇

皮书数据库阅读 **使用指南**

总 报 告

General Report

B.1
2021年中国汽车品牌发展综述

安铁成*

摘　要： 2021年在新能源汽车快速发展的影响下，中国汽车市场销量呈现回暖趋势，总体销量1970.3万辆，同比上涨6.3%。随着汽车电动化、智能化持续深入发展，我国已经在新能源汽车领域抢占了优势地位，同时在民族汽车品牌技术进一步发展和产品品质进一步提升的趋势下，中国汽车市场呈现民族汽车品牌与合资汽车品牌、新能源汽车品牌与燃油车品牌的竞争格局。回顾中国民族汽车品牌的发展历史，展望未来的发展趋势，民族汽车要想在新时期做大做强，必须重视自身品牌建设。由国务院国有资产监管委员会社会责任局支持并指导，中国汽车技术研究中心有限公司发起的重点课题"民族汽车品牌向上计划"在这个背景下应运而生，自项目成立起向外发布了品牌力定义和测量模型、品牌向上影响因素模型等研究成果，旨在为汽车行业从业者提供指导方向，

---

* 安铁成，中国汽车技术研究中心有限公司党委书记、董事长。

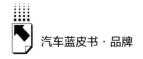

助力民族汽车品牌向上发展。展望未来，民族汽车应该顺应汽车市场的机遇和挑战，强化品牌建设意识，从组织管理、品牌体系搭建和品牌营销策略等方面入手推动民族汽车品牌持续向上。

关键词： 汽车品牌　汽车产业　品牌建设

一　中国汽车市场品牌竞争趋势分析

（一）中国汽车市场整体趋势

1.中国汽车市场总体呈现复苏趋势

受到产业自身压力和新冠肺炎疫情的影响，2018~2020年，中国汽车行业的产销量一直处于负增长状态。2021年对于中国和全球来说都是不平凡的一年，新冠肺炎疫情极大地改变了世界格局，也冲击了汽车行业的发展。我国在新冠肺炎疫情防控工作中取得了重大成效，2021年疫情防控趋向常态化，社会保持稳定发展态势，社会各行业都呈现复苏趋势，汽车行业也有向好迹象，2021年中国汽车市场的销量达到1970.3万辆，同比增长6.3%，结束了2018年以来的"三连跌"情况，呈现上涨趋势（见图1）。

2.中国汽车产业发展趋势

2021年中国汽车行业的电动化和智能化变革进一步深化。新能源汽车销量呈井喷式增长，燃油车销量仍然呈下降趋势，2020年传统燃油车销量1701.9万辆，2021年传统燃油车销量为1633.5万辆，同比下降4.02%，而新能源汽车需求高涨，2020年新能源汽车销量150.2万辆，2021年新能源汽车销量336.8万辆，同比增加124.21%（见图2），市场渗透率猛增到13.9%。与此同时，电池、电驱动等新能源汽车技术也得到持续发展。电池方面，2021年锂电池领域不再只强调高比能与快充性能，例如中汽中心"动力电池热失控扩散测试技术"体现了对安全性能的重视，而蜂巢能源

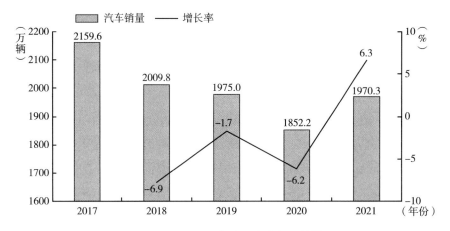

图1　2017~2021年中国汽车行业销量

资料来源：中汽信科数据库。

"动力电池正极材料无钴突破性技术"则体现了对电池成本的重视。电驱动领域，目前车用电机的综合效率已经很高，功率半导体是一个新的发展点，例如在结构方面将 MOSFET 升级成 IGBT，在材料方面将 Si 升级为 SiC 碳化硅或 GaN 氮化镓。

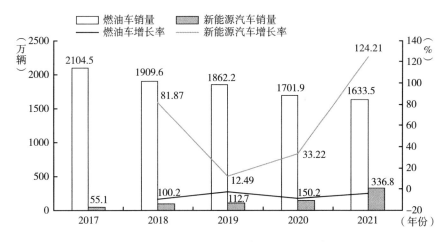

图2　2017~2021年中国市场燃油车和新能源汽车销量对比

资料来源：中汽信科数据库。

电动化和智能化是"双螺旋"关系，智能化依赖于电动化的发展，智能化的发展反过来又促进电动化的渗透，伴随汽车电动化的发展趋势，2021年汽车领域智能化变革继续深化，辅助驾驶、自动泊车、语音交互等智能化技术已经成为新能源汽车的标配。2021年广州车展上的多款车型还配置了激光雷达，汽车已经不仅仅是交通工具，更多人将未来汽车定义为"移动的智能终端""移动的第三空间"。政策层面，智能化相关的支持政策也逐步出台，例如在自动驾驶领域，2021年11月25日出台的《北京市智能网联汽车政策先行区自动驾驶出行服务商业化试点管理实施细则（试行）》标志着我国自动驾驶的商业化试点探索进入新阶段。

3. 中国汽车用户发展趋势

2021年中国汽车用户的发展表现出几大群体的增长趋势：年轻群体、女性群体、下沉市场群体。

（1）年轻群体

据统计，2017~2021年，国内主要汽车网站平台的使用者中30岁以下的用户已经从18%增长至30%，年轻群体已经成为汽车消费市场不可忽视的力量，在这部分群体中约有50%的年轻用户集中在高线城市，这部分群体的特点是购车预算高、重外观，更关注综合用车体验，10万~20万元是年轻人主流的购车预算。[1] 在消费偏好上，年轻群体对于品牌偏好呈两极分化的趋势，爱"国潮"也爱豪车，追求极致也崇尚实用主义，爱享受生活也对硬科技感兴趣。

（2）女性群体

截至2021年，我国移动互联网女性用户规模已经超过5亿，24岁及以下女性用户互联网月度使用时长突出，平均每月使用互联网时长超170小时，女性消费崛起正当时，从而衍生了"她经济"模式。[2] 女性的消费力量，已经成为整个汽车消费市场的一抹亮色，并且保持长时间增长。调研结

---

① 资料来源：中汽信科数据库。

② QuestMobile：《2021"她经济"洞察报告》。

果显示，主流汽车网站的用户中，女性用户的比例已经达到35%，其中30%的女性用户收入在10万~20万元，在区域分布上近6成女性位于高线城市，10万~20万元是女性用户主流的购车预算。在购车的考虑因素上，女性更关注驾驶的舒适性和安全性，同时更在意颜值。在消费偏好上，豪华品牌的吸引力在下降，一方面是因为越来越多的女性具备购车能力，汽车的精英女性属性减弱，对于女性用户来说，购买汽车的炫耀性动机减弱，实用性和悦己性动机增强；另一方面，女性的购车理念也变得更加务实，女性金融购车的需求增加。在内容消费上，女性喜欢通过测评、新闻等内容获取汽车资讯，在非汽车内容方面，女性用户比较关注旅游、美食、影视传媒等方面。

（3）下沉市场群体

受政策补贴等的驱动，在国民经济水平整体提高的背景下，三、四线城市人均消费水平不断提升，购车需求逐步增加。数据显示，2021年1~6月，三线及以下城市中乘用车销售量复合增长率最高达30%。一线、新一线和二线城市分别为24%、23%和25%。[1] 2021年中国下沉市场有购车计划但尚未购买的人群比例为55%，而一、二线城市有购车计划但尚未购买的人群比例为49%，明显低于下沉市场有购车计划但尚未购买的人群比例，这说明三线及以下城市非常具备汽车消费市场潜力。[2]

（二）中国汽车品牌竞争格局分析

1. 行业集中度发展趋势

行业集中度又称市场集中度，一般是指某行业的相关市场内前N家最大的企业所占市场份额的总和，是对整个行业的市场结构集中程度的测量指标，是市场竞争情况的重要量化指标。聚焦在汽车行业，市场集中度表现出三大趋势：①中国汽车市场的整体集中度呈现下降趋势。2021年中国汽车

---

[1] 《2021中国汽车市场消费趋势洞察报告》。
[2] 资料来源：中国充电联盟。

销量前三位的品牌分别为一汽大众、长安和吉利（见图3），占汽车销售总量的18.3%，同比下降1.9个百分点，前五名汽车品牌销量占汽车销售总量的29%，同比下降2.2个百分点，排名前十的汽车品牌销量合计约981万辆，占汽车销售总量的49.8%，同比下降2.8个百分点。2017~2021年，中国汽车行业集中度总体保持在50%左右（销量排名前十的汽车品牌占销售总量的比例），总体呈现先增后降的趋势，2020年汽车行业集中度达到最高峰52.6%。随着互联网大厂跨界造车、独立品牌逐渐增加，中国汽车市场的整体集中度被稀释。②2021年中国新能源汽车行业的集中度总体较高。近年来，随着我国对环保要求的提升以及"碳达峰""碳中和"目标的提出，我国越来越注重新能源汽车行业的发展。新能源汽车行业环境污染较少，碳排放较低，契合我国低碳发展目标。同时，随着国家对新能源汽车的重视，本土新能源汽车生产企业也开始发力，新能源汽车行业市场集中度逐渐提升。2021年中国新能源汽车销量前十的品牌占比达到65.84%，较2020年的65.77%没有显著变化。可见当前新能源汽车行业头部效应显著，并且已经形成了基本的竞争格局。其中特斯拉仍然占据新能源行业龙头地位，民族汽车品牌中比亚迪从传统车企发展成为我国新能源汽车的龙头企业，吉利、长城、广汽等传统企业蓄力追赶，市场份额持续提升，小鹏、理想、蔚来成为新势力品牌的领头羊（见图4）。③民族汽车品牌总体集中度较低，呈现上升趋势。2021年长安汽车销量最高达120.44万辆。吉利、五菱排名第二和第三，销量分别为105.24万辆、93.04万辆，比亚迪销量超70万辆（见图5）。民族汽车品牌市场集中度相对较低，销量前十名占比为41.1%。

2. 中国民族汽车品牌①与合资汽车品牌竞争加剧

2020年，上汽大众、一汽大众和日产占据汽车销量前三位，吉利和长安紧随其后，销量排行前五的车企均达到了百万级销量。2021年，上汽大

① 本文所称中国民族汽车品牌，是由中国本土企业原创并发展于中国文化环境氛围中的汽车品牌，其中包括由中国本土企业创建后引入外资企业合作经营的品牌，一般也称为中国汽车品牌或中国自主汽车品牌。

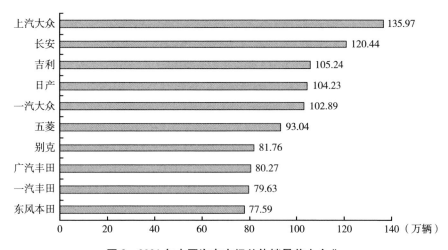

图3 2021年中国汽车市场总体销量前十企业

资料来源：中汽信科数据库。

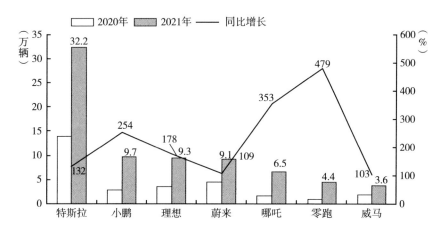

图4 2020~2021年中国汽车市场主要新势力品牌汽车销量

资料来源：中汽信科数据库。

众依然独占鳌头，但长安和吉利已经超越日产和一汽大众位列第二和第三，长安汽车销量首次突破120万辆大关。从增长幅度来看，2021年合资品牌销量增长乏力，一汽丰田增长1.35%，广汽丰田增长4.11%，上汽大众增长0.33%，而很多合资品牌出现销量下滑趋势，一汽大众下滑17.57%，日

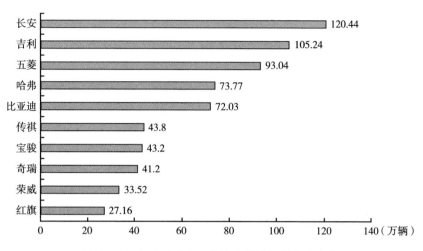

图5 2021年中国市场民族汽车品牌销量前十企业

资料来源：中汽信科数据库。

产下滑8.58%，别克下滑5.40%。与此对应，民族品牌销量大幅提升，比亚迪增长100.77%，五菱增长58.43%，长安增长19.89%，吉利增长4.51%。

3.燃油车品牌和新能源汽车品牌竞争加剧

从中国汽车市场引入外资品牌开始，外资品牌在多年的中国汽车市场竞争中一直占据优势地位，民族汽车竞争力相对较低。2021年是民族汽车品牌崛起的一年，民族品牌与合资品牌之间的竞争加剧，同时整个汽车产业向电动化、智能化方向发展。在这种背景下，传统汽车品牌也紧随产业发展趋势，迅速落实电动化、智能化转型战略，大厂纷纷跨界入局造车行业，2021年市场上涌现出多个优秀的智能电动汽车新品牌。可以看到在汽车智能化和电动化的趋势之下，传统汽车品牌正在加快转型，同时造车新势力不断加入，中国汽车品牌竞争格局正在进行新一轮"洗牌"，展现出传统燃油车品牌和新能源汽车品牌的竞争和较量。

传统汽车品牌借助自身产能较高的优势，首先通过电动化转型，以生产新能源汽车确保在产业变革中稳住根基，例如比亚迪、长城等品牌在新能源汽车销量中占据领先地位；其次通过打造核心技术、建立智能化生态体系等方式实现智能化升级。造车新势力一般从一开始就瞄准新能源汽车市场，同时作为新时代下诞生的新品牌，相对于传统汽车来说，其在打造汽车品牌时能够更灵活地迁移互联网行业高效快速、以用户为中心的营销思路，为新能源汽车的发展带来更多活力。从近几年燃油车和新能源汽车的销量来看，燃油车销量呈现连续下滑趋势，而新能源汽车销量则连续保持快速增长。随着相关政策的不断完善、数字化和智能化技术的不断发展以及产业链的日趋完善，可以预见的是未来几年仍然是新能源汽车发展的重大战略机遇期，新能源汽车品牌和燃油车品牌的竞争势必会进一步加剧。

近年来，我国经济发展和技术进步带来用户消费社会、新能源技术的发展，民族汽车品牌的崛起导致民族汽车品牌与合资汽车品牌竞争加剧，燃油车品牌与新能源汽车品牌竞争趋势凸显。民族汽车品牌能否在中高端市场、年轻群体市场以及新能源市场占据优势地位关系其未来的发展。

（三）中国民族汽车品牌竞争趋势分析

1. 中国民族汽车品牌高端化竞争趋势

一方面，民族汽车品牌近些年技术不断发展，产品品质持续提高，已经具备了冲击高端市场的实力；另一方面，随着我国经济发展，居民收入持续增长，我国开始进入新的消费时代，消费升级需求日益增加，消费者已经不仅仅把汽车作为交通工具，而是有了更多定制化、个性化、多元化的需求，近些年来豪华汽车销量的持续攀升就是消费者消费升级的表现之一。在这种背景下，民族汽车品牌以往的"性价比"路线显然是不符合发展趋势的。

同时，工业4.0时代背景下，数字化、智能化的新技术在汽车产业得到广泛应用，汽车也正在从机械产品加速向智能化系统控制的移动终端转变。政策支持之下我国新能源汽车技术得到飞速发展，推动汽车电动化、智能化、网联化发展，新的趋势下汽车产品和产业全面重构，民族汽车品牌获得重大的发展机遇，在智能电动新赛道上，民族汽车品牌更有机会并跑，甚至

领跑。

民族汽车的发展历经从早年难以突破 15 万元价位的瓶颈，到领克、WEY、星途等品牌第一轮向上攻坚，再到蔚来、新红旗、岚图等品牌第二波集体高端化。无论是传统车企还是造车新势力，都想在消费大升级的趋势下摆脱国产车"低廉"的固有印象，向上攻坚中高端领域，同时也切实取得了一定的成效。2021 年民族汽车高端化战略趋势明显，各大汽车厂商纷纷推出高端品牌或车型，吉利集团在 2021 年 4 月上海车展期间正式对外发布旗下高端品牌极氪汽车，该品牌由吉利汽车（持股 51%）、吉利控股集团（持股 49%）共同投资成立；同期，长城汽车推出旗下高端新能源汽车品牌"沙龙"，该名称体现了长城汽车力求创新，打破行业内卷，给消费者带来全新体验的目标；东风集团 2020 年底推出旗下高端新能源汽车品牌岚图汽车，同期成立的岚图汽车科技有限公司完全独立运营，不隶属于东风集团任何子公司，岚图汽车采用的也是全新战略、全新组织体系、全新商业模式以及全新团队；上汽集团、阿里巴巴和浦东新区于 2021 年 1 月联合推出高端汽车品牌智己汽车，英文品牌名"IM"意为 Intelligence in Motion，是对智能汽车进化方向的理性思考，专注于人工智能与人类智慧协同创造、互相成就的整车深度智能化，品牌 logo 的设计则蕴藏了从 0 到 1 的数字密码，表达简洁，又能变化无穷地缔造新世界。

2. 中国民族汽车品牌在年轻群体市场的竞争趋势

截至 2020 年底，中国 18~24 岁驾照持有人数量超过 4000 万。[1] 调研结果显示，年轻汽车兴趣群体中，超过 60% 的人计划在 5 年内购买个人名下的车辆。[2] 此外，年轻群体表现出更高的车辆置换意愿，对于名下已有车辆的汽车兴趣人群，选择计划在 3 年以内和 3~5 年这两个时间段进行车辆置换的人群比例明显更高。

---

[1] 资料来源：中汽信科数据库。
[2] 懂车帝、巨量算数、中国汽车流通协会：《2021 中国新生代人群汽车兴趣洞察报告》。

这些数字意味着未来几年年轻群体将成为中国汽车市场的消费主力，相应地，汽车品牌在年轻群体市场的竞争在未来几年将会愈发激烈，同时年轻人在购买决策的链路中呈现更加快速、短链的特征，因此汽车品牌能否向年轻化成功转型，获得年轻群体的用户心智是影响品牌竞争力的重要因素。目前大部分汽车企业已经意识到这一趋势，纷纷向品牌年轻化方向转型，东风风行启用专为年轻人精神需求服务的锋动力学设计语言，对产品外观和品牌标识进行焕新以符合年轻用户的审美喜好；领克通过与B站虚拟IP联动合作创作原创歌曲，与年轻用户迅速拉近距离；长安欧尚实施"三年三大步"的品牌年轻化战略。

3. 中国民族汽车品牌在新能源领域的竞争趋势

2010~2016年是中国汽车行业的快速增长阶段，2017~2021年是市场调整阶段，中国汽车市场已经从增量市场进入存量市场，无论是从市场格局还是产业变革来看，中国汽车品牌都已进入新的发展阶段，在这个阶段，新能源汽车将成为竞争的焦点。在新能源汽车板块，目前头部三强的新能源汽车销量在总销量中的占比较低。2021年民族汽车品牌第一梯队的新能源汽车销量增速较快，但占比依然较低，长安汽车新能源乘用车销量10.3万辆，同比增长250%，占比8.54%。吉利新能源乘用车销量3.56万辆，同比增长108.27%，占比3.3%。而民族汽车品牌第二梯队已经利用新能源汽车的先发优势，快速占领市场，实现弯道超车。2021年五菱新能源汽车销量39.64万辆，同比增长239.27%，占比42.6%，五菱汽车仅靠五菱宏光mini一款新能源车型就卖出39万辆，超越别克、丰田、本田，跻身年度汽车销量第六名。比亚迪已经率先完成向新能源赛道的切换，2021年新能源汽车销量52.58万辆，同比增长264.70%，占比73%，成为民族汽车品牌年度销量第五。同样，造车新势力蔚来、理想、小鹏在2021年都实现一倍以上的增长，让新能源汽车成为2021年最火热的风口，获得全社会的关注。①

2021年各大传统汽车厂商也纷纷在新能源领域发力，吉利汽车在2021

---

① 资料来源：中汽信科数据库。

年初推出全新的智能高端电动品牌极氪汽车，该品牌首款车型 ZEEKR 001 于 2021 年 10 月开启交付；北汽集团推出极狐阿尔法 T。未来 3~5 年是新能源汽车发展的重大战略机遇期，在新能源汽车领域的布局和业务发展情况，将很大程度上影响第一、二梯队所有头部民族汽车品牌未来一段时间的发展状况。

二　中国民族汽车企业打造品牌的历程与意义

（一）中国民族汽车品牌发展历程

1953 年成立于长春市的第一汽车制造厂标志我国民族汽车工业时代的开启，在当时的社会背景下，一汽最主要的目的是满足国家生产运输需求，所以最开始一汽的主要产品是卡车；1956 年 7 月，毛主席为一汽制造的新卡车题字"解放"，至此，我国出现了最早使用品牌标识的汽车，这一带有浓厚时代色彩和人民愿望的品牌标志着我国民族汽车开启品牌发展之路。从1956 年至今，我国民族汽车品牌的发展可以分为四个阶段。

1956~1979 年是民族汽车品牌的萌芽阶段，继解放汽车之后，东风、红旗、凤凰和井冈山等品牌汽车也相继下线，并且都设计使用了品牌标识。这些品牌都是我国目前大型国有汽车企业的雏形。然而在这一阶段，品牌建设本身并不被重视，这一时期的品牌标识更多地用来区分产品，方便人们记忆，蕴含的是品牌最"朴素"的意义。这一时期我国社会正处于以农业为主、全力推动工业发展的阶段，因此生产出来的汽车主要为农用车和卡车，轿车生产水平非常落后，生产成本高，质量也不理想。而且当时的经济水平下民用轿车也没有市场。因此对于最初的汽车厂商来说，只需要造出符合标准、能够使用的汽车，就已经达到了工业生产的目的，并没有建设品牌的必要性和意识。而对于同时期的欧美国家来说，汽车产业发展已经领先了几十年，随着市场的成熟，各大厂商早已开始布局企业的品牌建设、形象塑造，可以说我国汽车行业的品牌建设落后了近百年的时间。

　　20 世纪 80~90 年代是民族汽车品牌的"隐匿"阶段。改革开放极大地促进了我国经济社会的发展，同时也催生了私人轿车的需求，然而我国当时的技术水平根本无法满足制造质量、性能优良轿车的条件，因此我国最开始的私人轿车需求都是通过直接进口的方式来解决的，然而这种方式解决不了真正的问题，我国必须自己掌握造车技术。"以市场换技术"就是在这样的背景下思考出来的解决方案，通过引进外国品牌与国内厂商合作生产汽车来改变我国纯靠进口来满足人民汽车需求的现状。北京吉普汽车有限公司是我国第一家合资企业，随后还出现了上海大众汽车有限公司、广州标致汽车有限公司、一汽大众汽车有限公司等。合资品牌引入之后，民族汽车品牌几乎完全消失，然而这一阶段却是我国汽车制造走向独立民族品牌的必经之路。一方面，合资品牌的引入使得我们有机会了解国外造车技术，也促使轿车成为一种经营商品，反过来促进了私人购车需求的增长；另一方面，由于市场的逐利心理，我国在这段时间完全没有发展民族汽车品牌，反而由于大力发展合资品牌加固了消费者对于民族汽车品牌"低端、廉价、质量不好"等的刻板印象。由此可见，品牌是有价值属性的，即品牌本身不能给企业带来好处，能给企业带来好处的是品牌积累下来的与品牌紧密相关的商家信用、品牌符号代表的内涵和相关商品品质的承诺。一旦品牌在消费者心中形成了负面形象，就会对企业产生难以挽回的负面影响。

　　面对合资品牌的不断倾轧，国家与社会逐渐意识到建设民族汽车品牌的重要性，2001~2015 年，中国民族汽车品牌进入快速发展阶段，奔腾、长安、比亚迪、五菱、风神、小康、荣威等民族汽车品牌纷纷涌现，汽车产品线也日益丰富完善，覆盖轿车、SUV、MPV、交叉型乘用车等。民族汽车品牌在这一阶段快速发展，产销量迅猛增长，日益成为中国汽车工业不容忽视的一支新生力量。

　　近些年来，我国民族汽车品牌进入飞速发展期。随着我国技术水平的不断提升，民族汽车和合资汽车已经不存在绝对的技术壁垒，同时在新兴的新能源技术上，我国目前处于一定的优势地位。因此，当前民族品牌与合资品牌的竞争空前激烈，民族汽车品牌纷纷开启转型之路，一汽通过品牌形象焕新建立起红旗"民族品牌"的形象，逐步探索民族汽车品牌向高端甚至豪华品牌发展之路；东风在军工历史基础上定位于当代新青年，打造"科技东风"的品牌形象，同时推出"岚图"子品牌探索品牌高端化之路；吉利通过并购沃尔沃打造"沃尔沃基因、技术领先"的品牌形象；长安通过树立"百年长安"的形象在消费者心中形成可靠、稳定的印象。此外，新能源领域品牌发展势头不容忽视，除了传统车企纷纷推出自己的新能源品牌或车型外，蔚来、小鹏、理想等新兴品牌发展也势不可挡。总的来说，民族汽车品牌与合资汽车品牌已经进入正面交锋阶段。

（二）中国民族汽车品牌建设的意义

我国民族汽车的发展史，也是一部品牌建设的成长史。对于品牌的概念，不同的研究机构和专家学者从营销、价值、功能、消费者等不同角度给出了不同的定义，《营销术语词典》将品牌定义为用以识别一个或者一系列产品或劳务的名称、术语、象征、记号或设计及其组合，以便能与其他竞争者的产品或服务相区别。

而从品牌建设的目的来看，品牌的内核就是用户心智，也就是在用户心中品牌的意义是什么，如果能留在用户心智当中，那么品牌就是有价值的。从这个角度来说，品牌建设意义的决定权不在于厂商或者品牌方，而在于品牌在用户心中留下的痕迹。

因此，品牌建设的过程就是打造用户心智的过程。首先品牌需要留在用户心中，进一步确定留在用户心智中的具体是什么，这个就是品牌的独特价值。也就是说品牌首先要让用户知道和辨识清楚，其次才是所谓的打造品牌价值，在品牌价值中需要强调的不再是差异化，而是品牌的独特性和优越性，是说服用户选择自己而不是别的品牌的核心所在。如果品牌做到了这一步，用户便会愿意付出更多的溢价，所以溢价并不是由品牌自己附加的，而是由用户愿意为了购买品牌的独特性和优越性而自愿多付出的程度决定的。

聚焦到民族汽车企业上，在民族汽车企业发展的几个阶段，品牌的内核实际上一直在深入，在不同阶段，当我们讨论民族汽车品牌时，其含义是不同的。村上春树曾说"当我们谈论跑步时，我们在说些什么"，对于民族汽车品牌建设来说，也可以同样以此为题"当我们讨论民族汽车品牌时，我们在讨论什么"。在民族汽车的产生之初，品牌所代表的只是一个标识，并无实质含义，这个阶段品牌起到的作用只是区分不同的产品，并未形成差异化；合资汽车的进入给民族汽车带来重创，同时让政府、企业与社会意识到品牌建设的重要性。

进入21世纪，我国开始重视民族汽车品牌的建设，这个阶段的民族汽车品牌具备了差异性含义，能够满足部分群体的需求，并且借助"性价比"这一差异性迅速打开市场。然而仅仅做到这一步，仍然无法让民族汽车品牌与合资汽车品牌同台竞争直至超越，因为合资品牌在长期的积累中已经占领了用户心智，民族汽车品牌想要超越合资品牌，必须以用户心智为目标和抓手。因此，当前民族汽车品牌建设的核心就是占领用户心智，各大民族汽车品牌也意识到占领用户心智的意义，从产品、服务、营销等多维度寻找抓手制定相应的品牌发展策略，一汽奔腾直接锚定目标用户，先深刻研究用户在各种使用场景的需求，再开展车型研究解决用户痛点，同时进一步为用户提供"私人定制"服务，满足用户的情感需求；长城汽车通过品类创新赢得用户心智，以品类领先打造品类品牌，让自身成为品类的代表，从而形成影响消费者购买决策的认知优势，接连推出"哈弗""坦克""欧拉"等品牌；上汽推出R汽车，以创新的服务和营销体系来赢得用户，不仅成立了团队IP，还成立了用户IP，把用户变成上汽R的合作伙伴，既可以驾驶R产品、享受R的优质出行服务，还能参与到R汽车的建设中，整个营销服务既是起点，也要形成闭环。

（三）中国民族汽车品牌建设的目标

根据品牌生命周期理论，品牌发展将会经历导入期、成长期、成熟期和衰退期四个阶段，对于早期发展的一些民族汽车品牌来说其已经度过了成长期、成熟期，在新的发展时代需要思考如何避免品牌走向衰退。最核心的出发点还是用户，如果能够占领用户心智，就能使品牌跳出生命周期的圈子，进入品牌发展的新周期。从这个角度来说，民族汽车品牌建设的基础就是打造独特性竞争优势。独特性简而言之，就是消费者能够认识和辨知的标志性资产。所谓标志性资产，指的是某一品牌具有区别于其他品牌的鲜明个性，它可以体现在价格、产品、品质、市场、文化等诸多层面，是品牌在市场中脱颖而出、赢得消费者关注的关键要素。对于民族汽车品牌建设来说，具备独特性的企业才能够在众多品牌竞争中脱颖而出。新能源汽车强势发展的背景下，互联网行业、科技行业纷纷跨界造车，汽车品牌数量逐年增加，品牌同质化现象也逐渐显现，站在消费者角度来看，面对相差不大的产品和价格，自然会选择能够带来独特价值的品牌，打造品牌独特性应该成为民族汽车品牌建设的策略目标。

三　中国"民族汽车品牌向上计划"研究体系

（一）"民族汽车品牌向上计划"背景

"把民族汽车品牌搞上去"，是时代赋予的使命。2020年7月，习近平总书记在参观一汽时明确提出，"一定要把关键核心技术掌握在自己手里，我们要立这个志向，把民族汽车品牌搞上去"。现阶段，民族汽车品牌经过多年发展积累，在技术应用、产品品质、体系能力等多方面具备与外资、合资品牌竞争的综合实力，却因品牌力弱势遭遇生存空间被合资品牌不断挤压的困境。因此，品牌向上成为当前民族车企实现突围的核心诉求。中汽中心是中央企业中唯一的汽车综合性技术服务机构，深耕汽车产业30余年，拥有成熟完善的能力体系，不断推动中国汽车产业健康持续发展。中汽中心高度重视习近平总书记"把民族汽车品牌搞上去"的指示，发挥独立第三方的引领作用，联合全行业优势资源，设立"民族汽车品牌向上计划"重大专项，践行"引领汽车行业进步，支撑汽车强国建设"的企业使命。"民族汽车品牌向上计划"项目由中汽信科牵头，各院所通力配合完成。项目以民族汽车品牌向上指标体系为核心，形成测量、机制、平台全方位的研究框架，建立品牌研究闭环，完善品牌发展措施，依托全行业支持背书，推动汽车产业优化升级，探索民族汽车品牌发展长效机制，持续为民族汽车品牌赋能，助力民族汽车品牌破浪前行，让中国汽车品牌走向世界。作为中汽中心的科研项目，"民族汽车品牌向上计划"建立了完备的科技管理体系流程和研究技术路线。根据中汽中心科研管理办法，针对项目技术路线进行充分研讨，经过技术委员会和公司党委会研讨批准后确定立项。按照技术路线的研究阶段确定项目里程碑，按照里程碑节点进行科技管理检查。

（二）"民族汽车品牌向上计划"研究体系

"民族汽车品牌向上计划"研究体系以民族汽车品牌向上指标体系为核心，研究各类指标对品牌提升的影响机制、测量品牌提升效果、搭建行业交流平台，形成测量、机制、平台全方位的研究框架；基于品牌向上体系，搭建品牌仿真系统，为企业品牌建设和品牌力提升提供可视化监测工具和个性化咨询服务，引导民族汽车品牌向上。科研项目技术路线按照研究流程分为六大研究模块、15个研究子任务（见图6）。在科技管理的过程中根据技术路线推进研究进度，推动预期研究成果的实现与发布。

四 民族汽车品牌测量方法和品牌向上
影响因素模型的建立

"民族汽车品牌向上计划"按照定义品牌测量指标（品牌力）—确定品牌测量维度—建立品牌向上影响因素模型—搭建仿真系统并构建行业交流平台的研究逻辑，完成了从品牌测量到品牌提升方法，再到建立仿真模型模拟提升效果，同时构建行业交流平台的民族汽车品牌向上发展链路闭环。本部分主要就品牌测量方法和品牌向上影响因素模型进行介绍。

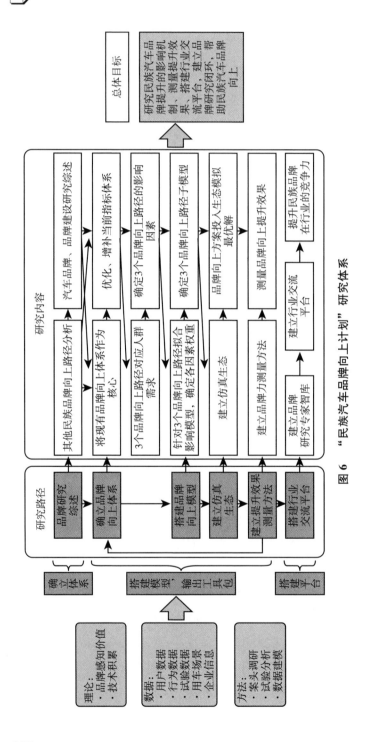

图 6 "民族汽车品牌向上计划"研究体系

（一）民族汽车品牌测量方法

1. 品牌力的提出

对于民族汽车品牌的测量首先需要解决测量指标的问题，行业内一般使用品牌价值作为品牌影响力的测量指标，对于品牌价值的测量主要关注财务视角，忽视了品牌与用户之间的相互作用。随着中国汽车市场进入存量时代、新能源和技术发展带来的汽车电动化和智能化趋势加深、民族汽车与合资汽车品牌竞争的加剧以及经济发展带来的汽车用户消费升级，当前的民族汽车品牌发展核心已经升级为用户心智的争夺，哪个品牌能够占领更多的用户心智，哪个品牌就赢得了市场。同时，互联网的发展使得用户获取信息的渠道和内容丰富度空前增加，而作为个体本身的注意力容量是有限的，品牌想要获得用户的注意并留在用户心中就更加困难，也显得更加重要。Keller的价值链模型表明品牌价值起源于企业的营销活动，随着品牌对用户心智的不断渗透和在市场中的发展，逐渐形成并展现出品牌能力。这种能力能够赋予品牌超过竞争者的强大、持久和差异化竞争优势，从而使品牌沉淀更高的财务价值。结合当前中国汽车行业的特点和理论基础，"民族汽车品牌向上计划"引入了用户视角，重点关注用户心智和市场表现两个维度，提出"品牌力"这一概念来对民族汽车品牌进行测量（见图7）。将品牌力定义为"企业引导消费者形成关于该品牌的品牌知识，助力品牌获得更好的市场表现，从而赋予品牌超过竞争者的强大、持久和差异化竞争优势的能力"，品牌力是一个数值，体现品牌价值强度。

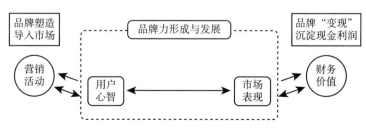

图 7　品牌力的测量维度

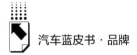

2. 民族汽车品牌力测量模型

如前所述，民族汽车品牌力测量主要关注用户心智和市场表现两个维度。综合 Keller 提出的 CBBE 模型（基于消费者的品牌价值模型，见图 8）和品牌价值链模型以及以往的研究论述，提出了这两个维度的测量指标（见图 9）。用户心智包括品牌意识、品牌联想、品牌态度和品牌共鸣。其中品牌意识指品牌被消费者识别和记忆的能力，是品牌与消费者建立关系、引发购买等行为的基础。品牌联想指消费者基于对品牌的感知所产生的品牌联想，包括品牌功能效用属性和情感价值属性等方面，反映消费者对品牌的整体认识。品牌态度指消费者基于其品牌认知所产生的对品牌的整体评价和情感反应，包含对品牌功能、形象的理性评价和感性反应，体现了消费者对品牌的态度，包括认知、情感、行为倾向三个部分。品牌共鸣指消费者与品牌在功能、情感、价值等属性层面的一致程度，以及二者关系的紧密程度，反映了品牌与消费者之间的契合度。积极、强烈的共鸣是消费者维持品牌忠诚、维护品牌形象、主动参与促进品牌发展的本源动力。市场表现包括品牌忠诚、市占率、品牌溢价和保值率四个测量指标。其中品牌忠诚指消费者在购买决策过程中对于一个品牌具有持续稳定的明显偏好，反映出消费者对该品牌的坚持与信任；市占率指该品牌销量在市场同类产品总销量中的占比；品牌溢价指消费者愿意为品牌支付超过同类产品/同等配置的品牌的金额；保值率反映了品牌产品的价格坚挺度。理论模型建立之后，通过定性和定量的方式进行品牌力行业调研，通过熵权法和投影寻踪法进行数据分析，得出汽车品牌力测量分数。

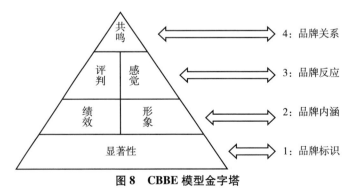

图 8　CBBE 模型金字塔

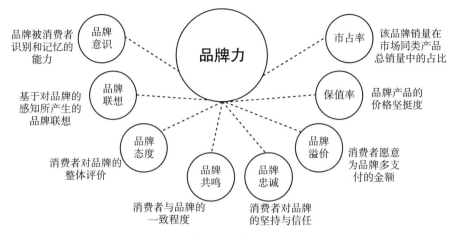

图9 民族汽车品牌力测量指标

（二）民族汽车品牌向上影响因素模型建立

根据对汽车企业的调研走访，企业实战过程中对于品牌的关注点和目标集中表现为四点：品牌形象、品牌溢价、品牌信仰和市占率。通过案头、用户和企业调研走访、数据挖掘等研究方法，总结分析出影响民族汽车品牌向上的五大因素：品牌产品、品牌服务、品牌营销、品牌文化和品牌创新。针对不同的目标，五大因素的作用权重不同。

在民族汽车品牌向上影响因素模型中，产品是品牌的核心，是企业从事业务经营的根本所在；顾客感知价值是对所获得质量与所付出价格权衡的感知，顾客对所接受服务质量的感知是顾客对服务的期望质量和经验质量相比较产生的结果；品牌营销是企业通过塑造特定的企业形象及品牌形象，创造品牌价值，提升品牌竞争力，从而影响、培养和满足特定消费者需求的市场营销活动，既注重产品的销售，又致力于品牌的建立和品牌资产的积累；品牌文化是指文化特质在品牌中的积淀和品牌经营活动中包含的一切文化现象，即其所代表的利益认知、情感属性、文化传统和个性形象等价值观的综合；品牌创新就是把品牌的各个生产要素重新组合，包括技术创新、产品创新、服务创新、营销创新和组织管理创新等多个方面。

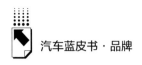

五 2021年中国民族汽车品牌表现分析

（一）2021年中国民族汽车品牌健康度表现

在民族品牌与合资品牌竞争日益加剧、中国汽车行业面临大变局的背景下，民族汽车企业需要加快品牌建设步伐，用品牌赢得用户获得增长，提升企业竞争力。品牌健康度表现是企业进行品牌建设的有力抓手，品牌健康度是指品牌在市场上的健康程度，是品牌在价值和市场上的综合竞争力指标，它代表着该品牌在市场上的前景和表现。中汽中心推出的汽车品牌健康度监测，通过融合品牌资产、车型贡献度、广宣活动、用户感知等多维度指标，调研汽车企业品牌健康度的现状，2021年针对60个合资和民族汽车品牌健康度的调研结果显示出以下几个特点：第一是合资品牌在总体健康度表现上仍然优于民族汽车品牌，尤其是在品牌知名度的表现上，排行前十的品牌中合资品牌占据9个席位；第二是民族汽车品牌进步明显，部分指标已经超过合资品牌，比如吉利和红旗的第一提及率超过北京奔驰和宝马，达到5.5%和5.9%；第三是民族汽车品牌整体偏好度表现低迷，只有比亚迪以第十位进入前十名榜单。在民族汽车品牌的总体健康度表现中，吉利、红旗、长城哈弗、比亚迪和长安汽车位列前五。民族汽车品牌健康度表现说明多数民族汽车品牌还需通过品牌建设加快市场渗透，扩大知名度，目前排名靠前的企业则需要精准化营销，与目标用户群体建立起共情，提升用户对品牌的认可度。

（二）2021年中国民族汽车品牌形象表现

品牌形象就是消费者心中对品牌的认知，也就是消费者对品牌的想法、感受与期望。可以认为品牌形象是品牌在市场、社会认知中的固有特征，通常以公众评价为评判依据。品牌形象是一个主观概念，用户对企业品牌形象的感知受到多种因素的影响，企业品牌动作与用户感知形象之间并不是线性关系，对于民族汽车品牌来说，了解自身品牌形象表现能够帮助企业认识到品牌建设目标和用户感知之间的差距，从而赋能企业实现产品、服务、营销等多方面的发展，为企业品牌建设指引方向。近年来，民族汽车品牌通过更换品牌 logo、打造子品牌、举办品牌活动、寻找新的品牌形象代言人等方式重塑品牌形象，东风风神推出新的品牌 logo，将目标人群定位为"泛90后"群体，吉利汽车和荣威推出独立的新能源汽车品牌；广汽传祺发布了全新的品牌口号"一祺智行　更美好"，民族汽车品牌形象的重塑与焕新已经成为民族汽车品牌发展的主要方向和趋势。中汽中心的品牌健康度检测除了测量汽车品牌健康度之外，还通过用户调研的方法对汽车品牌形象进行调研，从2021 年的调研结果来看，民族汽车品牌形象集中表现为"性价比高、务实诚信、节能环保、年轻"，而合资汽车品牌形象则主要表现为"性能、潮流、品质、魅力和风范"。这一结果说明民族汽车品牌的形象焕新取得了一定成效，品牌年轻化、技术和新能源发展受到了用户的认可。同时可以看到，跟合资汽车品牌相比，民族汽车品牌的形象偏向基本属性，合资汽车品牌的形象则更多反射出用户对品牌的情感体验，说明民族汽车品牌还需要在占领更深层的用户心智方面做出更多努力。

（三）2021年中国民族汽车品牌产品性能表现

近些年来，民族汽车品牌的技术能力已经全面构建，从整车、车身、底盘、发动机到变速器等核心部件已完全具备民族品牌研发能力，进入新能源汽车发展时代，我国的新能源汽车技术特别是电池技术已经具备较强的优势，宁德时代的锂电池正在为全球各大汽车厂商供货，比亚迪的刀片电池在全世界范围内具有独创性，同时氢燃料电池近几年也获得了超出预期的快速发展。技术的发展是产品质量的支撑力和推动力，当前民族汽车品牌已经不满足于产品质量的提升和认可，更加关注产品性能的表现情况，性能是技术、产品和品牌力的综合实力表现。在 2021 年 CCPC 中国量产车性能大赛中，民族汽车品牌获得了不俗的成绩，有力地证明了民族汽车品牌性能的向上发展趋势。CCPC 中国量产车性能大赛始办于 2015 年，是由中国汽车技术研究中心有限公司和中国汽车摩托车运动联合会共同发起的中国汽车品牌顶级盛会，致力于推广中国汽车文化，促进汽车产品性能优化、中国汽车产业健康发展。在2021年9月底举办的CCPC中国量产车性能大赛上，民族汽车品牌取得了优异的成绩，据统计，在此次共七大车型组别的九项科目比拼中，民族汽车品牌车型拿下组内冠军的次数多达32车次，其中红旗E-QM5、东风风行T5 EVO、星途凌云400T和奔奔E-Star国民版等车型获得了多个科目冠军，展现了民族汽车品牌的荣耀。东风风行T5 EVO在10万~15万元级别的SUV组比赛中获得了直线加速项目全组第一，在定圆绕桩和8字绕环赛中斩获组内"双料冠军"，在性能综合赛项目中超越同级竞争对手，一举夺得冠军；星途凌云400T在0~100km/h直线加速科目中以6.58秒的最短百公里加速时间获得冠军，驾控能力获得了其他四项科目的组内头名。

（四）2021年中国民族汽车品牌营销表现

品牌营销是指企业通过市场营销使客户形成对企业品牌和产品的认知过程。根据Keller的品牌价值链模型，品牌价值起源于企业的营销活动，随着品牌对用户心智的不断渗透和在市场中的发展，逐渐形成并展现出品牌力。品牌营销的理念并不是一成不变的，新时代下品牌营销特点也在因时而变，新时代下的品牌营销表现出几个特点：①用户同时是信息的接收者和传递者，用户之间的信息自传播加速；②企业与用户之间是双向作用的关系，用户之间的病毒式传播能够快速帮助品牌推广；③以数据为导向的营销模式；④对营销效果能够进行实时监控。可以看出，对于当前的品牌营销来说，用户与品牌、用户内部之间的信息传播方式发生了很大变化，对于营销效果的精准检测成为可能，用户应该成为当代品牌营销的中心和出发点。聚焦到民族汽车品牌上，当前人们购买汽车已经从品质与质量需求向着多元化需求的方向转变。首先，消费者更多关注的是汽车的售后服务情况，要求汽车售后服务有良好的综合保障系统，可以满足一系列汽车购买后的使用保养需求。其次，更注重舒适与安全需求，强调汽车有较好的安全操控性。最后，在满足基本需求的基础上，人们更注重从职业背景、收入情况、个人爱好，以及城市或乡村的不同环境等方面进行选择，这些因素在很大程度上综合性地影响消费者选择，并且造成需求的多样化。同时随着节能、高效、绿色、共享等价值理念深入人心，人们对汽车的选择更加务实，不仅要求汽车性能优越，还要符合未来的环保趋势。针对这些特点，各民族汽车品牌也在开展营销策略创新，主要表现为以下几点：①创新营销理念，注重根据消费者的精神需求、消费理念与客观现实因素科学地制定营销策略。②创新营销方式，在发挥地域性旗舰店作用的基础上，全面加强网络营销工作，注重运用互联网微媒体、各主流媒体网站满足客户对汽车的认知需要。采用体验式营销的方式，注重引导客户积极进店体验，从而在针对性了解客户需求的基础上，满足客户对汽车的具体需求。③丰富营销渠道，在线上和线下渠道共同发力，线上包括汽车之家、懂车帝等汽车泛内容平台，抖音、快手等短视频平台，微博、小红书等社交平台；线下包括用户聚会、车展活动。

六　2022年中国民族汽车品牌提升品牌力的建议

经过多年的培育，民族汽车品牌已经逐渐发展壮大，2021年民族汽车发展表现出几大重要特征，一是在新能源汽车领域保持高速发展。截至2021年，中国新能源汽车连续七年居全球销量首位，新能源汽车已然形成了规模优势。二是民族汽车品牌已经取得长足进步。技术能力方面，民族汽车品牌从整车、车身、底盘、发动机到变速器等核心部件已完全具备民族品牌研发能力。三是产品不断创新，能够满足中国市场消费升级的需求。四是中国品牌汽车的质量达到甚至已经超过一些国际品牌，例如主流的民族汽车品牌的千车故障率低于国际品牌的平均水平。展望未来，我国汽车市场在疫情之下仍然会保持稳定发展，汽车电动化、网联化、智能化和共享化趋势仍然会持续，民族汽车品牌与合资汽车品牌之间、民族汽车品牌内部之间的竞争都将进一步加剧，未来3~5年是我国民族汽车品牌发展的重要战略机遇期，发展机遇与挑战并存，如何抓住机遇、应对挑

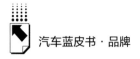

战，助力民族汽车品牌持续向上，需要政府和企业的共同努力。为此，本文提出以下三点建议。

（一）加速组织敏捷性转型，应对机遇与挑战并存的发展境遇

近年来，全球新一轮科技革命和产业变革加速演进。新技术对包括汽车产业在内的经济社会各个领域的渗透性、扩散性越来越强，产业迭代速度越来越快。在政策、技术与市场等多重因素的影响下，汽车这一传统产业与能源、交通、信息通信等领域有关技术加速融合，为稍显疲态的汽车市场注入了新的活力，也为民族汽车品牌向上提供了重大机遇，同时新冠肺炎疫情突袭而击、消费社会的变化、汽车用户需求的升级等也加剧了车企面临的种种挑战，对于企业的工作方式、数字化需求、人才培养、客户服务和可持续发展提出了更高的要求。为了更好地应对这些新的挑战、把控企业风险并提升企业韧性，民族汽车企业需要加速组织敏捷性转型：一是需要制定明确的企业发展目标和战略规划，加固"一盘棋"思想，营造公开透明、信任积极的工作环境；二是打造灵活的组织协作模式，改变层层汇报和传达指令的风格，将汽车企业的研发、制造、供应链、销售等智能并联，提高组织工作效率，促进各部门间更好地合作；三是贯彻"以人为本"的人才管理理念，人才招聘时不必拘泥于汽车行业内部，也要注意引入行业外的优秀人才，同时建立完善人才培养制度，形成学习、考核和激励共行的企业管理措施，激发员工潜能，不断增加与更新员工的知识储备。敏捷性组织建设能够帮助企业应对快速变化的汽车用户需求，及时了解用户痛点，并提出高效的解决方案，是帮助民族汽车品牌赢得挑战的内部力量源泉。

（二）顺应消费社会发展趋势，构建民族汽车品牌发展体系

我国从1978年改革开放开始，经济社会飞速发展，当前阶段我国消费社会的总体特征是开始进入第四消费时代，并与第二、第三消费时代并存。在二三四消费社会并存的背景下，消费者类型也展现出丰富多样的特点，聚焦在汽车行业，第二消费社会的用户对于汽车的需求是以家用为主、追求高

性价比。第三消费社会的用户表现出对个性化的追求，愿意为汽车品牌支付更多的溢价，汽车对于用户来说更偏向私人物品，能够展示用户自身的个性特征，汽车的使用场景更为丰富，用户与汽车之间的关系更为紧密。整体来说，第三消费社会的汽车用户需求展现出多元化特点。第四消费社会的用户更多地展现出对简约、科技、智能的追求，同时也更加理性，对于汽车行业来说，这部分用户代表了未来汽车的发展趋势。总的来说，在我国当前消费社会下，用户需求展现出多元化的总体特征和追求科技、智能、简约的发展趋势。同时，2021 年是汽车行业加速变革的一年，中国汽车市场正在形成"动力技术多元化，多技术路线共存，电动化与智能化、网联化技术齐头并进"的发展格局。在这种背景下，企业应该顺应消费社会和汽车行业发展趋势，在此基础上构建民族汽车品牌发展体系：第一，在汽车产业的当前趋势下找准品牌所处的赛道，电动化、智能化和网联化是明了的发展趋势，民族汽车品牌需要在这种趋势下保持清醒，做好前期调研，确定赛道与竞品。第二，需要找对自己的用户，深入接触目标用户群体，了解用户的需求与痛点。在当前消费社会趋势下用户展现出多元化特征，企业需要定位好自己的目标人群才能为后续的品牌建设工作提供基础和依据。第三，在用户真实需求和痛点的基础上打造产品和营销内容。第四，选择恰当的媒介和渠道让营销内容和产品触达用户，让用户在脑海中建立起品牌心智。

（三）部署好品牌高端化战略，变革营销方式助力品牌高端化

后疫情时代稳定性政策影响力消退，乘用车市场进入稳定发展期，行业总体集中效应显著，中国汽车行业进入了品牌超量时代。在这种形势下新能源汽车逆风增长，伴随而来的技术发展刺激汽车消费升级迭代，同时随着居民收入和生活水平提高，换购需求增加，可以预见的是，车市消费升级这一趋势将更加明显。因此，民族汽车品牌唯有向上，才能适应市场新变化。

未来 3~5 年是民族汽车品牌高端化发展的重要战略机遇期，企业需要思考如何走好高端化战略这步棋。所谓高端化从表面上看是汽车品牌溢价的提升，其内核是用户的情感认可，因此民族汽车品牌要想走好高端化

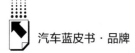

路线，必须通过品牌营销动作与用户建立共情。互联网技术的发展极大地改变了人们接受信息的效率和方式，企业营销手段也必须进行相应变革：一是制定好数字化营销战略，以数据为核心，融合线上与线下的数据，掌握购车全链各核心节点数据，结合不同场景的数据特点，分析和判断用户行为与转化特征，打造更好的营销组合策略。二是探索不同圈层内心需求，打造有情感、有价值的定制化内容。汽车营销内容未来应该围绕消费者地域及自身特点，挖掘消费者深层次需求、兴趣和生活状态，通过形态多元的触客方式，与用户建立强情感链接，为用户提供深层次的情绪价值，从而撬动用户。三是多渠道构建品牌私域，深度运营，打造品牌特色。汽车厂商需要构建自身的私域流量池，重视对私域用户的生命周期管理，持续输出品牌价值和文化，提升品牌认同度，开发用户终身价值，从存量用户中挖掘新的增长突破口。

参考文献

周翔：《JL 汽车品牌价值提升路径研究》，西南大学硕士学位论文，2021。
胡芹鹤：《中国汽车市场探索》，《老字号品牌营销》2021 年第 6 期。
杨立阳、万亚飞、徐国强：《中国自主品牌汽车发展之路》，《汽车与配件》2020 年第 19 期。
付子凡：《国产汽车品牌建设中的标识重设研究》，吉林大学硕士学位论文，2017。
吴雪贤：《国产自主品牌汽车的品牌印象形成及提升策略研究》，浙江工业大学硕士学位论文，2017。

企 业 篇

Enterprise Reports

本篇重点回顾了2021年中国汽车市场品牌发展的几个趋势，涵盖新能源转型、品牌形象塑造与焕新、用户共创共建品牌以及品牌高端化等内容。

从新能源发展趋势来看，中国市场新能源汽车呈现井喷式增长。2021年新能源乘用车销量为291.7万辆，占乘用车市场总量的13.8%，同比增长155.4%；新能源汽车保有量达到784万辆，占汽车总量的2.60%，与上年相比增长59.25%。新能源汽车市场中，中国品牌表现亮眼。2021年，民族品牌新能源乘用车销量247.6万辆，同比增长1.7倍，占新能源乘用车销售总量的84.9%，实现了"弯道超车"。

从品牌形象塑造和焕新趋势来看，基于品牌生命周期的视角，品牌发展将经历孕育期、幼稚期、成长期、成熟期、衰退期等五个阶段。随着汽车市场竞争格局的日新月异和消费者需求的变化，汽车品牌的焕新频率也在加快，品牌焕新，是汽车品牌生命周期中的"最后一环"，也是品牌的一种"创新"。这种焕新不仅仅是品牌logo或slogan的改变，更是管理上的改变以及营销打法的革新。所以从创新角度而言，创新有利于塑造品牌形象，不断创新有利于维护品牌形象。品牌进行焕新活动，是一种市场"新形势"下的手段选择，有利于稳定的、积极的、正向的品牌形象的塑造和维护。

从用户共创共建品牌趋势来看，我国目前已经进入消费 4.0 时代，国民收入水平不断提高，国家政策鼓励人民消费升级。在这种背景下，品牌价值对于产品竞争的意义凸显，而品牌力量竞争本质上就是品牌在用户中影响力的竞争，随着新生代消费群体崛起、互联网营销手段空前丰富、各品类品牌数量增多，我国的消费市场已经由"卖方市场"进入"买方市场"。目前很多汽车品牌纷纷提出"用户共创"的理念，聚焦到汽车行业，针对价值生产类型的不同，汽车品牌的用户共创可以分为产品研发制造环节的共创和品牌营销环节的共创；针对用户群体的不同，品牌共创的方式可以分为年轻群体的共创、女性群体的共创和下沉市场的共创等几种类型。

从汽车品牌高端化发展趋势来看，随着汽车产业技术的发展、用户消费水平的升级，以及新能源汽车发展趋势的深入，汽车品牌的崛起和竞争都在加速，纷纷向高端化转型，希望能够在中高端市场占据一席之地。聚焦到民族汽车品牌，民族汽车高端化的定义并不是局限于静态的价格、产业的高端等级，而是指品牌动态向上提升的过程，是品牌全方位多维度的向上发展。

B.2
新能源助力中国汽车品牌发展

摘　要： 中国新能源汽车市场发展迅猛，这其中，民族汽车品牌已成为不可忽视的一支重要力量。无论是有一定行业底蕴的传统燃油车企，还是后来居上雄心勃勃的造车新势力，都试图在激烈竞争中完成一次具有跨时代意义的汽车品牌向上之路。在这百年一遇的汽车市场变革中，民族汽车品牌抓住机会，发展技术创新硬实力，发挥服务领先的软实力，依靠国家政策的有力支持和国内用户对民族汽车品牌空前的消费信心，积极进行战略布局。自主新能源品牌不仅创新品牌发展战略，而且积极实行"走出去"的发展路线，以用户为中心，以市场为导向，在电动智能汽车新时代展现核心竞争力和战斗力。民族汽车品牌实现品牌向上、实现新能源赛道的"弯道超车"或许指日可待。

关键词： 新能源汽车　民族汽车品牌　品牌战略

一　新能源汽车发展趋势

新能源汽车是指采用非常规的车用燃料作为动力来源（或使用常规的车用燃料，但采用新型车载动力装置），综合车辆动力控制和驱动方面的先

---

* 吴志新，天津大学电气与自动化工程学院控制理论与控制工程专业教授，博士研究生导师，中国汽车技术研究中心有限公司副总经理，全国汽车标准化技术委员会电动汽车分技术委员会主任委员。

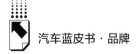
进技术，形成的技术原理先进、具有新技术和新结构的汽车。新能源汽车包括混合动力汽车（HEV）、纯电动汽车（BEV）、燃料电池汽车（FCEV）、氢发动机汽车以及燃气汽车、醇醚汽车等。

中国市场新能源汽车发展迅猛。2021年新能源乘用车销量为291.7万辆，占乘用车市场总量的13.8%，同比增长155.4%；新能源汽车保有量达到784万辆，占汽车总量的2.60%，与上年相比增长59.25%。新能源汽车市场中，中国品牌表现亮眼。2021年，民族汽车品牌新能源乘用车销量247.6万辆，同比增长1.7倍，占新能源乘用车销售总量的84.9%，实现了"弯道超车"。放在世界市场上来看，2021年全年，中国新能源乘用车占全世界新能源乘用车销量的53%，其中第四季度甚至达到了60%的份额。中国新能源汽车市场正处在一个快速发展的时期。

（一）背景

1. 政策背景

中国政府非常重视新能源汽车的发展。自2012年国务院发布《节能与新能源汽车产业发展规划（2012—2020年）》以来，中国一直坚持纯电驱动战略取向，大力扶持新能源汽车产业；2016年是"十三五"开局之年，国家共出台新能源汽车相关政策30项，中国新能源汽车从起步阶段进入加速发展阶段；到2020年，中国新能源汽车产业发展取得了阶段性的巨大成就，成为世界汽车产业发展转型的重要力量之一。2021年，中国继续坚持推动新能源汽车的发展，在《新能源汽车产业发展规划（2021—2035年）》中提出，要坚持创新、协调、绿色、开放、共享的发展理念，坚持电动化、网联化、智能化发展方向，突破关键核心技术，提升产业基础能力，推动新能源汽车产业高质量可持续发展。

具体指导原则有：①坚持市场主导，充分发挥市场的主导作用和企业的自主能动性；②创新驱动，建立以企业为主体、市场为导向、产学研用协同的技术创新体系；③协调推进，促进新能源汽车与能源、交通、信息通信的深度融合；④开放发展，坚持"引进来"与"走出去"相结合，加强国际合作，积极参与国际竞争。

发展规划中提到，预计到 2035 年，中国新能源汽车核心技术达到国际先进水平，产品质量和品牌均具备较强的国际竞争力，纯电动汽车成为车辆销售的主流，充电网络高效完备，高度自动驾驶技术能够规模化应用。为达到此目标，规划提出了继续深化"三纵三横"研发布局，即以纯电动汽车、插电式混合动力（含增程式）汽车、燃料电池汽车为"三纵"，布局整车技术创新链，以动力电池与管理系统、驱动电机与电力电子、网联化与智能化技术为"三横"，构建关键零部件技术供给体系。

与发展规划相配套，国家和地方政府推出了大量支持和鼓励新能源汽车的相关政策，涵盖了补贴优惠、服务保障、充电基础设施等方面。我国新的价格机制改革行动方案指出，要针对高碳排放企业实施差异化的定价机制，"高碳排放企业高收费，低碳排放企业低收费"；在国际贸易中，高碳产品也面临着碳关税、碳足迹等诸多出口壁垒。《关于振作工业经济运行 推动工业高质量发展的实施方案的通知》提出，加大对制造业的融资支持，引导金融资源向工业绿色低碳领域汇聚；加快新能源汽车的推广应用，加快充电桩、换电站等配套充换电设施的建设。

然而，在政策补贴层面，延续十多年的免除购置税等补贴政策即将于 2023 年完全退出，未来的中国新能源汽车市场将逐步从政策推动转变为市场内需推动，并表现为车企的核心创新力和品牌力竞争。

2. 社会背景

当前我国经济处于快速发展的阶段，人民生活水平不断提高，消费观念、消费意识、消费行为也发生了突出的变化，"消费升级""绿色消费"成为消费市场上的关键词；随着 Z 世代逐渐成为消费主流，"国潮""个性化""智能科技"等理念也越来越为大众所接受；延续了十几年的新能源补贴政策以及绿色车牌的各种优惠客观上助推了新能源汽车接受度的提升，新能源技术的进步和充换电设备的建设也在逐步扫除新能源汽车发展的障碍。

改革开放 40 多年以来，中国经济社会的发展有目共睹，我国一跃成为世界第二大经济体，人民生活水平蒸蒸日上，消费者的需求、财力、教育、观念都在经历重大改变，中国社会的消费形态也悄然发生着变化。日本学者三浦展在《第四消费时代》中，把日本社会以 30 年为一个单位，分为四个消费社会，第一消费社会即少数中等阶级享受消费的阶段，这个时候的消费特点是西方化；第二消费社会以家庭为消费单位，倾向于越大越好，有着大城市倾向；第三消费社会以个人为主要消费单位，追求个性化和高品质，一切从满足个人需求出发；第四消费社会以共享消费为主要内容，出现了"简约""共享经济"的消费倾向，人们更注重人与人之间的交往和联系，而非物质消费。三浦展认为当今的日本处在第四消费社会中，"断舍离""侘寂"等消费倾向更加流行，"优衣库""无印良品"等品牌在各阶层消费者中都受到欢迎。对应到中国现在的国情，因中国土地辽阔、人口众多、各区域之间发展不平衡、社会结构分化，简单用一个消费社会来概括是不切合实际的。

中国现有的国情不是某一个消费社会的阶段，而应当是多个消费社会共存：中国现在是以第三消费社会为主，第二、第三、第四消费社会共存的消费形态（见表1）。

表 1　中国消费社会

类目	第一消费社会	第二消费社会	第三消费社会	第四消费社会
社会背景	国家经济政策由计划经济向市场经济转变，GDP 增速呈上升趋势；1978 年改革开放，掀起思想解放狂潮	亚洲经济危机爆发前，GDP 增速呈现逐渐平稳态势，物质生活需求逐步得到满足阶段	GDP 增速呈现下降态势，经济由高速发展向高品质发展转变；量变转向质变阶段	经济高质量发展，传统文化回归，传统文化传承发扬，民族文化自信；共享事物出现
国民价值观	消费属于私有主义重视国家	消费属于私有主义重视家庭、社会	私有主义重视个人	趋于共享重视社会
消费主力	工人阶级	家庭核心成员	单身者家庭需求已充分满足的已婚人士	所有年龄层中单一化的个人家庭和个人需求均得到较充分满足的已婚人士

续表

类目	第一消费社会	第二消费社会	第三消费社会	第四消费社会
消费取向	西洋化 大城市倾向	大量消费 大的就是好的 大城市倾向 美式倾向	个性化 多样化 差别化 品牌倾向 大城市倾向	无品牌倾向 朴素倾向 休闲倾向 民族倾向 精神消费
消费特征	满足家庭物质需求 从无到有(0→1)	满足家庭物质需求 从有到多(1→多)	满足个人需求 从多到优 品质	回归自然 返璞归真 共享化

中国目前的经济发展由高速向高质量转变,GDP增速放缓,人民生活日益殷实,消费倾向私有主义。长期实行的计划生育政策减少了大家庭的数量,一定程度上影响了新一代消费者对于家庭的观念,消费主力中单身者、小家庭的比例增加,消费者的个人主义、自我意识更加强烈。反映到消费取向中即个性化、多样化、定制化倾向,消费者以满足个人需求、追求高品质为主要目的。这是目前中国消费者的主要特征。但是经济发达地区,如北上广深等超一线、一线城市,或者伴随互联网长大的Z世代消费者,他们的追求又呈现了不一样的形态。他们经历了国家经济蓬勃发展的黄金时期,有着更强烈的民族自信,对于互联网、新科技的接受度更高。在消费行为中,他们不追求国际大品牌,更愿意支持民族品牌,回归传统文化,同时愿意为智能科技、绿色环保等概念买单,有着重视精神消费的倾向。这一类消费者更愿意接受新能源汽车这一环保、科技属性鲜明的新类型产品,且随着社会和技术发展、观念进步和规模效应的形成,这一群体数量还会继续扩大。

3. 行业背景

从销量上来看,中国汽车行业在2018~2020年经历了三年低谷期,销量逐年下降,直到2021年逆势回升,全年销量超过1900万辆,涨幅达到6.3%。究其原因,除了中国实行严格的防疫措施,保障生产生活的有序进行,国民经济恢复增长以外,新能源汽车销量激增也是一个非常重要的因素。

2021 年中国新能源汽车销量达 336.8 万辆，较 2020 年增加了 186.6 万辆，同比增长 124.2%，占汽车总销量的 17.1%。新能源汽车成为 2021 年汽车行业最大的亮点。销量结构上，2021 年中国新能源汽车以乘用车为主，占整体销量的 94.7%，其中纯电动汽车占 77.7%，插电式混合动力汽车占 17.0%；新能源商用车占总销量的 5.3%，其中以纯电动汽车为主，占到 98.5%，插电式混合动力汽车占 1% 左右。纯电动汽车更受市场欢迎。

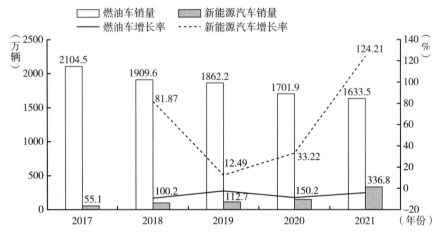

图 1　2017~2021 年中国市场燃油车和新能源汽车销量对比

资料来源：中汽信科数据库。

从市场竞争格局来看，中国汽车行业的主要份额目前由几家龙头企业占据。依据企业的汽车销量可分为四个竞争梯队。其中，第一梯队的企业仅有上汽，汽车销量超过 400 万辆；第二梯队销量在 200 万~400 万辆的企业有一汽、广汽、东风和长安；第三梯队销量在 100 万~200 万辆的企业有北汽、吉利和长城；其余企业的汽车销量在 100 万辆以下。因为汽车行业具有高准入门槛、高技术壁垒、高资金壁垒等投资特性，当前国内汽车行业处于结构调整时期，集中度有提升趋势。

但在新能源汽车领域，目前主要的造车势力可分为三类：传统车企、造车新势力企业和互联网科技公司。传统车企面临新能源汽车快速发展的压力，努力向新能源车企转型，各大品牌均提出了停售燃油车、全面电动化的时间表，国内代表企业如吉利、比亚迪等。新势力企业指的是在特斯拉的影响下快速发展起来的一批有着互联网基因的新兴造车企业，它们用互联网思维做产品和营销，研发自动驾驶、智能网联等新技术，收获一批死忠粉，是新能源汽车中声量最大的品牌群体，代表车企为蔚来、理想、小鹏等。第三类指的是华为、小米、阿里、百度等科技巨头下场造车，它们有的选择技术合作路线，如华为宣布不造车，但与整车厂商合作研发自动驾驶、智能网联技术，做车企的供应商，有的与传统车企合作造车，如阿里与上汽合作的智己汽车，百度与吉利合作的集度汽车，还有如小米选择自主造车的道路。目前新能源汽车行业中进场企业众多，比亚迪依靠过硬的电池技术转变为新能源车企老大，吉利、长城、广汽、上汽通用五菱等传统车企也在努力赶上，新势力车企蔚来、理想打造高端品牌路线，小鹏主打自动驾驶技术路线，表现亮眼，同时特斯拉在中国新能源市场的影响也不容小觑。整体来看，新能源汽车市场以民族汽车品牌为主，新品牌不断涌现，市场集中度较低，品牌竞争激烈。

4. 技术背景

按照国家的补贴政策标准和消费者的意识观念，在汽车市场上更具新能源标签的车辆动力类型主要为插电式混合动力（PHEV）和纯电动（BEV）两种。油电混合（HEV）不仅没有新能源补贴，而且驾驶感受、换油行为与普通燃油车没有明显区别，作为新能源阶段的过渡技术，已不再是主要新能源品牌的技术首选。且我国新能源汽车的市场份额以纯电动为主，2021年纯电动汽车的销量接近整体新能源市场的80%，成为新能源消费者的首选。这离不开我国汽车产业动力电池技术的日益进步和充换电基础设施的建设发展。

我国新能源汽车搭载的动力电池以磷酸铁锂电池和三元锂电池为主，磷酸铁锂电池安全系数高，耐高温，价格便宜，但能量密度低，在相同体积或者重量下续航里程较低；三元锂电池能量密度大但安全系数低，高温下容易爆炸，且三元锂电池必需的钴元素在我国的储藏量低，需要进口，造成成本较高。中国的两大电池龙头企业——比亚迪和宁德时代，都在提升能量密度和提高电池安全性上作出技术突破。例如比亚迪的刀片电池，采用磷酸铁锂技术，通过结构创新，提升了50%以上的体积利用率，即提高了50%以上的续航里程，取得了较好的市场反应。中国新能源汽车市场的迅速发展助推了相关技术的进步，目前比亚迪和宁德时代已跻身世界电池巨头的行列，宁德时代更是连续五年排全球动力电池装机量第一名。中国可以说在动力电池技术方面世界领先，为新能源汽车发展奠定了良好的技术基础。

根据中国电动汽车充电基础设施促进联盟数据，2021年全国公共充电桩比上年增加了65%，达到114.7万台，随车配建充电桩（私人充电桩）同比增长74.3%，达到147万台，公共充电设施与私人充电设施均呈现爆发式增长。① 国家发改委提出，到"十四五"末，要进一步提升电动汽车充电保障能力，形成布局均衡高效、能够满足超过2000万辆电动汽车充电需求的充电基础设施体系。②

新能源汽车，不仅"新"在燃料动力方面，还"新"在不一样的驾驶方式和通信模式。智能电动汽车是未来汽车产业的发展方向，并且向着"智能化、网联化、新能源化"三大主题不断迭代。在这几方面中国都有着良好的产业技术基础，移动互联网、大数据、云计算、通信设备等领域形成了一批国际领军企业，例如华为、阿里、腾讯、百度、京东等全球领先的互联网企业。这些互联网科技公司纷纷布局新能源赛道，正是利用了自身在人工智能、通信互联等技术上的优势，势必为新能源汽车的发展提供科技支持。

（二）发展趋势

1. 市场发展趋势

当前新能源汽车市场以民族汽车品牌为主，2021年全年新能源汽车销

---

① 资料来源：中国充电联盟。
② 《国家发展改革委等部门关于进一步提升电动汽车充电基础设施服务保障能力的实施意见》。

量中，民族汽车品牌占比将近 75%，销量前十的新能源品牌中仅有特斯拉一家为外资企业，其余全是民族汽车品牌和新势力品牌。与此同时，消费者对于民族汽车品牌的关注度也显著提升，调查显示，消费者对于民族汽车品牌的关注度在 2010 年仅为 35%，到 2020 年高达 75%。民族化将成为新能源汽车市场的一个显著特征，且随着产品和品牌的成长，以及消费者日益增强的民族自信，这一趋势会进一步得到强化。[①]

2022 年，国家对新能源汽车的补贴继续退坡，直至 2023 年完全结束，中国的新能源汽车市场将逐步从政策推动转变为市场内需推动，车企要完全依靠产品创新能力和品牌吸引力占据市场。从 2021 年新能源汽车销量数据可以看出，销量前十的企业相对于上一年均有三位数以上的增长，且前十名的总销量占到了整体销量的 69.5%，龙头效应明显。这说明新能源汽车的消费者更看重品牌效应，对于知名品牌、头部企业更加信赖。尤其是对新能源技术态度相对保守的消费者，更加倚重品牌口碑。

新能源汽车市场的竞争主要有三股势力，新势力车企、传统车企和互联网科技公司。其中新势力品牌因其先天的互联网产品思维和主打社群营销的方式，在一开始便有着较高的用户黏性；传统车企在打造品牌力的时候则更多仰仗燃油车时代积累的口碑和新能源产品方面的技术，尤其是动力电池技术；互联网科技公司目前大多处于前期研发状态，实现量产的产品较少，主要因互联网技术和雄厚资金而引起关注。新能源市场竞争注定将是一场科学技术的较量。但在未来的新能源市场，拉开产品差距、打造品牌辨识度的可能不会是自动驾驶或者动力燃料，而是智能座舱系统。自动驾驶和动力电池的技术将会趋同，但消费者在座舱中的体验则会更加个性化、品牌化。打造新能源汽车的品牌黏性，未来的战场将会是消费者的智能座舱体验。如何在智能座舱系统中打上品牌烙印，满足消费者对于品牌的期待，将是对企业品牌力的考验。

2. 技术发展趋势

在新能源汽车的发展中，"软件定义汽车"可能是最重要的趋势之一。

---

① 资料来源：中汽信科数据库。

传统的汽车行业只卖硬件，一辆车怎么样由发动机、变速箱和底盘三大件来决定。然而新能源汽车的动力构造彻底颠覆了燃油车时代的观念，而且由于第三次工业革命——互联网技术的发展，新能源汽车与互联网技术相结合，不仅有硬件，还增加了许多"软件"。例如新能源汽车标配的自动驾驶技术和智能座舱系统，都是由软件实现的。软件的先进算法实现了自动驾驶、自主泊车，车机系统能实现疲劳预警、语音控制等，不少车企如特斯拉，依靠其自主研发的软件系统成功占领市场，上汽也专门成立了软件公司——上汽零束，来应对未来汽车软件上的竞争。除了利用软件系统打造产品差异性，软件开发还能打造新的商业模式，即OTA升级。如同电脑系统每隔一段时间需要更新，汽车软件同样可以进行更新迭代，且根据需求提供一些收费服务。不同于传统燃油车的"一竿子买卖"，新能源车企可以利用软件拉长商业过程，由制造商转变为服务商，获得更多的市场机会点。

智能化、网联化等技术不仅被运用到汽车产品中，还被用来优化汽车全生命周期的价值链，从汽车生产到供应链，再到销售和服务。例如生产工厂可以通过数字化技术实现自动化、集成式的生产管理；供应链环节更能通过5G网络、人工智能等技术建立高效灵活的供应链体系，实现在传统模式下效率的提升；销售环节利用大数据、智能分析，更能掌握用户需求，实现精准营销；服务环节更是可以利用技术提供个性化方案。在所有环节收集到的商业信息可以反哺到生产、营销端口，实现信息的更新利用，创新商业模式。

3. 企业战略趋势

不仅是中国市场，世界新能源汽车市场也在迅速发展中，为了实现在新赛道上的弯道超车，中国新能源汽车需要利用自身优势在海外进行产业布局。"麦肯锡中国电动汽车对标分析"（McKinsey China EV Teardown Project）的研究成果显示，中国车企的"续航价格比"远优于国际车企（中国车企为21公里/1万元，国际车企为11公里/1万元）。[①] 除了续航能力，中国车企的产品

---

① 麦肯锡未来出行研究中心：《纯电动汽车设计的成功之道：10款中国车型对标分析》。

通常还拥有舒适的内饰座椅、极具科技感的配置以及丰富的车机功能，这在同价位的欧美车型中很少见。对于中国新能源车企而言，北美市场存在一定的政治风险，日韩地区本土品牌强势，欧盟大力推广电动车，且电动车渗透率很高，综合来看欧洲是最适合进行布局的一站。部分车企，如上汽、小鹏、比亚迪等已经开始在欧洲试水，相信这只是一个开始，未来欧洲会是中国民族汽车品牌的一个潜在机遇，也会是民族汽车品牌"走出去"的第一步。

中国民族汽车品牌除了面临发展扩张的问题，还面临疫情影响、国际局势变动等风险因素，为了快速应对、把控风险，企业需要进行组织改革，推进企业向敏捷型组织转型。麦肯锡认为，敏捷型组织具有五大特点：一是凝聚共识，通过明确的目标规划引领整个企业向前走；二是跨职能团队的建设，打破研发、生产、供应链、销售之间的团队壁垒；三是不断学习，在企业内部建立学习、分享、改进的一整套体系，以应对快速变化的汽车市场；四是强调不拘一格降人才，拥抱跨专业、跨行业的专业人士加入，这也是汽车产业与其他产业相互融合的需求；五是利用数字化进行内部管理，充分运用科学技术，对企业内部的行政、招聘、培训等板块进行科学梳理。目前传统车企在企业转型方面还有较大困难，但面对变革中的汽车行业，企业需要抓住时机，作出更好的判断。

由于汽车产业不再是单纯的硬件生产，而是融合了制造生产和智能网联的跨领域企业生态，传统的单一产业链将向着产业链群的方向发展。除了汽车制造商、零件供应商以外，信息通信技术企业、硬件/软件科技公司、软件运营商、技术服务商、软件内容商等将以技术融合为牵引，共同构建以数字化、网联化、共享化为核心的新型汽车产业。例如宣布要做 Tier1 级别供应商的华为，没有选择自己造车，而是选择做汽车企业的技术服务商。在新赛道上，汽车企业不再单打独斗，融合合作、协同发展的产业链群才是未来新业态的必经之路。

总之，新能源汽车的发展依靠国家政策的支持、中国消费社会的支撑、汽车行业的变革以及当代动力电池、智能网联技术的进步，拥有了天时地利人和的绝好时机。从市场、技术、企业战略三个方面来看，新能源汽车的发展趋势都会是正向、积极的。新能源市场对民族汽车品牌的信心很强，民族化将是一个重要特征，同时消费者对头部品牌企业更加依赖，在市场竞争中，除了动力电池技术和自动驾驶技术，智能座舱系统将是未来的兵家必争之地。新能源技术的发展趋势中，"软件定义汽车"将是一个非常重要的内容，同时智能化、网联化等技术将不仅被运用到汽车产品中，还会用来优化汽车全生命周期的产业链，技术赋能效应明显。在新能源汽车企业的战略规划上，"走出去"是中国汽车工业的重要命题，欧洲会是一个潜在机遇，考虑到当前市场环境的不稳定性，推动新能源汽车企业向敏捷型组织转型是一个选择方向，同时考虑到新能源产业的多方融合，车企向产业链群发展会是未来的新业态。

二　新市场新赛道下的品牌建设特征

（一）品牌生态理论

新能源赛道是一个环境复杂的产业系统，这里竞争激烈，市场瞬息万变，多产业融合、多方协作是常态。在此背景下，要想立足于市场，将品牌建设置于不败之地，需要引进多元化的品牌理论体系，改变单一的品牌理念。国外学者通过生物隐喻的方式将品牌看作一个"复杂的生物体系"，将自然界的生物生态体系映射到商业环境中的品牌建设体系，利用自然生态的精妙系统来指导人为市场中的品牌应该怎么做。这一理论没有把品牌的创立和发展看作一个单独发生的事件，没有忽略品牌建设与各种内外部因素和客观环境间的互动和联结，对于新能源汽车品牌建设无疑更具有参考性和指导意义。

生物由基因发展到细胞、器官，直至形成生命体，再聚集成生物种群和生物群落，这一发展过程如果映射到品牌的生态系统上，则会变成由形成品牌特色到树立品牌个体，在此基础上扩大产品线、扩大集团业务，再到行业内扩张品牌，最后在整条产业链上形成一个品牌群落。品牌就如生命体一样，从单打独斗到群聚而生，在和市场环境的互相作用下生长壮大（见表2）。

表2 品牌生态系统

生物生态系统	基因	细胞	器官	生命体	种群	群落
映射带						
品牌生态系统	品牌特色	品牌个体	品牌种群(产品线)	品牌种群(集团内部分类)	品牌种群(同行业内)	品牌群落(制造商、供应链、分销及服务商等)

了解品牌生态系统的内涵后,如果用商业语言来定义的话,品牌生态系统就是一个由品牌与品牌产品、品牌拥有的企业、企业股东、供应商、消费者、中间商、竞争者、金融机构、大众媒体、政府、社会公众、相关企业以及品牌生态环境(包括政治、经济、文化、自然环境等)组成的多维综合体。

品牌个体系统是以单个品牌为核心,以创造品牌价值为主导,联动品牌内部的企业经营、供应商系统、中间商系统、分销商系统、品牌的最终顾客以及品牌所处的客观环境。品牌种群系统与个体系统遵循同一个运营机制,不同的地方在于系统核心不再是单个品牌,而是同产品的多个品牌、同类别的多个品牌,或者同一条产业链上的多个品牌,品牌间相互联结、相互影响,组成一个集合体,共同对市场环境作出反应。

品牌生态理论把品牌研究的核心从早期的品牌自身延伸到更广泛的范围,将其主体与其他利益共同体都纳入研究范畴中,伴随着主客观因素与环境的变化,品牌的建设与完善也变成一个动态、多元的过程。品牌生态系统的建设主要有两方面,不仅要树立品牌自身的核心发展目标,创建公司,打响知名度,做强核心竞争力,还要大力向外拓展,积极与外部联系,融合发展,以期更好地掌握变化趋势,谋求品牌进一步的发展壮大和更长久的稳定生存。

(二)品牌建设机制

把品牌置于隐喻成生态环境的市场机制中,便可知其面临的场景有多凶险，此时单一的线性思维无法保全生存，唯有发散式、网络化的思路统纳全局方可夹缝中求生。整个品牌建设的步骤可分为六步。

一是明确品牌目标，确定建设规划。通过市场相关领域的数据分析来确定品牌未来发展的规划，利用企业内部宣传、外部市场宣传形成一定声量，以内分析外宣传的方式确定好品牌事业长期发展的最初根基。

二是明确品牌定位。这是品牌建设中最关键的一步，需要找到拥有市场机会且有一定发展容量的定位点，并且在满足定位要求的基础上打造差异性，做到"人无我有，人有我优"，这是品牌发展历程中的一个重要阶段。这一阶段的品牌，需要通过产品和服务占据用户心智，让潜在用户能够很容易产生品牌联想，同时注意竞争产品的动向，扩大差异从而拥有更强的竞争实力。通常品牌在这一时期很注重营销的广度和辨识度，优秀的营销策略甚至能实现至少50%的成功。

三是塑造品牌形象。品牌形象是指在市场环境和社会公众心中品牌的个性和特征，体现了用户对品牌的评价、看法、好恶和心理定位，一定程度上反映了品牌在市场中的实际表现。品牌的形象不是简单的产品质量，或者logo 的颜色，是包含产品特征、品牌标识、市场口碑、品牌文化、企业社会形象、媒体舆情形象、与竞品的竞争差异等多方面内容的一个综合印象，通常这个形象包含一定的感情色彩。一个品牌有了品牌形象就已经成功了一半，说明此时品牌已经占领了用户心智，在不涉及消费行为的情况下也能被提及。但如何塑造一个具有不可替代性的品牌形象，则需进一步的差异化和稳定的口碑输出。

四是选择品牌建设模式。当品牌已经拥有鲜明的品牌形象和相对稳定的市场地位后，为了寻求进一步的发展，往往会考虑扩大品牌规模，其中最常使用的模式是在主体品牌的基础上建立副品牌或子品牌，该子品牌可以是跟主品牌相近的市场定位，意在某一单一市场中获得集团竞争的优势，也可以是跟主品牌不同的细分市场领域，从而能在同行业中获得更广泛的影响力、扩大业务范围、收获不同受众的关注。对于多重品牌的定位和分级会影响用户选择和市场印象，也是会影响品牌核心竞争力的重要举措，因此要在确定企业主要战略目标的高度上进行布局选择。如何稳固主导品牌，使其不至于被品牌集群拉扯影响，以及如何进行差异化布局，打造集体优势，不至于出现"1加1小于2"的局面，需要品牌建设系统思维的智慧。通过主导品牌的价值和认同度塑造，在满足不断增长的客户需求的过程中打通从产品生产到销售的通路，通过品牌生态系统的发展，用系统化的思维解决问题与困境。

五是创造品牌价值链。在品牌生产商、品牌供应商、品牌分销商、品牌中间商、最终销售、品牌服务、品牌营销等整个生产链上打造通路，整合生产链的各个环节，形成生产链条上的品牌集聚价值。这个过程中，品牌可以在创造、生产价值的同时转移价值、使价值扩大，并且在上、中、下游行业中形成品牌影响力，是纵向的、产业意义上的扩大影响力、提升品牌利益和集团利润。同时，共同价值的介入使各个环节共生共荣，创造了更加紧密的商业关系，价值共创、利益共享能推动价值链的规模扩张，在增加营业额的同时实现整个产业链的价值和影响力双重增长。

六是编织品牌价值网。品牌的建设布局可以看作横向的市场拓展，产业链上的价值共创可以看作纵向的行业布局，那么一横一纵，即可编织一张多方向、多维度、多方合力的品牌价值网络。品牌价值网络中的核心品牌、核心企业的价值创造以及核心客户价值，是这张价值网络建设的核心环节。通过价值增加和利益共享机制来稳定壮大整个品牌价值网络是一方面，以较低成本实现强势品牌的资源共享，以强大的价值创造能力牵引相关利益群体，将其置于一个共同分担风险的机制下，则能更加科学有效地发挥品牌集团化优势。

（三）新能源品牌建设特征

新能源赛道上的竞争者们在打磨动力技术、智能网联等硬实力的同时，都十分注重品牌建设，它们很多都是品牌生态系统建设的实践者，将品牌系统看作一个相互协作、联结互动的价值网络。这种品牌建设上的创新在新能源品牌中十分常见，且呈现了与传统燃油车不同的一些特征。

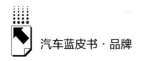

　　首先，新能源品牌创新了品牌营销方式。它们利用目标客户拥抱新科技、拥抱网络的特点，充分利用互联网不受时间地域限制、利于快速传播口碑的特点，建设自己的品牌社群。它们在社群中建设社群文化，增强用户黏性，社群在扩大到一定规模时就产生口碑裂变和口碑溢出，社群用户自发地为品牌进行宣传。这种由用户开始的营销模式，往往也决定了后期各种产品和服务相关的举措都将以用户为导向——因为早期的用户社群是发展根基。最典型的例子是被称为"汽车界的海底捞"的蔚来，早期的"自来水"用户支撑着蔚来走过品牌建设初期遇到的质疑和困境，也在"死忠粉"的宣传下强化了其贴心服务的品牌基因，用优质的服务打造品牌差异，树立了鲜明的品牌形象。

　　其次，新能源品牌用体验强化品牌印象。车作为第三空间，天生承载了很多体验属性，现在的新能源品牌将这种体验延伸到用户消费的各个环节，力图在每一个体验环节都打上品牌烙印，强化品牌印象。例如多数新能源品牌不走经销商路线，而喜欢选择商场内、商业街等人流最多的地方用统一风格打造直营门店，配备统一的门店体验环境；有的品牌还会专门建设车主休闲娱乐的场地，车主可随时进去小憩；品牌帮助车主与车主之间保持密切联系，有车主社群，定期举办各种聚会、亲子活动等社交活动；除了本品牌的汽车相关用品，还可以够买其他周边产品，力图让用户在生活里时刻能感受到品牌的存在。新能源品牌的建设在从门店体验、休闲娱乐体验、社交体验到日常消费体验的用户旅程中不断得到强化，在此基础上还能发掘新的业务机会。

　　再次，新能源品牌从传播、销售到服务、软件、产品周边，打造品牌化一条龙，形成产业价值链。新能源产品不仅包括动力电池、车身内饰等硬件，还需要操作系统、云端数据等软件服务，多产业融合也奠定了构建品牌价值链的基础。例如哪吒汽车，云端网络系统涵盖汽车销售、线上购物、车主服务等不同移动业务终端，哪吒小店将仓储、交付、维修、保养都纳入其中，实现了产业链上品牌价值的最大化。

　　最后，新能源品牌勇于冲击高端化的品牌建设，力图在新赛道上"弯道超车"。得益于国家政策支持和中国电动车技术的底气，新能源品牌纷纷在高端赛道上一展身手。远有新能源高端品牌的开拓者蔚来，主打豪华智能的理想汽车，近有新一代高端电动 SUV 的岚图汽车。新能源品牌的勇气和自信，离不开中国汽车工业几十年来的艰难成长和国家政策的鼎力支持。

总之，新能源品牌的建设道路，建立在品牌生态系统这一原理之上，通过明确品牌目标、明确品牌定位、塑造品牌形象、选择品牌建设模式、创造品牌价值链、编织品牌价值网等六步走的方式，贯彻品牌战略方针。目前新能源汽车的品牌建设特征有四点：一是创新品牌营销方式，充分利用互联网建设社群文化；二是用体验强化品牌印象，品牌建设在从门店体验、休闲娱乐体验、社交体验到日常消费体验的用户旅程中不断得到强化；三是新能源品牌从传播、销售到服务、软件、产品周边，打造品牌化一条龙，实现产业链上品牌价值的最大化；四是高端化的品牌建设，勇于"弯道超车"。

三　中国民族汽车品牌在新能源赛道的布局

民族汽车品牌在新能源赛道上主要有三大势力：传统燃油车企业、造车新势力，以及其他互联网、通信、消费电子等跨行业巨头，目前前两个势力在市场上占主流，跨行业势力的产品还处于前期研发阶段，量产上市的不多。本部分试图在传统车企与造车新势力中各选几个代表，从技术、品牌战略、服务三个方面分析民族汽车品牌在新能源市场上的布局。

（一）传统车企

传统车企以东风集团、比亚迪、长安、吉利为例。这几家传统车企创立时间早，产业链齐全，产品阵营丰富。主要产品覆盖高档、中档和经济型，业务涵盖商用车、乘用车、新能源汽车、关键汽车总成和零部件、汽车装备等。经过长时间的历史积淀，其新能源产品线也较为丰富，覆盖高、中、低不同价位市场以及不同出行场景和车身级别，品牌布局完备。

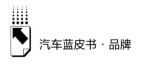

1. 东风集团

东风汽车集团有限公司（以下简称"东风集团"）是中央直管的特大型汽车企业，是中国汽车行业内产业链最齐全、产品阵营最丰富的汽车企业之一。不仅乘用车产品线完备，而且在商用车领域销量和品牌影响力都位居前列。东风集团的新能源之路经过十几年的创新发展，目前已完成新能源和智能驾驶的两大技术跃迁，新能源的产品线也囊括了商用车和乘用车，同时探索践行电池银行等电池补能新服务。

技术方面，东风的新能源跃迁行动旨在加速创新新能源核心技术，打造面向智能网联汽车系统的高级解决方案——中央集中式 SOA 电子电器架构。东风的智能驾驶跃迁行动旨在提升智能驾驶解决方案，这一解决方案不仅运用在乘用车上，商用车的智能驾驶研发也在进行中。在商用车领域，东风推出了无人驾驶品牌"无限星"；在乘用车领域，东风通过 L4 级自动驾驶领航项目和共享出行产品东风 Sharing-VAN，探索智慧驾驶解决方案。目前东风已经在东风风神奕炫车系上实现 L2+智能辅助驾驶的实车搭载。

东风在品牌战略方面坚持乘商并举。在商用车领域，东风巩固商用车的品牌优势，持续推出纯电动中重卡、氢燃料重卡、智能化重卡和高品质牵引车等绿色智能商品。在乘用车领域，东风差异化布局，通过岚图、东风风神、高端电动越野 M 品牌和东风 EV 新能源实现新能源用户出行场景全覆盖，某些方面还做到了新能源市场零的突破。如岚图定位大型电动高端智能品牌，车型以大型 SUV、MPV 为主，面向的目标人群是新中坚力量，M 品牌瞄准高端电动越野领域，是中国新能源市场的新尝试。东风 EV 新能源则以 10 万元以内的低价占据优势。

服务方面，东风集团尝试推进换电模式的发展，践行电池银行等电池补能方式，以应对当前换电模式发展及换电站建设运营受到的多种因素制约。

2. 比亚迪

比亚迪成立于 1995 年，以电池产业起家，2003 年开始创立汽车业务，并于 2008 年开始电动车商品化的探索，可以说比亚迪的发展历程带有浓厚的新能源基因。比亚迪目前也是新能源民族汽车品牌的头部企业,市场份额位居前列,产品配置丰富,车型涵盖轿车、SUV、MPV,价格区间从10万元以内到30万元以上均有布局,目前有两大产品线:王朝和海洋,主要动力类型为纯电和比亚迪自主研发的新一代插电式混合动力技术——DM-i。

技术上,比亚迪深耕新能源动力技术。在动力电池方面可以说是国内的龙头老大,市场认可度很高,例如著名的刀片电池。除了纯电技术,比亚迪自主研发的插电式混动技术 DMi 也收到了良好的市场反馈,被称为全球首创的超级混动系统,展现了比亚迪在动力技术上的超强实力。比亚迪汽车宣布 2022 年 3 月起停止燃油汽车的整车生产,未来将专注于纯电动和插电式混合动力汽车业务,成为传统阵营里第一个"对燃油车说不"的车企。

品牌战略上,比亚迪通过王朝系列,结合中国传统文化,打造了一个极具品牌标识性的产品线,至今仍是比亚迪的销量主力,其中秦 PLUS EV 定位为龙颜纯电轿跑,价位在 13 万~18 万元,宋 PLUS DMi 定位宽体混动 SUV,价位在 15 万~20 万元,均有着不错的市场反响。总体而言,比亚迪的动力技术受到认可,品牌印象仍不够高端化,以中低端消费市场为主,在服务、智能网联技术等方面尚无太多亮点。

3. 长安

长安汽车是中国汽车企业四大集团阵营之一,拥有 160 年历史底蕴和38 年造车经验,但新能源起步较晚。2017 年起,长安汽车提出"第三次创业——创新创业计划",向智能低碳出行科技公司转型,全力打造"新汽车+新生态"。长安的车型覆盖主流市场,价位区间以 10 万~20 万元为主,目前仍以燃油车型为主力,主要产品线有 UNI、CS、逸动等。新能源产品目前只有长安奔奔 E-Star,一款官方售价 8 万元以内的纯电小车。

虽然长安汽车目前的新能源化进程尚未达到一定规模,但一直在进行当中。长安汽车在智能化领域,发布"北斗天枢计划",希望借此打开长安品牌升级、转型提升的向上之路,同时在新能源领域发布"香格里拉计划",

预计到 2025 年全面停售传统意义燃油车，实现全谱系产品的电气化。

品牌战略上，长安奔奔 E-Star 主打电动小车低端市场，但后续长安计划推出一款中型电动宽体轿跑——C385，开启盲订四天后，其订单量便突破 5 万辆，有望成为长安借助新能源实现品牌向上转型的一款旗舰产品。

4. 吉利

吉利汽车集团是吉利控股集团旗下一家集汽车整车、动力总成和关键零部件设计、研发、生产、销售和服务于一体的汽车集团，很早就通过海外并购开启了中国汽车品牌资本布局、金融并购的道路，也在一定程度上刷新了中国汽车品牌的全球影响力。吉利汽车现拥有吉利、领克、几何等汽车品牌，拥有宝腾汽车 49.9% 的股份和全部经营管理权，以及豪华跑车品牌路特斯 51% 的股份，且于 2010 年成功收购沃尔沃汽车。

立足于"蓝色吉利行动"新能源发展战略，吉利汽车于 2018 年发布了新一代新能源动力系统，涵盖纯电技术、混动技术、替代燃料以及氢燃料电池等四大技术路径。

品牌战略方面，吉利走多品牌发展道路，除了本身的吉利和主打年轻高端的领克品牌之外，吉利于 2019 年成立了定位为高端纯电品牌的几何汽车，旗下目前有三款产品，均为小型或紧凑型，价格区间在 5 万~10 万元或 12 万~20 万元，从车型分布和价格分布来看，在新能源产品中不算特别高端。同时，吉利也与奔驰戴姆勒集团合资建立高端智能电动品牌极氪，首款车型极氪 001 一经推出即受到很大关注，这是一款中大型轿车，价位在 30 万~36 万元。

总的来说，吉利善于与其他企业合作，借此发展技术、扩张规模，同时以建立新品牌的战略逐步摆脱原有的品牌印象，争取新的向上之路。

（二）新势力企业

新势力企业以小鹏、蔚来、理想为例。这些企业都非常年轻，创立于 2014~2015 年，创始人团队来自互联网、新能源和投资等行业，拥有较为浓厚的互联网基因。目前新势力品牌的产品线都较精简，以轿车、SUV 等主流车型为主，全部为电动车或增程式等新能源类型，产品价格偏高，普遍在20万元以上。新势力车企都非常注重智能化研发投入，产品主打科技创新，实行单一品牌战略，并在很早就试图开拓海外市场，在服务方面注重与用户的交流联结，善于使用互联网进行品牌传播。

1. 小鹏汽车

技术方面，小鹏汽车非常注重研发投入。对标特斯拉进行全栈自研，小鹏汽车投入了大量真金白银。持续的高投入带来了技术方面的更新换代。小鹏自主研发的 XPILOT 自动驾驶辅助系统目前已经进化到 3.0 版本，搭载了英伟达 Xavier 的辅助驾驶芯片，芯片总算力 30TOPS，具备高速自主导航驾驶、停车场记忆泊车等功能。2022 年，小鹏汽车计划推出从高速到城市场景的 XPILOT 3.5，加入激光雷达和新的规划算法，并于上半年推出 XPILOT 4.0，实现全场景智能辅助驾驶。同时，小鹏计划在 2022 年底推出的 G9 车型上进行智慧出行系统的测试，为 2026 年向无人驾驶过渡做准备。在智能化成为小鹏品牌优势的同时，动力电池技术迟迟没有更进一步的发展，基本由宁德时代等电池供应商主导，甚至形成了供应商、品牌和用户之间的一些隔阂，延迟交货等问题时有发生。

小鹏受限于创立时间与资金规模，没有实行多品牌政策，旗下产品均为小鹏汽车品牌，且产品线精简，为目前市场主流的电动 SUV 和电动轿车车型，价格区间在新势力品牌中偏低，同时又强调智能科技的技术路线。主打产品是定位智能轿跑的中型车小鹏 P7，价位差距大，最低 23 万元起步，最高可达 40 多万元，可充分满足高端定制化需求。即将于 2022 年上市的小鹏 G9，定位为全新智能旗舰 SUV，售价预测在 30 万元以上，被视为小鹏尝试品牌向上、提高品牌价值的一大探索。同时小鹏不满足于国内市场，很早就开启了海外战略。2020 年，小鹏开始向挪威的汽车出口，2022 年 3 月，小鹏汽车正式在丹麦、荷兰、挪威和瑞典四国开启预订，开始了向欧洲进军的发展战略。

服务方面，小鹏汽车坚持使用"直营+授权"的销售门店模式，单店规模小、数量大，且开在大型商圈，方便直接触达消费者。2021 年，小鹏迅

速扩张门店数量和覆盖城市范围，搭建起一个规模庞大的销售网络。

2. 蔚来

蔚来汽车始建于 2014 年，由原汽车互联网企业——易车网的创始人李斌创立。蔚来致力于通过提供高性能的智能电动汽车与极致的用户体验，为用户创造愉悦的生活方式，并打造理想的用户社区。目前，蔚来旗下有 5 款产品，均为中型或中大型轿车/SUV，价格均在 30 万元以上，是较早走高端电车品牌道路的民族汽车品牌。

蔚来注重技术研发，对于智能电动汽车的六大核心技术——"三电"系统的电机、电控、电池包，"三智"系统的智能网关、智能座舱、自动辅助驾驶系统，蔚来通过独立正向研发，全部拥有自主知识产权。

在产品布局上，主力产品 ET7、ES6 售价均在 35 万元以上，且作为新势力中的头部品牌，市场表现也不错，蔚来在高端化的发展道路上取得了在民族汽车品牌中排名靠前的成就。

服务是蔚来品牌最重要的特色。蔚来已经打造了一个黏性极强且品质较高的用户社区，在社区中，从买车、用车到售后，从产品本身、汽车用户到品牌周边，已形成了一个服务闭环，用户也乐于在蔚来打造的用户社区中相互交流，并随着影响力越来越大外溢到其他社交媒体。同时，蔚来也在打造一个极致服务的换电网络，用服务弥补技术上的不足。蔚来的例子验证了人性化的极致服务也可以推动品牌向上，打造品牌辨识度。

3. 理想

如果说蔚来以极致的服务占领市场，理想汽车则是以极致的产品定位和供应链异军突起。理想汽车建立于 2015 年，创立者是汽车互联网企业——汽车之家的创始人李想。理想汽车目前只有一款产品——理想 ONE，是首款增程式电动汽车产品，同时也是大型新能源 SUV 产品的标杆车型。

理想 ONE 在推出后不久就受到关注，其中一个重要原因即号称零焦虑的增程式动力技术。这是一种新型插电式混合动力技术，可以很好地解决充电难、充电时间长等问题，有效缓解用户的里程焦虑，理想 ONE 将其首次带入市场进行商品化，事实证明这确实切中了部分新能源用户的痛点。

理想 ONE 的产品定位是 6 座豪华智能电动 SUV，外形稳重，空间巨大，统一零售价 34.98 万元，加上不用担心行驶里程，被称为"奶爸车"。虽没有小鹏的技术先锋，没有蔚来的"海底捞服务"，但凭借这一鲜明的市场定位以及不错的产品表现，理想取得了新势力前三的一席之地。后续，理想会推出另一款高端大型车 L9，想必会是检验其高端化道路的重要产品。

单一产品线的另一优势就是供应链。新势力品牌受限于资金和规模，在产品组装、零部件采购等供应链端经常出现问题，产生延迟交付、质量不稳定等弊端，打击了消费者信心。但理想 ONE 因其产品集中性，在零部件价格、出厂时间等方面都具备更多的供应链优势，在分秒必争的新能源赛道上这是一项重要的抓住用户的能力。

总之，传统车企依仗多年在汽车行业的耕耘和取得的成就，在新能源市场上的布局野心勃勃。技术上采取新能源和智能网联两手抓的策略；品牌布局上不仅有高端电动、中端经济适用车型以及低端纯电小车，还有一些细分市场的创新电动车型，满足不同的市场需求，填补新能源市场空白；服务上紧跟发展步伐，不断创新，向新方法、新思路学习。列入发展规划的新车全面电动化的企业战略体现了传统车企在新能源赛道上的坚定决心和信念。

新势力品牌普遍缺乏一定的行业积累，不能在产品布局和服务上做到面面俱到，有的选择专攻智能驾驶技术的发展路线，有的以极致服务获取用户黏性，有的以单一产品形成更经济的发展模式，不求大而全，只求精而美，以单项特长建造品牌护城河，在竞争激烈的新能源市场中凭一杆长枪杀出血路。

四　中国民族汽车品牌借助新能源赛道推动品牌向上

新能源市场的迅猛发展，新能源汽车销量的逆势增长，都表明这一产业的未来可期，同时预示着市场竞争的激烈与品牌战略的重要性。民族汽车品牌借助这一发展机遇，于竞争中寻找机会，重拳出击，在以下三方面推动品牌向上，打造能经受时间考验与获得市场认可的民族品牌。

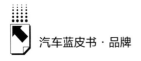

（一）坚持市场导向

民族汽车品牌坚持以客户为中心，以市场为导向，提供高科技的产品与极致的服务。传统燃油车企形成了经济型、中端、高端的商品布局，实现了主流市场的全覆盖。新势力车企把准了消费者技术领先的消费倾向，把科技感、智能化做到极致。民族汽车品牌把握了消费升级的趋势，同时满足各细分市场的需求，在新能源市场中才有了逆势向上的好成绩。

（二）坚持场景驱动

民族汽车品牌针对不同的使用场景，精准开发车型，满足用户需求的同时实现技术迭代和创新。有能力的传统车企在商用车领域形成了全场景布局；在乘用车领域，L4级自动驾驶车 Robotaxi、5G 无人驾驶汽车 Sharing-Van、XPILOT 自动驾驶辅助系统等车企自主研发的驾驶系统均有了商业示范和市场竞争，推动交通系统智慧方案的发展和实践。民族汽车品牌在场景应用和用户体验中体现了产品价值和品牌价值。

（三）坚持技术创新

民族汽车品牌坚持核心技术的自主研发，在动力电池领域基本完成产业化布局，形成了规模化的"三电"生产能力，在氢燃料领域也有初步探索和突破，在智能软件领域打造了 SOA 电子电器架构和各种基于自身新能源车型开发的原生智能模块架构等。其中小鹏汽车专研自动驾驶技术，在2021年12月的 CCRT 辅助驾驶测评中，小鹏 P7 的智能驾驶得分率第一，远高于特斯拉 Model 3。民族汽车品牌用技术创新硬实力打造品牌新力量。

总之，民族汽车品牌以用户为中心，以市场为导向，以场景为驱动，以技术创新为引领，以合作共赢为最终利益，在风起云涌的新能源市场中推动品牌向上，在电动智能汽车新时代展现核心竞争力和战斗力。

参考文献

《麦肯锡中国汽车行业 CEO 特刊丨跨越"试点陷阱",加快全面变革:车企数字化转型指南》。

李殿云、王超:《中国自主品牌汽车产业发展路径及对策研究》,《蚌埠学院学报》2021 年第 4 期。

《麦肯锡中国汽车行业 CEO 特刊丨破茧成蝶:全球最大乘用车市场的快速蜕变》。

王婷:《我国汽车行业发展现状与趋势》,《企业改革与管理》2020 年第 16 期。

《麦肯锡中国汽车行业 CEO 特刊丨登高望远　擘画未来:三步打造汽车的软实力》。

张燚、张锐、刘进平:《品牌生态理论和管理办法研究》,中国经济出版社,2013。

B.3
汽车品牌形象塑造与焕新

陈 旭*

摘 要： 汽车品牌生命周期有 5 个重要节点，其中品牌衰退期对于眼下很多
品牌而言不是简单的放弃品牌，而是通过新轨道让品牌焕新来获得
新的发展机会。品牌焕新对品牌形象的塑造和维持都至关重要。受
到市场大环境、竞争格局及消费者变化等多重因素影响，越来越多
的汽车品牌进行了品牌焕新，更换 logo 或 slogan、换品牌定位以及
更换实际营销打法是汽车品牌最常见的焕新手段。目前，品牌焕新
出现"+国潮化""+跨界化""多元新营销""内容为王"等多种趋
势。品牌焕新对于老品牌而言是一场"自救"运动，对于新品牌而
言是一次冲出重围、讲新故事的机会。合理的品牌焕新，有利于稳
定的、积极的、正向的品牌形象的塑造和维护。对中国民族汽车品
牌而言，重视品牌形象的包装，努力大幅度提升品牌价值，提升消
费者的认同感，是当务之急。

关键词： 汽车品牌 品牌生命周期 汽车市场

一 汽车品牌生命周期与关键要点

（一）品牌生命周期

为了让自己的产品能够被市场记住和接受，也为了防止别人的产品取代

---

* 陈旭，中国第一汽车集团有限公司营销创新院院长、品牌公关部部长，原一汽红旗汽车销售
有限公司总经理，主要研究领域为汽车行业创新营销、品牌发展规划等。

自己的产品，企业会想尽办法，建立品牌是企业能做的事情中最重要的一项，品牌建立后企业可以通过产品或者非产品的输出来更好地控制市场。可以说，品牌的产生是竞争的结果。创建和维护品牌是一种企业竞争策略，根据企业的不同发展阶段，选定相应的品牌战略能够帮助企业在竞争中取得优势。与动植物一样，品牌也有"生命"。品牌生命周期指品牌的市场生命周期，它包括孕育期、幼稚期、成长期、成熟期、衰退期。

具体来看，孕育期是指从品牌随产品或企业进入市场到被绝大多数目标市场消费者感知的过程；幼稚期是指品牌已被目标市场消费者普遍认识和熟悉，但还未被绝大多数目标市场消费者认同；成长期是指一定数量的目标市场消费者在消费了已熟悉的品牌所代表的产品后感到满意或产生认同感和信赖感，最终成为普遍的社会共识；成熟期是指对具有较高知名度的品牌进行维护，并随着企业内外环境的变化而不断提高目标市场消费者对品牌的认识、认同和信赖程度的过程；衰退期是指品牌退出市场的过程。

（二）汽车品牌生命周期中的要点分析

汽车品牌与其他品牌一样，也有品牌生命周期的设定。汽车品牌的生命周期可以分为五个阶段，即孕育期、幼稚期、成长期、成熟期和衰退期。每个阶段，汽车品牌需要完成的任务各有侧重。

孕育期，这一阶段的关键词是"进入"。应该对市场进行充分调查，只有在确保产品具备一定的优势之后才可以把它推向市场，否则将难以建立品牌。因此，现在越来越多的汽车品牌在其第一款产品开发阶段，就邀请第三方或者成立市场调研部门开展市场调研，确定市场对新品牌的态度和接受意愿。

幼稚期，这一阶段的关键词是"还未认同"。因为还未得到市场的完全认同，所以企业需要用过硬的产品来获得市场更多的青睐。产品品质是品牌的载体，更是品牌建立的基石。值得注意的是，因为产品刚进入市场、很多人还不太了解或者熟悉该产品，所以企业往往会通过大量的广告、营销活动来推广并提高产品的曝光量和知名度，这也是为了给品牌树立一定的知名

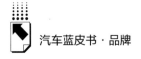

度、塑造一定的品牌形象。

成长期，这一阶段的关键词是"建立了认同"。经过前期的初步发展，市场对新产品和新品牌有了一定的认识和熟悉度，对企业而言需要考虑的就是如何提升销量和市场占有率。这一阶段，企业开始规模化生产，成本随之降低、销售额逐渐增大、利润随之增长，但也面临一个现实问题——同类产品和品牌变多了，竞争变激烈了，曾经知道自家品牌和产品的消费者能否实现有效的购买转化、他们对品牌和产品的黏性是否继续存在。为解决这些问题，企业往往会在这一阶段开展相对明显的促销活动，并辅之以力度更大的广告宣传，让消费者形成品牌和产品偏好，真正地认同新品牌和新产品。

成熟期，这一阶段，新产品的市场销量达到峰值、市场占有率趋于平稳、消费者对产品的需求接近饱和，这个时候的所在细分市场是饱和的，消费者对品牌的了解也到了稳定阶段，知名度、熟悉度、认同度、信赖度、美誉度等都达到最高水平，新品牌的影响力已经形成。对企业而言，这一阶段面对的竞争更强，需要做的就是"维稳"，即稳定其顾客、保证其产品的销量和市场占有率、维持品牌较好的形象和口碑。

衰退期，这一阶段的关键词是"怎么退出"。这一阶段，产品的市场销量持续降低、市场占有率也大不如前、产品利润逐渐消失，消费者对产品的需求在降低，市场和消费者对品牌的好感度降低，品牌影响力逐渐消退。这一阶段对企业来说，需要考虑的是快速/直接地退出，还是缓慢地退出。影响一个品牌发展的因素很多，如果最后判断这个品牌的确没有继续发展的必要，企业应采取"休克疗法"（现实中最常见的做法是停止一切新的投资，及早地减少生产量，快速削减各种研究和营销费用，转移资金，撤销该品牌有关的运营部门等），快速退出，这个做法会让品牌长期积累下来的资源、印象等腰斩，一般在不得已的情况下才会真正走这一步。但如果企业在这一阶段判断其产品还有一些市场并能带来一定利润，那企业会对其产品和品牌继续进行一些投资，使其功能、调性都能延续，甚至是重振雄风、再造风光。

二 汽车品牌焕新的发展趋势及意义分析

（一）汽车品牌焕新的现状

随着汽车市场的发展和消费者的变化，越来越多的汽车品牌为适应现状而选择进行品牌焕新。这两年，不论是民族汽车品牌还是合资汽车品牌，都不约而同地刮起了品牌焕新风。目前，已经有不少品牌完成了品牌焕新。从类型上分，有以下几种品牌焕新的代表。

1. 换品牌 logo

中国一汽——新 logo 的每一个造型都有特殊的含义。在标志的中心，数字"1"代表着中国一汽打造"世界一流汽车企业的发展愿景和追求第一的企业精神"；在标志的主体中，汉字"汽"代表着中国一汽立足主责主业，勇担开创新时代中国汽车产业创新发展新道路的使命；由"汽"字构成展翅雄鹰的形态，标志着中国一汽充满积极向上、奋斗奋进的力量；而"鹰的翅膀"由两个字母 E 组成，其分别代表着 Environment 和 Enjoy，寓意中国一汽致力于绿色低碳、节能环保，努力为用户提供"美妙出行、美好生活"，打造世界一流、环境友好［绿色低（零）碳］、深受消费者喜爱的移动出行服务公司的愿景；在标志的外延线上是一个三角的造型，这三个角分别代表着人、产品、环境，诠释了中国一汽以用户为中心，持续打造电动化、智能网联化、驾乘体验化、安全健康化、节能降耗化的明星产品，坚持社会和环境的可持续发展。

图 1 中国一汽品牌 logo 变化

比亚迪汽车——新 logo 在保留极富激情的正红色和圆环围合的基础上，通过对圆框线条、字体细节进行调整，将原有的字形锐角更改成更具数学美感的圆角，呈现亲和感、开阔感，实现了技术美学与人文情怀的完美结合，更加凸显比亚迪"以人为本"的理念，以及用技术解决社会问题、为人类创造美好生活的决心。标识中的圆环，更代表着比亚迪的全球化视野与可持续发展理念。

图 2　比亚迪汽车品牌 logo 变化

荣威品牌——全新盾形轮廓通过上下两端及底部加宽的方式，让整体轮廓更加稳定；为满足年轻消费群体的审美需求，在贯彻扁平化理念的同时，将边框进行细化处理，整体看上去更具现代感与精致感；针对 logo 内的双狮护华图案及花体字母 R 进行简化设计，这一改动也是为了契合扁平化的设计理念；在简化图案设计后，荣威还选择将双狮护华图案进行放大处理，R 标缩小，突出 logo 中心，让品牌 logo 更加有辨识度，更能满足消费者的审美需求。

图 3　荣威品牌 logo 变化

小鹏汽车——相比老款 logo，新 logo 边角更加锋利，更贴近品牌潮酷的调性；"X"翅膀的形状不仅蕴含小鹏品牌志存高远之意，也是"eXplorer"（探索者）的意味，而这一切蕴含着小鹏未来的品牌规划。

图 4 小鹏汽车品牌 logo 变化

2. 换品牌 slogan

广汽传祺——"一祺智行 更美好"：趣、质、亲，就是广汽传祺带给消费者的三大核心价值。数字化时代的全新传祺，以先进的智慧科技，与每一位客户共同走向美好人生。新口号，代表了一个更年轻、更具活力的广汽传祺品牌。

长安欧尚——"与美好生活同行"：长安欧尚明确以"顾家进取族"为目标人群，以产品为锚点，链接用户和品牌，帮助用户追求更有品质的美好家庭生活，帮助他们一起前行在通向美好生活的道路上。

3. 换品牌定位

重新定位并不是换一个品牌名称、换一句广告口号，而是意味着从产品到价格、从渠道到传播、从公关到文化等全方位的资源整合与顾客价值重塑。

一汽奔腾——2021 年 5 月 18 日奔腾 15 周年之际，一汽奔腾确立了成为中国主流汽车市场中高端品牌的定位，同时还明确了成为优秀主流的中国品牌的目标以及持续为用户出行创造惊喜的品牌理念。未来，奔腾品牌架构将主攻 8 万~18 万元的中高端主流乘用车市场，同时将从营销、品牌建设以及产品三方面发力。品牌建设方面，奔腾确立了"1445 建设"模型。其中，1是指以客户为中心；4 分别指四大发力方向（品牌格调、文化自信、情感连接、客户共创）和四大体验加速（品智出众的产品体验、令人惊喜的技术体验、更胜一筹的服务体验、智在先端的生态体验）；5 是指 5 个品牌矩阵，技术品牌、服务品牌、公益品牌、生态品牌、定制品牌。

北京汽车——2019 年 10 月 15 日，北京汽车发布全新品牌战略。作为北汽集团最重要的自主乘用车核心平台，北京汽车代表着北汽"高、新、特"战略中的"新"，以新能源、新技术为核心推动北汽自主乘用车业务全

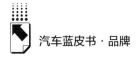
面创新发展，打造基于传统燃油车和新能源车全覆盖的产品谱系。

4. 更换实际营销打法

随着科技的进步、汽车市场的瞬息万变、消费者群体的更新变化以及全面而来的"新四化"趋势，传统的营销打法，其营销内容老旧、营销影响力持续时间短、信息渠道较为单一和传统，已经不能击中消费者的内心、影响其购车决策。因此不少汽车品牌尤其是中国民族汽车品牌开始转换市场营销打法，推出了一系列新招式，俘获了越来越多的消费者。

场景营销，即针对消费者以特定情景为背景，通过环境、氛围、体验的烘托，提供相应的产品和服务，以激发消费者产生情感共鸣来触及消费者的购买欲望，从而产生消费行为。东风风行在这方面显然有发言权——风行品牌了解到年轻消费群体到底是怎样的群体，"爱年轻人所爱，玩年轻人所追"是风行品牌抓住年轻人的法宝，所以这个民族品牌推出"潮酷由我·吉克出色——风行 T5 EVO 潮车计划"，让潮流又自我的年轻车主+自信又时尚的明星代言+酷炫新潮不落俗的场景互相融合，成为 2021 年春天柳州的独家记忆。

体验营销，即从消费者的感官（Sense）、情感（Feel）、思考（Think）、行动（Act）、关联（Relate）五个方面，重新定义、设计营销的思考方式。它把汽车品牌、产品和消费者的生活方式等结合起来，在体验中引发消费者思考，从而产生购买行为。红旗品牌，推出了"智慧六位一体"的体验式营销，"一切以用户为中心"成为新红旗品牌在销售及服务过程中确立的准则——在此过程中，为拉近与消费者之间的距离，邀请车主参观红旗工厂，推出旗舰车型红旗 H9 和 E-HS9 全方位驾乘体验活动。

数字化营销，即通过与垂直运营媒介开展深度合作的方式，打造企业、关键意见消费者、用户等之间的强链接关系，增加用户黏性，进而提升营销效率。2020 年面对疫情影响下短视频行业的迅猛发展，红旗品牌率先发力，以客群研究及数据洞察为基础，启动抖音"旗仕计划"及快手"繁星计划"，建立起私域流量传播体系。此外，红旗品牌也通过与汽车之家、懂车帝等垂直类媒体合作的方式，开展大数据应用促进线上线下全域营销，打造流量生态、转化生态及数据生态进化红旗数字营销体系，有效助力品牌提升及线索客流达成。

圈层营销，即在制定营销方案时，有针对性地筛选客户，通过分层的方法把客户划分为不同的圈层，"物以类聚人以群分"，然后有目标有计划地开展广告投放、互动设计、宣传推广、服务体系设计等系列营销活动。圈层营销作为创新的营销方式，实现高占位、强互动，以"有温度"的语言传递品牌精神。一汽红旗于 2019 年 4 月成立"新高尚情怀人士"俱乐部，集结文化、艺术、体育、音乐等各行业领域精英力量，用更加贴近大众生活的方式，传递新红旗品牌理念与品牌精神，提升品牌影响力，助力红旗品牌精英化用户形象落地。

KOL 营销，是指针对在社交平台具有广泛影响力和号召力的群体，他们具备持续优秀的专业内容生产能力和极强的社交沟通能力，能够起到创造"热度"、持续"创新"和提升用户"体验"的重要作用，利用他们达到抢占用户心智、提升用户体验等目的。制作汽车改装类硬核视频的 KOL 工匠派与威马汽车合作：基于威马电动车，改装出全球加速最快的电动车。目前加速最快的量产电动车，百公里加速时间为 1.9 秒，F1 赛车最快的约 1.6 秒，工匠派的目标是挑战 SUV 百公里加速的最短纪录。这实际上是重新制造一辆汽车，从车辆设计、工业设计到空气动力学，都要融入改装中，吸引了大批车友的注意力。

国潮营销，是指以中国元素、本土品牌、跨界联名等相结合为核心的营销方式。在汽车营销中，体育产业一直备受高端品牌的青睐。一方面，因为体育竞技本身具备跨国界、跨年龄、跨文化的属性，能够实现品牌和产品信息的传播与沟通；另一方面，全球性体育项目有助于建立更高端鲜明的品牌形象，开辟新的市场圈层。2021 年，红旗与故宫博物院达成战略合作意向，创新成立"红旗故宫联合创新实验室"，牵手敦煌研究院，共同打造"中国汽车品牌文化名片"。一汽红旗通过"内容共创+IP 共建""品牌传播+用户链接"等方式实现营销层面的融合，重新赋予民族品牌新的活力。同时还推出红旗 H9、红旗 E-HS9 与故宫和敦煌的联名款，从产品维度进一步提升

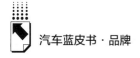

广大媒体和用户的关注度，将文物背后的文化魅力、人文情怀和艺术神韵与现代工业相结合，提振当代中国人的精神力量。

（二）汽车品牌焕新的原因分析

汽车品牌为什么要焕新升级，究其原因主要有以下三个方面，宏观层面的市场大变革，中观层面汽车市场的激烈竞争，以及微观层面消费者的新变化新需求。

1. 宏观层面

中国汽车市场目前在国家政策的引导和技术进步的推进下，进入"新四化"发展阶段，即电动化、网联化、智能化和共享化。电动化指的是新能源电力作为动力系统，网联化指车联网布局，智能化指自动驾驶、智能座舱系统，共享化指汽车共享经济与移动出行新方式。在"新四化"中，以电动化为基础，以网联化为纽带实现大数据的收集和人-车-路互联，逐渐实现智能化、共享化的出行方式变革。这种新趋势已逐渐显现在目前的汽车行业中，在未来将对出行和生活方式产生巨大影响，更会重塑汽车产业格局。

电动化让新能源汽车异军突起，让电动车成为新能源汽车的主流。以往的燃油车丧失了动力技术的光环，被视为旧时代的产物，新能源品牌成为更新、更快、更环保的后来者。新能源领域中曾风光一时的插电式混合动力被视为油改电的过渡技术，油电混合直接丧失了新能源的入场资格；被宣传为"零焦虑"的增程式动力本质上属于插电式混合动力的一种，也只限于较少数的品牌和车型。就算市场对里程焦虑、电池安全等问题有所顾虑，主要的新能源动力还是电。

网联化与智能化的完全实现需要依托更成熟、更完善的互联网通信技术、卫星导航技术以及人工智能技术等，但这些并非遥不可及，在目前的市场上已经可以感受到初级网联化、智能化带来的汽车产品变化，车企的智能网联布局都在加速推进中。例如现在较为普遍的 L2、L3 等级自动驾驶，集车机交互、娱乐影音、OTA 升级、语音手势控制、人工智能等于一体的智能座舱系统等,都是智能网联化目前的市场表现。

共享化是未来汽车出行新业态的畅想,基于智能网联化的发展,未来的道路交通产业将会出现共享出行的新型商业模式。目前也有共享化的商业探索,如"滴滴出行"等网约车服务,但受到经济发展、技术因素和社会观念的制约尚未达到最适合的时机。

汽车市场"新四化"的巨大变革,将改变竞争方向、产业结构,甚至在不远的将来颠覆汽车产品的定义。汽车的机械属性被逐渐削弱,作为一个科技移动终端的属性变得更加明显,通过品牌焕新,能传达出更加年轻、科技感强、智能化的品牌理念。

2. 中观层面

汽车产业竞争越来越激烈,传统燃油车在政策导向、产业整合、市场风向等因素的影响下进入存量市场阶段,新能源汽车渗透率逐渐增加,下一阶段汽车消费的增量将由新能源汽车拉动。同时经历新冠肺炎疫情,经济发展速度放缓,汽车市场需求也受到影响,消费前景不明朗。汽车市场发展有限的情况下,众多资本力量下注汽车行业,尤其是新能源赛道。除了传统燃油车企,还有带有互联网基因的新势力车企,以及互联网巨头、通信科技行业巨头、消费电子企业甚至房地产企业等,都在新能源汽车行业上大力投资,意图创建自己的汽车品牌,同时汽车产业前期需要投入大量成本进行研发生产,投入高、周期长,企业经营压力大,需要在充满竞争的汽车行业中寻找利益增长点。最后,民族汽车品牌缺乏时间上的积累,很难依靠品牌历史、品牌故事来与欧美传统品牌进行竞争,为了抓住消费者,需要走一条不同的道路,即以创新向上、年轻科技为目标的品牌焕新升级之路。

3. 微观层面

汽车消费者群体发生变化,增加了诸如 Z 世代、女性车主、宝爸宝妈一族等新力量,他们有着不同以往的购车需求,以及侧重于不同方面的购买力。

Z 世代指 1995~2009 年出生的一代人,他们陆续步入职场,开始有独立的经济来源和自主的消费选择。根据国家统计局数据,我国 Z 世代的人数约2.6亿，约占全国总人口的19%。他们受互联网的影响长大，享受到国民财富迅速发展的经济红利，物质需求基本得到满足，倾向于精神上的消费追求。他们认同低碳环保的理念，对电动车更加感兴趣，且接受度较高，虽然也会有里程焦虑，但总体而言对新能源产品持拥抱态度，在新能源汽车和燃油车中更愿意选择新能源汽车。因此强调科技感、年轻化的品牌升级会更加贴合Z世代的需求，同时发掘传统文化，为品牌赋予民族色彩也是一个竞争优势。

随着消费水平升级以及女性自我意识的逐渐觉醒，越来越多的现代女性成为新时代消费市场的主力军。中国女性接受高等教育的比例不断提升，社会地位与经济收入也水涨船高，她们逐渐不满足于坐在副驾驶，而更加愿意自己掌握方向盘。《中国家庭汽车消费白皮书》中指出，在家庭购车群体中，女性决策占到80%，是主要的决策者和实施者；单身女性为了提升生活质量，也更加愿意购买汽车作为代步工具。目前针对女性车主的车型主要从迎合女性需求的圆润外观、前排座椅通风+加热和防晒+静音玻璃等配置以及周到细心的服务等方面来争取优势。品牌焕新也要从女性力量的方向入手，才能更好地掌握"她力量"这一汽车消费市场新群体。

国家三孩生育政策的放开，对于汽车消费也会有一定的促进作用。随着二孩、三孩家庭的增加，车辆出行的需求也会增加，可能会带来大型SUV、七座MPV等多人出行需求的增长，宝妈宝爸们成为推进汽车产业结构性增长的一支重要力量。有孩一族对于汽车的需求中更看重乘坐空间、储物空间、安全性能、驾驶平顺性和座椅舒适度，最好再兼顾出行旅游的功能，从而更加适合一家老小其乐融融的用车场景。这时品牌焕新需要朝着质感生活、值得信赖的方向，方能获得更好的营销效果。

总之，汽车品牌焕新的主要推动力来自三个方面，宏观上是汽车电动化、网联化、智能化和共享化的"新四化"大变革引起的品牌方向转变，中观上是增长有限的汽车市场与日益增多的竞争者带来的竞争变化，微观上Z世代、"她力量"、有孩一族等消费群体的壮大给汽车市场带来新变化，品牌也需要进行有针对性的焕新进步才能抓住更多市场机会。

（三）汽车品牌焕新的趋势分析

在汽车品牌焕新升级逐渐成为一种市场趋势的当下，品牌的焕新之路呈现了一定的特点和套路，它们结合了消费者的新需求，瞄准了国风盛行的消费市场，玩跨界合作、玩营销组合，甚至迎合"内容为王"的新媒体趋势丰富品牌内涵，呈现丰富的品牌焕新策略。

1. "+国潮化"

由于 Z 世代逐渐成为消费主力，他们身上的自我意识和民族自信，在市场上掀起了一股"国潮风"。这股风向也吹到了汽车产业，表现出来的形势就是民族汽车品牌受到了更大的市场关注，尤其是在新能源市场，一些主流民族汽车品牌和新势力品牌表现亮眼。因此，中国民族汽车品牌在本来就缺少历史文化积淀的先天不足背景下，依靠民族品牌+国潮风的打法，收获了不错的市场反馈。

国潮其实有两层意思，一是中国传统文化元素，二是将传统文化与当下潮流相融合使其更容易被现代审美接受和肯定。移植到汽车品牌的焕新上便也有两层意思，一是肯定品牌根植于中国，宣传自主研发技术和自主技术团队，二是展示中国传统文化与汽车工业相融合的方面，目前主要集中在产品理念、车身外观和内饰上。

第一种国潮风，即目前中国民族汽车企业都强调的"完全自主研发技术"。例如奇瑞汽车，在全新一代瑞虎 7 上市的时候大力宣传其搭载的奇瑞第三代 ACTECO 1.6TGDI 发动机是中国品牌首款实现完全自主知识产权的发动机，荣获"中国心"2019 年度十佳发动机称号。小鹏汽车则侧重于智能新科技，宣传其坚持通过自主研发，以行业领先的软件、数据以及硬件技术为核心，为自动驾驶、智能网联和核心汽车系统带来创新，做"最懂中国"的自动驾驶车企，打造了科技驾驶领先的品牌形象。这种方式改变了过去"引进××品牌核心技术""采用××品牌先进理念"的做法，更加强调民族企业的力量，渲染了品牌自信心，体现了汽车产品和技术的民族性。

第二种国潮风，即以传统文化为理念打造产品，传统的中国文化成为最明显的标志，代表品牌是比亚迪。比亚迪于 2012 年推出王朝系列汽车，至今已经有秦、宋、唐、元、汉五大产品系列，可谓是最早"出圈"的国潮汽车。王朝系列将中国历史朝代作为车系名称，将传统理念与外观设计融合在一起，起名为龙颜（dragon face）的设计理念，让人印象深刻。例如最新的汉 DM，其前脸延续了龙颜设计的家族脸谱，前格栅带有独特的钻石般龙鳞亮面，车辆尾灯采用全新的贯穿式中国结设计；内饰上，以环抱式设计融合"品"字形排布方式，加上多样化龙元素的细节应用，强调了传统文化的存在感。

2. "+跨界化"

除了民族品牌加国潮的方式，中国民族汽车品牌也开始了与各行各业的跨界之旅。品牌跨界如今在快消行业是许多品牌制造影响力的方式之一，主要目的是实现资源共享，取长补短，达到降低营销成本、提升营销效果，实现"1 加 1 大于 2"的影响力。汽车品牌的跨界，往往会结合品牌自身的价值理念、目标用户和使用场景等因素选择合作对象，力争在不影响品牌形象的同时展现焕新的品牌风貌，吸引更多的市场关注和用户群体。

品牌跨界往往会选择看似不太相关的行业进行联合，造成一种出其不意但又暗暗叫好的效果。例如上汽荣威，为了 RX5 PLUS 的发布选择与国漫《斗罗大陆》跨界联合。《斗罗大陆》是国漫二次元代表，动漫在腾讯视频上热播，拥有庞大的书迷和影迷。在全新荣威 RX5 PLUS 的发布会上，《斗罗大陆》中的经典场景空降上海、成都、南京三座城市，主要角色的 Coser 和声优亲临上海主会场。此次联合是上汽荣威品牌年轻化战略的一次创新，利用年轻人喜爱的潮流生活方式加强与他们的沟通与共创，从而引起更多年轻用户的关注和追随。而动漫界的联动刚结束没多久，荣威又携手中国女足，走起了体育与汽车的联合之路。荣威借此跨界，向公众流露出一个有着强烈民族自豪感、回馈国家、有着爱国精神的企业形象，对于品牌形象的提升有着正面作用。

还有的品牌为了巩固品牌特性，特意挑选有着强关联的跨行业品牌进行合作。例如长城旗下主打越野性能 SUV 的坦克品牌，集结一批潮玩越野坦克手，在自有 App——TANK 上分享自己的户外、改装、摄影等越野生活方式；在汽车改装界联合运良、顶火等改装大厂，打造了坦克游侠、风林铁骑等改装车型。这种跨界形式深化了品牌想要表达的理念，让用户更加理解品牌的意图和其传达的生活方式。

3. 多元新营销

随着汽车产业的变革和理念的革新，汽车行业从"以产品为中心"向"以用户为中心"转变，不仅产品的功能开发以用户场景为出发点，品牌焕新的方式也转向以用户为主体的营销模式，同时随着互联网、大数据的兴起，利用数字化工具进行的营销模式也受到欢迎。汽车品牌的焕新升级借力营销模式开发了多种多样的新玩法，目前比较主流的有体验营销、场景营销以及数字营销等。

体验营销指的是企业以消费者为中心，在消费者的整个消费行为过程中，通过对场景的安排和体验过程的设计，让用户沉浸在服务体验里，进而引发其消费的欲望，产生美好深刻的印象，并获得精神满足的过程。相比于传统的直接推销产品的方式，体验营销更注重用户的感受，并让消费者在广泛的社会背景下检验这种体验。此外，体验营销的方式又有了进化升级，并被众多品牌所重视。如新势力品牌倾向于开设品牌直营店，并把店面放在人流量大的商业街和商场内，用统一风格的店面和服务人员迎接用户前来问询，并隐隐透露出与都市人、年轻人相近的生活方式，展现出一种随处可见、随时可买的消费体验。

场景营销是指利用用户的消费场景进行的营销方式，而消费场景可以概括为四个环节：一是决策场景，二是购买场景，三是使用场景，四是分享场景。场景营销要求从用户视角思考问题，一方面是用户在此时此景会做些什么，产品如何解决需求和痛点，另一方面是创造一个全新的场景，打动用户，并让其想象自己会利用产品做些什么。好的场景营销能让用户立马有代入感和沉浸感，并唤起他们的消费需求，进而达到与品牌的共振。例如新势力品牌理想，它只有一款车型，大型六座 SUV 的理想 ONE。理想能够跻身新势力品牌的前三，没有靠丰富的产品线或者海底捞般的极致服务，而是成功地塑造出一个场景：一个儿女双全、自由出行的中产幸福之家。品牌的slogan是"创造移动的家，创造幸福的家"，副标题是"一家人的出行才是幸福"，网页上的宣传图赫然印着丈夫和妻子带着一双儿女在海边奔跑的场景，相信理想ONE的目标用户在这种场景暗示下很难不会产生心动和好奇。

数字营销主要指利用线上网络和大数据处理分析来进行营销的一种方法。数字营销不能像线下营销一样让用户身临其境，但在疫情影响线下活动举办的当下，以及行业竞争压力增大的情况下，车企亟须开辟新的方式来适应市场现状。为了补偿现实场景的缺失，数字营销会推出一些线上交互活动，一方面通过线上获得一些销售机会，另一方面希望还原线下服务的亲密交互感，促进用户转化。数字营销现在已成为各大车企纷纷采取的营销新模式。例如吉利领克与百度联手打造的"领克乐园"，就是一个汽车数字展厅，借助5G、人工智能、云计算、VR等核心技术，打造一个线上看车、购车的平台，开启"元宇宙看车"的潮流。因此，数字营销不仅可以为用户提供别具一格的服务体验，而且可以提升整个品牌的形象，帮助汽车品牌实现智能化、数字化的升级。

4. 内容为王

当今新媒体短视频的火热，不仅让汽车的营销更注重短视频渠道，还学习了其"内容为王"的生存法则，即说好品牌故事的重要性。当下汽车品牌争相打造新形象的趋势似乎是在努力创造新的品牌故事，意在提醒消费者：品牌要进入新阶段，希望能持续关注接下来的变化。例如比亚迪更新了品牌logo，由红色的BYD三个字母改为银灰色，取消了左侧竖线以及外部椭圆轮廓，并进行圆角处理，整体时尚感很强，官方解释是"以开放的胸怀和创新的姿态链接更多用户与伙伴"。不过值得注意的是，比亚迪目前畅销的王朝系列均采用独立汉字标，新标的使用范围似乎并不大，从视觉效果来说影响有限。当前汽车品牌的改进更新，一方面确实是想要一改旧形象，更适应当下市场的消费需求和消费趋势，另一方面似乎也有迎合这股焕新潮流，生怕落后于瞬息万变的行业竞争中的担忧。

综上所述，汽车品牌焕新的趋势呈现四大特点，一是民族品牌加上国潮的打法，展现文化自信和民族自信；二是民族汽车品牌纷纷进行跨界联动，开拓新行业新客户；三是品牌焕新结合体验营销、场景营销、数字营销等多种营销方式齐头并进；四是品牌焕新迎合新媒体新渠道，发挥当下汽车品牌传播"内容为王"的要义，升级品牌的同时也在向市场重新介绍品牌。

三　品牌焕新与品牌形象塑造的关系分析

（一）什么是品牌形象塑造

品牌形象，就是指企业将某种品牌与目标消费者生活工作中的某种事物、某些事件之间建立起的一种联系。它是受感知主体的主观感受、感知方式、感知背景影响的。品牌形象是企业的无形资产，具体而言就是企业产品的质量、性能、设计、价格等要素在消费者眼中的整体表现。打造企业品牌，就是运用各种手段来塑造品牌形象。因此塑造好一个品牌的整体形象，对企业生存、成长、发展进步乃至整个品牌生命周期都至关重要。

一般而言，塑造品牌形象有以下几个途径：第一，加强品牌管理，把企业的愿景和经营理念反映在品牌形象上；第二，重视产品与服务质量，质量是品牌的基石，所有强势品牌最显著的特征就是质量过硬；第三，品牌定位，即品牌在消费者心中独特的、有价值的位置，是一种"文化"，一般品牌定位可分为功能定位和情感定位，重视品牌定位，对品牌形象塑造十分重要；第四，品牌设计包括对品牌名称、标志和包装进行设计，优化品牌设计，突出品牌个性、提高品牌认知度、体现品牌形式美都是塑造品牌形象的必要手段；第五，重视消费者，做好以消费者为核心、高度重视消费者反应的公关与广告。

品牌形象塑造之后是维护品牌形象。随时维护品牌形象的核心价值，因为品牌形象是让消费者明确、清晰地识别并记住品牌的利益点与个性，是驱动消费者认同、喜欢乃至爱上一个品牌的主要力量；不断提升产品质量，因为质量是构成品牌形象的首要因素，也是决定品牌形象生命力的首要因素；

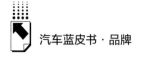

不断创新，创新使品牌形象与众不同，让品牌生命中加入了无穷活力，是延长品牌形象生命的重要途径。

（二）品牌形象与汽车品牌生命周期的关系分析

在汽车品牌生命周期中，品牌形象的塑造对于一个品牌的建立、成长、成熟以及后续的衰退/衰老等各阶段都影响深远。对汽车品牌而言，品牌形象的好坏，直接反映出该品牌产品和服务的好坏，作为内在核心价值的外延，也能反映出这个品牌能不能继续发展、定位是否清晰；对很多消费者而言，品牌形象是品牌、口碑的代名词。汽车品牌塑造一个良好的品牌形象，有助于消费者购车决策时将其产品纳入决策圈，甚至直接影响购买行为。

消费者需求的不断变化以及汽车市场竞争环境的日益激烈，让汽车产品生命周期不断缩短。维持品牌形象，需要靠品牌理念、靠产品、靠技术、靠管理、靠营销等，而这些依靠的手段恰恰也是汽车产品生命周期不断发展和更迭的必要途径。维持品牌形象，需要不断创新，这种创新包括技术创新、管理创新、营销创新。

（三）品牌焕新对品牌形象的意义分析

随着市场的发展，能源结构和技术的变革，年轻消费群体越来越成为市场主要消费力量，他们如春笋一般不断冒出，不少品牌逐渐老化，汽车市场新参局者也在变化。如果不变革，那这些老化的品牌就会逐渐失去这些年轻消费群体，并失掉自己固守的品牌阵地。这些"头部"或"腰部"汽车品牌进行焕新升级，其实是一场自救运动。

首先，对这些老品牌而言，品牌焕新是对老品牌的更新以及肯定，取其精华去其糟粕后再创新，得到"焕新"品牌，产品形态、生产方式、产业格局以及新商业模式等，都是可以改革的方向。

其次，老品牌不能逃避和忽视 Z 世代这些年轻群体的作用。通过焕新品牌 logo、slogan 或者产品设计、理念等诸多层面，让自己的品牌和产品更显年轻化，将有利于品牌收获更多的年轻消费者。

最后，借力品牌焕新，在更大范围内（全国或全球）实现品牌效益最大化。尤其是随着新能源汽车越来越普及，智能化、网联化、电动化及共享化已成为大势所趋，老品牌适应这些变化，是与自己、与消费者、与市场做一次和解。

焕新-自救的目的，就是在保持经典的同时，让自己变得更年轻，让自己的定位更清晰、品牌形象更具象、品牌价值更夯实，获得更多年轻消费者的同时获得更好的产品销量、市场占有率以及市场地位。

如果继续老牌汽车企业的打法，那么新入局的汽车品牌更无可能收获更多市场评价和实际的销量、消费者。对于这些新入局品牌而言，品牌焕新，其实就是"新式"玩法突出重围，去讲好一个新故事。通过品牌焕新，新入局品牌可以获得更好的产品力、渠道力和品牌力，更加明确自己的品牌定位，例如小鹏汽车，焕新了品牌 logo，但不变的依旧是自己的品牌定位——坚持智能化发展，做"未来出行探索者"，而不是简单的出行工具。

品牌焕新，是汽车品牌生命周期中的"最后一环"，也是品牌的一种"创新"。这种焕新，不仅仅是品牌 logo 或 slogan 的改变，更是管理上的改变以及营销打法的革新。所以从创新角度而言，创新有利于塑造品牌形象，不断创新有利于维护品牌形象。同时，技术、理念和管理的创新对衰退期品牌而言可带来管理和营销层面的变革，即汽车品牌焕新。品牌进行焕新活动，是一种市场"新形势"下的手段选择，有利于稳定的、积极的、正向的品牌形象的塑造和维护。

四 一汽红旗品牌焕新的策略与成果

（一）品牌背景

红旗品牌诞生于 1958 年，它研制了中国第一辆国产高级轿车，是自主研发制造历史最悠久的国产汽车品牌，有着和其他汽车品牌不同的产品发展

历程。

1958 年东风牌小轿车试制成功后，一汽接到了生产高级轿车向国庆献礼的任务。1958 年 8 月 1 日，第一辆红旗牌高级轿车试制成功，1964 年红旗被正式确定为国家外事迎宾活动专用车。自此，红旗因其重要的政治地位和国家用车的代表形象，得到了当时老百姓的广泛认可。

经过数十年的发展和积淀，2017 年 9 月 18 日，中国一汽开始进行全面深化改革，由总部直接运营红旗品牌，并开始推进品牌重塑，四年多时间，中国一汽红旗品牌从年销 4700 多辆到年销 30 万辆，实现了约 63 倍的增长。

（二）从国车到国民车：红旗重塑品牌形象

在老一辈人的记忆中，当红旗轿车驶过北京街头时，多数群众会自动驻足观望，表达他们的骄傲、喜悦和尊敬之情。如今，红旗品牌不仅继续承担"国车"重任，同时还向市场化、商业化的方向冲击，让红旗品牌成为广大人民群众的座驾。

"红旗，让理想飞扬"，2018 年 1 月 8 日，中国一汽发布新红旗品牌战略，提出了"中国式新高尚精致主义"的品牌理念，以及打造"中国第一、世界著名"的品牌发展战略。一汽"十四五"规划也进一步指出，要在"十四五"期间完成销量目标超 100 万辆，其中红旗新能源智能汽车占比超40%，到 2030 年基本实现绝大部分自主乘用车电动化，力争进入世界一流水平。红旗销量目标体现了其努力从"国车"变成"国民车"的品牌焕新战略，基于此战略红旗在自我革新的道路上高歌猛进：品牌形象、运营管理、渠道建设等各个领域的改革全面铺开，走向品牌形象焕新重塑之路，不断向年轻化、市场化和国际化方向冲击。

（三）品牌战略规划及运营策略

1. 品牌定位

红旗品牌在初创时期的十几年间经历了辉煌和荣耀，在此后的 50 年间经历了沉寂停产、转型模仿、挫折复兴，对于品牌的定位一直存在模糊不清的情况。在新一轮改革复兴过程中，红旗以塑造全新的品牌为目标，对品牌进行了重新定位。对产品定位、客户利益定位和情感定位三个方面进行综合考虑，确定了"中国第一、世界著名"的品牌发展战略，还将产品的新高尚形象与目标用户的形象相契合形成客户利益上的关联。最深层的是红旗在产品定位过程中充分体现了品牌的价值和情感定位。

红旗汽车是中国自主研发生产的第一辆豪华轿车，在中国人的心中，对红旗品牌有着深厚的民族情感。在对品牌进行重新定位的过程中，红旗宣誓成为"中国第一、世界著名"的目标，满足了受众的情感寄托和诉求，建立起与目标受众之间的情感共鸣。因此，重新调整的红旗品牌定位对树立红旗汽车良好的品牌形象，激发消费者的购买行为，增强产品的市场竞争力与溢价能力都有着巨大的促进作用。

2. 品牌设计

一汽红旗于 2018 年将中国式新高尚精致主义作为品牌理念，突出"新高尚""新精致""新情怀"的理念，把中国优秀文化和世界先进文化、现代时尚设计、前沿科学技术、精细情感体验深度融合，打造卓越产品和服务。基于此，中国一汽为新红旗注入了全新的设计语言——以"尚、致、意"为关键词，畅情表达、充分演绎中国式新高尚精致主义的设计理念。

在外观方面，设计师把中华传统文化和现代汽车设计完美地融为一体：极具辨识度的直瀑式进气格栅、标志性的飘扬红旗车标、溜背式动感尾部造型，既符合当下年轻人的主流审美观，又在品质把控上不失中国豪华品牌的质感和水准。

3. 品牌建设

（1）品牌高光时刻打造：在人民大会堂发布战略

红旗品牌以全新进阶求解存量竞争时代，探索中国品牌逆势破局之道。2018 年 1 月，"新红旗 让梦想成真"——中国一汽红旗品牌战略发布会在北京人民大会堂举行。红旗品牌正式宣布未来的发展战略，将"中国式新高尚精致主义"作为品牌理念，努力成为"中国第一、世界著名"的"新高尚品牌"，满足消费者对新时代美好生活、美妙出行的追求，肩负起历史赋予的强大中国汽车产业的重任。

两年后，红旗于2020年1月再次进入人民大会堂，开启2020年中国一汽红旗品牌盛典暨H9全球首秀，并强调"2030年技术发展战略"，提出未来在新能源、智能网联技术领域的战略布局。通过大力投资新能源和智能网联技术研发、扩充研发队伍，布局未来新能源汽车产业高地。围绕体验化、电动化、智能网联化、共享化、生态化五个方向，不断优化和拓展未来创新发展的蓝图。

（2）"四大生态" IP 化打造

A. 用户形象生态：红旗×中国体育

红旗以往的用户群体多以事业单位和国企人员为主，营造出庄重沉稳的"国车"形象。随着国潮营销热潮的兴起，红旗以体育竞技跨国界、跨年龄、跨文化的属性为切入点，通过冬奥会、马拉松等全国性乃至全球性的体育项目重塑品牌形象。在有效传播品牌与产品信息的同时，拉近了红旗品牌与普通消费者之间的距离，持续助推品牌形象活力化、年轻化，使更主流、更年轻的新生代用户也成为红旗品牌的成长基石。新红旗的品牌营销注重与体育领域的跨界融合，通过跨界体育营销，将民族汽车品牌与国家荣耀时刻相融合，进一步释放品牌向上动能。首先，红旗抓住体坛盛会的契机，与国家体育总局签署战略协议，自2021年9月10日礼赞荣耀健儿、敬赠红旗H9交付仪式启动以来，已在全国多座城市举办100余场向荣耀健儿交付红旗H9的活动，赢得了群众广泛赞誉和好评，以此为抓手，逐渐勾勒出属于新时代新红旗的品牌形象。之后，除了向荣耀健儿敬赠红旗H9荣耀座驾外，还全方位深度支持与投入开展一系列创新合作，包括与"TEAM CHINA"中国国家队完成战略合作签约、与国家射击队成为战略合作伙伴等，并联合央视双奥光荣系列资源，通过电视端、网络端和新媒体端投放，实现品牌大曝光。这是具有原创性、在时间和空间上不断延伸的营销创新尝试。随着荣耀健儿赠车专属IP的强化，形成"升红旗、开红旗"的品牌联想，进一步提升红旗车主荣耀群像，持续赋能品牌价值和用户生态。

此外，红旗也通过开展健儿"回家"和"最具含金量车友会"等活动，让更多的中国体育荣耀健儿成为红旗车主，进一步让中国体育的光荣与红旗车主的荣耀相融合，充分体现了助力体育强国建设的社会责任和强烈担当。在提升红旗车主尊荣形象的同时，推动红旗品牌价值与红旗用户生态迈向更高层次。

B. 娱乐生态：红旗×万达集团

通过跨界合作打造娱乐生态，开启传统汽车品牌开进商超的新时代。2021 年 10 月，红旗携手万达集团，在服务生态、新能源生态、会员生态三大维度相互赋能，共同创建"红旗用户体验生态"，践行国家双碳战略，促进国企民企携手创新发展。通过"全新红旗商超体验店""红旗万达智慧社区"等载体，围绕运动、观影、读书等多维度打造用户娱乐生态，进一步提升用户体验。在能源生态建设方面，双方利用万达旗下资源，包括万达在全国主要城市的 7000 多家停车场及智慧停车系统，向红旗车主提供充电桩、智慧停车等产业链上下游延伸服务。在会员生态方面，打通红旗品牌会员资源与万达集团会员资源，建立起全新的合作会员体系，逐步实现会员权益共享，为品牌生态持久发展、客户价值长久提升画下清晰的蓝图。

C. 出行生态：红旗×中国国航

打造出行新生态，不断助推品牌向上。红旗于 2022 年 4 月携手中国国航，举行"擎旗新航程 致享心期待"客户体验生态签约仪式，未来将在出行服务、联合营销活动、会员权益场景融合等业务领域开展全面合作，共同打造"地面+空中"出行服务圈，创新共建客户出行新生态。在服务权益方面，红旗高端车主将享有国航两舱用户的免费接送机、免费休息室、额外行李等一系列权益。同时，国航也将为购买指定航线及舱位的国航两舱用户提供红旗 H9 专车接送服务，满足旅客对用车品牌的倾向需求。此外，双方也将持续在积分互通、会员权益、出行服务、用车优惠等业务上进行深度探索，共同为用户打造良好可持续的出行生态，进一步完善客户生态体系。

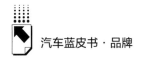

D. 文化生态：红旗×故宫、敦煌

在文化生态方面，红旗始终牢牢把握住民族品牌属性，以传统文化传承创新为灵魂、以品牌生态创新建设为框架、以客户真实感知提升为目标，通过突破单一行业的宏大格局和视野，广泛链接重要文化 IP 和品牌伙伴，扩大了客户文化生活体验的深度和范围。在对自身品牌定位、目标受众进行全新的梳理以后，红旗品牌将其中国特色的经典元素结合潮流设计进行延展，并充分利用"国潮"文化兴盛的契机，将"国潮"风格品牌化，在品牌形象的构建上塑造自身独一无二的民族汽车品牌的象征性形象地位。

2020 年借势故宫文化底蕴及强大 IP 资源，围绕红旗×故宫进行"内容共创+IP 共建"深度合作，以"超级 IP"联动展开，携手故宫弘扬中国文化自信，"品牌传播+用户链接"双管齐下。红旗通过与故宫 IP 的跨界合作，让作为消费者的受众在情感认知上形成红旗是"国潮"代表的品牌联想，实现对红旗品牌全新形象的优化提升。2021 年携手敦煌研究院，深度挖掘敦煌 IP 及红旗品牌的关联，打造以联名产品为核心的产业链条，并就文化、科技、品质、公益、教育等多领域展开合作，将敦煌文化注入红旗品牌的崛起之中。同年 9 月，红旗在上海发布红旗 E-HS9 敦煌主题版，该车车身配色灵感来自敦煌相关艺术品，车身多处细节带有敦煌设计元素，在彰显敦煌的文化魅力与国际影响力的同时，更加有利于促进红旗品牌与用户的沟通，提升品牌尊贵度。

由此，红旗形成了以品牌生态为核心，涵盖用户形象生态、出行生态、娱乐生态、文化生态等多个维度的完整体系，向着让更多客户实现美好生活的目标加速奔行。

4. 产品矩阵

（1）产品维度

在产品领域，红旗突出"新高尚""新精致""新情怀"的理念，贯彻"中国式新高尚精致主义"的设计理念，以用户体验为出发原点，打造八大产品魅力点。其中，以"安全""健康"为主要魅力点，以"驾控""体验""造型""节能""舒适""品质"六个魅力点为辅助，围绕用户体验及车型定位进行产品设计。未来将针对主流私人市场、商务出行市场、公务政务市场以及高端定制市场，布局 L、S、H、Q 四个产品系列的三厢车、SUV、EV、微型客车、超级跑车等众多车型。

同时，红旗也围绕每款产品不同的市场定位及目标人群确定了不同的产品打造重点。其中，红旗 HS5 车型围绕律动设计、智能互联、科技体验，打造最贴近用户需求的红旗爆款 B 级 SUV；红旗 HS7 车型围绕高阶智能、全地形识别、澎湃动力，打造 C 级豪华高端 SUV 产品；红旗 H9 车型围绕"尚、致、意"造型、极致体验、智能科技，打造尊贵豪华、极致舒适、智慧交互的高端豪华车型；红旗 E—HS9 车型围绕高阶智能、卓越性能、FEEA+OTA，打造红旗旗舰级智慧全能电动 SUV。

以红旗 H9 和红旗 E-HS9 为例，两款车型于 2020 年正式首发并量产下线。其中，红旗 H9 作为一款集品牌最新设计理念和前瞻技术于一体的划时代产品，以九大顶级技术为客户奉献专属愉悦体验，尊享极致驾乘乐趣，在主动安全、被动安全以及信息安全三个层面实现全面进化，同时搭载森林氧吧健康环境系统，全方位为用户出行保驾护航，进一步展现红旗品牌的硬核产品力，树立当代中国汽车产业 C+级车全新标杆。红旗 E-HS9 则定位于全尺寸智慧纯电 SUV，以顶级仪式感、旗舰级精工品质、智慧生态识别系统、L4 级自动泊车四大绝对优势和极致安全优化用户的驾控体验，领秀全新时代。强强联合、勇立高标，以红旗 H9、红旗 E-HS9"旗舰双星"为代表的红旗产品，在国车健康和国车安全方面实现不断提升用户体验。

此外，红旗品牌已经布局新能源领域，探索新能源生态方向，从家庭、公共充电生态布局为终端销售赋能；为红旗新能源销售的合规保驾护航；持续探索与万达的战略合作、换电服务运营及电池升级权益。2022 年 3 月红旗正式推出了面向私人用户市场的红旗 E-QM5 乐享版，包括两种不同补能形式的车型。伴随着纯电动市场的用户购买需求越来越旺盛，纯电动汽车市场的渗透率不断提升，红旗将进一步扩大绿色产品矩阵，加快提升新能源汽车产能和市场布局。

（2）技术维度

2019 年以来，中国一汽持续强化研发投入、大力推进关键核心技术研

发，年均投入增幅 8.6%。在新能源、智能网联、驾乘体验、安全健康和基础研发等五个领域获得一系列国际先进的创新成果，集团知识产权数量和技术标准快速提升，有效构建关键核心技术专利和标准体系，确保技术攻关成果得到有效保护。

在新能源领域，实施新能源 HEV、EV、FCV 三条技术路线，打造国际领先的纯电动乘用车平台、全系列节能和混合动力专用动力总成。在智能网联领域，自动驾驶关键技术、中央计算平台、电子电气架构和车联网系统等方面成果突出，突破高级别自动驾驶多源传感信息融合、拟人轨迹规划和人机协同决策等 10 余项关键技术，自主掌握车云 5G 融合的座舱交互和体验技术。在驾乘体验领域，突破先进底盘关键核心技术，显著提升整车操稳性、平顺性和驾驶体验性。突破动力学分析与调校、底盘电动控制策略与性能集成等关键技术，逐步使整车性能成为红旗品牌技术基因。在安全健康领域，建立整车安全正向研发能力，整车安全突破"参数化、精细化、轻量化、自动化"仿真等多项核心关键技术，突破绿色环保材料、健康功能材料、智能表面材料、智能净化工艺等 26 项核心技术开发，累计申请 40 余件发明专利。在基础研发领域，开发了 25 项环保材料新技术，完成了铝合金覆盖件技术开发，突破高性能橡胶空气弹簧材料关键技术，填补国内高性能气囊空白；突破高强度钢、高强度球铁、镁铝轻合金、高性能复材等 48 余项轻量化关键核心技术，累计申请 29 件发明专利。

2019~2021 年，一汽持续强化创新成果产出，专利数量质量持续高速增长，累计申请专利 11192 件，专利授权量排名行业第一。积极制修订国家与行业技术标准，完成企业技术标准 1002 项，累计主持国家、行业技术标准的制修订 63 项；参与完成国家、行业技术标准的制修订 44 项，累计参与完成国家、技术标准的制修订 354 项，持续提升行业影响力，全力支撑我国汽车行业总体突破。

随着"新四化"发展趋势和国际化市场竞争加剧，中国一汽坚持创新驱动可持续发展，全面实施技术创新驱动发展战略，形成了"创新·2030 中国一汽 阴旗技术发展战略 R·Flag 1785"，全面阐述了中国一汽各核心技术领域发展目标、实施路径，以"崭新独创、全球首发；绿色智能、极致精美；数智赋能、成本领先；自立自强、安全可控"打造世界一流技术为目标，以"极富创意创作、极高集成与融合、全新平台与模块、极深软件定义、极优先进制造、极强原始创新、极具成本优势"七极为原则，以产品与技术的"电动化、智能网联化、造型新锐化、驾乘体验化、安全健康化、节能降耗化、精致精湛化、研究前瞻化"八个技术领域为关键，以"数智化、生态化、传播化、集团统筹、强资源保障"为保障，红旗将从点到线到面，从追赶到并跑到引领，牢牢掌握关键核心技术，把民族汽车品牌搞上去，为工业强国打下扎实基础。

5. 创新营销

（1）"智慧六位一体"创新模式，着力打造营销服务体系

红旗坚持贯彻"一切为了客户、一切服务于客户、一切谦敬于客户"的理念，以体验营销创新发展，打造"智慧六位一体"营销新模式。通过对消费者的深刻洞察，以及对前沿趋势的追踪探索，前瞻性提出体验营销战略。"品牌向上，体验下沉"，将体验中心下沉，以客户为中心，以体验为切入口，布局全国线下体验中心。通过升级"智慧六位一体"的体验式营销模式，从"品牌、产品、销售、服务、文化、生活"六大体验维度全面提升客户体验，将热点话题、前瞻思维、创新模式、品牌气质、客户体验完美融合，为实现销量长虹和品牌满意度持续向好，构筑起坚实的发展基础。

（2）数字媒介创新手段，提升线索产能

作为一汽改革的排头兵，红旗品牌率先推进了营销数字化的全面转型。为了让不了解红旗的人更懂红旗，红旗从过去的"六位一体"营销模式，全面升级为"智慧六位一体"的体验式营销模式，深耕体验内容的数字化赋能，打破空间局限，真正强化了客户体验。以红旗 H9 为例，作为一款具有开创性意义的全新标杆产品，通过直播间形式进行上市揭幕。通过开展新红旗品质日活动、粉丝盛典活动、"红旗经典车·文化巡礼"等，使用户通过体验感受红旗的高性能与高品质，以及红旗在研发制造上质的飞跃。在"中国第一、世界著名"的新高尚品牌战略指引下，一汽红旗以管理创新与

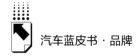

数字化建设为驱动，打通了从产品价格到服务体验的整个营销通路，实现红旗品牌的跃迁式发展。

（3）创新直播，联动终端

后疫情时代短视频和直播平台的兴起，为汽车品牌用户运营方式带来了巨大的冲击和改变。红旗品牌 2019 年已启动短视频直播项目，赋能终端转化，权威构建体系化官方作战基地，通过品牌活动积极联动企业领导、明星 KOL 等，并通过多种直播方式进行内容创新、形式创新，打造高质量直播矩阵。高效联动各地区经销商进行连麦等，通过新媒体赋能直播方式，互动率整体提升 20%，在汽车品牌排行榜中，红旗粉丝量长期占据 TOP10 中的五席以上，成为行业中教科书式的范例。

目前，红旗品牌以红旗智联 App 为主阵地，以品牌自媒体矩阵等渠道为支撑，服务于多方资源的整合，形成了集品牌文化、异业合作、用户权益、用户资源于一体，覆盖 50 余万车主、263 万红旗智联会员以及 1200 万自媒体平台粉丝的多形式、多触点的电商生态。

（4）区域活动大力革新，降本增效

红旗通过开展大型品牌活动，打造品牌营销新标杆。通过品牌盛典首秀、线上盲订、车展、巡展、红旗嘉年华携手吴晓波开启直播预售等活动打响新品创新投放战役，实现精细化运营，引发消费者关注。2021 年，红旗品牌陆续开展上海车展、点亮黄浦江、三车上市、711 宠粉节等系列活动，以客户为中心，抢占传播高点，全面提升品牌声量，打造品牌势能，引发客户关注及记忆，助力品牌向上。

6. 服务质量

红旗品牌始终坚持以客户为中心，夯实服务基础，赋能体验中心，快速建立极致高效的百万级客户服务体系。2021 年，新红旗在首届"717 旗仕宠粉节"中启动了"旗仕生态"建设，同时在"旗仕生态"框架下发布了"红旗官方认证车友会""旗仕联盟"，通过品牌赋能，红旗与客户和跨行业伙伴在旗仕生态内多元共融、多维共建，为客户实现车主活动、线下资源、社会责任、异业服务、产品共创等全方位价值。在数智化革新战略和"智慧六位一体"营销思维引领之下，红旗品牌将与红旗车主和品牌伙伴共建"旗仕生态"，为用户带来超越单一行业的利益与价值。在"旗仕生态"规划下，红旗致力于同旗仕车主携手开拓共创共赢的新联系，实现事业共建、价值共通。红旗品牌始终践行"客户永远是新红旗人的上帝"的承诺，继续把"让客户尊享极致愉悦体验"作为最高目标，全力打造新红旗"极致愉悦体验311""极致无忧服务311""极致生态服务311"，让用户畅享极致驾乘乐趣、精致愉悦服务和专属独创体验。

（四）总结

如今的新红旗品牌持续奋进，在豪华品牌激烈竞争的红海市场中，新红旗品牌树立了中国品牌的尊严与骄傲，引领中国品牌整体向上。2021 年受芯片紧缺、疫情反弹和极端天气等多重不确定性因素影响，中国车市整体大盘增速疲软，作为中国豪华汽车品牌和民族汽车品牌的代表，新红旗量质并举、速效并重的发展势能，无疑对中国豪华品牌的向上突破有着划时代的意义。红旗通过更换品牌定位、完善营销打法等一系列做法，在历史中不断淬炼与熔铸，并在新的时代熠熠生辉，助推新红旗品牌再进化和高质量发展。

五 结语

在汽车品牌生命周期进程中，品牌焕新对很多汽车品牌而言，不仅仅是logo 和 slogan 的改变，还有品牌定位和实际营销打法的更换。越来越多的汽车品牌在近些年进行品牌焕新，宏观层面市场大变革，基于国家政策的引导和技术进步的推进，汽车社会正式进入"新四化"时代；中观层面汽车市场激烈竞争，传统燃油车进入存量期、发展速度放缓，而新能源汽车渗透力不断提升、实现增量发展；微观层面消费者产生新变化和新需求，汽车消费市场增加了诸如 Z 世代、女性车主、宝爸宝妈一族等新力量，他们对汽车的需求是多样且丰富的，不再是简单的功能性需求，而加入了情感性和精神层面的需求。在这些因素综合影响下，汽车品牌焕新升级呈现以下几种市场趋势：第一，在自我意识和民族自信双加持下，Z世代已成为汽车消费的主力，他们掀起了一股"国潮风"——技术的全栈自研，以及将中国传统文化精髓体现在汽车产品上。第二，汽车品牌与各行各业的跨界合作，实现双方资源共享、取长补短，达到降低营销成本、提升营销效果的目的。第三，营销理念和营销模式的变革，从"以产品为中心"向"以用户为中心"转变，在产品的功能开发以用户场景为出发点的同时，品牌焕新的方式也转向以用户为主体的营销模式，出现了诸如体验营销、场景营销以及数字营销等新玩法。第四，品牌焕新之后，更加重视营销渠道和营销内容，品牌要会讲故事、讲好故事。

品牌焕新对品牌形象的塑造和维护、对汽车品牌的发展至关重要。品牌形象对消费者而言意味着品牌价值、定位和口碑，对他们后续选择汽车品牌及其产品都起到关键作用。创新是非常重要的一种塑造和维护品牌形象的手段，同时创新对汽车品牌生命周期末端的品牌焕新环节影响巨大。

未来，市场和消费者的变化会对汽车品牌提出更多挑战，汽车品牌定然也会适时调整品牌政策。是维持品牌既有调性，还是直接对老品牌进行焕新包装、"老瓶装新酒"，抑或是打造全新品牌、塑造全新的品牌形象，都是一种营销策略选择。对中国民族汽车品牌而言，要重视汽车品牌生命周期、重视品牌形象的包装，努力大幅提升品牌价值、提升消费者的认同感，是当务之急。

参考文献

王君凤：《中华"老字号"的品牌国际化战略研究》，青岛大学硕士学位论文，2008。
钟伟：《体验式营销在汽车营销中的应用研究》，《时代汽车》2022年第1期。
陈月明：《浅析VI设计在现代餐饮业中的推广与应用——以奶茶店为例》，《西部皮革》2018年第13期。

B.4
用户共创共建品牌发展报告

吴保军*

摘　要： 当前我国国民收入水平的提高和国家相关政策的出台使得人民消费升级趋势明显，消费者需求日益朝着个性化、多元化方向发展。在这种背景下品牌发展的意义更加凸显，而品牌的发展最终还是聚焦在消费者身上。用户共创是以消费者为中心的一种品牌建设手段，这一概念源于企业价值共同创造，最先在互联网行业得到广泛运用，所谓用户共创，简单来说就是用户参与企业的价值创造过程，从而让企业与用户实现双赢的创造方式。近几年许多汽车企业也纷纷采取用户共创的方法，主要体现在新造车品牌中，作为新时代的新汽车品牌，许多造车新势力本身带有互联网行业的基因，因此能够更好地迁移互联网行业的运营方法，并且更容易跳出传统汽车企业分销模式的影响，与用户建立起更直接的沟通和联系。汽车行业的用户共创可以从汽车价值创造环节的角度进行分类，包括设计研发共创、生产制造共创、营销推广共创和消费售后共创等。针对汽车行业的特点，企业在进行用户共创时需要注重共创策略的体系化、根据用户特征赋予不同的共创角色、把握好用户共创的尺度、注重组织形式与共创策略之间的适配性，同时需要通过搭建智能数据平台赋能用户共创。

关键词： 品牌建设　用户共创　汽车行业

---

* 吴保军，浙江零跑科技有限公司联合创始人、总裁，扎根汽车行业20余年，积累了丰富的战略管理、产品管理、公司运营、汽车营销、投资融资、保险/财务管理等经营管理经验。

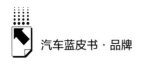

一　用户共创

（一）用户共创的概念

用户共创的概念起源于价值共同创造，价值共同创造是管理大师Prahalad 等人提出的一种新的企业价值创造方法，指的是以消费者为中心，由消费者和企业共同创造价值的方法。与传统方法相比，这种新的价值创造方法的特点在于用户身份的转变，传统的企业价值创造中，用户是价值的使用者和消费者，而价值共同创造的观点则是消费者要参与到价值创造的过程中，消费者通过参与企业的设计研发、生产制造、销售服务等环节，通过表达和反馈自己的观点和体验等方法与企业共同创造价值。也就是说，价值共同创造指的是企业的价值不仅仅来源于生产者，还要来源于用户与企业或其他相关利益者的共同创造，并且这种价值最终还是由用户自己来决定的。价值共同创造的理论中参与方包括企业、用户和其他相关利益群体，而用户共创则是聚焦在用户和企业两个参与方上。所谓用户共创，是通过适当的规则和引导，由产品的使用者或消费者参与到整个品牌产品研发和上架以及销售和售后的过程中，提出自己的想法和反馈，让企业了解用户的同时，用户也能更好地传达自己的观点，实现自己的智慧价值，从而让企业与用户实现双赢的创造方式。

（二）用户共创的发展背景

用户的价值在营销领域是一个很久远的话题，社会越发展、商品类型越丰富、产业越升级，用户的价值就越大。在当前社会发展形势下，对于2C的商品来说，用户的价值比以往任何时候都更加突出。①经济方面，我国已经建成全面小康社会，成为世界第二大经济体，居民人均可支配收入逐年走高，人民富裕程度进一步加深；②政策方面，我国坚持以消费带动发展的策略，国家政策高度鼓励人民消费升级；③社会层面，我国已经开始进入消费

4.0时代，在产品对消费者功能性需求满足情况逐渐趋同的情况下，消费者更加注重产品带来的精神层面的满足，因此消费者对于中高端产品的消费需求增加。

在这种背景下，当前企业的竞争已经变成了品牌的竞争，而品牌的竞争本质上就是品牌在用户中影响力的竞争，随着新生代消费力量的崛起，年轻群体成为各品牌竞相角逐的必争目标。而在社会发生重大变革的背景下，新生代群体展现出全新的特征，包括互联网重度使用者、注重表达自我、喜欢原创等，运动、电竞、健身、宠物成为他们的热词。总的来说，当下年轻消费者有了更多精神层面的诉求，他们更加理性、更加注重自我意见表达、更加重视与品牌的互动深度。如果说互联网发展初期主要是品牌教育用户，那么现在中国市场的消费者已经熟悉互联网营销玩法，再加上各类品牌数量激增，用户不再愿意接受品牌单方面的教育，而是更愿意为与品牌的平等沟通分配时间、投入情感。因此一方面用户共创在当前消费市场中已经成为品牌强化与用户联系的必然选择，另一方面品牌选择与用户共创能够给企业创造更多的价值。用户共创最先被应用在互联网领域，小米是其中的一个典型代表，小米将"发烧友"培养为种子用户，让他们自发参与到品牌口碑的传播中，同时还通过手机论坛收集用户的反馈，鼓励用户参与产品研发设计。

（三）用户共创的分类

1. 根据用户共创内涵分类

从用户共创的内涵来说，可以用户与品牌之间的关系逻辑为主线进行分类。借鉴价值创造的分类方式，按照主导逻辑的不同可以将价值共创分为三种类型：一是以产品为主导逻辑的价值创造，这种类型的价值共创包括产品价值和交换价值两部分，产品价值是企业生产出的产品所创造的，交换价值是由消费者购买产品的价格体现的。这种类型的价值创造主体虽然包含企业和用户两部分，但是双方的互动非常简单，其中的产品价值是由企业单方面完成的，用户的价值仅仅体现在购买过程中。二是以服务为主导逻辑的价值创造，与以产品为主导逻辑主要的不同在于，服务主导逻辑的价值创造强调企业和用户的共同合作，在这个过程中价值创造的聚焦点向服务领域转移，在产品价值中融入服务要素。三是以用户为主导逻辑的价值创造，在这种主导逻辑下，用户和企业之间的关系更进一步，并且在互动的过程中进行价值创造，价值聚焦点由交换价值转移到关注使用价值和体验价值上，在这个过程中用户处于核心地位，是产品最终价值的决定者。聚焦到用户共创的分类上，主要包括服务主导逻辑和顾客主导逻辑，或者是将这两种主导逻辑进行融合，强调用户在价值创造中的作用。

2. 根据用户创造价值的类型分类

从用户创造的价值类型来看，用户共创可以分为产品共创、内容共创和品牌共创，这三种价值类型其实也代表了用户共创的深入程度。

产品共创是指企业与用户共同创造产品，共同参与产品的设计研发、制造生产的过程，在这个过程中企业既可以在特定场景中真实洞悉用户需求痛点，又可以让用户发散性地思考对产品的创意。帮助企业更精准地指导产品优化方向、新品研发思路和品牌营销策略。例如一些互联网产品在正式发布前邀请用户进行线下可用性测试就属于产品共创的形式，通过这种方式可以让产品研发人员提前了解用户使用过程中的问题从而有针对性地加以优化。

内容共创指的是与用户共创品牌传播内容，让用户成为品牌传播的媒介，主动为品牌发声，为品牌后续营销持续创造价值，从而构建品牌与用户深度连接的"引力场"。内容共创的关键词是圈层文化，互联网拉近了人与人之间的距离，尤其是有着某种相似特征的群体会形成一个圈层，联系他们的中介可以是一款游戏、一位明星甚至一个虚拟形象。

品牌共创相对内容共创强调品牌与用户之间更深层次的情感关联，品牌共创是用户共创的核心。在这个阶段，品牌形象的建设和维护已经不再是企业单方面的事情，要赋予用户部分品牌权利，将用户置于品牌建设与创造的重要位置，这也意味着品牌营销从商品层面上升到品牌层面。这个时候用户对于品牌有着极高的忠诚度，企业的品牌价值也能够在这个过程中得到更大提升。品牌共创的关键词是体验和共鸣，在这个过程中产品超越了实体成为用户体验和情感的载体，即便没有产品存在用户也能够感知品牌带来的情感力量。

3.根据用户创造内容的环节分类

根据用户参与企业内容创造的环节可以将用户共创分为内容生产环节共创、内容传播环节共创和互动环节共创，内容共创也是互联网行业进行用户共创的一种典型形式。

内容生产环节共创是指用户进行品牌宣传相关的内容创作，根据用户生产内容的专业程度可以分为用户原创内容（UGC）、专业生产内容（PGC）和专家生产内容（PUGC）。UGC 就是用户自行生产内容，是普通网民自发创作内容上传平台的形式，其以粉丝为中心，以用户的互动方式为内容。微博、抖音、小红书等内容平台就是在 UGC 模式基础上建立的，UGC 的特点是基数大、涵盖范围广、传播力强，所谓"病毒式传播"就是通过 UGC 模式进行的。而用户共创的核心就是普通用户参与品牌宣传相关的内容创作，因此 UGC 模式是用户共创的基础和核心。PGC 也可以称为 PPC，是专业生产内容，指具有专业学识或工作资质的创作者采用专业化工具，在特定场所内进行内容创作的方式。PGC 的内容制作模式是在 UGC 的基础上自然发展起来的，普通用户内容创作者不断分化和细化，产生一部分对于内容产品有着更深刻见解、更专业水平以及更持久热情的相对专业的用户。这部分用户可能会利用更多的时间或者专职从事品牌宣传相关的内容创作，他们的创作内容能够保持稳定的输出和质量。在用户共创过程中这部分用户可以作为引导，吸收 UGC 创作者的内容进行加工整理深化，输出更有方向性和质量的内容进一步影响普通用户。PUGC 是专家生产内容，是把 UGC 和 PGC 相结合的一种生产模式。其使用团队化、组织化、企业化的方式进行内容创作，例如喜马拉雅 FM，一方面通过 UGC 提升普通用户的参与度，电台内部有录音、背景音乐、模板等，普通用户通过简单的设备就可以进行内容生产；另一方面通过 PGC 提升平台知名度和实现变现，通过签约有较高流量的内容创作者吸引付费，从而实现变现。聚焦到用户共创上，用户共创的内容创作方式更倾向于 UGC 和 PGC 相结合，既需要鼓励普通用户多参与 UGC 模式

创作，提高影响力和覆盖面，又需要策略性地通过专业人士以 PGC 的方式创作更多精品和更具传播性与引导性的内容，带动 UGC 模式传播和影响更为潜在的用户。

内容传播环节共创可以分为社群传播和场景传播两种。首先是社群传播，社群是指拥有共同爱好、共同需求的群体，他们彼此之间有交流有互动，可由多种形式组成。社群传播的优势在于，社群平台已经对人群进行过一次筛选，相当于品牌的私域流量，社群运营的效率更高，群体间的情感联结强，如果有好的社群运营方法加持，能够产生"1+1>2"的效果。良好的社群运营可以增强品牌影响力和用户归属感，刺激产品的销售。其次是场景传播，所谓场景传播是指内容的传播需要借助场景化的方式，用户的产品使用是发生在真实的场景中的，因此把产品属性和情感价值融入场景特征中，才能更好地满足受众的需求，帮助品牌把公域流量转化为私域流量。

互动环节共创，主要强调企业和用户之间的互动关系。一方面，从企业的角度来说与用户的互动能够帮助企业了解用户需求、吸收用户的意见，从而在产品、营销等方面升级优化；另一方面，数字化时代用户已经不再单纯满足于被告知，他们希望在内容场景中能够与品牌、其他用户等进行深入互动，在这种互动中实现对话、获得亲身感受，通过情感的高度卷入完成对品牌和产品的认可并促进最终的购买行为。目前企业与用户之间实现互动的方式主要是品牌驱动的互动、活动驱动的互动、大 IP 驱动的互动等。①品牌驱动互动，是企业以塑造在用户心中的正面形象为目的而进行的互动。最典型的案例就是小米。小米的核心理念是"无米粉，不小米"。通过在线上搭建小米社群、小米商城，在线下打造小米之家，努力打通线上线下的互动链。并且致力于为用户打造极致的品牌体验感、互动感，拉近品牌和用户之间的距离。②活动驱动互动，是企业借助开展各种类型的品牌活动邀请用户参与进行互动的形式。活动不仅能够吸引用户的注意力，还能够自然地传递出品牌的核心价值。用户在互动中获得具身传播，产生真情实感。活动驱动的营销具有特定的事件、特定的时间、特定的地点和特定的主体等要素，刺激用户与品牌之间的价值共鸣和情感共振，用户参与互动、共创品牌价值，通过互动于无声中达到营销的目的。③IP 驱动互动，品牌 IP 化一方面可以带来话题热度，另一方面也是企业营销的宝贵战略，打通线上线下并使之产生联动，实现全新格局。

二　汽车行业的用户共创

（一）汽车行业用户共创的背景

新势力品牌的崛起给汽车行业注入了新动力，除了依靠智能科技不断推动产品和行业变革以外，还引入了一些跨界的新思路，以小米为代表的互联网企业的用户共创就是其中之一。以往的汽车行业也强调用户的重要性，但主要依靠产品和营销两方面，用户共创带来一个新的思路，即看到用户在企业价值创造中的重要性。近些年，众多汽车企业纷纷提出用户共创的说法，但是聚焦在行业内部还没有形成一套体系化的理论。要想说清楚汽车行业用户共创的内涵，首先应思考为什么汽车行业要开展用户共创以及企业进行用户共创的目的是什么。

1.汽车行业用户共创的原因

首先是汽车行业现阶段为什么要重视用户共创，除了经济政策、消费社会等外部宏观环境外，还需要聚焦到汽车行业本身寻找答案。从汽车本身的特点来看，重视用户共创的原因有以下几点：汽车作为大宗消费品，价值高、使用周期长，相应地在市面上的生命周期就长，一款车型即便停产之后还会在消费者视野中存在较长时间，因此汽车企业应该谨慎对待每一款新车型的设计、研发、面市以及售后等环节。随着当前汽车产业升级速度加快，品牌竞争日益激烈，用户的重要性在汽车整个设计研发、生产销售以及售后服务过程中的重要性不言而喻。

互联网时代，人们已经习惯通过线上的方式获取信息和解决自己的需求，同时普通消费者作为信息接收者也是信息的传播者，消费者之间的

"病毒式"信息传播已经成为新时代影响品牌形象的重要方式。而对于汽车行业来说，传统的分销方式不利于用户与汽车企业之间的直接沟通，企业无法对用户的需求和建议进行及时反馈，不利于塑造品牌形象，企业需要建立起与用户直接沟通交流的线上线下平台。

消费时代的变化和新能源趋势的深入让汽车市场掀起一股新的造车潮流，据统计目前中国市场上存在的汽车品牌数量有 460 个，车型多达上千款。对于汽车这种高价值商品来说，用户的购买频率很低，而且随着我国汽车保有量增多，汽车市场已经逐渐从增量市场向存量市场转换、由"卖方市场"转向"买方市场"，汽车品牌之间的竞争将日趋激烈。在这种背景下品牌将成为企业竞争的核心，而品牌竞争的核心就是用户心智的竞争。

新能源趋势的深入除了带来汽车市场的竞争之外，更主要的还是积极正面的促进作用。新能源和智能化是双螺旋关系，目前汽车市场正朝着电动化、智能化和网联化趋势发展，互联网、科技行业都开始跨界造车，许多新势力品牌正在崛起。而用户共创则主要体现在这些新势力品牌中，其带有互联网行业的基因，能够更加灵活地迁移互联网行业中用户运营的方式，同时新势力品牌更多采用直销模式，方便与用户建立直接联系，更容易让用户共创在品牌建设中落地生根。这些新势力品牌的崛起也在一定程度上向传统企业显示了汽车品牌走用户共创道路的价值。

2. 汽车行业进行用户共创的目的

现在很多汽车企业有了用户共创的提法，但是对于汽车行业来说针对什么是用户共创并没有统一的概念和系统的方法论，企业也不是非常清楚自己为什么要做用户共创以及用户共创能够带来什么价值。从品牌建设的角度来说，用户共创的过程其实就是塑造品牌在用户心中的形象，加强与用户链接，深化品牌价值从而占领用户心智的过程。在这个过程中，品牌方与用户之间是互动合作的，一方面汽车企业要把品牌的理念、形象通过这种方式传达给用户；另一方面企业需要根据用户的体验和建议对品牌的产品、营销、服务等方面进行优化升级。

（二）汽车行业用户共创的分类

从用户共创的目的出发，结合汽车价值创造的环节可以对汽车行业的用户共创进行分类，而汽车价值创造的环节又可以从价值链的角度进行描述。"价值链"最初由 Porter 在 1985 年提出，是指企业从创建到投产经营所经历的一系列环节和活动中企业的价值形成过程，在这个过程中企业既有各项投入，又有价值的增加，在这个价值链上的各个节点便是企业价值创造的环节。聚焦到汽车行业，汽车价值创造的环节包括汽车产品设计与开发、汽车零部件供应、生产制造、汽车销售及维修等。从用户共创的角度来看，汽车企业进行价值创造的环节也是用户和企业能够进行价值共创的节点，具体包括设计研发共创、生产制造共创、营销推广共创和消费售后共创（见图 1）。

图 1　汽车用户共创环节

设计研发共创，是指企业与用户共同在产品设计与开发上进行价值创造；生产制造共创是指企业与用户共同参与产品生产，完成产品制造。目前很多企业已经构建了与用户进行产品共创的平台，通过线上线下的形式搜集用户对于产品设计的意见，具体形式包括招募用户参与产品设计开发、与用户共创改装车型、举办产品共创线下沙龙等，有些企业甚至会通过共创平台采用投票、讨论等形式让用户参与决定新产品的量产方式和结果。

营销推广共创指的是企业通过用户的参与完成对产品营销推广的过程，具体形式包括线下组织粉丝活动、线上打造品牌商城或者交流平台、在第三方平台进行营销内容输出等。用户参与企业营销活动的形式非常广泛，根据用户卷入程度不同，可以分为内容共创和品牌共创。内容共创包括用户介入产品营销及品牌焕新设计，例如共创命名、共创 logo、共创周边等，用户在个人社交平台上发布或转发有关产品营销的信息等；品牌共创阶段用户注重维护品牌形象，把自己当作品牌建设的一份子，深度参与品牌建设相关的活动，这个时候用户对于品牌有着极高的忠诚度。聚焦到具体企业，也可以看到有关营销阶段的用户共创活动，例如通过用户票选的方式，确定车型命名或者专门打造用户共创的品牌，打造互联共创的品牌生态。

消费售后共创则是企业在汽车产品售出之后通过各种渠道了解用户的感受、意见和反馈，企业利用分析结果对产品、营销、服务等各个方面进行优化升级。

（三）企业进行用户共创的实践——以零跑为例

1.零跑注重用户共创的背景

零跑对用户共创的重视是基于内外部环境的考虑。从外部环境来看，随着互联网技术的发展，用户接收和表达信息的渠道空前丰富和便捷，同时社会经济的发展和政策的支持促使消费升级趋势继续深入发展，消费者对于产品的个性化、多元化需求逐渐显现，而汽车产品本身具有价值大、决策周期长、研发和生产周期迭代慢等特点，所以在产品研发设计的初期就应该广泛了解目标用户的特点和需求。但是传统汽车企业的分销模式将汽车的设计研发、生产制造和终端销售分离，使得汽车企业与真实用户距离较远，往往不能在汽车价值创造的各个环节直接了解用户的意见和反馈，新时代下，消费者需求与传统汽车产销模式之间的矛盾进一步加剧。同时，新能源汽车的发展催生了一大批新兴汽车品牌，这些新兴汽车品牌很多采取直营店销售模式，同时作为诞生于新时代的新品牌，它们一般能够更灵活地结合互联网运营思路、借助线上线下的渠道平台、搭建自身的智能化数据管理库，更好地赋能品牌打造用户型企业，同时也加速了汽车行业以用户为中心的发展趋势。总的来说，从外部环境来看，零跑对于用户共创的重视一方面是基于对传统汽车分销模式在应对新时代消费者需求时局限性的思考；另一方面是顺应新势力品牌的发展趋势，深入贯彻以用户为中心的发展思路并在此基础上更进一步，让用户参与到汽车设计研发、生产制造、营销推广和消费售后等价值创造环节。

作为新能源汽车发展浪潮下的新势力品牌之一，零跑传承了大华重视技术、创新、节奏和速度的 IT 企业文化。作为一个"科技型智能电动汽车品牌"，零跑坚持自主研发电机、电控和电池的智能动力以及智能驾驶、智能座舱等核心技术。作为新时代的新品牌，零跑在发展核心技术的同时也没有忽视用户的重要性，在 2.0 时代零跑将把用户运营和品牌营销置于更重要的位置，通过接近和了解用户、让企业和用户进行共创等方式来实现第二个五年发展目标。

2. 从价值创造的环节分析零跑的用户共创

从汽车价值创造的环节来看，零跑的用户共创覆盖了产品研发设计、生产制造、营销推广和消费售后等环节。

针对设计研发环节的用户共创，零跑在 C11 研发初期就开展了"首席批评官"系列活动，希望通过这种形式直面用户，倾听用户的意见和建议。首期首席批评官恳谈会在 2021 年 2 月 1 日开展，零跑邀请了媒体和准车主担任首席批评官，产品研发团队与首席批评官们共同参与了这次活动，一起探讨有关 C11 产品设计方面的多个话题，包括后排空间、座椅通风、方向盘加热、前排玻璃等功能性设计，门把手颜色、内饰装饰条等外观内饰设计，以及车机系统设计等话题。活动最终达成两项共识：一是增加前排双层玻璃；二是将前排座椅通风加入选装包。

针对生产制造环节的用户共创，从产品设计研发到生产制造，首席批评官活动持续开展，2021 年 7 月在 C11 进入 PPV 阶段时，零跑第四次邀请首席批评官针对新增两款棕色系内饰颜色进行评审，同时通过零跑 App、官方微信、微博等线上平台进行投票。值得一提的是，这两款新增内饰颜色的设计也起源于一位准车主发来的一封邮件。除此之外，零跑还通过官方 App 搭建线上社区，首席批评官可以通过社区继续参与后续的产品研发制造过程，包括耐久可靠性测试、高温测试等活动。

针对营销推广环节的用户共创，销售模式和载体不是新能源汽车营销最主要的影响因素，直销和分销、商圈或者 4S 店是形式上的差异，相对于传统企业，新能源汽车营销最大的特点在于更接近用户，更重视用户和企业之间的共创。在 C11 预售阶段，零跑董事长亲自注册官方 App 账号并在 App 中回复车主疑问，将他对准车主 14 条改进建议的回复整理成《我们以最大限度满足客户的需求》发帖在零跑 App 上，这条帖子也使得零跑获得史无前例的热度，是一次成功的营销推广环节的用户共创。在新车交付的环节，零跑选择了一种独特的新车交付方式——在零跑的生产厂房进行 C11 首批车主交付，企业的高层领导也出席了交付仪式现场，与工厂工作人员一起同车主展开全面交流沟通。通过这种方式零跑希望用户能够更加深刻地体会到零跑科技型汽车品牌的形象，同时也希望能够在工厂员工和用户之间建立起直接联系，不需要通过经销商或者企业其他部门间接传达，这在传统的汽车营销中是很难想象的。

针对消费售后环节的用户共创，零跑非常重视收集车主的意见和反馈，目前已经打通了线上线下与车主沟通交流的渠道，包括官方 App、官方微信公众号、微信小程序、官方微博、车机系统终端、线下交流讨论会等。希望通过整合来自多方的渠道信息，获取车主的真实体验和使用感受、了解车主的需求和痛点、分析车主人口学特征和画像信息等方式赋能品牌发展。

通过在设计研发、生产制造、营销推广和消费售后各个环节与用户进行共创，零跑致力于与用户共同创造移动出行共享生态圈，让用户共同参与产品设计和科技创新研发、参与塑造和传播品牌形象、乐于分享自身的产品体验和服务体验。零跑的用户共创关注用户和品牌的每个触点，希望用户基于每个触点进行体验提出鼓励、批评和改善意见，将用户作为产品和服务的使用者，同时也作为零跑各类黑科技应用的关注者，致力于让用户感受与零跑共同成长的价值体验。目前零跑 App 的注册用户数约 30 万，其中包含大量非车主粉丝且保持很高的活跃度，对于零跑的品牌建设来说这是一个良好的信号：说明零跑正在吸引越来越多有共同价值感受的潜在用户，而打造用户的共同价值感受正是品牌占领用户心智的必由之路。

三　企业用户共创的建议

（一）用户共创策略要成体系

虽然共创是未来的一种趋势，但至少目前来看，很多企业的共创还是停留在表层的以销售为导向的产品和营销手段的定制化，用户仅仅在其中获得了有限的参与感，很多用户在参与活动之后并没有增加对品牌的忠诚度，也没有后续的内容传播和品牌维护。对于企业来说这样的共创止步于一次活动、一次讨论，对于品牌建设的意义并不大。究其根本是因为企业对于用户共创的策略并没有系统性的规划，从顶层设计来看，为什么要用户共创、用户共创的目的没有想清楚；从实施层面来看，如何共创，选择什么样的平台、什么样的用户、通过什么活动进行共创也没有体系化的准备。用户共创的最终目的是为品牌建设赋能，企业能够通过用户共创了解用户痛点、需求和产品使用现状等，为产品的优化升级提供方向，同时塑造品牌形象、建立与用户之间的情感联结，增强品牌影响力，因此用户共创要从这个核心诉求出发。

根据共创发生的频率，企业的用户共创可以分为日常共创和活动性共创，日常共创主要是指用户日常进行的有关企业的内容创造与传播行为，例如在企业 App 内部进行的日常交流和意见反馈，转发有关企业的宣传内容等；活动性共创则是指企业针对某个主题邀请用户进行线上线下的共创。对于日常的用户共创，企业内部应该有专职运营人员负责对社群进行维护，收集用户意见，引导用户传播方向，监测舆论等；对于活动性的用户共创，企业则需要思考活动的目的和预期效果。例如以了解用户现有痛点和需求为目的的共创可以分为几个步骤，①厘清需求：通过走访用户、观察用户出行道路环境、用户驾驶行为及用车习惯，与用户沟通挖掘现有汽车的痛点及用户需求。②筛选：综合考虑专业背景、收入、工作、居住区域等因素，对用户进行定向邀请，并划分成不同类型的用户意见小组。

③定性研究：聚集不同类型的用户进行沟通交流并且将有价值的方法和创意扩展为方案。④逐项测试：针对有价值且可行性高的方案进行测试，并让用户对测试结果进行评价和筛选，最终聚焦在对用户吸引力最高的方案上，开始制作样机。⑤试用改进：用户试用后再提出建议，企业进行有选择性的优化升级。

（二）识别不同特征的用户在用户共创过程中的不同角色

从企业的角度来说，用户特征主要是指用户在参与企业活动时的特点，包括显性特征和隐性特征，显性特征是指用户外观表现出来的新特点，在社区中主要指的是用户发布内容、回复、点赞、转发、投票等直接参与行为，在线下活动中则可以表现为用户发表意见、参与讨论等的积极程度；而隐性特征则是指在用户行为之下不易表现出来的潜在特点，例如用户的创新能力、合作意愿、对于产品的知识水平等。在互联网行业的用户研究中，会首先根据用户管理后台的数据表现对用户的外在行为表现进行分类，然后通过定性方式探索用户行为背后的心理机制。在企业用户共创中识别用户特征更进一步的意义在于，不同类型的用户在共创过程中的表现方式是不同的，尤其要识别用户的隐性特征，这些隐性特征会影响用户共创的质量，从而直接影响企业用户共创活动的效果。企业要激励用户将不易表现的隐性特征转为实际行动，这样一方面可方便对不同类型的用户进行社群管理，另一方面可提升价值共创质量。在社群管理的层面，企业可以先通过线上的一些行为数据对用户进行粗略的分类，然后通过定性的方式探索用户隐性特征，然后激发具有某些隐性特征的用户更多地参与企业共创，提升共创质量，例如合作意愿强的用户更愿意参与企业价值共创和自发的价值共创；汽车知识水平高的用户在共创过程中可对其他用户起到引领作用；互动特性强的用户能够在共创活动中发挥黏合剂的效果等。在日常的社区共创中应当引导具有正向隐性特征的用户带动社群氛围，提升社群质量；在周期性的共创活动中则需要严格挑选具有不同隐性特征的用户，保证每次共创活动达到预期效果。

（三）把握好用户共创的尺度

当前很多企业纷纷提出用户共创计划，致力于和用户建立更好的关系。同时应该考虑的一个问题是，用户的视角和企业的视角肯定是不同的，对于用户来说主要聚焦在产品使用体验上，对于企业来说则是关注总体受众的接受程度，因此必然会有矛盾。用户共创的特点在于企业要关注用户的需求和意见，但如果企业在宣传时把握不了边界感，在组织能力和应对经验方面又表现不足，当用户海量的个性化诉求涌入时，企业与用户之间必然会出现矛盾和冲突。一般消费者在表达意见时不会过多从品牌建设的角度思考，而是基于个人的审美和需求偏好，当消费者个人偏好与企业专业设计产生冲突时应该如何抉择，这是企业不得不面对的一大烦恼。譬如车灯设计是企业在早期的产品研发阶段就已经敲定的，如果因为部分消费者不满意就重新修改，整个新车交付时间起码需要延后半年，而那些没有参与评审的消费者不见得愿意接受修改。

因此，虽然用户共创是一个显示企业关注用户的良好工具，但是企业在这一过程中需要把握好用户介入的尺度，例如用户提出一些个性化需求之后企业需要了解这些需求是不是多数用户的普遍需求，也要了解他们提出这些需求的场景，衡量改动成本等。针对这种权衡，企业需要有更为明确的指标，所谓"用户型企业"强调企业需要站在用户的角度去思考问题，但是用户的视角总体来说还是局限于自身，对于品牌应该如何发展，企业需要在了解目标用户整体特征的基础上去思考。

（四）企业组织形式要与用户共创相融合

重视用户体验的提法已经产生了很多年，然而用户共创对于企业来说却是个相对新鲜的词，新势力品牌作为第一个吃螃蟹的人尝到一些红利后，传统企业也纷纷制定用户共创的策略。但是用户共创的难度在于"学形容易学神难"。用户共创的概念很宽泛，从广义上说只要有用户参与企业活动的过程都可以算作用户共创，例如企业为车主建立社群开展讨论，也算是一种比较简单的共创形式。但营销层面的用户运营策略只是一个开始，如果企业自身组织无法与用户共创的活动有效融合，用户共创就很容易流于表面。比如企业邀请用户参与发布会但并没有考虑清楚这一行为的目的与原因，因此并没有构建完整的用户参与链条。活动之后可能才发现缺少用户后续交流的平台，快速搭建用户交流社区之后可能又会面临用户的大量建议和反馈，由于缺少相应的用户运营机制和工作人员，企业难以应付用户的反馈，反而会给品牌造成负面影响。因此，如果企业的整体组织架构未与用户型企业"适配"，就很难从底层解决眼前的困境。企业想要转型为用户型企业，仅仅举办几场活动、建立一个 App 是不够的，企业内部的组织形式必须要跟得上，让企业营销、售后和用户形成一个闭环，用户参与共创的过程能够真正为企业带来价值，同时用户也真正可以从中获得满足感。

（五）打造智能化数据平台

当前互联网营销形势下，数据已经成为企业了解用户现状、判断产品优化升级方向的必要手段。对于企业来说，在用户管理系统（CRM）之上，还需要构建一个自己的数据管理平台（DMP）。数据管理平台汇集来自车主、车辆和车机系统、App 等终端的数据，通过这些数据可以分析车主的人口学属性、用户画像、行为表现和需求痛点等。通过对这些数据的整合分析，能够为企业的用户研究、营销策略构建以及产品销售和服务系统提供建议。

打造智能化数据平台，是通向用户型企业的必要条件。当前中国汽车行业正朝着电动化、智能化、网联化的趋势发展，聚焦到用户共创的视角，数据智能化不仅能够在共创之前为企业提供有关用户特征的信息，对于用户共创的效果监测也十分重要，用户共创本身不是目的，只是获得用户意见、与用户加强联结的手段，因此用户共创不应该止于活动完成，还要形成监测体系，根据活动的效果进行策略的调整。而数据在用户共创的效果监测过程中是必要手段，从即时效果来看，通过用户的数据行为表现可以分析共创活动对用户活跃程度的影响，例如可以通过一次共创活动之后用户的点赞转发行为评估本次活动的效果；从长期来看，可以通过对用户的跟踪监测，了解用户对于品牌了解程度、满意度等方面的变化，通过对用户人群特点的监测可以了解品牌是否吸引到自己的目标群体以及品牌用户群体是否发生变化等。有了这些数据监测，企业能够对市场作出更敏锐和精准的反应，在当前智能化发展趋势下，企业应用智能化的数据平台了解和分析用户是企业成为真正的用户型企业的重要影响因素。

参考文献

刘丹宇、刘庆振：《用户共创的三个层次及其基本逻辑》，《国际品牌观察》2021 年第 35 期。

何雨晴：《用户共创：双向奔赴的品牌营销新趋势》，《国际品牌观察》2021 年第 35 期。

赵婧：《小米社区用户贡献性参与行为的影响因素研究》，大连理工大学硕士学位论文，2021。

刘敏：《消费者参与价值共创对消费者忠诚的影响——基于汽车服务业的实证研究》，电子科技大学硕士学位论文，2018。

刘晓敏：《基于小米社区的用户隐性特征对价值共创的影响研究——以心理授权为调节变量》，太原理工大学硕士学位论文，2021。

B.5
品牌高端化发展趋势与建议

朱向雷*

摘　要：　随着汽车产业技术的发展、用户消费水平的升级以及新能源汽车
　　　　　的发展趋势深入，民族汽车品牌加速崛起和竞争，纷纷向高端化
　　　　　转型，希望能够在中高端市场占据一席之地。民族汽车高端化的
　　　　　定义并不是局限于静态的价格、产业的高端等级，而是指品牌动
　　　　　态向上提升的过程，是品牌全方位多维度的向上发展。本文针对
　　　　　民族汽车高端化发展的背景、现状及内涵进行了简单梳理，结合
　　　　　民族汽车品牌高端化过程中涌现出的优秀代表——领克汽车进行
　　　　　案例分析，建议企业从用户、产品、营销和服务等方面入手促进
　　　　　品牌高端化发展。

关键词：　汽车品牌　品牌建设　汽车用户

一　什么是民族汽车品牌高端化

当前越来越多的汽车品牌提出高端化发展的方向和策略，然而行业内对
于高端化的定义并不清晰，对于民族汽车品牌高端化发展来说，不弄清楚这
个问题，品牌高端化的建设就缺少了基础和抓手。因此，本文从什么是民族
汽车品牌高端化入手来描述民族汽车品牌高端化发展的现状和趋势。

一般意义上的高端品牌是指将高端市场作为目标市场的品牌，这类品牌

---

* 朱向雷，中国汽车技术研究中心有限公司战略规划与科技创新部总经理，中汽中心首席专
家，长期从事汽车产业研究、市场研究、品牌研究和产品研究等。

主要通过更好的产品质量和卓越的品牌形象来吸引对价格敏感度低、品牌忠诚度高、消费能力强、追求潮流和精神体验的消费者，从而获得较高的品牌溢价。从这个角度来说品牌的高端化实际上就是提高品牌溢价，而达到这一目的的方法是通过提高产品质量和塑造品牌形象等方式来满足消费者更高的精神需求。对于一般的快消品例如食品饮料、服饰百货等来说，这个链路是比较适用的，快消品具有价值低、产品更新换代快、购买频次高等特点，消费者的决策成本低，因此更愿意尝试新品牌也更容易产生冲动型消费，对于这种品类来说，品牌高端化的试错成本较低也更容易成功，高端化更多的就是品牌溢价的提升。不同于快消品行业，汽车行业单价高、复购率低，产品研发周期长、生产成本高，用户的决策链条长并且偏向理性和保守，更愿意购买已经具备较好声誉的品牌。同时汽车行业的集中度相对较高，市场销量的大部分份额长期被头部品牌占据，原有的中低端品牌和新兴品牌想要进入中高端市场都面临较大困难。对于汽车品牌的高端化发展来说，可以从两个角度进行解释。一个是静态角度即汽车品牌高端化，就是指高端的品牌，这类品牌目前的价格、影响力已经处于比较高的水平；另一个就是动态角度，是指汽车品牌从相对"低端"向以高科技、高附加值、高溢价、高用户认可度等为特征的相对"高端"不断攀升的可持续发展过程，是一个动态过程。

聚焦到当前民族汽车品牌的高端化发展来说，其面临挑战的同时也具备较好的机遇。所谓挑战主要是指民族汽车品牌起步晚，早期由于社会、经济、政策等多方面因素的影响，民族汽车品牌在合资汽车品牌成为市场主流的背景下艰难发展，消费者也逐渐对民族汽车品牌形成"低端、廉价"等刻板印象，这种印象在短期内很难消除。所谓机遇，一方面是指近年来民族汽车品牌在技术上不断积累突破，在产品本身的质量上与合资品牌不存在绝对的差异，同时依靠"性价比、可靠"等口碑形象在中低端市场已经占据的优势，获得了迅速发展；另一方面，新能源技术的发展和国家政策的大力支持使得民族汽车品牌抢先在新能源领域占据了优势地位，因此当前阶段民族汽车品牌的发展更多的是"借势而起"。

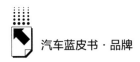
在这种背景之下，民族汽车品牌的高端化是具有"中国特色"的高端化，这个阶段的高端化并不局限于静态的按级别和价格划分汽车产品，而是指品牌向上发展的动态过程。在这个过程中，品牌需要做的不是简单地提升品牌价格，而是从产品、服务、营销和用户感知等多维度向上发展，通过多维度的向上发展来提升品牌质感和品牌美誉度、扩大品牌矩阵和利润空间、拓展新的业务支撑点等。需要强调的是，这个过程中的一个重要抓手就是用户，随着我国进入消费4.0时代，汽车用户的需求也发生了巨大变化，同时互联网时代用户接触信息的渠道和内容空前丰富，在这样的背景下，哪个品牌能够抢占用户心智，就能够在品牌建设的过程中占据先机。

总的来说，在本文中所谓民族汽车品牌高端化发展主要是关注民族汽车品牌从产品、营销、服务、销售模式等各个方面向上发展的动态过程。

二 民族汽车品牌为什么要向高端化发展

（一）经济发展和政策支持

过去一年是具有非凡意义的一年，2021年是"十四五"规划的开局之年，我国全面建成小康社会，开启了全面建设社会主义现代化强国的新征程。当前我国已经是世界第二大经济体，在抗击疫情、举办冬奥会、航空航天等方面我国都表现出自信的大国姿态。我国正在形成以国内大循环为主体、国内国际双循环相互促进的新发展格局，在此过程中，国家积极推动国内消费的进一步升级。2022年国务院《政府工作报告》提出，要推动消费持续恢复，多渠道促进居民增收，完善收入分配制度，提升居民消费能力。多位参加全国两会的代表委员表示，要通过多种有效举措，促进新一年的消费旺起来。据统计，2021年我国最终消费支出拉动GDP增长5.3个百分点，对经济增长的贡献率达到65.4%，消费成为经济增长的第一拉动力。虽然新冠肺炎疫情给整体国民消费发展带来消极影响，但2022年中国已经积累大量抗击疫情的经验，在"精准防疫""动态清零"等措施及全国民众的配合下，疫情对于经济和消费的影响仍在可控范围之内，可以预见的是，未来我国经济仍然会保持平稳发展的态势。

经济发展的新格局要求产业加速深层次变革。汽车作为大宗消费品，是人民衣食住行生态中的重要构成元素，汽车产业更是展示国家综合实力的重要支柱之一。十三届全国人大四次会议审议通过的《政府工作报告》提及了汽车产业相关的政策信息，主要包括：稳定增加汽车、家电等大宗消费；取消对二手车交易不合理限制，增加停车场、充电桩、换电站等设施，加快建设动力电池回收利用体系等。从这些政策的目的来看，主要是盘活汽车存量，促进汽车流通从而带动汽车市场的发展，为"汽车消费升级"扫清障碍。关于汽车消费升级，在欧美，其标准是家庭添购第二辆车，国内则稍有不同，受环境影响，一线城市的汽车保有量不可能无限制增加，因此家庭添购第二辆车不太具备可操作性，更多的做法是换购中高端汽车。

（二）汽车行业的变化

近些年来，中国汽车行业正在经历深刻的变革，当前汽车行业的发展形势对于民族汽车品牌来说挑战与机遇并存。一方面，中国乘用车销量经历了长时间的快速增长后，近年来开始从增量市场切换到存量市场，逐渐由以首次购买用户为主切换为以增换购用户为主（见图1），预计到2025年潜在换购需求占比超过65%。由于民族汽车品牌的价位主要集中在15万元以下，这一价格区间比较符合首购用户的购车预算，因此长期以来民族汽车品牌的用户主要是首购用户。目前整体汽车市场容量的缩减及首购人群的减少压缩了民族汽车品牌的大部分用户来源，同时不少合资汽车品牌为了应对当前汽车市场的发展形势已经开始价格下探，走降价倾销的路线，例如大众旗下的朗逸、宝来，别克旗下的英朗、昂科拉，丰田、本田的卡罗拉、思域等产品的指导价格都在下降。合资汽车品牌价格下探对于民族汽车品牌来说无疑增加了巨大的压力，挤占原本就在缩减的民族汽车品牌市场。民族汽车品牌如果不向上探索中高端市场，逐步在存量竞争中占据一席之地，最终会落入完全被动的地位。从这个层面来说，合资汽车品牌的价格下探是无奈之举，民族汽车品牌的向上探索则是求生之策。另一方面，我们更应该看到的是中国汽车行业当前正处于重大战略机遇期。在硬件技术层面，一线民族汽车品牌逐步实现了对发动机、底盘、变速箱等动力总成系统核心技术的突破；同时在我国"双碳"目标的政策支持下，新能源汽车市场近几年得到爆发式增长，2021年我国新能源汽车销量336.8万辆，同比增长120%以上。汽车电动化趋势的发展驱动了互联网、科技行业的巨头入局造车行业，带动了汽车行业智能化发展，民族汽车品牌在人车交互技术、车联网生态、智能化操作系统等方面已经逐渐占据了优势地位。民族汽车品牌的技术发展，特别是电动化和智能化的优势地位，是民族汽车品牌重塑品牌形象、向中高端市场突破最大的底气，从这个层面来说，民族汽车品牌已经具备向中高端市场发展的实力，民族汽车品牌的高端化是"大势所趋"。

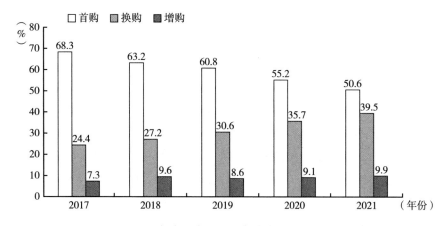

图1　2017~2021年中国市场乘用车首购/增购/换购占比走势

资料来源：中汽信科数据库。

（三）消费社会的变化

近些年中国居民的人均消费支出一直保持较高的增长速度，人均消费支出总额保持逐年上升的态势。2021年，中国居民人均可支配收入达到35128元，创近5年来新高（见图2）。从消费社会的角度来看，我国目前已经进入消费4.0时代，居民消费升级趋势日益明显，主要表现为消费者更加追求品质、个性化，愿意为品牌付出更多的溢价，更加注重精神和情感需求。聚焦到汽车消费来说，用户表现出对个性化的追求，愿意为汽车品牌支付更多的溢价，汽车对于用户来说更偏向私人物品，能够展示用户自身的个性特征，汽车的使用场景更为丰富，用户与汽车之间的关系更为紧密。整体来说，近年来的汽车用户需求展现出多元化特点，既有对简约、科技、智能的追求，也表现得更加理性。简而言之，用户的购车价格预期和对产品品质以及品牌情感的需求均有提升。据统计，民族汽车品牌的价格主要分布在5万~8万元和8万~12万元，分别占到35%和37%，而从计划购车人群的购车预算来看，主要分布在12万~18万元及18万~25万元（见图3），这说明民族汽车品牌的价格区间和未来消费者购车预算的价格区间出现较大的脱节。因此从当前消费社会下汽车用户的发展趋势来看，用户需求高端化推动汽车品牌高端化，这将是一个高潜市场。

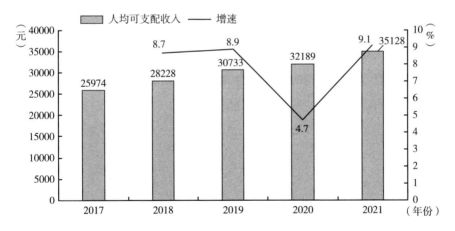

图2　2017~2021年中国居民人均可支配收入

资料来源：国家统计局。

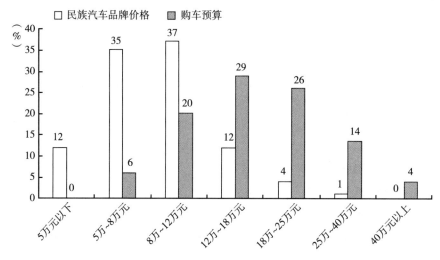

图 3 民族汽车品牌价格区间和人群购车预算区间

资料来源：中汽信科数据库。

（四）中高端汽车优势

从当前中国汽车市场形势来看，中高端汽车市场表现出优势，主要有以下几点原因：目前国内汽车市场已经从增量市场进入存量市场，购车人群也正在从首购向增换购转变，置换型购车需求逐渐成为拉动汽车销量的重要因素，消费者在换购、增购的时候，会更倾向于购买价位更高的车型。因此，中高端汽车将在市场中占据更大的份额。从数据来看，2018~2020 年乘用车市场整体销量虽然有所下滑，但豪华车销量却率先回正，特别是近两年受疫情影响程度弱于大盘，由此可见中高端市场份额实际上还在稳步增加。从利润率来看，中低端产品单车毛利率相对较低，盈利能力弱，中高端产品单车毛利率较高，盈利能力强。以特斯拉为例，一辆特斯拉 Model 3 的成本约2.8 万美元，而在中国售价为 26 万~33 万元，那么利润可能在 8 万元左右。而国产宏光 mini，以 2.88 万~3.88 万元的售价，在小型新能源领域可以说是没有竞争对手，月均销量过 2 万辆，连续 4 个月蝉联国内新能源汽车销量冠军，年累销量达 127651 辆，但相对于中高端汽车，利润却很低，据悉一辆宏光 mini 的成本大约在 2.3 万元，那么其利润可能在 5000 元左右。在 SUV 领域，销量最高的民族品牌哈弗 H6，与本田 CR-V、日产奇骏以及大众途观市场定位相同，但合资品牌价格比哈弗 H6 高出了 60%。在 MPV 领域，五菱宏光虽然一直保持着销冠，但每辆车的价格只有四五万元，不到通用 GL8 的 1/5。2021 年 1 月 1 日，特斯拉 Model Y 将销售价格下调了 14.81 万~16.51 万元，售价 33.99 万元，直接降价近 30%，带来了特斯拉销量的又一波拉升，高溢价给了中高端车型价格下探的空间，在市场波动较大的时候能够帮助中高端汽车品牌赢得更多的主动权。

三 民族汽车品牌高端化发展特点

（一）民族汽车品牌高端化布局已久

虽然民族汽车高端化发展是近几年随着新能源汽车的发展才成为一股热潮，但实际上传统燃油车高端化尝试的布局开始得很早。以 2007 年奇瑞率先推出高端定位的观致汽车为起点，众多民族汽车品牌尝试高端产品升级，2007~2014 年是民族汽车品牌的"野蛮生长"时期，但产品品质和品牌溢价能力有所欠缺，导致民族汽车品牌尚未诞生出真正成功的高端化案例。2016 年，以吉利汽车集团和长城集团的高端品牌发布为标志，民族汽车品牌高端化迎来技术与时代新契机。一汽、北汽、上汽、广汽、吉利、长城、长安、奇瑞等主流民族汽车企业的高端新品牌或新品牌战略相继发布。由于新能源汽车和燃油车的发展特点不同，二者的高端化发展过程也有很大区别。对于燃油车来说，过去 20 多年民族品牌燃油车的价格都在 10 万元左右，在用户心中形成了"廉价、低端"的刻板印象，经过多年发展，在技术上有了跟合资汽车品牌抗衡的实力，但是从品牌溢价的角度来说，用户的感知价值决定了用户能够接受的品牌溢价程度，产品和技术作为品牌的基础支撑，只是用户感知价值的一部分，无法在短期内改变用户对品牌的底层印象和情感体验。因此对于燃油车来说，品牌的高端化不可能一蹴而就，而是一个长期积累引发质变的过程。以吉利汽车集团打造的新时代高端品牌领克为例，早在2010年吉利汽车集团收购沃尔沃，开始高端化尝试，2010~2016年用了6年的时间才发布领克汽车品牌，首款产品领克01基于吉利与沃尔沃联合开发的CMA基础模块架构打造，售价在15万元左右，冲破了民族汽车品牌15万元的天花板。随后，领克陆续推出领克02、03、05、06，其中CMA架构旗舰车型领克05在01的基础上实现了产品价值的进一步提升，产品溢价能力也跻身主流合资品牌的更高区间。2021年，领克品牌在5周年之际，推出了基于中大型架构SPA平台的全新旗舰产品——领克09，这是领克汽车的首款中大型SUV。领克的诞生不是一蹴而就，而是源自多年的技术布局与积累，并充分洞察与满足了新时代中国用户的全新需求。这可以视作民族汽车高端化尝试的全新探索。

在新能源领域，不同于燃油车，新能源汽车自带的"光环"对于用户来说是一种全新的体验，特别是新能源与新科技同步出现，相当于给新能源汽车叠加了双重buff，直击年轻用户的高级需求。同时从目前汽车产业发展趋势来看，新能源汽车产业正开启新一轮高速增长。与上一轮政策推动热潮不同，本轮增长主要由市场驱动，规模将更大且更具可持续性。因此对于新能源汽车来说，民族品牌与外国/合资品牌其实站在同一个起点，同时由于近年来在智能化及互联科技上的创新发展，民族品牌相比合资品牌具有更契合本土的先发优势。以蔚来汽车为例，2017年蔚来的首款车型ES8上市，定位为豪华中大型纯电SUV，目前蔚来汽车的售价集中在35万~45万元。蔚来作为从互联网兴起的造车新势力，是近年来中国新能源汽车快速发展的缩影。与此同时，传统汽车企业也在向新能源领域进军，以比亚迪为例，仅用了一年时间，比亚迪汉的累计销量就突破10万辆，成为有史以来最快达成10万+销量的中国品牌中大型轿车。截至2021年11月，汉的累计销量已突破14万辆，并连续3个月销量破万，连续7个月环比增长，打破了20万元以上中国新能源民族品牌轿车的销量天花板，助推比亚迪产品力和品牌力升级，成功跻身25万元级别中高端轿车行列。近日，比亚迪品牌及公关事业部总经理李云飞透露，公司高端品牌首款车型为硬派越野车，价格在 50 万~100 万元，将于 2022 年上半年发布。

（二）民族汽车品牌高端化发展策略

目前民族汽车品牌的高端化发展已经形成一股潮流，总的来说民族汽车品牌的高端化策略可以概括为通过重塑品牌理念与使命愿景、升级品牌战略，推动品牌建设，打造高端形象。同时，贴合年轻消费群体、融入科技感和智能技术、面向全球多元竞争是民族汽车高端品牌发展的共同方向和目标。

但具体到不同车企，高端化的具体发展策略也有所不同，具体表现为以下几个方面：首先是高端化发展路径层面，目前市场上民族汽车企业高端化发展的路径可以分为三种。①母公司推出全新子品牌，打造独立的中高端品牌，主要以长城 WEY、奇瑞星途、北汽新能源 ARCFOX 以及吉利汽车集团推出的领克等为代表；②品牌转型升级走高端路线，典型如上汽通用五菱新宝骏；③现有品牌推出更高级别的车型，切入高端产品线，以跨级别的配置、性价比和具有竞争力的产品品质，突破 20 万元民族汽车高端天花板，主要以上汽荣威、广汽新能源、比亚迪等品牌为代表。其次是高端化发展的定位层面，虽然年轻、科技、智能已经成为汽车企业共同努力的方向，但不同企业原有的品牌基因不同，在高端化发展过程中的方向定位也不相同。例如东风汽车推出名为"东方风起"的"十四五"战略规划，寓意东风融合清洁能源之风、智慧科技之风、变革发展之风，未来主要的发展方向是新能源和科技，新能源方面未来将重点研发打造行业领先的平台架构与核心技术，加快推进氢燃料电池等技术的商品化，同时计划在"十四五"期间完成科技和服务创新业务创造的收入占自主业务收入的比重达到 1/4 的目标。领克汽车则是在技术与品质上对标豪华品牌，在市场定位和消费群体上与一线外资品牌直接竞争。领克率先享受到吉利汽车集团平台造车技术成果，并在传承沃尔沃技术和安全基因的基础上，提出"全域安全理念"。在品牌形象上领克则围绕新生代用户群体的需求，跨越传统汽车维度，以"个性、开放、互联"的品牌价值和"不止于车"的理念,打造与年轻用户相契合的"汽车潮牌"形象。聚焦到新兴的新能源品牌领域,其中理想汽车相对比较特别,其仅有理想 ONE 一款车型,主打为家庭用户提供安全和便捷的产品服务,在"创造移动的家,创造幸福的家"理念下打造七座中大型 SUV,并将于 2022 年推出 X 平台上的首款产品——全尺寸豪华增程式电动 SUV。小鹏汽车则立足于科技形象,致力于打造智能电动汽车,是目前国内领先的智能电动汽车设计及制造商,也是一家融合前沿互联网和人工智能创新的科技公司,其高管团队成员主要来自阿里、腾讯等互联网企业,广汽、福特等传统整车企业,蔚来、特斯拉等电动智能车企,以及华为、高通等科技公司。成立以来,小鹏汽车始终坚持高研发、高投入并持续扩展研发团队,用户对其科技化形象的认同度也比较高。

(三)民族汽车品牌高端化发展现状

随着民族汽车高端品牌和车型的推出,高端化目标初有成效,从市场份额来看,民族汽车高端品牌销量占整体民族品牌市场的份额由 2017 年的 0.9% 扩大到 2021 年上半年的 2.5%。从用户关注度来看,2021 年民族汽车高端品牌的线上内容播放量与上年同期相比增长了 40.3%,线上用户对高端品牌相关内容的兴趣有了显著提升。用户对于民族汽车高端品牌和产品的接受度进一步提升,也为品牌向上提供良好的用户基盘。从用户满意程度来看,2021 年民族汽车中高端品牌的满意度评分总体同比增长 31.2%。

但在民族汽车品牌高端化发展初见成效的同时,也应该看到发展过程中存在的一些问题:①品牌高端化发展并没有形成行业化浪潮,主要是由一些发展较好的头部汽车品牌带动起来的,民族汽车品牌的高端化发展还未形成集群优势。从数据来看,尽管中国品牌的整体市场份额逐渐萎缩,但内部的集中度更为明显。其中头部品牌(销量 TOP5)销量占整体民族品牌销量的比例呈现连年升高的态势,从 2017 年的 48% 上升到 2021 年上半年的 54%。②民族汽车品牌高端化发展过程中很多车企对于高端化的定义不清,品牌战略不明,从部分高端品牌过去两年的发展历程来看,存在一个共同的问题,为了快速抢占市场而不得不对产品线及经销商网络进行快速扩充，但随着新车型数量的递增，并没有形成销量的叠加，相反在产品规划方面自我挤压、内耗严重。

四 民族汽车品牌向上发展的建议

前面已经说到，民族汽车品牌高端化发展过程中，用户是核心要素，民族汽车品牌应该发展产品力过硬的精品车型，提升市场口碑和品牌美誉度，扎实打好阶梯型产品价格基础，在品牌和基盘用户积累到一定高度时，尝试进行品牌定位升级才是合适时机。因此，目标群体的痛点和需求是民族汽车品牌高端化发展的重要抓手。本部分从了解目标用户的痛点和需求出发，从产品、营销、服务、销售模式等多方面阐述民族汽车品牌高端化发展的建议。

（一）了解目标群体的痛点和需求

从消费社会的视角来看，中高端品牌用户的需求主要表现为更加追求品质、个性化，愿意为品牌付出更多的溢价；从城市级别分布来看，高端品牌兴趣人群主要集中在二、三线城市；而从 TGI 指数来看，二线和五线城市未来具有更高的消费潜力。已婚有孩的高端车用户占比将近一半，此类人群多考虑家用和实用因素；从传统高端品牌高潜用户年龄分布来看，整体集中在 18~25 岁和 31~40 岁两个年龄段。WEY、领克两个品牌的分布特点较为相似，主要集中在 18~25 岁，其中领克品牌用户年龄跨度较广："90 后"用户占比 64%，"泛 90 后"（加上"85 后"）占比约 78%，车主平均年龄 32.1 岁。而红旗还覆盖到 31~40 岁的中坚用户，年龄结构相对成熟。

除了人口学特点外，全球产业正迎来智能化变革，日常生活更便捷和舒适。人们可以线上点外卖、充值、购物，享受各种娱乐应用，甚至共同迈入乐于共享的时代。随着汽车与大数据、AI 智能等领域紧密融合，其承载的功能和意义更加深远，随之而来的用户需求也更加多元，出行工具的角色被重新定义。用户对各类代表品牌的兴趣因素的调研数据显示，除了价格因素以外，每个品牌用户的兴趣因素有所差异，譬如 WEY 用户更关注设计，领克用户更关注个性、性能、品质，长安用户更关注配置，奔腾用户更关注设计，蔚来用户更关注性能。总的来说，民族汽车品牌用户关注因素依然集中于性价比、设计、配置等感官因素，而对品牌价值等深层因素认知不足，品牌向上无疑成为未来民族汽车品牌实现可持续发展的重要抓手。

分属性来看，传统民族汽车品牌的主流形象依旧以"性价比""实用""燃油经济"等经济实用形象为主；高端品牌则树立了"智能科技先进""设计前卫"，甚至"认同感强"等形象；而除"绿色环保"之外，"智能科技先进""设计前卫""服务到位"等形象诠释了近年来用户对新势力品牌的认知。从购车因素角度来看，传统民族汽车品牌还是凭借价格优势和颜值吸引了用户的青睐；高端品牌的设计感和科技感成为主要的卖点；新势力品牌主要靠智能科技得到用户的关注，另外潮流的设计和优秀的驾乘感也是用户选择的重要因素。

（二）打造研发基本功，促进产品差异化

从产品角度来说，产品和技术是品牌高端化的核心基础，研发能力是民族汽车品牌高端化的底层架构。比如底盘、动力总成、变速箱等核心技术的自主研发能力对于民族汽车品牌高端化发展及其长远竞争力具有重要意义，推进体系建设和平台架构开发，也是判断民族汽车品牌研发能力的重要参照。纵观近几年增长势头强劲的民族汽车品牌，其发展的一大共性是确立平台化战略，使得车企在车型开发的灵活性、生产效率和成本控制上均取得了较大突破。民族汽车品牌从逆向研发起步，搭建研发体系和平台架构，取得核心技术正向研发的突破，车企得以实现降本增效和民族汽车品牌高端化的良性循环。目前，民族汽车品牌高端化发展过程中展现出来的问题之一就是产品同质化，既包括品牌之间的车型同质化，也包括品牌内部或者子品牌与母品牌的车型同质化。虽然年轻化是当前汽车市场的一个主流趋势，但是多元消费社会下，用户需

求的多元化也是一个重要特征。因此在产品设计方面，车企需要深入调研目标用户的特点和需求，例如中型 SUV 用户，在年龄上应该更成熟，因此产品在外观上应该偏向沉稳，功能上也应该考虑到这部分群体对智能化和科技化的接受程度。合理规划产品布局，应实施扩大产品线组合策略，增加新产品，扩大汽车产品组合的宽度，增加产品种类。另外，由于顾客需求不一样，要扩大产品组合的深度，以满足不同细分市场的需求，从而扩大市场份额。

（三）顺应数字化营销趋势

与大多数消费品相比，汽车具有价格高、购买频率低等特点，消费者在购买时呈现深度决策、广泛对比、重视品牌和用户口碑等特点。互联网时代，用户购买汽车的行为可以用汽车消费者决策链条来展示，根据汽车消费者决策链条，用户的购车会经历注意、兴趣、搜索、购买、分享五个阶段，这五个阶段会成为一个闭环，消费者本身既是信息接收者，也是信息传递者，在这个过程中消费者会大量使用泛内容平台和汽车资讯平台搜集有关汽车的信息，随着用户触媒渠道的丰富，从图文信息到短视频再到直播，消费者线上了解汽车信息的方式更加便捷直观。同时，在大多数互联网汽车营销平台上，都配有城市展厅、体验中心等板块，近乎真实的模拟体验极大地满足了消费者的购车需求，甚至有一些互联网平台可以为客户提供 VIP 定制服务。对于汽车这种需要深度决策的商品来说，数字化媒体的发展极大地改变了用户传统的只能通过线下方式完成购车行为的路径，如今汽车用户最普遍的购车方式是线上线下融合的交易体系。据调查，有 80% 以上的购车用户会使用线上方式了解汽车信息，70% 的用户会选择"线上体验+线下购买"的方式。在内容形式方面，短视频为最受欢迎的信息获取形式，同时用户参与汽车类直播的时间延长，参与直播的深度也在强化，直播中的点赞、评论、分享行为一路走高。

未来车企应该顺应数字化营销的发展趋势，打造线上线下相融合的全链路营销策略，以数据为核心驱动，线上对用户的行为数据进行沉淀分析，线下进行场景和转化分析。目前，线上线下联动的整合营销模式正在成为主流,即通过主题活动策划、线上曝光,抓取或引流兴趣用户、潜在消费者进行线上互动,进入线下体验,再将活动环节中的细节与亮点包装成趣味性、互动性较强的营销事件,利用社交平台、大流量媒体等进行广泛传播,产生持续性营销声量,促进二次品牌曝光与潜在消费者转化。线上线下整合营销的参与方主要有车企、经销商、广告代理公司、媒体平台、线下执行代理机构、交易服务平台、社交平台。其营销特点主要表现为线上线下的资源整合、场景聚合以及充分发挥线上线下聚合性优势。在制定营销策略前,企业应该首先进行充分的内部沟通,了解各部门的业务开展情况,例如品牌传播部门的品牌战略、品牌定位、品牌形象、目标群体分别是什么,希望达到的品牌传播效果是怎么样的;从销售部门了解目前销售数据的分布情况以及 C端用户的真实反馈,从品牌推广的层面了解销售部门前期品牌推广的具体措施,推广效果如何,难点和卡点是什么,分析没有达到预期的原因;根据对品牌营销目标和现状的分析,从宏观环境、品牌策略和用户反馈等多方面分析目标与现状存在差距的原因,根据实际情况制定相应的营销策略或者调整品牌推广的目标。

(四)打造以用户为中心的汽车服务体系

做品牌的核心就是占领用户心智,做高端品牌更是如此,所谓的高端汽车品牌从表面上讲就是用户愿意为高溢价买单,从深层次来讲是品牌满足了用户更深层的情感需求。因此,不断提升用户体验是汽车高端化发展过程中的必修课题,汽车服务是用户购车过程中的一个重要环节,用户在品牌销售和售后过程中的服务体验直接影响着品牌的绩效表现和发展前景:首先,品牌的服务质量很大程度上影响了消费者对品牌产品和企业的信赖程度,并影响着品牌市场销量的变化情况,提升品牌服务管理能力是扩大品牌市场份额的重要手段;其次,品牌的服务质量与消费者的感知评价成正比,与消费者的品牌形象认知成正比,高品质、全方位的服务策略更利于品牌形象的提升;最后,愉快的品牌服务体验可以形成并增加消费者正向的品牌价值感知,以提升消费者的品牌忠诚度。品牌通过为消费者提供多样化的服务,能够树立良好的品牌形象，推动增/换购意愿的产生。因此，民族汽车品牌需要建立起以用户为中心的汽车服务体系，搭建起以用户体验为基础的售前、售中和售后全流程服务体系。

其中，售前阶段包括知晓、关注与兴趣、初筛、了解和对比、意向留资等环节，对于品牌来说应该充分利用大数据、机器算法等技术，精准抓取用户群体，投放他们感兴趣的内容并通过用户行为分析这部分群体对于投放内容的满意度和反馈；售中阶段包括到点考察、了解产品、试乘试驾、洽谈成交、新车交付和客户维系等环节，在这个阶段品牌应该注意经销店的环境设施、服务人员的专业度和服务态度，留足用户试车、洽谈的时间，在购头到新车交付期间应该保持良好的联络，主动反馈交付进度，及时了解用户的需求；售后阶段包括二次交车、驾乘咨询、车主活动、应急救援、日常关爱和意向反馈等环节。售后阶段是品牌与用户建立更为深刻关系的延伸阶段，也是积累用户口碑的关键阶段，售后阶段的用户体验会影响用户此前对品牌的印象积累，也必然会影响购车用户对品牌传播的积极性。在这个阶段，品牌需要注意的是对于用户需求要及时反馈，特别是应急救援环节一定要保证在最快时间高效解决用户问题并给予情绪关怀。此外，在互联网高度发达的今天，品牌方应该通过各种线上线下渠道与用户建立良好关系，促进与用户之间的情感共鸣。

五　吉利集团打造高端子品牌的策略

（一）吉利汽车集团高端化策略的背景

对于企业来说，每一个战略决策都需要综合考虑内外部环境因素，当面临的内外部环境发生巨大变化时，企业有必要进行相应的战略调整。吉利汽车集团制定高端品牌战略也是基于对内外部环境的综合考量，比如，领克品牌的诞生与发展是吉利汽车集团坚持高质量发展，实现转型升级的重要一步，这一战略背景可以从内外部环境来进行分析。

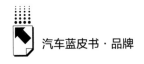

外部环境方面,吉利面临的外部环境与其他民族汽车品牌具有相似性。吉利汽车集团战略转型的外部背景集中表现为政策支持、消费升级、新能源汽车普及、中高端市场潜力和需求更大以及汽车产业全球化等几个方面。政策方面国家提出制造强国战略,从国家政策的高度支持有能力的企业实现品牌向上。消费层面我国居民收入的提高带动新一轮消费升级,汽车消费也进入新的发展阶段,品牌力成为汽车竞争的核心因素之一;消费升级和汽车增换购需求增加的背景下,中高端汽车市场的需求增加;民族汽车品牌在新能源汽车领域已经占据优势地位,同时在汽车全球化的发展趋势下,新兴市场成为民族汽车品牌"走出去"新的增长点,新能源汽车的发展能够助力民族汽车品牌向国际化发展。从企业自身情况来看,以领克为例,高端化发展的优势主要体现在全球化的研发体系、营销模式、高标准供应链体系、智能化技术等方面。领克拥有高素质的高技术研发人员,专注于以人性化智能科技为用户带来卓越的驾驶体验,在营销方面创新了传统的4S店营销方式,注重带给消费者沉浸式体验,同时积极参加国际汽车赛事,积极提高品牌在消费者中的认知度;在供应链方面拥有与沃尔沃共享的供应商资源,可以与沃尔沃实现零部件设计和采购共享。

(二)领克汽车高端化发展的具体策略

1. 品牌高端化

从吉利汽车集团的战略定位来看,吉利、领克和沃尔沃定位各有区分。吉利覆盖大众化及非主流外资市场;领克定位高端,与丰田、大众、福特等一线外资品牌竞争,覆盖中高端市场;沃尔沃对标奔驰、宝马、奥迪,覆盖豪华市场。从领克自身定位来看,领克品牌在技术与品质上对标豪华品牌,市场定位于中高端年轻消费群体,致力于为消费者创造全新的品牌体验和价值感。

2. 产品高端化

在产品方面,领克的策略主要包括以下几点:①依托吉利汽车集团深厚的汽车技术积累,包括吉利与沃尔沃合作10年的全球研发体系、沃尔沃与吉利汽车联合开发的 CMA/SPA 模块化架构，传承沃尔沃的安全基因，创新性提出"全域安全理念"以及与沃尔沃共享 Drive-E 动力总成。②产品矩阵全面覆盖细分领域，实现从 A0 级到 D 级的细分市场全面覆盖，形成"SUV+轿车"、"燃油+新能源"、性能车的立体化产品布局。同时，在产品特征定位上也覆盖了更多属性的细分市场：新全球高端 SUV 领克 01，主打家庭/四驱越野；高能轿跑 SUV 领克 02，主打潮流个性/操控；领潮运动轿车领克 03，主打运动/性能；CMA 旗舰领克 05 高端小众，引领潮流；新都市机能 SUV 领克 06，主打个性潮流，丰富产品矩阵，带来更多购车选择；SPA 架构下的首款豪华智能旗舰 SUV 领克 09，兼具豪华旗舰性能及前瞻智能科技，是领克持续突破向上的代表。值得指出的是，在颇受年轻消费者青睐的性能车领域，运动轿车领克 03 家族（03、03+、03 TCR 赛车、03+Cyan 定制版）代表了中国品牌性能车的世界级水准；新生代真钢炮领克 02 Hatchback 更与 03+形成"运动轿车双子星"；领克"+"系列首款性能 SUV 领克 05+，解锁都市用户全新出行潮流。③新能源领域，领克打造了 PHEV 家族理念，主要针对"里程焦虑"、"充电不便捷"、"购买成本高"及"安全顾虑"等新能源用车痛点，将 PHEV 车型作为解决当前痛点的最优选择。目前领克顺应新能源发展趋势，旗下新能源车型涵盖了 CMA 电气化基础模块架构产品领克 01 PHEV 与 05 PHEV、BMA Evo 电气化基础模块架构产品领克 06 PHEV，以及 SPA 电气化架构产品领克 09 PHEV。

3.营销服务高端化

领克营销策略的高端化发展可以从营销内容和营销形式两方面来说，在营销内容上，领克一方面强调自己的产品优势，强调沃尔沃基因，突出产品的技术领先优势及全球化基因；另一方面注重与消费者的情感联结，弱化汽车形象，认为诞生于工业时代的汽车，是点到点的交通工具，但诞生于数字时代的汽车，应该是智能移动终端、生活的第三空间，甚至是科技潮流的出行伙伴。领克营销内容的高端化主要围绕新生代用户体验需求、围绕"汽车界的潮牌"而打造，始终致力于为用户打造"不止于车"的生活方式。因此，领克在营销内容上的高端化不仅包括营造技术优势和优质的产品形象，还为消费者营造出一种美好的生活潮流与出行方式，致力于与消费者产生更深的情感联结。在营销形式上，主要包括以下几点策略：①以传统经销模式为基础，打造了"线上+线下"全面融合的"三位一体"渠道模式，建立了线上领克商城。②线下打造"领克中心"和"领克空间"，首创了6S汽车销售服务模式，在传统汽车4S模式（销售、售后、零部件、信息反馈）的基础上增加了2S（社交和分享）。领克中心不仅具有传统汽车销售店展示、销售、售后服务等全部功能，还为消费者提供便捷的在线销售服务和独特的店内体验服务；领克空间集展示、销售功能于一体，选址于都市中最具活力的大型商圈中，在用户的生活圈中出现。③针对消费者的需求为消费者提供"终身三免"服务，提供全周期智能养车、全体系透明服务、全客户差异服务、全车系智慧产品的售后保障，并为用户搭建可靠的官方二手车业务平台。④领克注重用户共创，开创性建立了Co：Club领克客户俱乐部、"Co客领地"、伙伴计划、领克App、Co客大会等以用户为中心的出行生态。以创新化的用户生态体验持续壮大粉丝人群，拓展品牌影响力。领克App定位为潮流社区，Co客大会定位为领克品牌与车主一年一度的节日盛宴，Co客理事会作为用户与品牌之间的沟通桥梁，定期进行提案及推动执行。

（三）领克高端化发展成效

从数据层面可以解读领克高端化发展的成效，首先从销量来看，自2017年底首款车型投放至今（截至2022年3月），累计销量692889辆，位列民族汽车高端品牌第一梯队；其次从保值率来看，截至2021年12月，领克产品加权成交价达到16.5万元，领克品牌保值率达到71.4%，是最保值的中国高端汽车品牌，高溢价能力初显。除了产品自身数据之外，渠道的生态数据也是品牌高端化成效的重要表现，显示了品牌除产品之外的"软实力"。从销售服务来看，截至2022年3月，领克已经正式运营333家领克中心和领克空间，分布在31个省、自治区、直辖市，经销商覆盖216个城市。从用户生态来看，截至2022年3月，领克App的注册用户超186万，月活用户最高 66 万人次，日活最高超 17 万人次；在领克 App 用户中，车主用户超 69 万，"90 后"用户占比 64%，"泛 90 后"（加上"85 后"）占比约 78%，车主平均年龄 32.1 岁；有近 6 万用户进行推荐，最高转介绍数量 87 位。

（四）领克汽车未来发展方向

面对民族汽车品牌不断向上发展的趋势，在未来发展方向上领克汽车在现有发展基础上主要从以下几个方面持续提升：①继续推动品牌价值向上发展，打造百万级中国高端汽车品牌，进一步扩充产品序列，持续满足消费者不断升级与个性化的出行需求。②加速全球化战略，实现全球销售目标。未来，领克将持续深化"欧洲战略"和"亚太战略"，在俄罗斯、中东、马来西亚、澳大利亚、新西兰等地区布局。自 2022 年开始，领克将陆续进入阿联酋、巴林、沙特阿拉伯、卡塔尔、阿曼、以色列等亚太市场。③助力中国从汽车消费大国向汽车技术强国转变。响应数字时代的使用需求，领克将加快高等级智能驾驶和智能交互技术的普及进程。

（五）领克汽车对民族汽车品牌高端化发展的启示

1. 突出产品优势，增加产品研发投入

领克在产品卖点上主打沃尔沃基因、安全品质，产品的优势点非常集中。对于民族汽车品牌高端化发展的启发在于品牌应该集中自己的卖点，以精准的传播优势占据用户的注意力和心智。高端化的含义其实非常丰富，从产品层面来说，外形设计、内饰质感、产品质量等方面的升级都可以看作高端化发展的表现，有些品牌在高端化发展中打造产品卖点时存在"贪大求多"的现象，比如既想满足年轻用户对运动和潮流的追求，又想满足成熟用户对稳健内敛的追求，一味堆砌产品卖点，最后效果却不理想。从领克品牌的打造经验来看，对品牌产品卖点进行瘦身，在其中的一两个点上做到行业内的高水平其实更符合当前市场的需求。同时产品和技术是品牌的基础，应该加大前期的研发投入，布局更长的产品发展周期。

2. 全面布局产品矩阵，覆盖更广的市场需求

民族汽车品牌高端化发展过程中存在的重要问题是品牌内部车型的同质化和子母品牌车型之间的同质化，这个问题容易导致品牌内部产品相互挤压市场空间。领克汽车在车型维度和产品风格维度明确了比较全面的认知与区分，这个产品矩阵的建立并不是一蹴而就的，从 2017 年成立至今包括前期准备阶段，领克花费很长时间来打造全系列产品矩阵。对于民族汽车品牌的高端化来说，这一点的启示在于品牌高端化发展需要针对市场现状和未来趋势做整体的产品规划，规划走在变化之前，应对市场迅速变化的同时保持稳步发展的产品布局。

3. 打造独特品牌形象，与用户建立情感共鸣

"以用户为中心"是当前民族汽车品牌高端化发展的主流做法，领克的做法可以为民族汽车品牌提供一定的参考价值。领克汽车定位高端品牌，聚焦中高端的年轻用户群体，以"持续改变移动出行，让人们更热爱出行"为品牌愿景与使命，致力于为年轻用户打造一种潮流的生活方式。这一做法从目标群体出发，解读目标群体的深层次需求，打造独特的形象引发与用户之间的情感共鸣。

4. 创新营销服务模式，打造健康用户生态

领克在营销服务上的一个突出特点是注重用户生态建设，在互联网高度发展的今天，构建线上线下相融合的营销模式已经成为汽车企业营销的主流，对于民族汽车品牌来说更应该思考的是如何提高营销的效率。面对公域流量成本上升、质量下降的现状，以流量为中心的运营策略已经不适用，必须以目标用户为出发点，构建品牌的私域流量。对于新的高端品牌来说，在一开始就要规划好自己的目标用户群体，营销走在产品发布之前，先在目标群体中打造知名度，再利用产品和后续营销增强用户黏性；对于传统民族汽车品牌推出高端子品牌或者新的高端车型来说，需要考虑新的品牌或者车型的形象与目标用户和原有品牌如何区分。

参考文献

李永钧：《中国汽车品牌高端化如何破局前行?》，《汽车与配件》2019 年第 20 期。

苏亚冰：《我国消费升级与制造业高端化的动态关系——基于面板向量自回归研究》，南昌大学硕士学位论文，2020。

肖智伟：《领克汽车公司发展战略研究》，吉林大学硕士学位论文，2019。

邢向英：《吉利领克汽车发展战略研究》，天津大学硕士学位论文，2019。

於力：《国内自主汽车品牌（轿车方向）的品牌定位与品牌高端化发展研究及对策分析》，《经济研究导刊》2010 年第 30 期。

《纷纷成立新品牌，中国汽车品牌离高端化有多远?》，《中国品牌与防伪》2021 年第 3 期。

评 价 篇

Evaluation Reports

本篇从汽车品牌力的理论基础和测量指标、汽车品牌力的测量方法出发，对汽车品牌竞争力进行全面评价，分析品牌力提升的影响因素并提供策略建议。

所谓品牌力就是指企业引导消费者形成关于该品牌的品牌知识，助力品牌获得更好的市场表现，从而赋予品牌超过竞争者的强大、持久和差异化竞争优势的能力。汽车品牌力测量主要涉及用户心智和市场表现两个维度，其中用户心智包括品牌意识、品牌联想、品牌态度和品牌共鸣四个指标，市场表现包括保值率、市占率、品牌忠诚和品牌溢价四个指标。

汽车品牌力测量方法部分，为多角度、更全面地反映汽车品牌力表现，本研究采用主、客观结合的测量方法。通过中汽信息科技数据库采集品牌市占率、保值率等市场客观数据，通过问卷调研方式收集消费者对于不同汽车品牌的品牌意识、品牌联想、品牌态度、品牌共鸣、品牌忠诚及品牌溢价等的评价数据。然后通过熵权法、CRITIC 模型和投影寻踪法对八个指标的逐一计算，分析讨论各个汽车品牌的优劣势。通过对八个指标的综合模型分析，计算品牌力综合指数，揭示各个汽车品牌的品牌力总体表现情况。

汽车品牌力提升影响机制方面，率先归纳并分析了包括扩大市场份额、建立品牌形象、打造品牌信仰和提升品牌溢价在内的四个品牌力提升的核心路径发展目标，探索并搭建了涵盖品牌产品、品牌服务、品牌营销、品牌文化和品牌创新力五大子体系的汽车品牌力提升影响因素体系，为品牌实施改进动作提供底层要素支撑。在此基础上，研究通过构建汽车品牌力提升的影响机制，揭示五大影响因素在四条品牌力提升路径下的作用表现，并分析汽车品牌实现路径目标所需的策略机制，旨在帮助已明确自身品牌力现状及品牌路径发展目标的企业和品牌，最高效地在实践经营活动中实现资源和精力的合理分配，从五大维度着手推动品牌力整体水平的提高。

B.6

汽车品牌力（C-ABC）
测量方法与模型

王　铁　傅连学*

摘　要：　在全球疫情不断反弹与经济政治诸多因素的影响下，汽车行业的
发展面临不小的挑战。我国的供应链受到冲击，高端技术的研发
存在滞后性。不过因高效的疫情防控措施，我国经济呈稳定增长
态势，汽车行业顺应时势，向电动化和网联化趋势发展，更加注
重塑造民族品牌的核心价值。近些年，我国汽车企业在全球销量
排名前列，但依旧存在根本性问题，我国汽车品牌的品牌力与竞
争优势还需强化，我国汽车行业还需努力找到一条具有特色的发
展道路。了解品牌价值与构建品牌力测量模型在其中扮演了重要
的角色。针对现有的相关品牌研究，本文详细介绍了品牌的含义
以及不同视角下品牌价值的定义，以汽车行业为研究核心，综合
分析国内外的品牌力测量模型与方法。总结三个品牌评估的要
素，以我国汽车行业的发展情况为基础，进一步解释模型构建的
步骤以及计算方法。根据多种模型的操作与评估视角，综合分析
其优势与劣势。本文详细介绍品牌力（C-ABC）[①] 的含义以及八
个测量维度，更进一步细化各维度的各项指标，最后针对指标

* 王铁，中汽信息科技有限公司党委书记、总经理，牵头开展"民族汽车品牌向上计划"，
主持推进消费者研究、知识产权、产品技术、数字化等咨询业务；傅连学，中汽信息科技
有限公司副总经理、总工程师，在政策研究、行业咨询、知识产权、消费者调研等领域拥
有丰富经验。

① C-ABC, Chinese Automobile Brand Competitiveness, 中国汽车品牌力，所谓品牌力是指企业
引导消费者形成关于该品牌的品牌文化，助力品牌获得更好的市场表现，从而赋予品牌超
过竞争者的强大、持久和差异化竞争优势的能力。本书下同。

测量提供了详细全面的行业评估方式，希望可以进一步提高企业和消费者对于品牌力的重视程度，推动我国汽车品牌高质量发展。

关键词： 汽车行业　品牌力　品牌价值　品牌测量模型

一　品牌表现研究的视角及测量方法

（一）品牌的含义及作用

品牌是营销相关的概念，是包含符号、名称、标记或者元素的组合，该组合能使其与其他竞争对手区分开来，用于识别一个产品、服务或实体。随着消费观念和营销活动形式的发展，品牌在今天被赋予了更多的含义，除了作为产品、服务等的识别标志，其还象征着产品及服务质量的保证、企业形象、品牌及使用者的自身个性等物质及非物质价值。

对于企业来说，品牌是一项重要的无形资产。品牌发展具有优势的企业有良好的行业竞争能力，有持续的发展潜力与利润收入，品牌溢价能力强。对于消费者而言，品牌可促进其对产品的认知、增强购买决策信心、提高消费满意度等，还可作为消费者自身形象、价值理念等的表征。

（二）不同视角下品牌表现的定义

经典的品牌表现含义来源于 Keller 提出的品牌价值链模型，在这里品牌表现可以理解为品牌价值。这一模型综合了企业、消费者视角，整合财务、市场、消费者因素，解释了品牌价值的来源及发展路径，能够帮助我们更好地理解品牌价值的本质，明确其结构和意义。Keller 认为品牌价值分为四个阶段，其产生和发展路径为：公司市场行为（包括产品、员工、营销战略、营销投资等）影响顾客心智（包括对品牌的知觉、联想、态度、情感联结等），从而决定顾客对品牌所采取的行为，影响品牌的市场表现（包括品牌溢价、市场份额、利润等），并最终体现在企业股东可获价值方面（包括股票价格、投资回报率等）。

品牌价值，通常又被称为"品牌资产"（brand equity），指与品牌、品名、标识、符号等相关联的资产或负债的集合，品牌会增加或减少相应产品对消费者和企业的价值。美国学者 Douglas B. Holt 从信誉价值、体验价值、关系价值和象征价值方面分类解释品牌价值的实质是购买者在购买同类产品时支付给有品牌产品和无品牌产品的差额。

针对品牌价值的来源可以将品牌价值分为三类——企业视角下的品牌资产价值、利益互动者视角下的品牌价值和消费者视角下的品牌价值。

1. 企业视角下的品牌资产价值

品牌资产价值是指将无形的品牌量化为有形的公司资产，进而赋予品牌真实的价值。随着全球经济发展与更新换代速度加快，企业对于品牌市场增加值的关注度逐渐提高，营销研究的必要性越来越被各行业所熟知。在市场营销的过程中，品牌价值承担着重要的角色——决定品牌的竞争优势以及品牌受喜爱程度与忠诚度，进而决定品牌溢价的水平。从经营者的角度来看，品牌价值可以为企业发展注入动力，为其带来附加值，是一种竞争优势大于有形资产与产品的价值。

2. 利益互动者视角下的品牌价值

随着消费社会不断发展，经济贸易的方式也更新换代，品牌发展的过程对象也相应做出了改变。相关利益互动者与企业和消费者之间的联系对品牌价值的影响增大。利益互动者视角下的品牌价值是多层次与多方面地建立与表达相关利益者价值体系。利益互动者可以充分利用拥有的品牌，发挥其最大的资源优势，有助于实现品牌价值。品牌价值是由相关利益互动者的多重行为与对品牌的认识所体现的，是通过利益相关者与品牌进行互动来创造的，有助于实现资源高效利用与企业目标。

3. 消费者视角下的品牌价值

21 世纪科技与经济高速发展，我国顺应时代的经济变革中企业的营销观念应运而生。品牌价值与需求量大的消费者群体的联系日益密切。该视角下的品牌价值的核心是以消费者为目标，受顾客的情感因素所影响，创造与消费者共同的品牌理念与认知，向顾客传达品牌忠诚与品牌联想，与其形成思想上的共鸣，进而为消费者带来无形的情绪附加值，将消费者作为品牌价值延伸发展的研究主题。也有相关学者表示，品牌价值体现在品牌与消费者的互动认知上——品牌形象、品牌感知度、品牌忠诚。

（三）目前行业测量品牌表现的方法

针对品牌表现的评估，国内外学者提出了多种测量方法，总结来说分为三种：以财务要素为主、以市场要素为主、以消费者要素为主的评估方法。

美国学者 Weston Anson 提出，可以利用未来收入法、成本法、商誉分配法、替代价值法等。美国学者创建了品牌认识（CBBE）模型，以消费者为核心的品牌模型，强调构建正确的品牌标识，引导积极的品牌反应，建立消费者与品牌之间的良好关系。Total Research 公司针对品牌价值提出了一个评估模型——品牌资产趋势，利用产品满意度、认知度与认知质量来构建模型进行分析。美国评估公司 Interbrand 提出以经济用途为核心的测量方法，利用竞争与财务收入的推测，考虑财务变动、市场以及国家总体经济实力、量化财务情况，推测企业的品牌市场价值。

国内学者李友俊、崔明欣将测量品牌表现分为市场维度和关系维度两方面，进而推测品牌价值的内在价值和外在表现，创造灰色系统方法对品牌价值进行对比和分析，对标行业模范，利用比较法进行测量。也有学者创建关于消费者关系的评估模型，与国际上具有代表性的测量模型相结合，总结市场品牌的评估思路。

1. 以财务因素（shareholder value）为主的测量方法：成本法、收益还原法

（1）成本法

企业对品牌进行评估时，既要考虑最初的品牌成本，也要将品牌再开发的成本与相关损耗算进去。成本法包含重置成本法和历史成本法，但在实施

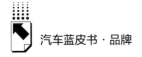

过程中要重点关注品牌的重置成本。重置成本法的基本计算公式:

品牌价值=品牌重置成本−失效性贬值−功能性贬值−经济性贬值

◆品牌重置成本=品牌账面原值×（评估时物价指数/品牌购置时物价指数）

◆失效性贬值:在不缺乏维护性投资的情况下,品牌算出失效率。

◆功能性贬值:在经济发展的大背景下,技术的进步使得旧产品的功能方面出现贬值。

◆经济性贬值:品牌自身的外部影响所引起价值的贬值。

（2）收益还原法

收益还原法是通过预测利润总和折算成现值,经过基本运算得出品牌价值。使用这种方法的前提是特定资产品牌的未来收益是以量化的形式进行计算的,同样,企业的未来经营风险也能被评估出来。

第一步计算有限期收益折现:

$$V = \sum_{i=1}^{n} \frac{R_t}{(1+i)^t} \tag{1}$$

进一步解释,n 是品牌预期收入金额的年限,R_t 为品牌在第 t 年的预期收益,i 为折现率,V 为品牌价值,进而计算出折现率。国际上采用的折现率确定方法是资产定价模型,基本公式为:

$$I = I_f + \beta(I_m - I_f) \tag{2}$$

其中,I 为品牌的折现率,β 为风险报酬系数,I_f 为无风险报酬系数,I_m 为市场报酬率。

2. 以市场因素（market performance）为主的评价方法:溢价法、Interbrand 评估法、品牌资产评估法

（1）溢价法

使用溢价法来评估品牌的表现,实质是探究消费者出于自身角度愿意为其支付的价格。由此,消费者多支付的价格部分,就是这个品牌的溢价。

（2）Interbrand 评估法

Interbrand 评估法强调分析市场占有率、销售量以及利润的客观依据，以及主观方面的品牌强度。其计算公式为：

$$V = P \times S \tag{3}$$

V 为品牌价值，P 为品牌带来的净利润，S 为品牌强度倍数。

其中，P = 产品营业利润 - 非品牌产品净利润 - 税收。

品牌强度倍数的影响因素分为七个方面：领导力，品牌所处的市场地位；市场力，品牌在市场中的成长以及品牌稳定程度；稳定力，品牌在维护消费者权益上的能力；国际力，品牌突破国界与国别文化的能力；趋势力，在行业发展趋势上的品牌影响力；保护力，品牌合法发展与其受保护的范围；支持力，品牌所获得外界支持/投资的情况。

品牌的竞争力受上述七个因素影响，竞争力越强，预期收益就越好，发展年限就越长，该模型主要包含三个评价因素。

- ◆财务分析：指品牌缴税后的营业利润减资本费用（品牌收入和利润率），反映投资者的总体财务回报。

- ◆品牌作用指数：指在购买决策中，相较于其他因素（如购买价格、便利性或产品特性等），品牌所起作用的比重，用百分比表示。

- ◆品牌强度/竞争力：品牌相对于同一行业中其他品牌的竞争力。

（3）品牌资产评估法

该评估方法是由北京名牌资产评估有限公司结合我国品牌发展的具体情况，设立具有中国特色的评价体系——MSD 指标体系，其评价指标分别是品牌开拓占领市场的能力（M）、品牌超值创利能力（S）、品牌发展潜力（D）。

用公式表示为：

$$P = M + S + D \tag{4}$$

其中，品牌开拓占领市场的能力表现在品牌产品的市场收益上，约占总评估量的 40%；品牌发展潜力表现在产品的出口、广告上，约占总评估量

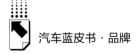

的30%；品牌超值创利能力表现在产品销售利润与营业利润上，约占总评估量的30%。

3. 以消费者因素（customer mindset）为主的评价方法：BAV、品牌价值十要素模型、BrandZ 测量模型

（1）BAV（Brand Asset Valuator）

该模型又叫品牌资产评估电通模型，分析品牌力的同时进一步评估品牌价值。综合分析消费者因素和市场因素，覆盖品牌和产品类别的范围很广。该评估方法在 CBBE 模型的基础上对消费者购买行为的不同反馈进行评估测量。其有两个评价要素：品牌强度、品牌高度，组成品牌力矩阵，进而判断品牌所处地位。两个要素又分别包含两个维度，各维度及关系为：

◆品牌强度=差异性（differentiation）×相关性（relevance）

◆品牌高度=品牌地位/尊重（esteem）×认知度（knowledge）

（2）品牌价值十要素模型

美国著名品牌专家 David Aaker 教授提出从五大方面的 10 个指标衡量品牌价值。该模型运用具体且全面的测量手段，有效地将市场因素与消费者因素相结合，涵盖五大方面和 10 个指标，其中五大方面包括市场状况、品牌忠诚度、品牌联想/区隔性、品牌品质认知、品牌知名度；10 个指标包括价差效应、领导性/受欢迎度、满意度/忠诚度、品质认知、价值认知、品牌个性、品牌知名度、市场占有率、市场价格和通路覆盖率、企业联想。

（3）BrandZ 测量模型

该测量模型从企业和消费者综合视角出发，认为品牌通过获得销售收入，为企业创造财务价值。进一步解释，品牌价值实质上是一种货币金额——由品牌为实现企业价值所做出的行动/贡献。

◆计算公式：品牌价值=财务价值×品牌贡献

　·财务价值：在考虑当前及预期业绩的情况下，母公司总价值中由待估值品牌贡献的价值。

- 品牌贡献：量化直接由待估值品牌的品牌资产驱动的财务价值占比，即品牌通过促使消费者纯粹基于品牌感知而倾向选择本品牌，或愿意为本品牌产品支付更高价格而向公司贡献价值的能力。

◆ 计算财务价值：财务价值=品牌无形资产收益×品牌乘数

$$=企业收益×企业无形资产比例×品牌贡献率×品牌乘数$$

品牌乘数，类似于财务分析师使用的股票市值计算法（例如，6倍收益或12倍收益）；品牌贡献率，指品牌对母公司无形资产收益的贡献占比，通过对母公司已发布的财务报告及其他可信来源（如凯度的数据）对品牌层面的财务信息开展分析而得出。

◆ 确定品牌贡献，贡献度衡量指标包括：品牌力，代表当前需求，即仅基于本身的品牌资产优势，品牌可以在当下影响消费者优先选择本品牌而不是竞争品牌，从而创造销量份额。溢价力，代表价格溢价/品牌溢价，即仅基于本身的品牌资产优势，品牌可以影响消费者愿意为其支付高于其他品牌的价格，从而创造价值份额和利润。

（四）现有测量方法的局限性

1. 测量模型的综合分析能力欠缺，评估结果存在片面性

对现有的品牌测量模型进行综合分析发现，部分模型的分析只强调单一视角，没有将数据变化与多因素背景放入分析模型中。例如成本法，该测量方法的弊端体现在评估局限在静态分析上，虽然应用原理简单，数据统计方便，但较多动态因素未考虑到。所以品牌评估结果也会出现一定程度的片面性。收益还原法的弊端是评估结果有很大的不确定性，大体来看，收益还原法是测量品牌的一个客观且合理的方法，但该方法只考虑了企业的财务角度，并没有考虑消费者以及市场特点对品牌发展的影响。Interbrand评估法也有类似的问题，该方法没有考虑到主要的消费者因素，只对市场和财务因素进行分析，在数据收集上也存在主观的模糊性——品牌强度倍数及其影响

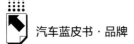

因素，因为这些数据会随着主观意识的变化而变化，评估结果也会受其影响。同样的问题也在品牌资产评估法中出现，数据的主观性太强以及忽视消费者对品牌价值的重要意义，仅通过市场和财务数据的分析，对品牌发展的帮助是十分有限的。

2. 测量方法与汽车行业特点的融合度不高，适用范围受限

品牌测量方法的适用性问题一直备受行业学者关注，上述测量模型都是从市场因素、财务因素或者消费者因素的一方面出发或者两方面考虑，往往忽略了三者综合分析的重要性。现有的测量模型中，品牌价值十要素模型可以全面衡量品牌价值，考虑到消费者因素的影响，但是该方法的涉及范围太广，无法针对不同行业进行快速匹配分析，需要使用者将行业品牌特点与模型中的指标相对应，使得其测评结果也会随着主观调整而出现不确定性。当前众多测量模型与汽车行业的匹配度不高，因为汽车品牌价值是一个多维体系，包含定性指标与动态的量化指标，需要测量模型灵活结合这两个特性进行分析。同时，对汽车行业品牌价值进行评估，需要在模型中考虑汽车行业突出的影响因素——消费者市场变化快以及保值率的波动等，从这一点上分析，目前存在的评估方法大多都能对每个行业进行分析与测量，但是要深入评估特定行业的品牌发展就存在或多或少的局限性。

二 基于用户视角的品牌力定义

结合现有品牌价值测量方法的局限性，基于品牌价值链模型，我们认为品牌价值起源于企业的营销活动，随着品牌对用户心智的不断渗透和在市场中的发展，逐渐形成并展现出品牌力。这种品牌力能够赋予品牌更具特色且发展潜力十足的竞争优势，从而使品牌沉淀出更高的价值。

品牌力，即企业引导消费者形成关于该品牌的品牌文化，助力品牌获得更好的市场表现，从而赋予品牌超过竞争者的强大、持久和差异化竞争优势的能力。

进一步细致划分，品牌力是一种影响力——消费者对品牌价值的认知与执行购买行为的程度。优秀品牌或者有百年品牌文化的品牌，在竞争市场中形成独特优势的原因是这些品牌懂得培养自身的品牌力，从而影响消费者的购买行为，其形成决策的效率高，顾客的忠诚度也高。

基于用户视角的品牌力，实质是将品牌定位与消费者的购买需求相匹配。品牌价值是品牌发展中的一个关键部分，品牌有准确的价值定位是培养品牌力的基础。举例来说，消费者视角下的品牌力体现在很多细小方面，如产品质量、售后服务、品牌文化、个性特色、性价比程度等。

三　品牌力测量体系的构建（品牌力测量表）

（一）测量品牌力的维度和指标

品牌力是品牌发展的重要部分，评估品牌力的方式具有定性定量相结合、模糊性、多维性等特征，考虑到汽车行业的独有特征，本研究将测量品牌力的指标分为两个维度，包括用户心智和市场表现，其中用户心智涉及品牌意识、品牌联想、品牌态度、品牌共鸣；市场表现包括保值率、市占率、品牌忠诚、品牌溢价。

1. 品牌意识

品牌意识指消费者快速识别与熟悉品牌的能力，与品牌在消费者记忆中的认知强度有一定程度的关系。消费者的品牌意识可以由其对品牌一些元素的识别和记忆反应来表示，如名字、标识符号、品类、品牌口号等。Keller将品牌意识分为认知深度和认知广度，分别表示品牌在消费者脑海里出现的可能性和难易程度以及品牌被记忆并与场景关联的范围。根据品牌意识的元素及消费者对元素的记忆程度，我们将品牌意识分为知名度、熟悉度两个指标。知名度指品牌名字及标识符号被消费者识别和再认的程度；熟悉度指品牌被消费者了解的深度和广度，包括品牌的标识、产品、生产厂商、所属企业及其文化等。

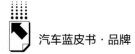

2. 品牌联想

消费者对品牌的记忆信息自动在大脑中形成一个相关信息网络，从而有助于形成一个独特的品牌形象。品牌联想"代表了一个品牌名称的内在价值，是消费者购买决策和品牌忠诚的基础"。品牌联想具体可从联想特征和联想内容两个方面来分析。联想特征则指基于品牌联想内容所反映的品牌在消费者心中的联想强度、正向性和独特性，是评价品牌联想的关键指标。联想内容指消费者基于品牌所联想到的所有信息点，可反映品牌在消费者心中的形象，具体内容通常包含与产品或品牌相关的功能、价值、属性、企业等具体形象，以及消费者基于此联想到的个性、情感、精神价值等抽象形象。

3. 品牌态度

品牌态度指消费者对品牌稳定的认知评价、积极或消极的感受及行动倾向。积极的态度能够预测消费者的品牌关注和购买行为，是品牌用户心智表现的重要评价因子。关于态度的构成，目前被普遍接受的观点是 ABC 模型，认为态度包含三种要素：感受、行为和认知，认知指消费者对目标品牌的知觉判断，情感是消费者基于认知形成的情绪反应或倾向，由此进一步产生对品牌的行为倾向，即行为要素。Bagozzi 等学者将态度分为工具性成分（如有价值—无价值）和情感性成分（如喜欢—不喜欢），Keller 将品牌态度分为品牌判断和品牌感觉，其中品牌判断指消费者将品牌功能利益、形象等联想结合起来后形成的不同的看法，更偏理性层面的考虑；品牌感觉指消费者在情感上对品牌的偏好。总的来说，品牌态度指消费者对品牌的产品功能、利益、形象、价值等方面的整体评价、感受偏好和行动倾向，既包含理性的认知判断，也包含感性的情感偏好以及综合考虑后的行为倾向。

4. 品牌共鸣

品牌共鸣指消费者感到与品牌一致的程度，包括消费者功能、情感需求与品牌所提供的产品功能、情感等价值的匹配性，消费者个性与品牌个性的相似度等方面，反映了品牌与消费者之间的契合度、关系的强度和积极性。品牌共鸣在一定程度上是品牌与消费者建立的最深层关系，目的是使得消费者在心里和行为上与品牌的发展实现同步。品牌共鸣受品牌关系的影响，其受影响的范围与因素广泛且多样。培养品牌共鸣大致分为四个方面：使顾客达到态度依附、购买行为忠诚、积极参与品牌互动、品牌社区归属感。品牌共鸣的实践与研究领域分布在顾客关系、广告以及品牌体验上。

5. 保值率

汽车保值率是消费者购买新车时的重要参考标准之一，也是评价汽车品牌在市场中的价值的可靠量化指标，而且保值率为二手汽车市场定价、汽车制造商的生产计划与规模等提供了重要的参考标准。保值率受汽车性能、维修手续便捷程度、价格等因素影响，具体含义是指车在使用一段时间后的易手价格与最初购入价格的比例。在汽车市场中，绝大多数消费者倾向于购买保值率高的车型，在此基础上顾客会首先考虑购入车型的品牌形象、车型质量以及售后服务等因素。影响保值率的最主要因素就是新车价格，在一定程度上保值率是趋于稳定的，但会随着新车价格的变化而波动。

6. 市占率

市占率是指品牌的销量在市场同类产品总销量中的占比。市场占有率越高，说明企业的竞争水平越高，其销售量越大。在对应的时间与地区中，品牌产品的市占率表现为在目标市场中所占比重。一般意义上，市场占有率可分为三种类型：全部市场占有率、相对市场占有率、可达市场占有率，分别对应销售情况、竞争对手市场、适合的营销市场。了解品牌产品的市占率有助于企业了解整体市场环境与自身经营状况，进而制定适合的营销策略与发展规划，它是企业战略规划部署的一个重要测量指标。

7. 品牌忠诚

品牌忠诚指消费者在购买决策过程中对于一个品牌具有持续稳定的明显偏好，反映出消费者对于该品牌的坚持与信任。从消费者角度而言，基于用户对特定品牌的使用经验和认知信息形成的品牌忠诚，一定程度上可以反映该品牌车型给车主带来的体验感受，进而有效降低消费者在购车时的时间成本和购买风险。从企业角度而言，存量用户日益成为新车市场的增长驱动力，较高的品牌忠诚度表示其在品牌营销成本、获客成本及用户增长方面更具优势。因此，品牌忠诚是品牌力的重要表征因素。

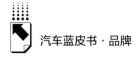
8.品牌溢价

品牌溢价也称为品牌的附加值，是指消费者愿意为品牌支付超过同类产品/同等配置的品牌的金额。品牌溢价实质上就是高于产品成本的那部分价值，相比于无品牌的产品，顾客更倾向于选购特定品牌，为其多支付一部分价格。品牌溢价与品牌形象、品牌价值息息相关，好的品牌形象可以使消费者产生正向反馈与共鸣，进而使得消费者产生品牌忠诚复购品牌产品。在新时代的消费社会，消费者的需求多样且个性化，实现品牌溢价，需要企业注重品牌创新，赋予品牌内涵，提高品牌溢价能力。影响溢价能力的另一个重要因素是品牌承诺，将品牌服务与产品的真正内核定位向顾客传达，为消费者提供品牌保障。品牌溢价在提高企业盈利能力、形成品牌特色内涵方面具有重要意义。

（二）指标体系构建的基本思路

1.品牌力测量指标体系

品牌意识的细分指标分为知名度与熟悉度；品牌联想的细分指标分为正向性、独特性、联想强度；品牌态度的细分指标分为积极性、考虑度、偏好度；品牌共鸣的细分指标分为一致性、依恋性、美誉度、推荐度。对品牌忠诚、品牌溢价、保值率、市占率等测量指标则未进行细分。

2.各细分指标的含义

知名度：指企业品牌被消费者识别和再认的程度，也称为品牌知晓度。品牌知名度由两部分组成，一是品牌识别，指消费者对其产品产生心理层面的依赖感与视觉上的熟悉感，在做出购买决策时快速识别与购买的行为。二是品牌回想，这与品牌带给顾客的品牌定位与购买信心相关。

熟悉度：指品牌被消费者了解的深度和广度，包括品牌的标识、产品、生产厂商、所属企业及其文化、资产等。除了对上述细节属性的熟悉之外，还包含对品牌的联想，是消费者对品牌产品购买经历的汇总。品牌熟悉度在一定程度上使得消费者对品牌有积极的认同感与评价。

正向性：指消费者对品牌联想内容的积极程度，包括品牌功能属性、情感属性等。消费者对品牌积极的联想与反馈有助于企业制定品牌发展方案时，与消费者的正向情感反馈相结合，进行呼应与联系。

独特性：指消费者对某一品牌的联想内容区别于其他品牌的程度。品牌拥有独特的个性与特征可以为未来品牌的健康发展打下基础，进而获得较大的竞争优势。

联想强度：指消费者对品牌的联想内容及其与品牌的关联程度。进一步解释，品牌联想指消费者对于品牌的所有想法，包含视觉、情感、评价、期望等一系列的综合态度，包含属性联想、态度联想、利益联想三部分，属性联想是指对于品牌产品的细节描述，例如价格、产品包装、适用情况；态度联想是用户对于品牌的整体评价；利益联想是指从消费者内心出发，认为该产品能为其带来什么作用与改变。

积极性：指消费者对品牌综合评价的积极程度。消费者对于品牌的积极性反馈有助于企业培养品牌力与获得更大的竞争优势，具体体现在对品牌文化的认同、对产品服务与质量的满意度。

考虑度：指消费者在有相关产品需求时，考虑购买或使用该品牌的程度。考虑度是消费者与品牌本质属性和情感属性的匹配程度。

偏好度：指在市场中相对于其他品牌，消费者更喜爱此品牌的程度。偏好度实质上是消费者对于品牌产品的特定认同感，产品有某些属性与买方达成一致，进而形成偏好。

一致性：指消费者对品牌功能、形象、情感、价值等和自身需求、形象、情感和价值观契合度的评价，消费者会在自我形象认识与产品传达的形象特性中做出比较，消费者对与自身一致性高的品牌更易产生积极的态度与评价。

依恋性：指消费者与品牌关系联结的强度。消费者认同品牌产品，愿意付出个人资源与品牌构建一种依恋型关系，两者是一种层级式的关系。付出的个人资源越多，对于品牌的依恋程度就越高。

美誉度：指消费者对品牌表露好感、维护其声誉的情感或行为倾向。美誉度是顾客深度认知与提到同类产品时的第一提及品牌。品牌美誉度是较为深层次的品牌传播。

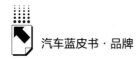
推荐度：指消费者向其他人或在公开场所推荐品牌的情感或行为倾向。消费者对品牌产品的满意度高，使用频率以及使用效果使得消费者在认知层面不断加深对品牌的了解，进而向其他人产生"推荐"的情感倾向。

（三）指标的测量方式

表1　汽车品牌力指标体系及其测量方式

测量指标	细分指标	测量方式
品牌意识	知名度	说到国内市场上的汽车品牌，你首先会想到哪个
		说到国内市场上的汽车品牌，你还知道哪些
	熟悉度	我熟悉这个品牌的标识或符号
		我熟悉这个品牌的理念或口号
		我熟悉这个品牌的主机厂或公司
品牌联想	联想强度	这个品牌的一些特征会快速出现在我的大脑里
		有时看到某些词或者场景，我会联想到这个品牌
	正向性	这个品牌是可靠的
		这个品牌是广受欢迎的
		这个品牌是行业领先的
		这个品牌是引领潮流的
		这个品牌是智能的
	独特性	这个品牌是特别的
		与其他汽车品牌相比，这个品牌是明显不同的
品牌态度	积极性	我认为这个品牌是一流的品牌
		我认为这个品牌值得信赖
		我认为这个品牌有稳定的高品质
		我认为这个品牌能满足我的需求
		我认为这个品牌能提供给我很高的价值
		我对这个品牌的印象很好
		我认为这个品牌值得拥有
		我认为这个品牌物有所值
	考虑度	我会考虑购买这个品牌的产品或服务
		和其他品牌相比，我更愿意选择这个品牌
	偏好度	我喜欢这个品牌
		即使有其他品牌和这个品牌表现的一样好，我也更愿意选择这个品牌

续表

测量指标	细分指标	测量方式
品牌共鸣	一致性	我认同这个品牌的理念
		我认同使用这个品牌的人
		这个品牌的使用者有很多人和我很像
		如果将这个品牌想象成人，我们可能会成为很好的朋友
		这个品牌就像为我量身定做的
		这个品牌很符合我的个性
	依恋性	我会频繁地浏览这个品牌的网站、微博、微信等账号动态
		如果这个品牌消失了，我会觉得不知道该关注或买什么车了
		这个品牌对我来说不仅仅是一个产品或者符号
	美誉度	我会向别人夸奖这个品牌
		我愿意在家人朋友面前，或者在网上对这个品牌的产品或活动等进行积极评价
	推荐度	我愿意向其他人推荐这个品牌
		如果在网上看到关于购车咨询的提问，我会解答并推荐这个品牌
品牌忠诚		这个品牌的产品或服务是我的第一选择
		我打算持续购买该品牌的产品或服务
品牌溢价		以下品牌要分别推出一款新车，车的能源类型、级别、空间、材质、性能配置等与你现有的车一致。请以你自己的车的价格为基准，猜一猜这几款车的大致价格(单位:元)
保值率		品牌三年保值率，中汽信科数据库获取
市占率		品牌在一年内的零售车上险量，将品牌所有车型上险量与所有品牌所有车型上险量的比值作为该品牌的市占率，中汽信科数据库获取

参考文献

刘回春：《中国品牌的历史和发展之路》，《中国质量万里行》2018年第5期。

张锐、张燚：《品牌学理论演化与发展》，《重庆文理学院学报》（社会科学版）2007年第5期。

郑银玲：《企业品牌价值的形成及其评估》，《北方经贸》2010年第7期。

段文婷、江光荣：《计划行为理论述评》，《心理科学进展》2008年第2期。

周丽俭、冯椿：《企业品牌价值评估研究综述》，《经济研究导刊》2021年第2期。

李静：《汽车企业品牌价值评价与分析研究》，广西工学院硕士学位论文，2011。

B.7
汽车品牌力（C-ABC）测量结果
与中国民族汽车品牌优劣势分析

顾洪建*

摘　要： 为多角度、更全面地反映汽车品牌力表现，本研究在测量方法上采用主、客观结合的方法。通过中汽信息科技数据库采集品牌市占率、保值率等市场客观数据，通过消费者调研采集品牌意识、品牌联想、品牌态度、品牌共鸣、品牌忠诚及品牌溢价的主观评价数据。通过八个指标的综合模型计算品牌力指数，揭示中国民族汽车品牌、合资汽车品牌的品牌力总体水平。通过对八个指标的逐一计算分析，解读民族汽车品牌、合资汽车品牌的优劣势。研究发现，中国民族汽车品牌在品牌力总体水平以及八个指标表现上均弱于合资汽车品牌，民族汽车品牌仍需努力提升品牌力。

关键词： 品牌力　民族汽车品牌　合资汽车品牌

一　汽车品牌力测量方法

（一）数据采集方法

品牌市场客观数据指标，包括市占率、保值率，通过中汽信息科技数据

---

* 顾洪建，中汽信息科技有限公司党委委员、副总经理，专注于汽车用户研究十余年，主导搭建了中国汽车行业客户满意度调查评价体系、CCRT 评价体系以及覆盖产品全生命周期的消费者专项调研体系架构。

库采集。本次研究覆盖 61 个品牌，包括 35 个中国民族汽车品牌和 26 个合资汽车品牌。

主观数据指标通过消费者调研获取。消费者调研开展于 2022 年 4 月。调研对象为汽车真实车主和潜在消费者（目前无车，未来 6 个月有购车计划），覆盖全国七大区域（含港澳台）141 个城市，包括 1~6 线城市，共有 24000 位用户参与调研，其中车主 21922 人（占比 91.3%），潜在消费者 2078 人。消费者的购车预算分布覆盖 4 万~180 万元。调研覆盖消费者的分布情况如表 1 所示。

表 1 调研消费者分布情况

单位：人，%

变量	项目	人数	占比
用户类型	已购车用户	21922	91.3
	潜在用户	2078	8.7
购车预算区间	10 万元及以下	1636	6.8
	10.01 万~15 万元	4207	17.5
	15.01 万~20 万元	5865	24.5
	20.01 万~25 万元	3654	15.2
	25.01 万~30 万元	3788	15.8
	30.01 万~50 万元	4013	16.7
	50 万元以上	837	3.5
城市级别	一线	2487	10.4
	新一线	3916	16.3
	二线	5203	21.7
	三线	4991	20.8
	四线	3610	15.0
	五线及以下	3546	14.8
	其他(港澳台)	247	1.0
出生年代	"60 后"及以前	624	2.6
	"70 后"	2825	11.8
	"80 后"	9541	39.8
	"90 后"	6728	28.0
	"95 后"	4282	17.8

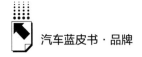

（二）消费者调研工具

消费者调研采用项目组自主开发的品牌心智量表。基于 Keller 的品牌资产金字塔理论模型对指标的理论构念进行操作化定义和具化描述，参考 Yoo、Donthu、Aaker、胡彦蓉、许恩正和古安伟等多位学者的品牌资产相关量表，同时结合汽车品类及品牌的特殊性进行题项设计。量表包含品牌意识、品牌联想、品牌态度和品牌共鸣四个指标，总计 40 个题项。品牌意识包含 7 个题项，用于测量消费者对汽车品牌的知名度和熟悉度。品牌联想包含 9 个题项，用于测量消费者对品牌的联想内容及其正面性、独特性和联想强度。品牌态度包含 11 个题项，用于测量消费者对品牌功能、形象等的理性评价和感性反应的积极性、偏好性。品牌共鸣包含 13 个题项，用于测量消费者感知自身与品牌的一致程度，以及二者关系的紧密程度。题项均采用 5 点计分，消费者根据自身情况与题项的相符程度进行打分，1 = 很不符合，2 = 有点不符合，3 = 一般，4 = 有点符合，5 = 很符合。

通过信效度分析检验测量题项是否具备足够的区分度、测量稳定性和可靠性，以验证量表的信效度。

首先进行区分度检验。根据量表题项总分划分得分高低组，通过独立样本 t 检验计算题项的区分度，分析表明：高分组中所有题目的得分均显著高于低分组（$ts >= 3.51$，$ps < 0.01$），表明所有题目均具备良好的区分度。

然后通过探索性因素分析（EFA）进行结构效度检验。在分析前首先通过 KMO 检验判断量表是否适合进行探索性因素分析。结果表明 KMO 值 = 0.98，即非常适合。使用主成分分析法提取特征根 >1 的因子，并计算各题项的因子载荷。根据心理测量学标准，量表如果满足以下 3 个条件，则表明具备较好的结构效度：公因子的特征根 >1，且累计方差贡献率 >40%；各题项在公因子上的因子载荷 >0.4。

探索性因素分析结果表明量表满足以上所有标准，具备良好的结构效度。通过内部一致性检验量表的信度，结果表明各指标的内部一致性系数 Cronbach's α 均大于 0.86，具备良好的一致性，具体结果见表 2。

表2 探索性因素分析和信度检验结果

单位：个

维度	题项数量	特征根值	方差贡献率	题项因子载荷	信度
品牌意识	7	21.50	53.76	0.40~0.63	0.86
品牌联想	9	1.30	3.26	0.48~0.65	0.90
品牌态度	11	1.08	2.71	0.59~0.65	0.94
品牌共鸣	13	1.00	2.51	0.41~0.71	0.95

（三）数据处理与模型方法

首先对原始数据进行缺失值和异常值的分析与处理。在统计学中，数据服从正态分布。在 3σ 原则下，数据值如果超过 3 倍标准差，那么可以将其视为异常值。正负 3σ 的概率是 99.7%，那么距离平均值 3σ 之外的数据值出现的概率为：$P(|x-\mu|>3\sigma) \leqslant 0.003$，属于极个别的小概率事件。

对获得的调研数据，利用 3σ 原则去除异常值，σ 代表标准差，本文中基于 3σ 原则处理方法如下：①计算数据的均值 μ 以及标准差 σ；②计算 $\mu-3\sigma$ 以及 $\mu+3\sigma$ 的值，把 $\mu-3\sigma$ 值作为下界数据，把 $\mu+3\sigma$ 值作为上界数据；③将小于下界的数据、大于上界的数据定义为异常值；④基于 python 语言对每一个数据进行遍历，删除异常值。

然后，计算品牌力各指标分数。品牌意识、品牌联想、品牌态度和品牌共鸣均由多个题项组成，通过熵权法和 CRITIC 方法来计算各项目对其所属指标的贡献度，即权重，然后将相应指标得分与相应权重相乘再求和来计算指标得分。

1.熵权法介绍

熵权可以用来表示某个指标的离散程度，熵值越小，指标的离散程度越大，该指标对综合评价的影响（即权重）就越大；熵权越大，结论反之。比如某个指标都是一样的值（文本数据或者数值数据），那么它的权重就是 0。熵权法计算过程如图 1 所示，包含指标特征规范化（去量纲化）、计算指标特征的比重（概率）、计算指标特征信息熵、计算信息熵的冗杂度、计算指标特征的均值以及计算指标得分等六个步骤。

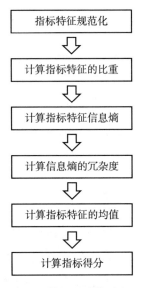

图1 熵权法计算过程

（1）指标特征的规范化

假设原始数据集有样本 m 个，每个样本的指标特征有 n 个，即样本矩阵集：$X = [X_1, X_2, \cdots, X_m]^T$，$X_m = [x_{m,1}, x_{m,2}, \cdots, x_{m,n}]$，即样本集合矩阵形式为公式（1），为了消除各指标的量纲效应，首先对各指标进行无量纲化处理，无量纲化处理主要分为两种方式。

$$X = \begin{bmatrix} x_{1,1}, x_{1,2}, \cdots, x_{1,n} \\ x_{2,1}, x_{2,2}, \cdots, x_{2,n} \\ \vdots, \quad \vdots, \cdots, \quad \vdots \\ x_{m,1}, x_{m,2}, \cdots, x_{m,n} \end{bmatrix} \tag{1}$$

①对于特征值越大越优的指标特征，通过公式（2）进行规范化来消除量纲的干扰：

$$x_{i,j}^* = \frac{x_{i,j} - \min(x_j)}{\max(x_j) - \min(x_j)} \tag{2}$$

②对于特征值越小越优的指标特征，通过公式（3）进行规范化来消除量纲的干扰：

$$x_{i,j}^* = \frac{\max(x_j) - x_{i,j}}{\max(x_j) - \min(x_j)} \tag{3}$$

其中，$x_{i,j}^*$ 和 $x_{i,j}$ 分别为规范化后和规范化前第 i 个样本第 j 列指标特征的值；$\max(x_j)$ 和 $\min(x_j)$ 分别为第 j 列指标的最大值和最小值；$i \in [1, \cdots, m]$，$j \in [1, \cdots, n]$，规范化后的样本矩阵如公式（4）所示：

$$X^* = \begin{bmatrix} x_{1,1}^*, x_{1,2}^*, \cdots, x_{1,n}^* \\ x_{2,1}^*, x_{2,2}^*, \cdots, x_{2,n}^* \\ \vdots, \quad \vdots, \cdots, \vdots \\ x_{m,1}^*, x_{m,2}^*, \cdots, x_{m,n}^* \end{bmatrix} \tag{4}$$

本文各个一级特征指标均是特征值越大越优的指标特征，因此采用公式（2）对指标进行规范化。

（2）计算第 i 个样本下第 j 个指标的指标值的比重 $p_{i,j}$，如公式（5）所示：

$$p_{i,j} = \frac{x_{i,j}^*}{\sum_{i=1}^{m} x_{i,j}^*} \tag{5}$$

（3）计算第 j 列指标的熵权 $j = 1, \cdots, n$，每种可能事件包含的信息量的计算采用不确定性函数 $f_{i,j}$，如公式（6）所示：

$$f_{i,j} = \log(1/p_{i,j}) = -\log p_{i,j} \tag{6}$$

则第 j 列指标特征的熵权计算如公式（7）所示：

$$E_j = -\ln(m)^{-1} \sum_{i=1}^{m} p_{i,j} \ln p_{i,j} \tag{7}$$

（4）计算信息熵的冗杂度 e_j，如公式（8）所示：

$$e_j = 1 - E_j \tag{8}$$

（5）计算每列指标的权重，如公式（9）所示：

$$W_j = \frac{1 - E_j}{\sum_{j=1}^{n}(1 - E_j)} \tag{9}$$

147

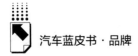

（6）计算所有样本的每个特征指标的均值，如公式（10）所示：

$$\bar{x}_j = \frac{\sum\limits_{i=1}^{m} x_{i,j}}{m} \qquad (10)$$

（7）计算各个指标的得分，如公式（11）所示：

$$s = \sum\limits_{j=1}^{n} w_j \bar{x}_j \qquad (11)$$

所以根据熵权法计算公式，可以得到相应指标的得分为 S。

熵权法是客观计算权重的方法，解决了专家赋权等一些主观方法精确度差、不可靠的问题，因而具有较高的可信度和精确度。熵权法有很高的赋权精度，但是没有考虑到指标之间的相关性和冲突性，因此，在熵权法的基础上引入了 CRITIC 方法，CRITIC 是基于评价指标的对比强度和指标之间的冲突性来综合衡量指标的客观权重。

2. CRITIC 模型介绍

CRITIC 客观计算权重的方法是通过评估相关性和信息量的组合来确定权重。指标的相关度和信息量分别通过指标的冲突度和区分度来反映。

CRITIC 模型计算权重的流程如图 2 所示，主要步骤如下：第一步是无

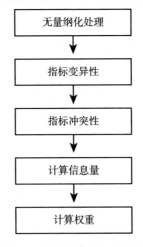

图 2 CRITIC 模型计算步骤

量纲化处理（指标特征规范化），第二步是指标变异性，第三步是指标冲突性，第四步是计算信息量，第五步是计算权重。

（1）无量纲化处理

无量纲化处理的方法和熵权法的规范化方法一致。

（2）指标变异性

指标的变异性通过指标之间的标准差来表现，标准差的数学计算公式如公式（12）所示：

$$
\begin{cases}
\overline{x_j^*} = \dfrac{1}{m} \sum_{i=1}^{m} x_{i,j}^* \\[3mm]
S_j^* = \sqrt{\dfrac{\sum_{i=1}^{m} (x_{i,j}^* - \overline{x_j^*})^2}{m-1}}
\end{cases}
\tag{12}
$$

其中，$\overline{x_j^*}$ 表示每列特征的均值，S_j^* 表示每列特征的标准差。标准差含义：指标打分数值波动情况，S_j^* 越大，表示的信息越多，权重就应该越大。

（3）指标冲突性

指标冲突性用指标之间的相关系数 r 来表示，r 如公式（13）所示：

$$
r_{j,t}^* = \frac{\sum_{i=1}^{m} (x_{i,j} - \frac{\sum_{i=1}^{m} x_{i,j}}{m})(x_{i,t} - \frac{\sum_{i=1}^{m} y_{i,t}}{m})}{(m-1) \cdot s_t^* \cdot s_j^*}
\tag{13}
$$

指标冲突性计算公式如公式（14）所示：

$$
R_j^* = \sum_{x=1}^{m} (1 - r_{i,j}^*)
\tag{14}
$$

$r_{x,y}^*$ 表示指标 x 和 y 的相关系数，R_j^* 表示 j 指标的冲突性，R_j^* 较大，应该减少该指标的权重；反之，则增加该指标的权重。

（4）计算信息量

计算信息量的公式如公式（15）所示：

$$
C_j = S_j \sum_{i=1}^{m} (1 - r_{i,j}) = S_j \times R_j
\tag{15}
$$

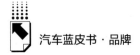

C_j 越大，第 j 个指标权重的权重就越大。

（5）计算权重

所以第 j 个指标的客观权重 W_j，W_j 的计算公式如公式（16）所示：

$$W_j = \frac{C_j}{\sum_{j=1}^{n} C_j} \quad (16)$$

3. 综合计算权重

使用熵权法–CRITIC 模型的综合评价方法计算权重，研究模型如公式（17）所示：

$$W = \begin{cases} Entropy\ Method & if\ \ D \in X \cap D \notin R \\ Entropy\ Method + CRITIC & if\ \ D \in X \cap D \in R \end{cases} \quad (17)$$

其中，W 表示计算得到的权重，D 表示原始采样数据，X 表示调研问卷，R 表示相关性。R 的计算公式可以由公式（14）得到，公式（17）参数解释如下：

$W =$ Entropy Method：数据样本来源于问卷调研，并且指标之间没有相关性（或者相关性很小），此时采用 Entropy Method 方法计算权重。

$W =$ Entropy Method+CRITIC：数据样本来源于问卷调研，并且指标之间有相关性，此时采用 Entropy Method+CRITIC 方法计算权重。

根据条件可以用 CRITIC 和 Entropy Method 计算权重。将两种方法计算的结果结合起来更加能反映实际情况。通过查找大量的参考文献可得出熵权法–CRITIC 模型的混合模型是求均值，而本文的研究方法是规范化的研究方法，两者混合公式如公式（18）所示。

$$w_i = \frac{\alpha_i \beta_i}{\sum_{i=1}^{m} \alpha_i \beta_i} \quad (18)$$

其中，α_i 表示 CRITIC 计算的权重，β_i 表示 Entropy Method 计算的权重，那么混合后的权重如公式（19）所示：

$$W = \{w_1, w_2, \cdots, w_n\} \tag{19}$$

再后，计算品牌力指数的综合分数。由于数据是非正态、非线性的高维数据，本研究采用投影寻踪方法对八个指标进行处理，得到品牌力综合分数。

投影寻踪技术是国际统计界于20世纪70年代中期发展起来的，用来处理和分析高维观测数据，尤其是非正态、非线性高维数据的一种新兴统计方法。它利用计算机直接对高维数据进行投影降维分析，进行数据客观投影计算与分析，通过遗传算法求出最优解（最优化投影方向），以便找出能反映高维空间规律的数据结构，达到研究分析高维数据的目的。

投影寻踪方法计算过程如图3所示，包括数据无量纲化（规范化处理）、构造线性投影、构造投影指标、构造目标函数、R值的确定、优化投影方向和综合计算七部分，其中构造目标函数和优化投影方向是投影寻踪方法的核心内容。

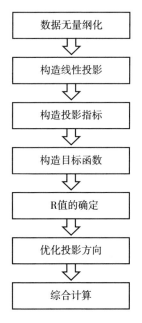

图3 投影寻踪法计算过程

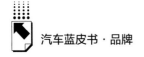

（1）数据无量纲化

数据的无量纲化就是对数据集各个指标的规范化处理，此层指标的测量维度以及测量方法的不同，导致各个指标的量纲不同且数据范围相差较大，可以根据公式（2）和（3）进行规范化处理。

（2）构造线性投影

设 $\vec{a}$ 为 m 维单位向量，则投影寻踪方法是将有 n 个维度的数据 $\{x_{i,j}|$ $j=1，\cdots，n\}$ 综合投影成以 $a=\{a_1，a_2，\cdots，a_n\}$ 为投影方向的一维投影值，即公式（20）所示，各个维度的投影向量的平方和为1，即 a 为单位向量长度，如公式（21）所示：

$$z_j = \sum_{j=1}^{n} a_j x_{i,j} \tag{20}$$

$$\sum_{j=1}^{n} a_j^2 = 1 \tag{21}$$

（3）构造投影指标

假设样本指标的投影特征值集合为 $\Omega = \{z_1，z_2，\cdots，z_n\}$，记作 $s(z_i，z_k)$ 为任意两投影特征值间的绝对值距离，绝对值距离如公式（22）所示：

$$s(z_i,z_k) = |z_i - z_k|,i,k = 1,2,\cdots,m \tag{22}$$

（4）构造目标函数

聚类分析就是对样本群进行合理分类，可以根据分类指标来构造目标函数，故将目标函数 $Q(a)$ 定义为类间距离 $S(a)$ 与类内密度 $D(a)$ 的乘积，即 $Q(a) = S(a) \times D(a)$。

其中 $S(a)$ 如公式（23）所示，$D(a)$ 如公式（24）所示，限制条件如公式（25）所示：

$$S(a) = \sqrt{\frac{1}{m-1}\sum_{i=1}^{m}(z_i - \bar{z_a})^2} = \sqrt{\frac{1}{m-1}\sum_{i=1}^{m}(\sum_{j=1}^{n}a_j x_{i,j} - \frac{1}{m_1}\sum_{i=1}^{m}\sum_{j=1}^{n}a_j x_{i,j})^2},$$
$$i = 1,2,\cdots,m;j = 1,2,\cdots,n \tag{23}$$

$$D(a) = \sum_{i=1}^{m} \sum_{k=1}^{m} (R - s(z_i, z_k)) f(R - s(z_i, z_k)) = \sum_{i=1}^{m} \sum_{k=1}^{m}$$
$$(R - |z_i - z_k|) f(R - |z_i - z_k|), i, k = 1, 2, \cdots, m \tag{24}$$

$$st. \, s(z_i, z_k) = \left| \sum_{j=1}^{n} a_j x_{i,j} - \sum_{j=1}^{n} a_j x_{k,j} \right|, f(R - s(z_i, z_k)) = \begin{cases} 0, R < s(z_i, z_k) \\ 1, R \geqslant s(z_i, z_k) \end{cases},$$
$$\max(s(z_i, z_k)) < R < 2n; i, k = 1, 2, \cdots, m; \sum_{j=1}^{n} a_j^2 = 1 \tag{25}$$

其中，$R - |z_i - z_k|$ 为单位阶跃函数，当 $R > |z_i - z_k|$ 时，$f(R - |z_i - z_k|) = 1$，反之为 0；R 为密度窗宽参数，其取值与样本数据结构有关；类内密度 $D(a)$ 越大，分类越显著。

（5）R 值的确定

不同的 R 值对应不同的最佳投影方向，也就是从不同角度观测数据样本的特性，对于某一样本群体，只有选择合理的密度窗宽参数才能得到合理的分类结果，因此，参数 R 的取值在模型中非常关键。目前大多通过试算或经验来确定，一般认为 R 的合理取值为 $r_{max} + \dfrac{n}{2} \leqslant R \leqslant 2n$。

（6）优化投影方向

由上述分析可知，当 $Q(a)$ 取得最大值时，计算所得的投影就是最优投影方向。因此，寻找最优投影方向就是一个求最大值的优化问题，如公式（26）所示：

$$\begin{cases} \max Q(a) \\ \| a \| = 1 \Leftrightarrow \sum_{j=1}^{n} a_j^2 = 1 \end{cases} \tag{26}$$

（7）综合计算

根据最优化的投影方向 a^* 以及每个指标的得分 x，可以得到最后的综合计算结果 z^*，z^* 公式如公式（27）所示：

$$a^* = (a_1^*, a_2^*, \cdots, a_{n_1}^*), z^* = \sum_{j=1}^{n_1} a_j x_{ij} \tag{27}$$

其中，a^* 表示最优化的投影方向，z^* 为综合计算结果。

二 汽车品牌力测量结果与分析

基于前文的理论模型及计算方法建立品牌力模型，并计算各品牌在八个指标上的得分和品牌力总体分数。本研究把汽车品牌分类为中国民族汽车品牌和合资汽车品牌，分别介绍两类品牌的计算结果，以揭示汽车品牌力发展特征。

（一）汽车品牌力总体表现

本研究在测量评价品牌力时，综合了用户心智和品牌市场表现两个视角，全面客观地反映了品牌的力量，描绘出品牌力的全方位表现。研究发现，中国民族汽车品牌在品牌力的总体表现上仍落后于合资汽车品牌。

从中国汽车市场引入合资汽车品牌开始，合资汽车品牌凭借其早于民族汽车品牌几十年发展所积累的产品矩阵、技术研发能力、生产能力、企业管理能力等领先优势，迅速占领中国汽车市场，并一直保持优势地位。汽车工业、企业及品牌发展，积累很重要，这不仅体现在产品研发、技术等硬件能力上，也体现在品牌的软实力上。

中国民族汽车品牌早期缺乏核心技术，走产品模仿、低价路线抢占市场，虽然以"性价比"优势成功获得了中国汽车市场的一席之地，但是发展过程中忽略了品牌形象的建设，没有引导消费者形成对品牌的认知和积极联想。一些品牌甚至由于低价策略、低质量产品留给消费者"低端、廉价、质量不好"的印象。近些年，在国家政策的大力引导和支持下，在我国汽车产业飞速发展的形势下，民族汽车企业持续增大研发投入，攻克众多技术壁垒，产品技术能力不断追赶合资汽车，对比合资汽车，民族汽车在产品功能绩效方面也不再存在着不可跨越的鸿沟。如今中国民族汽车品牌竞争力的相对弱势更多地来源于品牌软实力的不足。

基于 Keller 的品牌价值链模型，研究假定品牌的价值本质上来源于消费者。企业所创造的品牌以产品或服务等为载体，通过企业的一系列营销活动传递给消费者，被消费者感知。消费者对接收到的品牌信息进行认知加工，形成品牌意识和联想，结合自身的特质、偏好形成对品牌的态度，并最终发展或建立与品牌的关系。这个过程便是品牌的用户心智塑造，影响着品牌后续的市场表现。与此同时，品牌及其所代表的产品、服务等的市场表现也是品牌力的重要组成，更高的市占率、更稳定和更高的价格甚至溢价等市场绩效象征着品牌的竞争优势，同时影响着消费者对品牌的认知、态度。用户心智与市场表现相互作用，协同发展从而赋予品牌超过其竞争者的强大、持久和差异化竞争优势，并决定品牌最终所能产生的财务价值。

品牌力的发展是一个长期累积的过程，且会随企业及其品牌的成长沉淀不断自发放大。当消费者对某些品牌有了较高的认知和熟悉度，并在心中形成了正面、强有力、独特的品牌联想时，其他品牌再进入市场实现突破就会愈发艰难。合资汽车品牌借助先发优势占领了用户心智，抢占市场，无论是在品牌意识、联想等心智渗透，还是价格、市占率等市场绩效表现方面，都存在绝对的领先优势。中国民族汽车品牌欲实现突破，无疑需要巨大的努力。近几年，在习近平总书记"把民族汽车品牌搞上去"的号召下，在电动化、智能化、网联化等技术转型升级的趋势下，民族汽车品牌紧抓时代机遇，积极寻求"品牌向上"，已经取得了不错的进展。然而与合资汽车品牌相比，民族汽车品牌还需要时间的沉淀和更强有力的品牌建设与营销，包括在核心技术、品牌声量、品牌形象、口碑等各个方面。

如今中国汽车行业已经由增量市场转向存量市场，车企间的竞争愈发激烈，合资汽车品牌价格不断下探，与此同时民族汽车品牌价格向上、品牌向上，二者正面交锋。在这个存量竞争市场和"以用户为中心"的体验经济时代，"占领用户心智"成为企业革新破局、品牌向上的关键。

（二）汽车品牌力表现及分析

1. 消费者品牌心智表现

消费者品牌心智包括品牌意识、品牌联想、品牌态度和品牌共鸣，分析

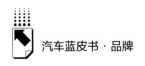

发现中国民族汽车品牌在四个指标上的表现均弱于合资汽车品牌。这说明民族汽车品牌在消费者品牌心智表现的各方面都和合资汽车品牌存在一定的差距。

营销战略家艾·里斯和杰克·特劳特曾说："企业竞争的终极战场不是工厂，也不是市场，而是消费者的心智。"用户心智是品牌力形成并发挥作用的重要基石，企业通过对品牌的塑造、一系列营销宣传活动使消费者形成关于品牌的知识，并基于此知识形成差异化的情感及行为反应，进而才会产生购买、推荐等行为。在塑造用户心智的过程中，首先需要让消费者对品牌产生意识，即知道品牌是谁，这是一切的根基。在建立品牌意识的过程中，还需要注重品牌形象的塑造，即向消费者传递"品牌是什么"。通过广告、产品、品牌口号、企业文化等元素的设计和营销宣传，让消费者形成对品牌形象的记忆，看到相应事物或者有汽车购买、使用的需求时产生关于该品牌的正面、独特、强大的联想，进而形成积极的态度偏好，愿意和品牌建立更深厚的关系，形成共同体。这一系列过程即品牌意识、品牌联想、品牌态度和品牌共鸣发挥作用的过程，Keller 将其称为金字塔模型，一种基于消费者的品牌价值模型。四个指标维度相互关联、环环相扣，完整地刻画出消费者关于品牌心智的形成和发展过程，能够指导企业的用户心智建设。

由于合资汽车品牌发展历程长、市占率高、"名牌"效应广而久，在用户心智渗透方面有很强的先发优势和累积效应。不过中国民族汽车品牌在用户心智塑造方面具备得天独厚的便利条件。中国车企更懂中国消费者，可以更便利和深入地洞察消费者需求，预测国内市场趋势，合理布局品牌战略。中国车企也更擅长和便捷使用民族文化和情怀等元素进行用户心智渗透。如红旗突出其在中国汽车工业史上的特殊地位、历史底蕴和民族使命等，"复出"后便获得大量消费者的关注和青睐，短时间内形成了很好的品牌意识、形象和态度；长城预测了女性汽车消费需求趋势，洞悉女性审美偏好推出欧拉系列，一炮打响。

综上，中国民族汽车品牌在用户心智培养方面具备得天独厚的本土优势，特别是近十年，在电动化、智能化、网联化的政策引导和政府支持下，在产业技术上，民族汽车品牌有望实现"弯道超车"；在产品功能和形象设计上，民族汽车品牌不断突破，能够满足消费者的基本功能需求、审美需求等，甚至开始引领消费者的购车、用车习惯，促进中国汽车市场逆势上涨。不过，目前民族汽车品牌总体上在用户心智表现上仍然弱于合资汽车品牌，仍需付出更多的努力。一些民族汽车品牌的成功经历给了很好的启示，品牌与用户心智建设需要找准目标消费者，洞悉消费者需求，构建清晰、独特、打动目标消费者的品牌形象，才能引导消费者产生强大且积极的认知、态度和购买意愿，使品牌形成强大的竞争力。

2. 保值率表现

采用汽车三年保值率数据进行计算，结果发现中国民族汽车品牌的保值率显著低于合资汽车品牌。

对于汽车这类十分贵重且耐用的消费品，保值率是消费者购买新车时的重要参考标准之一，也是评价汽车品牌在市场中竞争力的可靠量化指标。中国汽车市场已经转向存量市场，换车、增购需求大幅提升，车型的快速更新迭代等因素带来二手车交易的繁荣，二手车交易市场活跃度的提升也反哺新车市场的交易。对于车企而言，品牌保值率能够为车企布局车型生产策略、评估产品配置合理性、制定销售策略和管理车辆残值等提供参考。同时，品牌在二手车市场的强势价格也能够助力新车销售，如在2019年70%的品牌销量下跌的消极市场环境下，保值率排名前五的品牌销量仍保持逆势上扬，这足见保值率对汽车品牌力的重要作用。对于消费者而言，保值率是其购车时的重要参考。一方面，高保值率意味着消费者在卖车、换车时能够有更小的经济损失；另一方面，高保值率往往表征产品品质、可靠性、口碑等品牌实力，因此，越来越多的消费者在购车时看重汽车品牌的保值率。

保值率受汽车产品质量、可靠性、使用成本、售后服务、消费者口碑等多因素的影响。日本合资品牌，长久以来由于经济省油、质量稳定、口碑较好等因素高居保值率榜首；德国合资品牌因工艺精良、产品性能佳在保值率上也表现突出。近年来随着汽车产品质量提升、服务提升等努力，民族汽车品牌保值率与合资汽车品牌的差距逐渐缩小，一些头部品牌甚至已经追赶至合资汽车品牌的上游水平。不过这些保值率相对较高的民族汽车品牌，如五菱、吉利等，主要凭借品牌交易价格低取胜。民族汽车的保值率劣势很大程度上是因为"基本功"还不够扎实。虽然民族汽车的产品性能、配置在不断追赶，甚至在同价位区间的产品比较中超过合资汽车，但是小毛病多、故障率高、维修成本高的问题尚未解决。"打铁还需自身硬"，民族汽车品牌要提升保值率，还需要加强品控，降低产品故障率，同时提供更便捷、可靠的维修服务或置换服务，让消费者敢买敢换，提振消费者对中国民族汽车品牌的信心。

3. 市占率表现

采用各品牌汽车零售量计算其市占率：

$$p_i = \frac{y_i}{\sum_1^m y_i} \times 100\% \tag{28}$$

其中，y_i 代表某品牌汽车的零售量，p_i 表示该品牌汽车在所有品牌中总零售量的占比情况，i 表示该类别汽车中不同品牌的数量（假设 m 个）。结果显示，中国民族汽车品牌的市占率表现总体上显著落后于合资汽车品牌。

市占率是品牌在市场中所处地位的最直观的表现指标之一，也是品牌彰显自身实力、渗透用户心智的重要因素。高市占率会增强消费者对品牌的信心，提升消费者的购买倾向和溢价支付意愿。尤其对于低线城市和20世纪70年代以前出生的消费者，研究表明汽车品牌的市占率是其评价该品牌的品牌力的第一要素。然而，由于发展起步晚，中国民族汽车品牌的市占率数十年来一直低于合资汽车品牌。近些年随着中国汽车市场步入存量时代，汽车销量近三年持续下降，品牌间开启争夺用户之战且日益激烈。主流合资汽车品牌为抢夺用户不断尝试价格下探，同时民族汽车品牌摸索价格向上、品牌向上，二者开始正面交锋，民族汽车品牌的生存空间被进一步挤压，市占率逐年下降。直到2021年，中国民族汽车品牌逆势上扬，取得了十分亮眼的成绩，不仅带动中国乘用车市场迎来近三年的首次上涨，还将民族汽车品牌的市占率重新拉升至44%以上，创下近十年来的新高。

汽车市场总销量和中国民族汽车品牌市占率提升的主要原因，一是得益于新能源汽车产销的快速增长态势，二是部分民族汽车品牌把握住了市场消费趋势，抓住用户心智取得"品牌向上"新突破。民族汽车品牌紧抓电动化、智能化、网联化时代机遇，加大研发投入，加速推进核心技术攻关，积极布局新能源产品。如传统车企比亚迪在十多年的新能源布局之下厚积薄发，凭借刀片电池、DM-i超级混动系统等领先技术成为新能源阵营的领军者；长安、吉利等品牌洞悉消费趋势，加速转型，积极探索价格向上、形象向上，如长安推出的CS75和UNI系列、吉利的领克品牌，产品设计潮流时尚、年轻化，抓住了消费者的需求变化，品牌赢得了销量、价格齐向上；蔚小理等新势力品牌乘着电动化东风应运而生，始终聚焦智能化、高端化品牌战略布局，聚焦细分人群并以用户为中心精细化运营，培养出自己的忠诚用户并逐渐破圈，产销量奋起直上。然而，值得注意的是还有很多中国民族汽车品牌销量低迷，处在濒临消失的危险边缘。存量市场竞争激烈，新品牌或知名度相对较低的弱势品牌要打开市场，不仅要掌握核心技术，还需要把握多元消费趋势，注重差异化的品牌定位，打造自身的独特价值，发掘、吸引甚至是引领目标用户的购车、用车习惯，促进中国汽车市场提质扩容、逆势上涨。

4.品牌忠诚表现

品牌忠诚指消费者在购买决策过程中对于一个品牌具有持续稳定的明显偏好，反映出消费者对于该品牌的坚持与信任。研究表明在成熟、高度竞争的市场，获得新用户比维持老用户的成本要高5倍或更多，顾客留存率增加5%，行业平均利润会增加25~85%，因此品牌忠诚是品牌发挥竞争优势的重要因素。从中国汽车市场消费阶段来看，目前汽车消费的增长主力逐渐由"首购"转变为"换购"，存量用户的争夺和维护成为品牌向上发展的重要战场，而品牌忠诚是品牌维护存量用户的最重要"护城河"。本研究发现中国民族汽车品牌的品牌忠诚稍弱于合资汽车品牌。

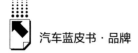

　　汽车属于耐用品，购买成本高、使用时间长且使用过程中涉及零部件维修、售后、金融等相关服务的种类和频次更高，因此相对于其他消费品，消费者在汽车复购时更注重口碑、自身使用经验等，以降低决策成本与风险。当某品牌的产品或服务能够满足消费者期望时，其被再次购买的可能性就更高，换句话说，品牌忠诚的建立与强化和品牌带给消费者的产品质量、使用感受、服务体验等密切相关。然而目前中国民族汽车品牌在产品质量、稳定性等方面对比德系、日系品牌仍存在一定差距，尤其在品控方面，消费者普遍反映"国产车小毛病多"。产品使用体验感问题会导致车主的品牌忠诚度较低。

　　此外，首购用户与换购用户的关注点存在明显差异：首购用户在购车时更关注基本的功能需求，产品力、性价比、认知度是首购用户选择品牌的主要原因；而换购用户会将更多的情感和精神需求投射在对汽车的需求上，更注重产品品质、舒适性、品牌形象、身份和圈层的象征符号价值等。尤其随着我国经济发展水平日益提升、消费升级，中国消费者在再次购买汽车时，相对于国外消费者，更倾向于升级消费更优质或高档的品牌。然而民族汽车品牌在品质感、品牌符号价值等方面表现仍弱于合资汽车品牌，因此在换购时，民族汽车品牌车主展示出的品牌忠诚会弱于合资汽车品牌。

　　综上，中国民族汽车品牌需要在产品质量、品控、品牌形象等多方面努力，提升消费者的品牌忠诚度。

　　5.品牌溢价表现

　　品牌溢价是消费者愿意为品牌多支付的金额，即消费者面对功能效用相仿的产品或服务时，为偏好的品牌多付出的额度，反映了品牌超越产品本身的价值。一些研究者甚至将溢价直接视作品牌价值，足见溢价对品牌力的重要程度。研究采用情境法引导消费者判别不同品牌的相似产品价格差异，以所有品牌价格最低值为基准，计算不同品牌的溢价表现并进行比较。分析发现民族汽车品牌的溢价能力显著低于合资汽车品牌。

　　汽车品牌对于消费者而言，并不仅是简单的交通工具，也是个人品质、身份、圈层等的符号象征，而溢价正是由这些额外的符号象征形成的。具体来说，品牌溢价是品牌通过一系列动作，包括品牌定位、logo 设计、产品制造、营销、服务等，不断和市场反馈交互，向消费者传递品牌及其产品价值，当消费者对品牌的感知价值高于产品本身带来的理性价值，品牌溢价便形成了。消费者感知价值是指消费者在心中通过联想与主观想象赋予产品的"无形价值"，而联想的起点便是品牌形象。品牌形象是消费者在企业品牌形象定位及其长期的营销宣传下形成的主观认知，大量研究也证实消费者感知的品牌形象是支撑其为品牌支付溢价的重要因素。

在产品技术、研发能力不断提升的背景下，中国民族汽车品牌的产品、服务等已经逐渐追赶部分合资品牌，然而其在溢价方面仍处于弱势的重要原因之一便是其品牌形象。许多民族汽车品牌早期发展路线为以低价打市场，突出低价、高性价比的产品形象，由此导致消费者对传统民族汽车品牌形成低端、廉价、平庸的印象，对民族汽车的品牌意识较弱甚至始终持有消极联想，不愿意为其支付溢价，造成其在市场上的溢价能力处于弱势。而要扭转这一印象，中国民族汽车品牌需要付出长期的努力。

中国民族汽车品牌近年来一直积极推进品牌向上，传统民族汽车品牌纷纷打造高端品牌，在燃油车领域进行高端化转型，在新能源领域直接推出高端品牌，并取得了一些成效。如吉利布局多品牌战略，通过收购沃尔沃，推出极氪、领克等高端品牌，彰显了财力雄厚的品牌实力，也塑造了自身国际化、拥有成熟先进技术、安全品质生产能力等品牌形象，实现形象提升、价值向上；比亚迪凭借多年的研发积累，三电核心技术在新能源市场成为领导者，通过新赛道上的优异表现重塑品牌形象，甚至反哺其燃油车车系的溢价提升。理想、蔚来等新势力品牌自推出时便坚持高端定位，通过领先的智能化配置、及时可靠和定制化服务等塑造起高端品牌形象，通过创新的数字化营销、互联网用户运营方法等经营品牌，将品牌形象渗透至用户心智，提升消费者对品牌的感知价值，慢慢形成溢价支付意愿和行为。品牌既有形象的重塑需要不断打破自己、注入新生、持之以恒地宣传渗透，这是一个艰难而缓慢的过程，然而形象一旦重塑成功，其带给品牌和企业的价值是无限的，值得民族汽车品牌为之努力。

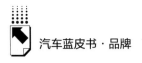
（三）总结与讨论

总体来说，中国民族汽车品牌的品牌力还处于弱势，无论是综合竞争力，还是在用户心智或市场表现上，民族汽车品牌都有巨大的提升潜力。传统民族车企过去几十年的关注重点主要聚焦在用户拉新数量上，对应消费者购车旅程中的"从无到有"，在这一旅程中，产品的性价比、低价等是较为重要的因素，因此民族汽车品牌在合资汽车品牌的绝对领先优势下能够打开一片市场。而现在中国汽车市场迈入存量用户时代，新增用户规模变小，车企欲保持持续增长需要将观念向以用户价值提升为核心驱动力转变，关注存量用户、挖掘每位用户的更多价值。品牌是车企渗透用户心智、培养用户价值的重要载体，在未来中国民族汽车与合资汽车的竞争中将发挥越来越重要的作用。而民族汽车的品牌发展落后于合资汽车几十年，无论是用户心智还是在市场上所展示的竞争力，民族汽车品牌均弱于合资汽车品牌。

当今汽车产业正在经历百年未有之大变局。电动化、智能化、网联化趋势下，新一轮科技革命和产业变革正在加速重构百年汽车工业，造就了我国民族汽车发展的新机遇。疫情期间，我国人民对国家的信心和信任、民族的凝聚力等显著提升，加之国潮盛行，消费者对国产品牌的关注度、信任度和偏好等创历史新高。同时，民族汽车品牌的产品技术、形象设计等不断进步，能够满足消费者的产品功能、审美等需求，并越来越能抓住消费者的精神偏好，甚至在某些方面开始引领消费者的购车、用车习惯，促进中国汽车市场逆势上涨。由此可见，中国民族汽车品牌发展充满机遇和希望。

参考文献

印纪芳：《网络时代乘用车品牌资产构建研究——基于整合营销传播视角》，《中国报业》2020 年第 24 期。

马宝龙、邹振兴、王高、步晶晶、孙瑛：《基于顾客感知的品牌资产指数构建与行业分析》，《管理科学学报》2015 年第 2 期。

古安伟：《基于消费者关系视角的品牌资产概念模型及其驱动关系研究》，吉林大学博士学位论文，2012。

吴新辉、袁登华：《消费者品牌联想的建立与测量》，《心理科学进展》2009 年第2 期。

Rojas-Lamorena，Á. J.，Del Barrio-García，S.，& Alcántara-Pilar，J. M.，"A Review of Three Decades of Academic Research on Brand Equity：A Bibliometric Approach Using Co-word Analysis and Bibliographic Coupling"，*Journal of Business Research*，2020（139）.

Keller，& Lane，K.，"Reflections on Customer-based Brand Equity：Perspectives，Progress，and Priorities"，*AMS Review*，2016，6（1-2）.

Yoo，B.，& Donthu，N.，"Developing and Validating a Multidimensional Consumer-based Brand Equity Scale"，*Journal of Business Research*，2001，52（1）.

B.8
汽车品牌力（C-ABC）提升的影响机制及策略研究

杨靖 赵博文*

摘　要： 本研究率先归纳并分析了包括扩大市场份额、建立品牌形象、打造品牌信仰和提升品牌溢价在内的四个品牌力提升的核心路径发展目标，探索并搭建了涵盖品牌产品、品牌服务、品牌营销、品牌文化和品牌创新力五大子体系的汽车品牌力提升影响因素体系，为品牌实施改进动作提供底层要素支撑。在此基础上，研究通过构建汽车品牌力提升的影响机制，揭示五大影响因素在四条品牌力发展路径下的作用表现，并分析汽车品牌实现路径目标所需的策略机制，旨在帮助已明确自身品牌力现状及品牌路径发展目标的企业和品牌，在实践经营活动中高效实现资源和精力的合理分配，从五大维度着手推动品牌力整体水平的提高。

关键词： 品牌力　民族汽车品牌　汽车品牌力

一　汽车品牌发展的四大核心目标

（一）扩大市场份额

品牌的市场份额，也可称作品牌的市占率，是品牌战略和品牌营销中的

---

* 杨靖，中汽信息科技有限公司汽车消费者研究与传播部部长，中国汽车技术研究中心有限公司学科带头人，消费者研究领域专家，长期从事市场调研、消费者研究、品牌研究等工作；赵博文，中汽信息科技有限公司汽车消费者研究与传播部副部长，工程师，主要研究领域为汽车主被动安全、汽车技术传播等。

重要概念，是品牌在评估自身经营发展绩效时的关键指标，它代表着某一段时间内，某一品牌的产品在同类型产品市场销售中所占的比重。在假设市场稳定的情况下，市场份额表现情况能够帮助品牌判断在同品类赛道中自身拥有的竞争力水平和盈利能力，市场占有率越高的品牌，销量越大，且由于规模经济效应的存在，市场占有率的提高有可能降低单位产品的成本，帮助品牌获得利润率的更陡峭增长。

对于中国市场的大多数汽车消费者而言，汽车的选购往往要经过一定的时间周期，经过对多个要素的深思熟虑后再进行最终的购买决策，品牌的市场份额也是众多消费者在进行汽车产品购买决策时参考的关键因素之一。在消费者的认知中，市场份额代表了品牌在市场上的大众认可度，代表了市场对品牌综合实力、产品质量的信赖，因此，市场份额表现较好的品牌往往更容易获得消费者的好感。对于汽车品牌而言，对市场份额情况的分析可以从多个维度入手，如全部市场占有率（销售额占全行业的百分比）、相对竞品品牌或市场领导品牌的市场占有率（销售额占主要竞品品牌销售额总和的百分比或销售额占市场领导品牌销售额总和的百分比）、目标用户市场占有率（销售额占目标用户市场购买品牌销量总和的百分比）等，以帮助品牌从不同视角切入了解最真实的市场表现情况，并制定有针对性、差异化的市场占有率提升策略。

（二）建立品牌形象

品牌形象，是消费者基于对品牌联想内容的主观认知整合而成的品牌印象，它代表着品牌在商业市场和消费者心智中呈现出来的个性特征，反映了市场对品牌的综合认知与评价。品牌在形成明确的定位和调性后，将着力在产品、价格、服务、文化理念等多维度设置品牌的个性特点，明确其期望传达给消费者的形象，通过积极的营销活动实现概念渗透，引导消费者建立关于该品牌功能形象和情感价值形象的深度联想。良好的品牌形象，是品牌的一种无形资产，是品牌在激烈的市场竞争中获取优势地位的有力武器，有助于品牌在消费者心智中留下深刻印象，建立区别于竞品品牌的独特品牌价

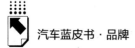

值，从而推动消费者对品牌产生正向的、积极的品牌态度，从而产生购买的倾向和行动。

当今时代，汽车已经不单单是一个出行的交通工具，它逐渐变成消费者展示自我、表达个性、寄托情感的"符号"，甚至成为消费者的"伙伴"。在产品日趋同质化、易模仿性强的背景下，建立独一无二、突出显著的品牌形象，是汽车品牌建立与消费者深层次情感联结的必然选择。成功的品牌形象建设，将在很长一段时间内为品牌创造持续、稳定的增长点，但必须引起品牌和企业注意的是，由于汽车消费长期性、复杂性的特质，汽车品牌形象往往通过多个要素向消费者传递，例如产品外观设计、服务环境和氛围打造、营销活动主题和内容、品牌名称和 logo、使用者共性特征等，因此在各个时间、各个地点的一致性表达对于建立品牌形象是至关重要的。

（三）打造品牌信仰

在哲学领域，信仰是人的一种高级的意识状态和终极的价值理念，它贯穿人类生命的始终，是人类生存的精神支柱。在品牌发展的过程中，品牌信仰是品牌价值体系建设期待实现的最高阶目标，品牌信仰的达成也意味着消费者对品牌产生了极高的偏好度和忠诚度，将会产生持续购买品牌或向外界推介品牌的心理倾向或实际行为，为品牌带来相对稳定的市场份额和持久的利润与价值回报，助力品牌资产的快速累积和持久增值。创造具有独占性的品牌价值是打造消费者品牌信仰的关键，品牌通过围绕核心价值设立自身"人设"并持续输出稳定的"个性与价值观"，以满足消费者在情感和精神层次更高的心理需求，深化品牌和消费者间的情感联结，拉进品牌和消费者间的距离，持续占据顾客心智，令其产生对品牌的强烈认同感和共鸣。

当今社会，多元信息技术的融合与发展推动了社会生活方式、工作方式、组织方式等多重方面的深刻变革，传统意义上的创新活动边界日益模糊，供给端生产者带动创新的模式已经逐渐向市场端引导创新的模式转变，市场的声音愈来愈重要，消费者成为不可忽视的创新主体。对于汽车品牌而言，存在品牌信仰的用户同品牌间存在很强的一致性，更有可能成为品牌体验的主动分享者、品牌创新的真实倡议者、品牌发展的积极共创者，甚至是品牌在遭遇质疑或面临问题时的回应者或包容者。因此，品牌信仰用户在品牌人群总资产中的比重越高，意味着品牌持续、向上发展拥有越多来自市场侧的支撑力和驱动力。

（四）提升品牌溢价

溢价概念最初起源于金融领域。众多关于品牌溢价的定义都建立在消费者感知的视角下，认为品牌溢价指相较于产品质量相似的其他品牌，消费者愿意为某品牌多支付的价格。顾客感知价值是品牌溢价的本质来源，首先，当消费者进行购买决策时，其感知到品牌能带给其的价值高于其支付的价格成本时，将会产生更高的购买倾向和支付意愿；其次，在消费者面对产品价值，即功能价值相似的品牌时，若其中一个品牌能带给其远胜于其他品牌的感性价值，且这段感性价值差距在消费者心中的价值超过了其为购买该品牌需要多支付的价格，消费者可能并持续可能支付溢价以购买能为其带来更多感性价值的品牌。

对于汽车领域而言，品牌溢价是区分经济型品牌和中高端品牌的关键能力之一，民族汽车品牌向上，提升溢价能力，实现品牌转型已是关键。溢价能力的提升将有助于民族汽车品牌维持或提升价格水平，打造高端品牌形象、保持或追逐行业领先地位、增加品牌的可递延资产量，推动品牌综合竞争力提升，实现品牌可持续发展。品牌溢价，本质上反映了消费者和品牌间存在的信任契约，即消费者对品牌具备提供给其期待的价值能力的信任，因此，提升品牌溢价的核心即在于不断提高顾客对品牌的感知价值，满足消费者的心理预期，以强化信任契约的作用力。但由于感知价值的形成受到多个因素影响，且随着时间积淀会产生正向或负向的变化，品牌需要坚持找到对的时间，做对的品牌动作，才能在消费者心智中不断加分，真正形成稳定的溢价能力。

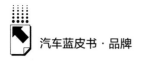

二　汽车品牌力提升的影响因素体系

（一）汽车品牌力提升的五大影响因素

搭建汽车品牌力提升的影响因素体系，旨在从微观层面，帮助民族汽车品牌探索在品牌经营发展实践过程中，影响消费者心智，从而推动消费者形成关于各个民族汽车差异化品牌知识的诸多要素，并明晰品牌在实践中认知各类要素的视角，为品牌根据自身品牌力表现实施改进行为提供底层要素支撑。

整体上，汽车品牌力提升影响因素体系的搭建坚持理论和实践结合的原则导向。Keller 的品牌资产理论中，将品牌资产定义为由品牌知识导致的消费者对该品牌营销活动产生的差异化反应。同时，在 Keller 的品牌知识理论中，又将品牌知识区分为产品相关的品牌知识和非产品相关的品牌知识，产品相关属性是指消费者寻求实现产品或服务功能的必要成分，而非产品相关属性则是指影响消费者的购买或消费过程但不直接影响产品或服务功能的本质属性的相应成分。产品或服务属性偏重为消费者提供满足生存、使用的实用功能价值，而非产品属性则重点为消费者提供象征性、情感性的文化层面的需求满足。基于此，研究搭建了品牌与消费者实现互动的影响链路，并提炼此过程中的四大影响要素，即营销活动、产品知识、服务知识和文化属性知识。此外，在实践层面，基于对各大汽车企业经营发展实践的案头研究和调研访谈，以及对汽车行业未来发展趋势的判读，研究创造性地提出将创新力维度设定为影响汽车品牌力提升的第五大影响因素，并最终形成民族汽车品牌力提升的五大影响因素，即"品牌产品"、"品牌服务"、"品牌营销"、"品牌文化"和"品牌创新力"（见图 1）。

图 1　民族汽车品牌力提升的影响因素体系

（二）品牌产品体系设计

1. 品牌产品之于品牌力提升的价值

对于绝大多数品牌而言，产品都是品牌的重中之重，是企业从事业务经营的根本，是品牌实现向上发展的最原始基础，是品牌回应消费者需求的本质支撑。消费者对于品牌的认知，极大程度上源于其对品牌所推出产品的整体认知，一方面体现为产品的操作性绩效，即品牌的物理绩效、功能用途能否满足购买者的实际需求，另一方面则体现为产品的表达性绩效，即产品是否具备超出提供功能价值的作用，是否能够提供给使用者心理上更高层次的满足感。消费者对品牌产品的整体认知，大多来自其产品使用的经验，是通过个体意识建构产生的一致性意义的结果，但相对于其他多数行业品牌产品，汽车产品具备其作为"大宗商品"的特殊性，使得绝大多数消费者的购车行为难以建立在其对品牌产品的实际使用经验中。

以快速消费品来比较，一方面，汽车不菲的价格使得大多数消费者难以承担冲动购买的不确定结果，难以在短时间内考虑更换或购买替代品，从而使得消费者的汽车购买行为更加谨慎和多思，更多关注汽车品牌与自身需求的契合度；另一方面，从实际功能用途上讲，对于绝大多数汽车购买者而言，汽车使用频率相对较高，且关乎使用者最基本的生命安全，从而使得消费者的汽车品牌选择重心更多聚焦在汽车的产品质量上。基于上述两点特性，提升汽车品牌力，需要重点关注产品质量和产品对消费者需求的满足能力。其中，消费者对产品质量的感知主要来自产品外观、配置等本身物理体征的线索，同时兼具来自非物理属性的外部线索，如价格、产地等，找出提升产品质量的途径，能够有效提升消费者对品牌的考虑度，有效增加竞争优势，保持品牌在市场中的优势地位；产品对消费者需求的回应能力，则更考验品牌对整体消费者市场需求的洞察和解析能力，以及将需求点落实到产品上的技术能力，在保证汽车产品基本性能的基础上设计符合消费者多样化需求的产品，有助于大大提高消费者对品牌的偏好度，为品牌溢价的形成提供驱动力。

2. 品牌产品体系

研究参考中国汽车消费者研究与评价中的指标体系和行业满意度体系，搭建了民族汽车品牌力提升的品牌产品指标体系，共包含九大二级指标，下设36个三级指标。研究基于熵权法、因子分析法和专家打分法对各级指标进行赋权（见表1）。

表 1 品牌产品指标体系

单位：%

一级指标	二级指标	油车权重	电车权重	三级指标	油车权重	电车权重
品牌产品	驾驶性能	18	12	加速性能	25	25
				制动性能	40	40
				操稳性能	35	35
	舒适性	12	7	隔音降噪性	20	15
				气味舒适性	13	18
				座椅舒适性	17	12
				车内空间	18	12
				空调性能	8	8
				乘坐舒适性	24	35
	造型及品质	8	7	外观设计	20	20
				内饰设计	22	22
				外观品质	35	35
				内饰品质	23	23

续表

一级指标	二级指标	油车权重	电车权重	三级指标	油车权重	电车权重
品牌产品	经济性	12	6	性价比	22	28
				保值率	13	8
				选配费用	11	11
				维修成本	15	16
				保养成本	15	12
				＊油耗	24	0
				＊电耗	0	25
	安全性能	22	18	感知安全	28	28
				视野安全	23	23
				照明安全	44	44
				电磁防护	5	5
	故障率	12	7	故障提及率	100	100
	辅助驾驶	7	13	行车辅助	60	60
				泊车辅助	25	25
				紧急避险	15	15
	智能科技	9	11	智能提示	20	10
				智能驾乘	40	50
				智能座舱	40	40
	＊续航充电	0	19	续航里程	0	50
				续航里程估计准确度	0	17
				百公里充电速率(充电时长)	0	22
				充电兼容性	0	11
				对外高压放电(加分项)	0	+1

（三）品牌服务体系设计

1. 品牌服务之于品牌力提升的价值

相对于产品而言，服务具有无形特征，但同样是满足消费者需求的活动。对于消费者而言，品牌所能提供的服务质量，与其所付出价格之间的权衡感知，很大程度上影响其品牌感知值的形成，而感知价值直接决定了品牌在消费者心智中的位置，因此，如何提供满足消费者期望的服务质量是品牌不可忽视的关键问题。从消费者感知出发，服务质量的本质是满足消费者的需求，学界公认的服务质量量表中，服务质量被拆解为可靠性、响应性、安全性、移情性和有形性五大维度；Gronroos 将服务质量划分为技术或产品质量、职能或过程质量两大交互维度，分别反映服务的结果和过程；功能性、安全性、经济性、时间性、文明性、舒适性等也被诸多学者认知为品牌提供优质服务必备的要素，以提升品牌在消费者心中的价值。从品牌及企业的维度出发，服务质量提升的前提是强化服务管理能力，以帮助品牌及企业在激烈的市场竞争环境中获得更具有优势的市场位置，组织文化、员工行为、服务设施及技术等要素都是改进服务管理能力的重点。

对于首次购车的汽车消费者而言，其不仅会考虑汽车产品本身的情况，同时在选购阶段和品牌接触过程中的体验感受、对品牌提供售后服务水平和能力的判断等诸多服务属性要素都在很大程度上影响消费者的最终购买决策行为。而对于增换购的汽车消费者而言，对保有汽车品牌提供给其服务的整体经验认知，对其增换购决策有重要的影响，长期性的良好服务体验将很大程度上提高消费者对品牌的依恋性，激发消费者的重购意愿。在激烈的汽车市场竞争环境中，服务呈现"单次单点服务"向"长期一致性运营"转变的趋势，也出现了差异化、多元化的经销模式，越来越多的汽车品牌主打"用户导向""优质服务"的口号，以期通过品牌自身高水平的服务能力、提供给消费者高质量的服务体验，使品牌在购买及售后的长期过程中，能够在消费者心智中具备正向、积极的感知价值。

2. 品牌服务体系

研究从供给侧和需求侧两端入手搭建品牌服务体系。一方面，通过对消费者购车决策全周期过程的梳理，基于消费者需求和其与品牌的核心触点，整理了包含销售和售后两阶段的服务因素；另一方面在梳理消费者与品牌服务接触的基础上，利用服务蓝图整理品牌实施服务的前、中、后台行动内容，梳理覆盖服务设计、服务赋能、服务执行三阶段，服务硬件、服务环境、人员能力、备件、服务过程管理和数字化六大模块的服务管理要素。总体上，品牌服务体系包含服务接触和服务管理两大二级指标，5 个三级指标、28 个四级指标。其中，在服务接触部分，通过问卷调查法收集消费者服务接触满意度数据，通过熵权法和因子分析法确定权重；在服务管理部分，开展专家研讨会，通过专家打分法为服务管理二级维度下设的三、四级指标赋权；通过专家打分法和 AHP 分析法为服务接触和服务管理两项二级指标赋权，以搭建完整的指标体系（见表 2）。

表 2　品牌服务指标体系

单位：%

一级指标	二级指标	二级指标权重	三级指标	三级指标权重	四级指标	四级指标权重
品牌服务	服务接触	84	销售	60	销售人员表现	20
					经销店表现	18
					试乘试驾	15
					购车协商过程	25
					交车过程	21
			售后	40	保养维修预约	20
					售后服务人员整体表现	22
					售后服务环境设施	18
					售后服务环节	22
					交车环节	18
	服务管理	16	服务设计	40	服务硬件	10
					服务环境	20
					人员能力	10
					备件	20
					服务过程管理	20
					数字化	20
			服务赋能	30	服务硬件	20
					服务环境	20
					人员能力	10
					备件	20
					服务过程管理	20
					数字化	10
			服务执行	30	服务硬件	10
					服务环境	10
					人员能力	20
					备件	20
					服务过程管理	20
					数字化	20

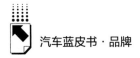

（四）品牌营销体系设计

1. 品牌营销之于品牌力提升的价值

品牌营销是品牌通过塑造特定的形象，设定期待传递给消费者的独特价值，以提升品牌整体竞争力，从而影响、培养和满足消费者需求的一系列市场营销行为的集合，其既要注重产品的销售情况，又需要致力于品牌长期的发展和资产累积。对于大多数品牌而言，品牌营销包括宏观战略和微观策略两个层面的工作内容，宏观战略层面更强调企业和品牌内部，为适应日息万变的市场发展态势、政策及经济等外部环境要素的动态变化，制定营销战略，是保障品牌长期、稳定发展的全局性规划；而微观策略，则更多指为落实品牌制定的营销战略目标，实现品牌为其自身设定的营销目标，而进行的面向消费者的具体、系列化的品牌营销活动。品牌营销是品牌实现差异化战略的核心要点，品牌围绕自身品牌定位和品牌形象，通过对市场的调研分析，对营销内容进行恰当定位、设计，进行整合传播，并做好市场信息反馈的整理，以最终达到品牌与竞争对手相区隔，形成品牌在消费者心智中具备独占价值的目的。

对于民族汽车品牌而言，从市场宏观趋势表现看，中国乘用车市场已逐步进入存量时代，在燃油车方面，头部车企向上突围遭遇合资品牌强势下探价格区间以抢占市场份额，在新能源方面，造车新势力破局而生、传统车企迅猛发力、合资企业瞄准新蛋糕，市场竞争激烈、风起云涌；从消费市场趋势表现看，互联网、数字化、全域化、大数据等新概念引领新消费环境的快速变革，以 Z 世代、小镇青年为首的新消费人群呈现全新的、多变的消费倾向和行为特征。在此背景下，越来越多的汽车企业和品牌企图通过布局多元化营销矩阵来建立或表征自身的差异化竞争优势，同时也使得汽车行业的营销模式，乃至经营模式都将面临持续变革。民族汽车品牌如何定义品牌营销的新内涵、打造品牌营销的新模式，并将营销恰当地覆盖到消费者购车决策形成的全链路，成为品牌发展的关键。

2. 品牌营销体系

研究从微观视角切入，探讨当下汽车品牌营销的广告营销、活动营销和内容营销三类主流营销策略，关注其在内容设定、渠道投放和效果监测三个关键环节的表现，指标体系共包含投放内容管理、投放渠道管理和投放效果监测三大二级指标，下设 5 个三级指标和 11 个四级指标。研究通过问卷调查收集数据，通过熵权法、因子分析法确定三、四级指标权重，通过 AHP 层次分析法和专家打分法确定二级指标的权重，最终形成完整的品牌营销指标体系（见表3）。

表3　品牌营销指标体系

单位：%

一级指标	二级指标	二级指标权重	三级指标	三级指标权重	四级指标	四级指标权重
品牌营销	投放内容管理	64	广告营销	29	创造高质量广告	100
			活动营销	34	策划高质量的活动	100
			内容营销	37	创造有价值的内容	100
	投放渠道管理	25	投放时机与渠道	100	广告营销	27
					活动营销	29
					内容营销	45
	投放效果监测	10	活跃度监测	100	触达感知阶段	18
					兴趣与互动阶段	18
					信息搜寻阶段	18
					购买选择阶段	27
					分享扩散阶段	17

（五）品牌文化体系设计

1. 品牌文化之于品牌力提升的价值

品牌文化是文化属性特质在品牌发展中经时间积淀而成的，是品牌和消费者的互动过程中逐步完善的，品牌经营实践活动中所涵盖的一切文化现象，以及其元素所代表的利益认知、情感属性、文化传统等概念性观点的综合。在品牌文化向外传递过程中，一方面其是通过品牌名称、品牌标志或包装等展示的，另一方面其是品牌愿景使命、经营理念、个性价值观等抽象思想表征的。品牌通过赋予自身丰富的文化内涵，依托物质载体传达文化观念，从而提升消费者对品牌在情感和精神层次上的高度认同感，消费者对品牌的认同感越高，购买意愿也越强烈。在品牌文化的构成要素方面，众多学者都表示企业文化和历史积累是品牌文化的基础，品牌的理念、个性、形象、声誉及消费者对品牌的认知度等精神要素是核心，品牌声誉和品牌归属感是品牌文化发展到高阶层次的表征。同时，学界也提出在考量品牌文化时要关注其与社会发展、市场需求的一致性，将其放在更大的文化环境中予以讨论和解析，以赋予品牌文化与时俱进、更新向前的发展能力。

对于汽车品牌而言，文化是支撑其实现可持续发展、建立价值壁垒的关键要素，文化能够赋予品牌独特的、差异化的竞争优势。发达国家的汽车生产和消费已经历漫长的历史发展过程，众多品牌都已形成鲜明的汽车品牌文化基因，并正向地带动了品牌的发展。而民族汽车品牌在过去非常规的产业发展历程中，将更多的关注点聚焦在产品和技术上，但随着消费市场的变化、汽车产业环境的变革，文化要素注定成为民族汽车品牌长远发展的坚实基础。对于民族汽车品牌而言，每个品牌都需要打造独特的、符合品牌定位和形象的品牌文化，以提升其在国内市场上对消费者的吸引力，激发其与消费者的情感共鸣，带动自身品牌向上发展。同时，处于国际化市场环境中的民族汽车品牌也应以中国传统文化、中华民族精神为基底，打造共性的中华文化气质标签，把中国精神揉进品牌产品中，助力民族品牌扬帆出海，提升民族汽车品牌自信力。

2. 品牌文化体系

研究基于对现有品牌文化相关文献的归纳和梳理，结合汽车企业经营发展实践及消费者定性调研，构建企业文化、品牌主题、品牌理念、品牌声誉和外部一致性5个二级指标，下设15个三级指标。研究通过问卷调查收集消费端数据，通过熵权法、因子分析法为各级指标体系赋权，形成完整的品牌文化指标体系（见表4）。

表 4　品牌文化指标体系

单位：%

一级指标	二级指标	二级指标权重	三级指标	三级指标权重
品牌文化	企业文化	12	良好的社会责任感	20
			鲜明独特的企业故事	24
			良好的历史积淀	18
			鲜明独特的企业理念	18
			独特的企业家形象	20
	品牌主题	20	简洁、响亮、新颖独特、内涵深刻的名称	27
			直观、简明、新颖、优美的品牌标志	19
			新颖独特的品牌风格	21
			响亮、新颖独特、寓意深的品牌口号	32
	品牌理念	23	传达明确清晰的功能特征	30
			回应消费者特定方面的情感需求	35
			独特的人格化特征	35
	品牌声誉	30	良好的口碑声誉	100
	外部一致性	16	品牌文化同社会风潮具备一致性	50
			品牌价值观同消费者价值观具备一致性	50

（六）品牌创新力体系设计

1. 品牌创新力之于品牌力提升的价值

熊彼特的创新理论认为创新是建立一种新的生产函数，建立生产要素间的新组合，企业家的职责就是实现创新。管理大师德鲁克则提出，创新的行动就是赋予资源以创造财富的新能力。对于品牌而言，打造品牌创新力的本质，是在外部环境动态变革的驱动下，品牌内部进行的系统性求变以获取相较于竞争品牌更突出的差异性能力的系列组织活动，将助力品牌在市场上获得巨大的竞争优势。品牌创新力的关键要素存在于品牌对市场从知觉到响应的全过程,创新感知、创新决策和创新实施都是关键的阶段性能力。品牌及企业的创新行为从内容上大致包括技术创新、产品创新、服务创新、营销创新、组织管理创新、流程创新等多个方面。技术创新的成果帮助品牌在竞争赛道上设置技术垄断标准,对品牌价值提升具有显著的正效应;产品创新是品牌满足消费者变化需求以维持竞争优势和扩大市场份额的惯常手段;服务创新通过新的设想、依托技术手段或实施载体形成新的或改进的服务;营销创新是采用全新的营销概念和策略手段进行宣传推广;此外,创新正在经历从生产范式向服务范式转变的过程,用户也日益成为品牌创新的推动者和参与者。

5G、大数据、人工智能等信息技术的融合与发展推动了社会多方面的深刻变革,新消费时代已拉开帷幕,人、货、场等多方面都产生新的变化趋势,如新消费人群、新消费理念、新消费品类、新消费场景等,各类"新"的元素正在席卷传统的消费形态,汽车作为传统消费行业也被挟进颠覆性的时代变局中。在新消费时代、数字化时代,消费者的需求加速迭代,市场信息的传播也日益无界化、去时差化,对于汽车品牌而言,如何确保其能最快地对消费者产生的新需求实现最敏锐的捕捉和最及时的回应是其必须思考的问题。汽车品牌需要通过产品和技术创新来向消费者心智渗透自身独特的、稀缺的能力,形成相对于其他品牌的竞争壁垒,并通过市场用户创新打造一条直达消费者心智的最快链路,并通过建立和消费者间情感和精神层面的更深层联结,以保持其在消费者心智中的引领性。

2. 品牌创新力体系

研究以用户视角为核心,从企业端和市场端切入,设定产品技术创新和市场用户创新两大二级指标,下设8个三级指标。研究通过调查问卷收集市场侧数据,通过企业实体自我公开声明、年度报告及研究报告材料,各级监管部门及行业主管部门公布数据,第三方机构研究报告及公开信息等收集企业侧数据,并通过熵权法、因子分析法确定三级指标权重,通过 AHP 层次分析法及专家打分法确定二级指标权重,以搭建品牌创新力指标体系(见表5)。

表 5　品牌创新力指标体系

单位：%

一级指标	二级指标	二级指标权重	三级指标	三级指标权重
品牌创新力	产品技术创新	83	自主研发能力	27
			外部技术获取能力	38
			发明专利数量	11
			创新资源投入	24
	市场用户创新	17	市场信息洞察能力	24
			营销模式创新能力	29
			开拓市场能力	24
			服务模式创新能力	23

三　汽车品牌力提升的影响机制

（一）汽车品牌力提升影响机制搭建思路

民族汽车品牌向上研究体系的核心内容包括搭建品牌力测量和品牌力提升影响因素两大体系，探索品牌力提升的路径、机制和方法。就两个体系而言，品牌力测量体系更侧重于对民族汽车品牌八大发展维度现状进行评估和分析，明确民族汽车品牌在各大维度的实际表现情况，综合评价各个民族汽车品牌相对于其他品牌所拥有的持久、差异化竞争优势的程度。品牌引导消费者形成关于品牌的知识，影响消费者心智是通过一系列品牌动作实现的，品牌力提升影响因素体系服务于品牌的经营实践层面，帮助企业梳理影响品牌力提升的各维度要素，为各方面的品牌动作规划和执行提供方向性引导，是品牌改进提升业务的要素抓手。就路径、机制和方法而言，路径是品牌以现状表现情况为发展起点到以路径目标实现为发展终点的全通路，机制是五大影响要素在一定环境条件下相互联系、对不同路径发展目标产生作用的运行规则和原理，方法是民族汽车品牌提升品牌力所需底层逻辑和核心方法论的解答。

研究前期通过广泛的案头研究、企业走访、专家访谈、用户调查等方法明确了民族汽车品牌发展的四大核心路径，搭建了民族汽车品牌力测量体系和品牌力提升五大影响因素体系。民族汽车品牌力提升的影响机制旨在探索品牌力和五大影响因素间的作用关系，其在实践层面拟解决的核心问题是，民族汽车品牌在确立自身发展路径目标后，如何最高效、最集中地将有限的资源和精力投入产品、服务、营销、文化和创新力等不同的要素模块中，以推动不同路径目标对应的核心品牌力维度绩效提升，带动品牌力整体水平提高。

为搭建路径目标与品牌力五大影响因素间的作用机制，研究首先根据内涵特性，建立了品牌力测量八大维度对路径目标的支撑关系，通过专家打分法和AHP层次分析法为各个路径目标所对应的品牌力测量指标赋权。其中，扩大市场份额目标对应的是品牌力测量维度中的品牌意识和市场份额，扩大市场份额的前提是在激活消费者关于品牌的认知，效果是品牌在市场侧的客观销售数据。建立品牌形象目标对应的是品牌力测量维度中的品牌联想和品牌态度，品牌联想和品牌态度分别反映了消费者对品牌功能、情感、精神层面属性的认知和反映情况，构成品牌形象在消费者心智中的立体集合。打造品牌信仰目标对应的是品牌力测量维度中的品牌忠诚和品牌共鸣，品牌忠诚指消费者在购买决策过程中对于一个品牌具有持续稳定的明显偏好，反映出消费者对于该品牌的坚持与信任；而品牌共鸣则反映了品牌与消费者间的契合度，反映了消费者期待与品牌保持一致的程度，两者皆是品牌忠诚存在、信仰达成的关键标准。提升品牌溢价目标对应的是品牌力测量维度中的溢价情况和保值率，品牌溢价情况直接表明了消费者支付溢价的意愿，而保值率则反馈了二手市场对品牌价值的评估，是品牌实现溢价的现实有力支撑。研究在明确路径目标的量化方法后，结合品牌力影响因素调研数据，采用独立性检验方法证实五大影响因素同四大路径目标间的相关性关系，参考卡方值大小为四大目标下的五大影响因素赋权，最终明确不同发展目标下五大影响因素对品牌力提升的作用权重。

（二）四大路径发展目标下影响因素作用机制及解读

1. 影响因素作用机制

五大影响因素在实现扩大市场份额、建立品牌形象、打造品牌信仰和提升品牌溢价四大路径发展目标作用下的权重如表6所示。

表6　五大影响因素在四大路径发展目标作用下的权重

单位：%

指标	扩大市场份额	建立品牌形象	打造品牌信仰	提升品牌溢价
产品	47	39	33	31
服务	20	19	15	16
营销	18	22	17	24
文化	8	10	27	20
创新力	7	10	8	9

2. 扩大市场份额目标下的影响因素作用机制解读

以扩大市场份额为路径发展目标，突出特征为产品成为决定品牌市场份额扩张的最根本支撑，约占50%的比重。产品是汽车品牌发展的基础，众多研究都已表明消费者对于品牌产品的偏好很大程度上决定了品牌的最终市场份额，产品的重要性、技术难度及产品竞品环境等要素都会影响品牌的市场份额表现；服务也是拓展品牌市场份额的重要手段，品牌通过提供令消费者满意的品牌服务，建立消费者对品牌的信赖度和情感偏好，并作用于品牌的购买转化率；品牌营销对扩大品牌产品的市场占有率同样具有重要意义，品牌通过制定营销策略，开展营销活动，向消费者传递准确的品牌产品知识，让产品信息触达更多消费者，让消费者感知品牌的存在；拥有强烈文化属性的品牌相较于其他品牌，有更大的可能性在消费者心中留下深刻印象，在消费者产生购买动机时更易存在于消费者的待选品牌序列；品牌创新力的提升，能够通过新品不断吸引消费者注意力，以增

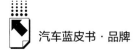

加品牌销售额。

以建立品牌形象为路径发展目标，突出特征为产品对品牌形象建设负主要责任，营销和服务也占较大比重。产品是品牌的物质载体，消费者对品牌形象的联想是以产品的特性为基础的，品牌如若能够赋予产品合理特质，让产品成为消费者进行自我表达、自我展示的实体媒介，会极大增强消费者对品牌整体形象的认同感，激发消费者对品牌产生持久的承诺心理倾向；品牌一旦明确了自身定位，塑造了独特的个性风格，就需要通过一致契合的品牌营销手段反复触达消费者信息域，不断强化品牌形象在消费者心智中的独占性和鲜明性，为建构强势品牌提供情感上的认知保障；服务也是品牌形象的重要组成维度，汽车品牌提供的服务质量通常与消费者的感知评价及其对品牌建构的形象成正比；文化需与品牌形象调性保持一致，品牌能够通过赋予品牌自身独特的文化内涵，引发消费者的品牌共鸣，以引导消费者产生更多正面、积极的联想；创新力能够帮助品牌打造个性化的创新形象，使品牌在更长时间跨度中让消费者产生更强生命力的联想，满足当前消费者对创新、前沿、引领品牌的期待。

以打造品牌信仰为路径发展目标，突出特征为产品和文化两要素对打造品牌信仰的强烈作用力。即使品牌的营销再深入、服务再令人满意，如果品牌的产品无法达到消费者期望，也无法使消费者对品牌产生持续的忠诚，难以推动品牌长期的资产积累价值提升，高质量产品的稳定供给是打造品牌信仰的必备基础；文化是品牌培养和扩张品牌忠诚人群资产规模的关键支撑，独特的、别具匠心的品牌文化能够缩短消费者和品牌的距离，增强消费者对品牌的依恋性，推动品牌信仰的形成，让消费者自我驱动持续购买品牌产品、服务，以及主动向外推荐品牌；积极的营销策略及活动能够激活品牌信仰的"圈进效应"，利用用户的偏好差异，占据消费者心智，寻找独特的市场地位，加强品牌与用户群体的情感联结；愉快的品牌服务体验可以推动消费者形成正向的品牌价值感知，以此强化品牌用户内心的信念感；品牌创新能力的提升意味着能够对用户产生更加持久的吸引力和号召力。

以提升品牌溢价为路径发展目标，突出特征为产品、营销、文化及服务等要素都对溢价的形成与提升发挥明显的作用。消费者对产品的综合评价，体现用户对品牌的态度，是品牌获得并保持竞争优势的关键要素，对用户为品牌支付溢价的意愿具有直接影响，产品的价格属性、产品的稀缺性、产品的视觉美学感受、产品迭代进化情况等都是驱动品牌形成溢价能力的重要来源；品牌营销能力与消费者为品牌支付溢价的意愿之间也存在着显著的相关性，正确的营销策略及活动能够为用户提供其支付溢价将会收获的利得内容，不断强化用户心智中品牌的情感和精神维度价值，从而推动品牌提升其知名度、考虑度和偏好度；品牌文化建设也是提升品牌溢价能力的重要途径，消费者对品牌文化拥有越多的认同感，就越有可能带动其产生实际的购买行为；支付品牌溢价的用户往往对品牌服务质量有着较严苛的要求，品牌需要通过不断提升服务能力，优化服务体验，增加用户持续、正向的感知价值，使其保持长效忠诚；打造品牌的高溢价能力，也需要准确把握创新力，让消费者产生为品牌的产品、服务等要素未来创新增长空间支付溢价的心理倾向和行为。

（三）五大要素在四大目标下的策略机制分析

1.产品要素

当前，国内的汽车市场已经进入成熟饱和阶段，竞争激烈，产品同质化严重，推出有竞争力、有吸引力的汽车产品是品牌力提升最基础也最关键的环节。品牌产品在扩大市场份额目标下的作用性相对最强，汽车品牌在设计之初，应当加强对汽车市场及市面上现存的车辆产品进行充分的调研分析，尤其是与本品牌产品存在强烈竞争关系的车型产品，了解其定位、特性和核心优势，以明确自身品牌产品的全方位要素定位，明确自身品牌区隔于其他产品独特的核心竞争优势，增强品牌产品的不可替代性。此外，汽车品牌应当在自身产品体系范围内搭建完整且具有区隔性的产品矩阵，避免内部竞争消耗，利用丰富且具有差异化关键卖点的产品条线吸引覆盖面更广的用户群体，建立自身产品的功能性价值壁垒，以助力产品销量和大众认同度的共同提升。以建立品牌形象为发展目标，打造标签化的产品形象是重要基础，需要品牌在设计、生产、制造等多个环节保障产品的质量，把品牌个性、品牌风格等精神层次要素体现到产品载体上，让用户能够"看得见、摸得着、感受得到"，激发用户产生更多对品牌形象的正向感知。以打造品牌信仰为发展目标，首要工作是明确产品的功能性价值，明确产品能够为消费者带来的实际得利点，提升消费者购买行为的心理获得感和满足感，推动消费者形成品牌偏好，此外，品牌信仰的形成通常需要经典、爆款产品作支撑，如何打造口碑正向且具备持续竞争力的产品也是汽车品牌的必修课题。以提升品牌溢价为发展目标，产品更多地决定了其竞争市场、品牌等，决定了其竞争的基础标准，汽车产品能否习得溢价能力在当今时代的关键是，其是否具有突破性技术，如网联化、自动驾驶等，汽车产品的功能价值性呈现从单纯的代步工具日益发展成为服务用户的多功能"第三空间"。

2. 服务要素

新时代下，伴随着消费者需求和偏好的变化，用户对各行业服务属性的要求越来越高。服务要素在各个路径目标下均发挥着不可忽视的作用力，在扩大市场份额目标中的作用力相对较强。在扩大市场份额目标下，汽车品牌应注重结合自身品牌定位和目标用户群体定位，明确定义品牌经销渠道网络的铺设策略，并且积极拓展多元化的经销模式，打通更多和消费者间的交互触点，以提升业务的转化率，拉动销量增长。在建立品牌形象目标下，品牌要从消费者汽车购买行为的全链路服务触点入手，展示品牌期待传达给消费者的形象信息，一方面在各类型实体经销店中，服务环境、硬件、服务人员、服务系统流程等众多要素都需要经过规范、专业的设计和执行，确保和品牌形象的一致性；另一方面思考线上同消费者进行交互的渠道、模式、内容，是否融入了品牌形象中的关键要素点，是否有助于引导消费者在接触与互动中加深对品牌形象的认知。在打造品牌信仰目标下，服务的关注点应从满足消费者需求的必备功能性价值，转向为消费者提供情感和精神等层面更高级别的满足感，品牌需要基于用户反馈的实际需求、用户表达的期望内容，丰富品牌供给的服务体验方式方法，在服务接触过程中为用户创造更多积极的感知价值。在提升品牌溢价目标下，汽车品牌需要在服务体验领域获得领先位置，以建立区隔于其他品牌的服务优势，个性化、人性化的服务已成为基本要求，顺应数字化时代的发展潮流，跳开传统服务框架，模糊传统的服务边界，运用场景化思维，提供令用户满意甚至惊喜的服务体验，满足消费者多元化需求，是汽车品牌下一步需要努力的重点方向。

3. 营销要素

品牌营销是品牌向消费者传达广泛的品牌知识最普遍的途径，在不同的路径目标中均发挥重要作用。在扩大市场份额的路径目标下，汽车品牌市占率的不断提升是以品牌知名度和熟悉度提高为基础的，汽车品牌需增加品牌知识触达消费者的曝光度，并且通过广告、活动、内容等多种营销方式向消费者传达品牌在行业内的独占性和领先性，树立消费者可信赖的品牌印象，以此加大品牌被消费者选择的可能性。在建立品牌形象的路径目标下，一方面，品牌需要围绕自身核心定位进行全方位包装，系统化策划如何将品牌形象要素点传达给消费者，采取何种形式何种渠道都是关键问题；另一方面，品牌在进行一系列营销动作来传达品牌形象时，要综合产品、服务、价格、文化等多方面的品牌表现，传达具有一致性的品牌概念，多维度共同助力形成立体化的品牌形象；此外，品牌营销也要注重借助外部力量，加强同主流传播渠道的联系合作，构建上下贯通、内外联动、多维累加的推广格局。在打造品牌信仰的路径目标下，品牌要通过营销，保持和消费者的有效沟通、深度对话，建立和用户间稳定、持续的正向联结。同时，品牌要建立自身的人群资产规模库，对用户进行分类，制定不同用户类别的营销策略，重点关注高价值、高忠诚度用户，培养人群圈层的圆心力，并借助品牌传播，持续性提升用户对品牌的熟悉度、信赖度和偏好度。在提升品牌溢价的路径目标下，品牌要布局营销大渗透格局，基于消费者决策链条，围绕新市场新赛道开拓、深耕消费者品牌认知、破圈实现人群拉新、可持续经营等不同阶段，制定消费者注意力占领策略，重点提升消费者感性价值感知，推动品牌在用户心智中形成区隔于其他竞争品牌、其他具备同样功能价值品牌的独特价值优势。

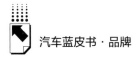

4. 文化要素

消费者对品牌的文化认同本质上也是用户购买品牌时预计能获得的效用内容，就四个路径发展目标而言，品牌文化在打造品牌信仰和提升品牌溢价方面的作用更为突出。打造品牌信仰，一部分是依据来自产品、技术方面的绝对统治力，而另一部分则是由品牌和消费者间的情感温度所建构的。拥有品牌信仰的用户，习惯通过品牌向外界传达个性信号，品牌契合了其对自我价值的定位，满足了其对社会身份认同感与社会圈层归属感的需求。品牌应当通过独特的品牌文化主张，为目标用户群体提供情感、精神层面的购买动机，帮助用户表达或隐匿最真实的自我，帮助用户在决策流程中实现对自我认知的强化，引导用户增强自我正向情感习得，以实现持续化的忠诚倾向和行为。提升品牌溢价，需要汽车品牌思考如何恰当地运用品牌文化资产的价值作用，实现用户感知价值最大化。寻找合适的品牌代言人，践行品牌的社会责任，讲述品牌历史和故事等众多方法都是向消费者传达品牌文化，构建用户对品牌文化认同的实际手段，但想要真正激发用户的溢价支付意愿，品牌需要更加深入地根据自身品牌调性，寻找适宜的表达品牌文化个性、风格的渠道和方法。建立品牌形象，品牌需要让产品、服务及营销实体内容的每一个动作都成为品牌文化的载体，让文化成为建设品牌个性形象、树立汽车品牌自信的最有力支撑点。扩大市场份额，一方面需要品牌的主题和理念坚持消费者展示品牌独特的、深刻的个性主张，在长时间内拉动与品牌拥有一致性的消费者购买或推荐品牌；另一方面品牌的文化要积极保持与外部文化的一致性，同民族文化、社会文化、潮流文化相结合，因时而变，及时丰富品牌内涵，以创造更多激发消费者购买倾向情绪的共鸣点。

5. 创新力要素

创新是当今社会发展的核心关键词，是各行各业适应新时代变化的必备法则。在汽车品牌力提升的路径中，创新也发挥着一定的驱动力。在建立品牌形象的路径目标下，创新具备相对更强的影响能力，品牌通过用户市场侧的创新，引导消费者更多地参与到品牌的共创活动中，加深对品牌的理解和感知，从而更加直观、明确地感受到品牌能为其提供的功能、情感、精神等多层次价值，建立起其对品牌形象的深刻认知。此外，品牌通过开展汽车品牌产品技术侧创新，让消费者树立起对产品前沿性、突破性、领先性的信赖感，从而对品牌产生持续的期待和购买倾向。就扩大市场份额的发展目标而言，一方面，消费者的猎奇心理、对新事物的追捧倾向会推动品牌新上市的产品在一定时期内拥有较高的关注度，新产品将会源源不断地延长品牌资产的寿命；另一方面，在品牌创新发展战略下的技术创新，将有助于创造更多本品牌区隔于竞品品牌的技术壁垒，增强产品在市场中的不可替代性，从而提升品牌市场份额。就打造品牌信仰的发展目标而言，技术产品侧的创新行为能够持续建构用户关于品牌实力的心理信赖感，市场用户侧的创新内容能够让消费者在更新鲜、更有趣的环境中认知品牌，持续保持对品牌的关注度。就提升品牌溢价的发展目标而言，消费者支付溢价意愿的重要动机包括稀缺性和价值壁垒能力，把握好创新要素将助力品牌以更快的速度、更高的效率建构产品力，为消费者形成支付意愿提供合理动机。

参考文献

白长虹、范秀成、甘源：《基于顾客感知价值的服务企业品牌管理》，《外国经济与管理》2002 年第 2 期。

范秀成、陈洁：《品牌形象综合测评模型及其应用》，《南开学报》2002 年第 3 期。

袁安府、黄丹、邵艳梅：《品牌价值提升影响因素研究》，《商业研究》2013 年第6 期。

张红霞、马桦、李佳嘉：《有关品牌文化内涵及影响因素的探索性研究》，《南开管理评论》2009 年第 4 期。

Bloemer J. M., Hans D. P. Kasper, "The Impact of Satisfaction on Brand Loyalty: Urging on Classifying Satisfaction and Brand Loyalty", *Journal of Consumer Satisfaction and Dissatisfaction*, 1994 (7).

Berry, Leonard L., "Cultivating Service Brand Equity", *Journal of the Academy of*

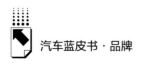

Marketing Science, 2000（28）.

David A. Aaker, *Building Strong Brands*, The Free Press, 1995.

Keller K. L. , "Memory Factors in Advertising: The Effect of Advertising Retrieval Cues on Brand Evaluations", *Journal of Consumer Research*, 1987（14）.

专 题 篇

Special Reports

　　本篇从政策、技术和年轻用户群体三个方面描述了民族汽车品牌发展趋势，并从数字化时代趋势、品牌持续性发展两个层面对品牌建设进行了分析，最后对民族汽车品牌发展提出了建议和展望。

　　民族汽车品牌政策方面，国家已经出台顶层设计，谋篇布局加速推动民族汽车电动化和智能化创新，同时针对产业链空心化问题、对外开放和参与国际市场竞争、央地协同发展以及企业产品监管等方面均已出台相关政策，从多方面促进民族汽车品牌的发展。在促进民族汽车品牌发展的政策方面，未来还需要注意制定出台专项领域顶层设计文件、系统建立汽车法制化管理体系、系统推动卡脖子技术攻关突破、强化民族汽车品牌管理体系建设以及搭建新兴主体入行通道。

　　民族汽车品牌技术方面，基于 CCRT 总成绩年度变化分析汽车综合性能变化趋势，综合来看，民族品牌的产品力逐年提升，在各方面都取得较大进步的同时保持着强劲的上升趋势；在整体安全性方面，基于 C-NCAP、CCRT 等成绩对安全汽车、节能汽车、智能汽车和健康汽车发展趋势进行分析，民族汽车品牌后续需要从安全、电动化、智能化和碳排放等多方面加快技术发展。

　　民族汽车年轻用户群体方面首先从年轻群体的含义、兴趣特征、消费特点等方面对年轻群体进行分析，然后从年轻群体消费观、汽车品牌年轻化趋势等方面分析汽车品牌年轻化发展，最后从如何与年轻群体共情的角度分析如何促进民族汽车品牌年轻化发展。

数字化趋势下的品牌建设方面分析了数字化趋势的内涵和发展趋势，当前数字化变革已经体现在社会生产生活的方方面面，从个人到家庭，从城市到国家，从企业到行业，数字化正在深刻改变当今世界的格局。聚焦到汽车数字化方面，汽车的数字化主要集中在研发、生产、管理和营销四个方面，在数字化趋势下从品牌定位、品牌塑造和传播以及品牌维护四个阶段出发分析如何推进汽车品牌建设。

品牌持续性发展角度分析品牌管理价值方面，从长期品牌管理的定义和周期入手，结合民族汽车品牌的特点梳理了不同周期下品牌管理的核心环节和具体方法，分析了长期品牌管理对打造汽车品牌的持续性价值作用。其中，品牌审计是打造汽车品牌持续性价值的基础环节；品牌强化是打造汽车品牌持续性价值的核心环节；品牌激活是打造汽车品牌持续性价值的重要环节；品牌全球化是打造汽车品牌全球化持续性价值的关键环节。

民族汽车品牌发展建议和展望方面基于行业现状和趋势预判，对民族汽车未来的发展提出几点建议：民族汽车要在稳中求进总基调下，充分利用新能源汽车，抓紧智能化发展大势，推动国内外"双循环"协同发展，重塑民族汽车品牌战略。在心态上，坚信民族品牌大有可为；在产品上，做好品质建设；在方向上，向行业发展趋势转型；在品牌上，制定适合的营销方案；在用户上，形成用户至上的理念，要抓住历史机遇，加速品牌向上。

B.9
数字化趋势下汽车品牌建设分析

梁懿*

摘　要： 从品牌建设的一般流程来说，品牌建设主要包括品牌定位、品牌塑造、品牌传播和品牌维护几部分，随着计算机、人工智能等技术的发展，互联网趋势的加深，数字化趋势已经深入人们日常生活的方方面面。在工业领域，智能化是工业 4.0 的核心，数字化作为智能化的前身是必经阶段，也在深刻影响着汽车行业的变革，汽车行业的数字化转型包括生产研发的数字化、组织管理的数字化、营销数字化以及聚焦用户需求的数字化等几个方面。在数字化趋势下汽车企业应该重新思考企业的品牌定位、品牌塑造、品牌传播和品牌维护的方法与策略，以顺应新时代的发展潮流，做好品牌建设。

关键词： 品牌建设　数字化　品牌定位　品牌塑造

一　品牌建设

品牌这一名词是广告大师大卫·奥格威在 20 世纪 50 年代第一次提出的，根据大卫·奥格威的观点，品牌是各种错综复杂因素共同影响的象征。到 20 世纪 80 年代，大卫·艾克提出了一个全新的品牌概念——品牌资产，这类资产以及负债与品牌的名称、特定符号相关联，可以为企业或

---

* 梁懿，新华网汽车产业中心总经理，新华网（北京）亿连科技有限公司董事长，深耕产业经济营销与管理，在媒体传播、汽车营销、品牌建设等领域积极探索与实践。

顾客带来一定的价值。对于品牌的定义从不同维度来说有所不同，从实体的角度来说品牌是制造商或者经销商加在产品上的标志，一般包括品牌名称和品牌标识；从企业战略层面上说品牌是一种形象或品质感知程度——通过具象的符号、名称组合以及企业的多种品牌行为所产生的，进而激发消费者对于品牌的忠诚度反馈。消费者对于品牌的忠诚度是无形资产的一种，品牌存在于顾客的主观意识中，以一种抽象的方式表达其特殊性，以及真实情绪。

在当代社会，在企业的经营活动中，品牌的发展占据着重要的地位。进一步来说，品牌发展是企业在市场占据优势地位，拥有高竞争力的核心组成部分，因而企业应该重视自身的品牌建设，这个品牌建设不局限于旗下某一款产品，而包括企业自身的品牌建设。所谓品牌建设是指企业经营者对品牌的发展进行目标规划与线路设计、产品宣传与管理等一系列行为。品牌建设是一个复杂的过程，这个体系是品牌长期积累下来的体系化工作，内容非常复杂，根据大卫·艾克的观点，品牌资产的建设中要对诸多方面进行考量与规划——品牌忠诚度、品牌认知度以及品牌联想等，这个观点是用户对品牌认知和联结由浅入深的一个过程。品牌知名度是消费者对一个品牌的识别与认知程度，首先形成知名度，当其形成记忆并达到一个品质的认知，再让受众对此品牌的个性和风格、内涵产生印象与联想，并成为此品牌的忠诚消费者，这是一个依次叠加的顺序过程，也是一个长期的过程。从品牌建设的流程来说，品牌建设包括品牌定位、品牌塑造、品牌传播和品牌维护等几部分，本文主要从这个角度展开叙述。

（一）品牌定位

定位理论由杰克·特劳特和艾里斯首次提出，据此衍生出来的品牌定位的核心是品牌需要在目标用户心智中创造一个关于品牌价值的独特印象，以此与同类品牌形成区隔，从而有利于提升自身的市场竞争优势。菲利普·科特勒则从营销的角度定义品牌定位，在他看来所谓定位就是顾客对于产品价值的独特认知。总体来说，所谓的品牌定位就是企业需要对自己的品牌进行差异化塑造，使之在用户心中形成某种独占价值。品牌定位是企业应市场规律与需求设立的品牌发展目标，塑造一个同方向的品牌形象的过程。当某种相关需要产生时这个品牌能够被想起来，比如在炎热的夏天突然口渴时，人们会立刻想到"可口可乐"，这就是一个成功的品牌定位，有能力使得消费者产生品牌联结，在认知上使得顾客印象深刻。

企业经营策略中的重要任务是明确品牌定位，定位意味着目标的确定，是品牌发展的基石，进而才可以进行品牌建设与发展，在企业的市场经营活动中起着关键作用。品牌定位是品牌与认知需求相同的消费者建立一种无形的联系。一般来说，品牌定位的工作需要按照几个步骤展开：①企业需要先进行行业研究和分析，了解市场上的竞品情况，分析竞品的优劣势并通过调研方法了解竞品在新用户中的地位。在这个过程中企业需要对目前的消费市场进行划分，描述和勾勒现有细分市场的特征，了解自己的竞争优势，同时在行业现状的基础上与竞品形成区隔。②寻找品牌核心价值点，建立区隔之后品牌还需要明确自己区分于竞品的核心价值点，并对此进行明确的概念确定，在这个过程中企业需要通过对多种因素的综合考虑选择自己的目标市场，包括细分市场的规模、成本、风险、与自身的适配度等因素。③寻找支撑依据。确定目标市场和自身独特价值点之后，企业需要分析自身在这个市场上的优势，并在团队内部进行广泛培训学习，让内部员工充分了解品牌价值点和优势。④传播。前期准备完成之后企业需要针对目标市场进行传播，尽快让目标用户了解和辨识自己的品牌。

（二）品牌塑造

所谓品牌塑造就是在完成前期品牌定位之后，通过对目标用户、市场环境、企业自身情况等因素进行综合分析之后，对品牌形象和内涵进行丰富并让消费者产生相关关联的过程。品牌塑造是对品牌定位结果的延伸和丰富，使之能够在消费者之间进行传播。一般来说，品牌塑造需要经历三个步骤：①设计品牌标识。品牌塑造的第一步是为品牌设计一个标识并注册商标和版权，为品牌提供一个载体。②建立品牌联想。有了载体之后需要通过附加相关的名称、包装、网站、文案、口号、品牌故事等丰富品牌形象和内涵，为消费者建立联想提供更多的触点，强化品牌在消费者心中的位置。在这个过程中需要注意品牌的相关内容应该保持一致性，这样才能帮助品牌锁定目标群体。③品牌推广。丰富品牌内容和锁定目标群体之后需要通过各种传播渠道让有关品牌的信息触达目标群体，有关推广的工具和方法需要与时俱进，同时也要考虑不同时代下目标群体的喜好变化，比如近几年互联网用户越来越多地使用短视频和直播平台，每年的热词、热门商品都在发生变化，企业在品牌传播过程中需要敏锐地觉察到这些变化。

影响品牌塑造的因素主要是企业的广告营销和公关活动，广告营销属于影响品牌塑造的显性因素，商业广告是利用传播媒介对品牌产品信息和功能进行介绍以及销售，以达到盈利的目的。大多数人都是通过广告知晓一个品牌；而营销的目的则更多的是向消费者介绍有关产品和品牌的内容，进而使消费者形成品牌认知。由此可见，广告主要是解决品牌知名度的问题，同时广告中包含的内容也会让公众在头脑中梳理有关品牌的特定形象，因此企业在设计广告内容之前需要思考自己的品牌和目标群体特征。但是由于广告承担广泛传播的责任，因此对于内容的限制很多，必须选择易于记忆和传播的内容，同时可能还带有一定的艺术表达，因此广告并不能完全真实反映产品和品牌的具体情况，还需要各种营销活动来参与建设。营销活动相对于广告来说则是针对特定的消费群体输出有关品牌形象和产品的具体信息，通过塑造品牌形象和展示产品优势来占据消费者的注意力和兴趣，进而促进消费者购买产品。公共关系则不同于广告和营销，从品牌塑造的角度来说公共关系是指企业为建立与社会公众之间的良好关系，促进公众对企业和品牌的认识、理解及支持，达到塑造良好品牌形象、促进商品销售目的等一系列公共活动。不同于广告和营销活动，虽然企业采取公关行动，实质是为了塑造正面积极的企业形象，但是公共关系表面上看起来不直接跟品牌和产品宣传有关，但是对于潜在的品牌形象塑造具有重要作用，消费者一般会认为企业的公关关系能够显示出一个企业真实的内涵和态度，因此有时候通过公关关系企业能够获得超出预期的品牌塑造效果。例如郑州洪水期间鸿星尔克的捐款行为，虽然不是主动的品牌宣传，却赢得了公众的认可。在当前互联网高度发展的背景下，企业良好的公关行为能够对目标群体和潜在消费者产生更大的影响力，有时候甚至能够决定一个品牌的兴衰拐点。

（三）品牌传播

所谓品牌传播，就是企业在确定品牌定位和价值体系之后，基于对品牌形象的设定和目标人群的分析，选择恰当的途径、内容和方式将有关品牌的信息传播出去，从而增强用户对品牌的了解。品牌影响力扩大的过程离不开企业与目标客户群体的有效沟通，通过品牌传播，使得有同样需求的消费者可以了解品牌以及加强品牌认知，企业进一步制定营销规划与塑造自身品牌形象，在市场中获得竞争优势。品牌传播对品牌建设起关键性作用。首先，品牌形象、价值和文化等只有通过传播才能接触到用户，引起用户的注意进一步留在用户心智中；其次，品牌传播过程中用户的反馈能够帮助企业了解用户对于传播信息的情绪感受从而改变品牌的传播策略，更好地打动消费者。传统的品牌传播手段大致可分为广告传播、公关传播、销售传播和人际传播。在全球互联网经济的高速发展下，市场变化快，用以往的传播手段已经无法满足现在消费者的需求，于原有的品牌传播内容也有了一定免疫性，消费者的购买行为更趋向个性化与特色化。新时代，短视频和直播逐渐成为受众最广泛的传播形式，还有微信、微博、小红书等社交资讯平台。同时应该注意到伴随空前丰富的传播渠道而来的就是公域流量的成本不断攀升，质量却开始下降，因此对于企业来说仅仅是在各大平台上进行投放是不够的，如果不了解自身品牌的特点和目标用户的需求就盲目投放只能无谓增加企业的运营成本却得不到相应的效果，企业需要与时俱进，根据品牌定位、价值和形象、目标市场和用户的特点选择合适的营销方式，进行线上线下资源的整合营销，建立起品牌的私域流量池。总的来说，在当前的市场环境下，品牌的流量池在"精"而不在"多"。同时企业还需要建立以数据为核心的品

牌传播效果监测机制，及时对品牌传播策略进行监测反馈以促进策略优化升级，在当前品牌私域流量如此宝贵的市场背景下，企业也应该转换互联网发展前期以流量运营为特征的品牌监测模型，逐渐重视以用户运营为中心的品牌监测模型。

（四）品牌维护

品牌维护是指企业根据外部环境的变化而采取的维护自身品牌形象、保持品牌市场地位、保护品牌价值的活动总称。品牌作为企业的重要资产，其市场竞争力和品牌的价值来之不易。但是，市场不是一成不变的，因此需要企业不断地对品牌进行维护。

品牌维护在品牌建设中起到稳固现有成果的作用，在其过程中会受到多种消极信息干扰，品牌维护会通过有效保护措施清除干扰因素，减轻对品牌形象的消极影响。总的来说，品牌维护的价值主要体现在以下几个方面：①品牌维护有利于巩固品牌的市场地位。品牌发展要注意预防品牌老化，而品牌维护可以有效解决品牌失落等老化问题。在这里需要强调品牌老化的概念——企业在市场竞争处于劣势地位，整体市场销售利润减少，消费者对于品牌的认知逐渐降低。②消费者的需求是企业品牌发展的重要动力，可以不断增强品牌的生命力。由于市场产品更新换代速度快，消费者需求向个性化方向发展，若企业能抓住目标顾客的真实需求，就可以不断为品牌发展创造前进的驱动力。③品牌维护有利于提高企业的竞争力，在市场中占据优势地位。竞争力直接影响品牌形象与发展。企业重视品牌维护，一方面有助于自身品牌版权的保护，另一方面可以督促品牌成长，提升品牌竞争力。④品牌维护帮助企业形成有效的危机意识，以及增强降低风险的能力。由于市场竞争的规律以及经济发展中存在的干扰因素，企业容易受到多风险的影响，所以企业必须具备预测未来风险与危机处理的能力，品牌维护在其中就扮演了重要的角色，不断要求品牌进行自我成长与发展，将品牌的内核基础与品牌发展有效结合。

总的来说，企业的品牌建设是一个长期的、系统化的过程，从横向来看，是从品牌定位、品牌塑造、品牌传播和品牌维护等四个方面出发，不断明晰和塑造品牌形象、提升品牌影响力、占领用户心智的过程。

二　数字化趋势

（一）数字化的概念

从最基础的概念来看，所谓数字化就是将错综复杂的多类型信息以量化的数字等形式表达出来，然后通过直接的数字、数据组建相对应的数字化模型，进而在计算机内部以二进制代码方式体现出来。从实际应用来看，数字化实际上是信息化发展的高级阶段，而智能化又是数字化发展的高级阶段，所谓的信息化就是使用计算机技术建立信息处理系统从而将传统业务中的部分线下流程和数据通过这个信息系统进行处理，总体特点是通过流程化来提高运行效率，从企业的角度来说，所谓信息化就是把企业的业务流程固定化，来提高基层人员的工作效率；数字化则是通过大数据、数字技术将计算机系统中的计算结果进行可视化展示，从企业的角度来说，数字化就是基于企业的大量运营数据进行数据化建模优化然后指导企业运行；而智能化则是需要通过机器学习、人工智能等使计算机模拟人的思维处理与判断过程，其能够进行自我迭代升级，人工智能是智能化的主要途径。从企业的角度说，人工智能化可以帮助决策构建分析模型，直接指挥执行单元，执行单元接到指令后可以自动执行，从而使得决策工作难度降低，加快决策行为。

（二）数字化趋势

从数字化的内涵来看，数字化变革体现在社会生产生活的方方面面，从个人到家庭，从城市到国家，从企业到行业，数字化正在深刻改变当今世界的格局。个人层面上，数字化深刻改变了人们的工作生活方式，在沟通交流方面新冠肺炎疫情的影响加速了人们使用网络进行交流的趋势，据统计，2019~2020 年支持线上办公的人群比例从 33% 增加到 77%，预计到 2027 年

全球社交网络的用户人数将达到 44 亿。在生活层面，在线教育和移动支付的规模持续扩大，预计到 2025 年全球电子学习场的规模将达到 3702 亿元。在家庭层面，数字化发展引领了智慧生活、低碳生活的潮流。据统计，到 2023 年，全球将有 3 亿家庭安装智能家居，数字化带动了共享生活潮流。在城市层面，数字化基建的发展帮助城市实现更安全、高效、生态和可持续的发展方式，数字化影响深入基础设施、教育、医疗保健、文化环境等各个方面，在中国，5G 网络、云上平台、电动汽车智能充电桩和无人工厂已经成为新的基础设施建设方向。在国家层面，各国纷纷布局发展数字化的相关战略，结合国家发展阶段和具体国情，从经济、教育、医疗卫生、社会就业以及政府运行效率方面推动数字化转型。从经济方面来看，"数字经济"的概念最初由美国学者唐·塔普斯科特提出，国家统计局在 2021 年发布的《数字经济及其核心产业统计分类》中，将数字经济定义为"以数据资源作为关键生产要素、以现代信息网络作为重要载体、以信息通信技术的有效使用作为效率提升和经济结构优化的重要推动力的一系列经济活动"。互联网技术的发展、政府投资以及消费者数字化生活方式的普及使得中国的数字经济快速发展，数字经济的规模也在不断扩大。中国信息通信研究院数据显示，全球范围内，中国数字经济规模在世界处于领先地位。[①] 2008~2019 年，中国数字经济平均年复合增长率高达 20%。此外，2018 年我国数字经济规模排在世界第二的位置——大约 31 万亿元。[②] 从企业层面上看，数字化对企业商业模式、价值链和工作流程都产生了巨大影响，在商业模式上，数字化浪潮加速了平台经济的发展，据统计，2019~2020 年全球市值超百亿的平台化企业市场价值额增长 56%，预计到 2025 年平台经济占全球整体经济的比例可以达到 30%。在价值链方面，目前 AI 技术已经渗透到企业发展的各个环节，包括服务运营、产品服务开发、市场营销与销售、制造和风控、供应链管理等各个方面。在工作流程方面，数字化大大提升了工作流程

---

① 中国信息通信研究院：《全球数字经济白皮书》。
② 资料来源：中汽信科数据库。

的效率，工作流程的数字化转型也正在加速，2019~2022 年全球云 SaaS 市场规模增加 17.9%。[①] 在行业层面，数字化已经渗透在各行各业，从渗透率上看数字化首先影响的是信息密集型行业如金融行业和信息通信行业，其次是消费和服务行业，包括专业服务、零售、政务、医疗、教育和休闲文娱等行业。

数字化的发展和转型趋势对于社会经济发展、企业和行业发展以及个人和家庭生活等都具有重大价值，在经济发展层面，数字化能够为传统行业注入活力，提升产值从而增强国际/区域的竞争力；在社会层面，数字化提升了公共部门效率，能够推动塑造以人为本的服务型政府；在产业发展层面，能够加快产业优化和结构转型，促进产品升级、提升产效。经济、社会和产业的发展成果最终将会体现在个体生活上，将会为个人和家庭带来更多的发展机遇、更好的自然环境、更丰富的物质和精神生活以及更加完善的社会福利，为个人和家庭带来更多的幸福感。

三　汽车行业数字化发展

（一）什么是汽车数字化

智能化是工业 4.0 的核心，数字化作为智能化的前身是必经阶段。聚焦到汽车上，行业内现在已经流行把汽车作为"第三生活空间"，在将来，相对于驾驶感受，用户更加关注车内的使用体验。从这个角度来说，未来的汽车将会进入"软件定义"时代，也就是说，用户评价汽车的维度已经从动力、驾驶感逐渐偏向汽车网联系统的智能化程度，包括人机交互系统、自动驾驶等。

从汽车行业价值产出的流程来看，汽车行业的数字化可以体现在四个阶段即研发数字化、生产数字化、管理数字化和营销数字化。[①]研发数字化，

---

① 资料来源：艾瑞咨询。

研发的数字化包括两个方面，一是针对汽车本身，要融合软硬件，提升软件数字化程度；二是针对研发流程，可以通过研发过程、研发知识、研发工具等的数字化，提升研发效率，缩短汽车迭代周期。②生产数字化，主要是指在汽车生产环节通过数字化技术优化生产排期、物流管理、能耗管理、安全管理、质量检测等汽车制造环节。③管理数字化，通过构建车企数字化管理平台对数据进行管理，实现数据资产的最大化利用，破除碎片化，实现统一、开放、可扩展、闭环集成的架构。④营销数字化，是通过丰富用户购车路径中的数字触点，搭建线上线下协同的营销体系，以更低成本更高效地获取用户。

（二）车企数字化转型背景

1. 行业层面

中国汽车行业目前已经从增量市场转向存量市场，2018~2021年，燃油车销量持续走低，传统汽车发展面临多方挑战。从汽车行业的生命周期来看，我国的汽车市场正在从成长期向成熟期过渡，汽车行业现有商业模式面临成本、质量、交付、法规、产能过剩等挑战。在这种背景下汽车行业需要通过数字化转型面临新的市场挑战。同时受国家低碳目标的影响，大量资金投入到改善燃油排放的发展当中，为车企引进新技术、加快数字化转型提供了良好的支持。目前，数字化技术已经在汽车行业得到广泛应用，基于制造工业特性，汽车行业企业数字化技术应用需求较高，汽车行业数字化转型中对部分数字化技术的应用比例远超过其他行业。数据显示，目前汽车行业较其他行业数字化技术应用比例更高的是物联网（20.4%）、机器人（12.0%）和3D打印技术（4.6%），汽车行业数字化技术应用最多的是物联网（20.4%）、大数据（18.5%）、云计算（14.8%）和移动技术（14.8%）。① 数字化有望彻底变革行业价值链，汽车或将成为数字化技术应用最深的行业之一。

---

① 国信证券：《汽车数字化深度研究报告：数字化大势所趋，加速产业链价值转移》。

2. 技术层面

互联网迭代升级大环境下，数字技术的需求应运而生。这种技术可以将声音、图像、文字等多种信息转变成计算机可识别的语言，进一步加工处理、储存、分析与传递。当前阶段，以物联网、大数据、云计算等为代表的硬核技术构成了数字技术。数字化是利用现有及新兴数字技术，将数字基因全方位融入企业，从而发掘全新商业与价值机遇，优化并重构价值链，同时建立与用户和生态合作伙伴的数字化链接，加强企业与用户间的认知与互动，提高价值创造效率，提升企业精益化运营与管理水平的全过程。随着基于场景的业务与数字技术深度融合与创新，第三波"数字化升级"浪潮席卷而来。汽车行业作为复杂度高，人员、技术、资金密集的制造业，对智能制造需求强烈，是数字技术应用的重要场景之一。数字化有着独特的重要作用——它贯穿信息收集、分析、处理、预测过程，是信息化的升级发展阶段，是智能化发展的基础。

3. 市场端

由于中国互联网行业的深入发展，当前中国市场上消费者的衣食住行基本都可以通过线上方式完成，因此中国消费者对于数字化有更高的接受度和适应性。聚焦到汽车行业，调查显示相对于其他国家，中国消费者的购车路径更多地通过互联网方式完成，包括通过互联网了解车辆信息、获取购车信息、直接在线预订车辆等行为的比例都更高。同时，中国的汽车用户也更乐于使用智能化系统，例如导航规划行程、辅助驾驶等。

4. 政策层面

中国政府高度重视"新基建"，重视"数字经济"发展。2020 年 11 月 4 日中国共产党第十九届中央委员会第五次全体会议通过的《中共中央关于制定国民经济和社会发展第十四个五年规划和二〇三五年远景目标的建议》要求，一方面发展数字经济，推动数字经济和实体经济深度融合；另一方面壮大新一代高端装备、新能源汽车等产业，推动互联网、大数据、人工智能等深度融合，促进平台经济、共享经济健康发展。2020 年 12 月 16 日至 18 日的中央经济会议再次强调"大力发展数字经济，加大新型基础设施投资

力度"。"十四五"规划和中央经济工作会议重视"新基建",重申"数字经济"与"数字化发展"的重要性,通过培育新经济、新技术和新产业,打造经济新增长点。新基建成为数字化深入的加速器,5G、人工智能等将促使车企加速向数字化升级。

(三)车企数字化转型类型

工业4.0趋势下,车企已经开始纷纷布局数字化转型策略。从用户服务方面来说,汽车行业的数字化目标是基于用户体验,实现用户全生命周期数字化服务,也就是通过建设数字化平台,用数据赋能服务消费者的全过程——购车需求服务与后市场服务,通过构建数字化服务平台,帮助服务方即时连接用户,并通过线上线下协同方式来提升服务体验。从技术发展方面来说,随着数字化技术(高精地图及定位、激光探测、Advanced HMI 等)的成熟,用户的驾车体验将从辅助驾驶向自动驾驶跃升。当前各车企数字化转型策略有所差异,但大体殊途同归,集中于研发、生产、管理、营销与用户需求服务上,因此车企的数字化转型可以分为研发生产环节数字化、车企组织管理的数字化、车企营销数字化和聚焦用户需求的数字化等几种类型。

1.研发生产环节数字化

研发和生产环节的数字化是汽车行业数字化的主要表现之一,所谓的研发数字化就是将软硬件开发相融合,汽车性能将不再由发动机等硬件决定,而是由人工智能等软件技术决定,也就是所谓的"软件定义汽车"。从研发流程来看,研发过程、知识和工具的数字化能够帮助企业实现内外部的高效发展,加速汽车的研发周期。从这个角度看,研发数字化的表层价值是帮助企业降低管理成本和物料成本,同时通过数字化提高试验效率降低验证成本。从更深层次的角度来看研发流程的数字化能够缩短研发周期,提高车企研发平台进行虚拟验证的能力,进一步帮助实现小批量和个性化生产的模式尝试,从这个角度来说研发过程的数字化实际上也是帮助车企将用户驱动数字化落到实处的重要路径。而从核心上看,研发流程数字化的高阶阶段是研发流程的智能化,利用数字化流程的自适应学习能力缩短研发的决策链路从而大大降低车企生产的人工成本和提高效率。

所谓生产数字化，是指通过数字化技术在生产排期、安全物流能耗管理和质量检测等方面进行优化。一直以来，汽车的生产都是通过大规模的流水线装配生产形式。量产数量和配置类型主要是根据市场上的销量反馈和不同行驶区域的特点来决策的。在工业4.0背景下，订单式生产将成为汽车生产的主流形式，也就是根据用户的多元化需求特点进行小批量、多品种、多批次生产的模式。这种生产模式的实现主要就是基于车企生产数字化的转型，例如生产线上的智能机器人通过RFID等信息识别技术确认安装信息，并将生产过程的相关信息反馈至远端数字云平台，未来的消费者不仅可以在4S店订购汽车，还能够在车企的官网或者平台上根据自己的需求搭配汽车配置，然后下单给车企进行生产，也就是说未来汽车的生产将实现消费者很大程度上的"自由选择"。目前，很多车企在研发、生产等环节已经开始应用数字化技术，并建设打造先进的智慧工厂，全面提升自动化率。

2. 车企组织管理的数字化

作为前工业时代的产物，传统车企的组织形式在应对当前市场变化中已经显示出短板，具体可以表现为以下几点：一是部门组织之间的协调性不足，各个职能部门之间通常独立运营，在面向用户和经销商时缺乏统一性，造成资源重复和浪费；二是传统车企不容易转变组织架构搭建的视角，习惯于以主机厂为视角搭建组织，因此并不能及时有效全面地了解满足用户的核心诉求，自然也无法有效地为经销商赋能；三是数字化转型效率低下，许多车企在数字化转型过程中采用的是小步尝试的策略，例如尝试数字化营销和数字化决策方式，而且这种尝试对于外部数字化供应商的依赖度很高，并没有在内部形成一套数字化产品开发流程，只是表面的数字化。基于这种短板，传统车企在目前市场背景下表现出一系列连锁反应：从销售层面来看当前的组织形式无法对销售数据进行有效监管，导致营销线索的数量和质量双双出现下降情况，营销的投入和回报比严重不匹配；在商业合作层面如何处理经销商和数字化营销之间的关系成为一大挑战；在内部组织层面，部门之间的协调运作差，导致企业缺乏统一协同规

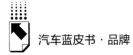
划，缺乏对于用户的洞察。

因此，传统车企的数字化转型势在必行，从传统车企存在的短板来看，汽车的数字化转型可以从以下几个角度出发：①打造围绕用户的协同化运营组织，这一组织的职责主要有三点，一是负责面向现有用户和潜在用户的全量用户运营，构建用户触点规则；二是建立用户与主机厂之间的连接渠道，保证主机厂能够及时准确地了解用户的需求；三是协调各部门之间的营销信息和资源，提升营销投入产出比。②构建面向经销商的协同赋能组织，一是负责将企业内各部门的不同政策进行统一收口再面向经销商统一政策出口，保证经销商接收到企业一致性、系统性的政策规定；二是负责建立主机厂和经销商之间的直接互动关系，从而为经销商提供及时和有针对性的指导。③建设负责数字化协作的组织，一是负责针对数字化平台进行统一治理并整体收集数字化产品的需求；二是负责数字化生态建设，调配和调度数字化资源从而更好更快速地满足需求。

总的来说，车企数字化转型就是通过数字化工具来完善内部应用，运用网络型组织，打造全栈基层战队，最大限度应对不确定性。通过高品质的产品与服务，在每一个触点为用户创造惊喜，从而为客户带来超越期待的全程体验。

3. 车企营销数字化

所谓营销数字化，简单来说就是通过系统总结用户购车过程中的数字触点，结合用户触点来构建线上线下融合的营销体系，从而更精准地捕捉客户需求，增加营销活动的投入产出比，用更低的成本来获取用户。对于车企来说营销数字化的难点主要体现在几个方面：①各企业之间的营销方式趋于同质化，大多通过线上广泛投放触达用户，线下开展活动精准触达用户，加强企业与用户之间的情感连接。但随着公域流量成本的攀升、媒介触达方式的日益碎片化以及销售线索质量的下降，企业营销投入的边际效应逐渐下滑，营销转化率逐渐降低。②虽然线上营销方式在今天已经很常见甚至已经成为部分车企主流的营销方式，但是大部分车企并没有做到通过数字赋能车企的营销策略，并没有通过前端的用户数据来指导营销投放的范围，也没有制定即时有效的营销数据监测机制，并没有真正做到数据赋能。③前面两个问题反映出来的核心在于车企对于用户需求缺乏全面精准的把握和了解。

针对以上问题，车企在营销数字化转型过程中应该注意以下几点：①对用户进行分层管理投放，营销线索质量的下降主要是因为车企投放群体不够精准和企业之间流量竞争带来的负面后果，由于传统车企和经销商对于现代营销趋势变化的感知缺乏灵敏度，在当前线上营销趋势下很容易陷入"流量为王"的传统营销观念，导致车企只注重投放规模而忽视了投放质量，从而使得投放效率低下。汽车作为高价值低频率的消费品，消费者的购买链路更长，这就需要车企采取更加精细化的运营方式，从而在用户的每个触点都能进行有效营销。因此，车企需要根据消费者购买决策链路对用户进行精细化分层，采取更加精准的投放方式。②洞察消费者需求，优化线上购车体验。当前汽车消费群体的主力军正在向年轻群体倾斜，消费者的需求偏好以及购车方式也在发生变化和升级，数字化转型需要车企基于用户的线上购车行为数据分析不同阶段消费的核心痛点和诉求；同时用户在泛内容平台以及电商消费平台的消费数据也帮助车企洞察不同消费者的需求特点。③构建用户全生命周期的数字化运营方式。营销的本质在于洞察消费者需求和占领用户心智，构建用户全生命周期的数字化运营方式必须实现从底层数据到前端应用的全面升级。从传统车企的痛点来看，可以从系统基建、数据运营、用户需求满足和用户画像构建几个方面入手，数据基建是指在部门内部构建起数据系统框架和基础设施，疏通各业务方的数据，打通数据孤岛；数据运营是指主机厂需要从用户购车生命周期出发，了解用户在各个触点的需求和痛点；用户需求满足则是指需要在了解用户痛点的基础上满足消费者的关键诉求；对于车企的策略运营来说需要在利用各个渠道的数据分析定位用户画像的基础上形成有效的运营策略。

4. 聚焦用户需求的数字化

汽车诞生和发展于工业 1.0 和 2.0 时代，因此从汽车诞生时开始，汽车企业就以标准化生产为主，中国的汽车工业是在学习国外汽车生产的基础上

发展起来的，最初也是以建立标准化的生产流程为目标。作为高价值高投入的产品，这是汽车产业发展必须经历的过程，标准化流程的建造能够更好地保证产品质量的稳定性和产品输出的效率，对于汽车前期发展是十分必要的。但是在当前消费升级、消费者需求更加多元化的情况下，以前的那种标准化运作模式很难满足不同用户的差异化、个性化需求。而在数字化趋势下，车企能够通过更加高效的方式了解用户的需求，同时还能够以用户需求为导向，利用数字化和智能化进行汽车研发生产。因此，当前以用户需求来驱动车企的数字化转型既是必然选择，也是趋势所向。上汽大通通过创新采用 C2B 智能定制模式保持行业领先地位。上汽大通 C2B 智能定制模式具有四个方面的支撑：数字化平台、智能工厂、用户驱动的组织、流程再造。广汽集团将打造最佳的产品和服务用户体验为最终目标，致力于建设"万物互联、虚实融合、数据智能"的数字化能力，具体的策略是推进产品数字化和业务数字化，通过数字化、智能化来推动产品和研发模式的创新以及业务能力的提升，从而通过以数字化为基础的智能化、科技化产品和服务来提升用户体验。

四　数字化趋势下汽车企业如何做好品牌建设

数字化趋势下汽车品牌建设仍然要以基本的路径为主线，结合数字化趋势的特点分阶段发力。

1. 品牌定位

汽车企业的核心竞争力体现在人工智能的研发技术上，与汽车外观与基础零件的好坏无关。除此之外，还有要素品牌、生态品牌等新的品牌定义方法，生态品牌是万物互联的最好体现，强调车企要注重与用户、合作伙伴以及供应商之间的共创合作。对于车企来说，对品牌进行定位，不仅要立足当前，还要放眼未来，品牌的定位体现了车企的战略高度和长期规划，品牌定位应该引领车企的走向而不是跟随潮流亦趋亦步。因此在当前汽车数字化大变革背景之下，车企要做好品牌建设，首先需要分析当前数字化发展趋势和自身特点和优势，思考清楚自己的目标市场，要做什么样的品牌，然后再树立一个定位于目标市场和用户的品牌形象。例如小鹏汽车，进入市场的初期就立志要做"更懂中国的智能汽车"，专注于打造强自动驾驶和智能网联的核心差异化优势，打造覆盖大出行领域价值链的生态系统，"智能"就是小鹏汽车基于数字化时代为自己打造的品牌形象。

2. 品牌塑造和传播

品牌塑造的过程就是丰富品牌形象的内涵并让用户建立起相关联想的过程，品牌传播是品牌塑造的方法和手段，就是通过恰当的途径、内容和方式将品牌的形象和内涵传播给消费者。

在当前数字化趋势下，汽车企业的品牌塑造也面临变化，但是具体到品牌塑造的不同阶段，企业的品牌策略应该有所不同。在品牌塑造的前期阶段，也就是丰富品牌形象内涵的过程，这个过程的底层逻辑是不变的，需要通过与定位相关的文案、口号、品牌故事以及产品本身去丰富品牌形象内涵，例如比亚迪想要塑造的是"科技自信、品质自信、中国自信"的形象，并通过各个方面去充实这种形象，例如王朝系列车型的名称和 logo 都是中文，体现了比亚迪想要讲好中国品牌故事的形象，从产品本身来看，比亚迪的刀片电池，DM-i 超级混动、IGBT、e 平台等都体现了科技自信的形象。因此在数字化时代下，车企要想塑造好自身的品牌形象，首先仍然需要通过相关组件丰富与形象一致的内容。

但是从品牌塑造的方法来看，数字化时代下汽车品牌传播则需要变化。数字化时代，消费者接触汽车信息的线上渠道和内容异常丰富，加上疫情的影响，线下经销商的运营受到了巨大的冲击，传统车企的经销商运营模式显示出弊端，面临获客困难、潜在用户转化率低、营销投入产出比低等问题，据统计 2021 年只有 29.4% 的经销商完成了全年的销售目标。

车企必须加快营销数字化转型以应对传统经销商营销的不足。从品牌传播的角度来看，数字化转型的重点主要有几点：①技术创新，数字化一个显著的特点就是技术的创新，包括利用 AI 智能、AR、VR、大数据等技术让品牌传播的内容更高效直观地触达用户，例如消费者通过 AR、VR 技术观

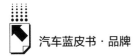

看汽车，既可以方便消费者通过线上的方式了解汽车产品的细节，提高效率，同时又在很大程度上弥补了线上体验的不足。②内容创新，数字化时代也是一个信息爆炸的时代，品牌传播想要提高效率必须抓住消费者注意力，因此必须在传播内容上进行创新，结合传播人群的特点，选择他们感兴趣的内容和形式进行传播。③平台联动，数字化时代下各行各业都开始搭建线上平台，包括移动支付、电商、直播、短视频、线上社交等，品牌在传播的过程中，需要整合多方渠道，大平台的受众多、传播范围广，细分平台的人群定位则更加精准，车企在进行品牌传播时要根据传播需求结合不同平台的特点灵活选择推广渠道。

3. 品牌维护

在数字经济环境下，由于信息和数据传播的广延性、及时性以及跨界性，与品牌相关的某一个事件不仅可以瞬间使一个品牌爆红，进而给企业带来良好的收益；也可能瞬间使一个品牌跌落神坛，在企业措手不及时就已经导致品牌的消亡了。因此，在数字经济环境下，全面系统地建设应急管理系统，培养舆情处理能力，合理应对各种品牌事件，对维护品牌形象和口碑具有重要价值和战略意义。在看待品牌价值与应对品牌事件时，社会各界中企业关联方的各种决策行为（消费、投资、扶持等）也会体现出重要的作用和价值。

参考文献

王大庆：《数字技术赋能智慧轨道交通》，《质量与标准化》2021年第6期。

郑鑫、曾巍巍：《未来汽车工厂与智能物流》，《物流技术与应用》2018年第11期。

李宠一：《基于目标与实施路径的石化工程企业数字化转型思考》，《当代石油石化》2021年第5期。

王伟：《紧抓非对称管制契机　以融合业务铸造广电发展新优势》，《通信世界》2011年第31期。

B.10
中国民族汽车品牌发展政策趋势分析及建议

朱一方　王金明*

摘　要： 我国汽车产业已进入由大变强的关键阶段。民族汽车品牌作为我国汽车强国建设的重要内容，如何实现其健康、有序、高质量发展一直是我国政府、各界专家学者、企业家不断探索的重要问题。实践证明，制定实施系统、合理的产业政策对推动民族汽车品牌发展影响巨大。本文对民族汽车品牌相关政策出台现状及其面临的问题与挑战进行了分析，并提出了未来应重点围绕产业协同发展、法制化体系建设、产业链短板攻关突破、优化投资准入管理、加大企业海外保护力度、强化民族品牌理论研究等方面持续优化政策供给，为民族汽车品牌进一步发展提供助力。

关键词： 民族汽车品牌　汽车产业政策　科技创新

汽车产品价值一般包括实际价值及虚拟价值，实际价值通常是有限的、确定的，虚拟价值则可以是无限的、不确定的。其中，虚拟价值的主要载体为产品品牌，重点体现在品牌知名度、美誉度等方面。打造汽车品牌与汽车产业发展相辅相成，意义重大。全球汽车发达国家和地区经过多年发展，均

---

* 朱一方，中国汽车技术研究中心有限公司中国汽车战略与政策研究中心汽车产业政策研究室副主任，高级工程师，主要从事汽车产业综合性政策研究；王金明，中国汽车技术研究中心有限公司中国汽车战略与政策研究中心高级研究员，工程师，主要从事汽车投资与准入、产业发展等政策研究。

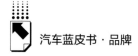

已拥有较为成熟的汽车品牌。于我国而言，经过多年发展，民族汽车企业产品在品质、竞争力方面提升明显，并已开始与国外品牌正面交锋，加强民族汽车品牌建设正当其时。面向未来，通过科学、合理的政策工具，持续推动民族汽车品牌高质量发展意义重大。

一 相关政策现状

我国汽车产业发展迅速，在取得发展成绩的同时，也面临一系列新形势、新问题。尤其民族汽车品牌发展方面，近年来在取得显著发展成效的同时，也面临着技术快速发展以及更加激烈的市场竞争等压力。我国政府根据汽车行业，尤其是民族汽车品牌发展特点，先后出台多部政策进行鼓励、引导、规范，为后者的发展壮大提供了有力支持。

（一）出台顶层设计，谋篇布局，加速创新推动

长期以来，我国政府高度重视民族汽车品牌发展。作为国家汽车产业发展的重要核心力量，民族汽车品牌在历年来出台的多部重要汽车产业发展顶层设计文件中均有涉及，且期望甚高，目标远大，为民族汽车品牌发展，尤其在电动化、智能化创新方面指明了方向。

整体产业发展方面，2004年，国家发展改革委出台了《汽车产业发展政策》，激励汽车生产企业积极开发具有自主知识产权的产品，实施品牌经营战略，在一定时间内形成部分驰名汽车产品品牌。2017年，工信部、国家发展改革委、科技部联合出台的《汽车产业中长期发展规划》则提出了"力争经过十年持续努力，迈入世界汽车强国行列"的长期发展目标，其中要重点实现中国品牌汽车产品品质明显提高，品牌认可度、产品美誉度及国际影响力显著提升，形成具有较强国际竞争力的企业和品牌，在全球产业分工和价值链中的地位明显提升；到2025年，若干中国品牌汽车企业产销量进入世界前十。

电动化方面，2020年工信部发布的《新能源汽车产业发展规划

（2021—2035 年）》则从产品质量角度出发，引导企业强化品牌发展战略，以提升质量和服务水平为重点加强品牌建设。争取通过 15 年持续努力，使我国新能源汽车核心技术达到国际先进水平，质量品牌具备较强国际竞争力。

智能化网联化发展方面，2020 年，国家发展改革委等十一部门联合发布了《智能汽车创新发展战略》，提出到 2025 年，中国标准智能汽车的技术创新、产业生态、基础设施、法规标准、产品监管和网络安全体系基本形成；展望 2035～2050 年，中国标准智能汽车体系全面建成、更加完善，安全、高效、绿色、文明的智能汽车强国愿景逐步实现，智能汽车充分满足人民日益增长的美好生活需要。

（二）重视强链补链，解决产业链空心化问题，夯实发展基础

汽车产业链、供应链是民族汽车品牌发展的根基所在。管理部门高度重视汽车产业链建设工作，通过出台多部政策文件，大力培育民族汽车零部件企业，夯实产业发展基础。

制造能力方面，2021 年 6 月，工信部等六部门联合发布了《关于加快培育发展制造业优质企业的指导意见》，明确加快培育发展制造业优质企业是激发市场主体活力、推动制造业高质量发展的必然要求，是防范化解风险隐患、提升产业链供应链自主可控能力的迫切需要。在该政策中，还提出了要加大技术改造力度，加强质量品牌建设，提高中高端供给能力。

产业结构方面，2019 年，国家发展改革委发布了《产业结构调整指导目录（2019 年本）》，在持续鼓励发展传统关键零部件的基础上，强化了汽车低碳化、电动化、智能化领域相关内容，进一步完善汽车产业链完整性，推动提升产业基础能力和产业链建设水平。2021 年，财政部、工信部等六部门联合出台了《国家支持发展的重大技术装备和产品目录（2021 年修订）》，鼓励集成电路关键设备、电子元器件生产设备、大功率柴油发动机等零部件生产关键装备产品发展；同年，工信部发布了《"十四五"软件和信息技术服务业发展规划》，围绕软件产业链加速"补短板、锻长板、优服务"，提出聚力攻坚基础软件、重点突破工业软件、积极培育嵌入式软件等

工作目标，满足国内新能源和智能网联汽车等重点领域需求。

关键零部件能力建设方面，随着全球汽车芯片短缺问题的蔓延，我国自主芯片制造短板受到管理部门高度重视。2021 年 1 月，工信部印发了《基础电子元器件产业发展行动计划（2021-2023 年）》，提出加快电子元器件及配套材料和设备仪器等基础电子产业发展，增强关键材料、设备仪器等供应链保障能力，提升产业链供应链现代化水平。通过把握传统汽车向电动化、智能化、网联化的新能源汽车和智能网联汽车转型的市场机遇，重点推动车规级传感器、电容器（含超级电容器）、电阻器、频率元器件、连接器与线缆组件、微特电机、控制继电器、新型化学和物理电池等电子元器件应用，为民族汽车品牌发展奠定坚实基础。

（三）不断加大对外开放力度，鼓励竞争，加速产业转型升级

当前阶段，汽车产业全球化进程不断加深，我国汽车产业对外开放步伐持续加快。1994 年，我国在《汽车工业产业政策》中首次提出对外商投资汽车（含专用车）、摩托车实行股比和家数限制，对外商投资发动机实施股比限制，外资进入受到一定限制；2004 年，《汽车产业发展政策》提出，取消外商投资车用发动机企业的股比限制；2015 年，《外商投资产业指导目录（2015 年修订）》取消了汽车嵌入式电子集成系统和摩托车电控燃油喷射技术的股比限制；2017 年，《外商投资产业指导目录（2017 年修订）》取消汽车电子、新能源汽车电池等关键零部件领域的股比限制。至此，零部件领域实现了全面开放。同时，还取消了纯电动汽车领域的家数限制；2018 年，《外商投资准入特别管理措施（负面清单）（2018 年版）》取消了专用车、新能源汽车外资股比和家数限制，并明确了 2020 年取消商用车外资股比限制、2022 年取消乘用车外资股比限制及合资企业不超过两家的限制。随后，相关限制在 2020 年、2022 年均陆续取消，实现了全面对外开放。对外开放程度的加深，意味着更多市场主体可进入国内市场。未来，民族品牌与外资品牌、民族品牌与民族品牌之间的竞争将更加激烈，在市场优胜劣汰机制下，真正优秀的民族汽车品牌将进一步发展壮大。

（四）鼓励走出国门，参与国际市场竞争，持续扩大民族汽车品牌全球影响力

汽车是国内外两个市场实现双循环的重要商品，也是进一步联通国内外循环、扩大民族品牌国际影响力与竞争力的载体产业之一。管理部门为全面构建国内国际双循环相互促进的现代汽车流通发展格局，加快形成全链条、全生命周期的汽车流通市场，切实提升民族汽车产业竞争力，扩大民族汽车品牌全球影响力，出台了多部政策鼓励、推动民族汽车企业加快海外布局发展及相关产品出口。

2017 年 4 月，工信部、国家发展改革委、科技部印发了《汽车产业中长期发展规划》，目标到 2025 年，实现中国品牌汽车在全球影响力的进一步提升。提出了"海外发展工程"，鼓励重点企业深化国际合作，在重点国家布局汽车产业园和开展国际产能合作，推动中国品牌商用车与国际工程项目"协同出海"。引导组建汽车产业对外合作联盟，提升汽车企业海外发展服务能力。同时，支持中国进出口银行在业务范围内加大对汽车企业"走出去"的服务力度。

2019 年，《中共中央　国务院关于推进贸易高质量发展的指导意见》发布，重点提出加快品牌培育相关内容。具体来看，该政策提出要着力加强商标、专利等知识产权保护和打击假冒伪劣工作，鼓励企业开展商标和专利境外注册；强化品牌研究、品牌设计、品牌定位和品牌交流，完善品牌管理体系；加强商标、地理标志品牌建设，提升民族品牌影响力等具体举措，对于民族汽车品牌走出国门提升全球影响力影响巨大。2020 年，国务院发布了《关于推进对外贸易创新发展的实施意见》，提出鼓励企业加强研发、品牌培育、渠道建设，增强关键技术、核心零部件生产和供给能力，在有条件的地区、行业和企业建立品牌推广中心，鼓励形成区域性、行业性品牌，重点推动包含汽车在内的行业品牌企业建设国际营销服务网点等发展意见，对民族汽车品牌创新发展模式、优化贸易方式、推进国际营销体系建设起到了引导作用。

支持企业海外布局方面，2017年4月，工信部、国家发展改革委、科技部联合出台的《汽车产业中长期发展规划》中明确提出，"鼓励优势企业牢固树立国际化发展理念，统筹利用两种资源、两个市场，积极进行海外布局，加快融入全球市场"。《新能源汽车产业发展规划（2021－2035年）》中也提出，要加快融入全球价值链，引导企业制定国际化发展战略，不断提高国际竞争能力，加大国际市场开拓力度，推动产业合作由生产制造环节向技术研发、市场营销等全链条延伸。

（五）加强统筹布局，深化央地协同，进一步支持民族汽车品牌发展

汽车产业规模大、关联性强，对地方经济发展影响巨大。近年来，管理部门坚持全国一盘棋，按照"区域集聚、主体集中"原则，着力优化产业布局。各地政府参照上述原则，陆续研究制定出台了引导、规范地方汽车产业发展的相关文件，在推动区域汽车产业发展的同时，对民族汽车品牌发展提供了较大力度的支持。

鼓励企业并购合作方面，2020年9月，广州市印发了《广州市人民政府办公厅关于促进汽车产业加快发展的意见》，支持整车制造企业和国内外知名企业实施整合、并购和战略合作，打造世界知名汽车品牌；鼓励民族汽车品牌整车制造企业和零部件企业开展商标国际注册、收购国际品牌，推进品牌国际化。

引导品牌发展建设方面，2021年10月，吉林省发布了《吉林省人民政府办公厅关于打造吉林区域品牌推动高质量发展的实施意见》，坚持企业主体、政府引导的基本原则，以品牌向上为引领，支持民族汽车品牌做大做强。同时，加快新能源与智能网联布局和车型完善，构筑清晰的品牌价值体系，支持民族汽车品牌打造成为世界知名汽车品牌，持续提升企业品牌形象和国际影响力。

产品升级方面，2022年3月，重庆市印发了《重庆市战略性新兴产业发展"十四五"规划（2021—2025年）》，积极应对低端汽车市场需求饱和问题，加快产品供给侧改革，推动产品向价值链中高端发展。支持企业加

快实施高端品牌和高端产品计划，推出更多高端产品，增强民族汽车品牌影响力。

优化产业布局方面，2021 年以来，为推动民族新能源汽车产业加快发展壮大，全面提升质量和品牌水平，国家发展改革委在尊重市场规律的基础上，依法依规开展了汽车产业投资窗口指导，强化统筹谋划，优化产业布局，为民族品牌新能源汽车产业发展创造了新环境、注入了新动能。具体来看，一是按照主体集中、区域集聚的原则，重点在长三角、珠三角、京津冀、成渝等基础好、产能利用充分的区域打造具有国际竞争力的产业集群；二是鼓励引导重点地区制定产业发展规划，依托现有产能发展新能源汽车，确保项目建设规范有序，要求整车企业突出重点布局，依托现有生产基地集聚发展，现有基地达到合理规模之前，不再新增产能布点；三是严格执行投资管理有关规定，加强新能源汽车违规项目清理整治，依法依规查处未批先建、批零建整、边批边建等违规行为；四是规范整车企业兼并重组，大力推动落后企业和无效产能退出。

（六）加强企业及产品监管，支持民族品牌发展成长

近年来，国内汽车产业优胜劣汰与资源重组加速，新理念、新技术、新模式不断涌现，大量新兴市场主体开始进入汽车行业，对国内汽车行业管理提出了更高要求，相关管理政策也长期处于持续的进化迭代当中。

投资项目管理方面，2018 年 12 月，国家发展改革委出台了《汽车产业投资管理规定》（发改委 22 号令），在以往投资项目管理的基础上，系统完善了汽车产业投资项目准入标准，进一步加强事中事后监管，规范市场主体投资行为，引导社会资本合理投向，对民族品牌汽车产业健康有序发展起到了至关重要的作用。在新建独立纯电动汽车企业投资项目管理方面，更是重点提出了品牌相关管理要求，明确项目建成后"只生产自有注册商标和品牌的纯电动汽车产品"。

企业及产品准入管理方面，2018 年 12 月，工信部出台了《道路机动车辆生产企业及产品准入管理办法》，系统规范了汽车生产企业及产品准入管

理，建立和完善了以随机抽查为重点的日常监督检查制度，对提升民族品牌汽车企业能力及相关产品质量水平起到重要作用，有效维护了公民生命、财产安全和公共安全。2021年8月，为加强国内智能网联汽车生产企业及产品准入管理，促进智能网联汽车产业健康可持续发展，工信部出台了《关于加强智能网联汽车生产企业及产品准入管理的意见》，明确汽车数据安全、网络安全、软件升级、功能安全和预期功能安全管理方向，在保证产品质量和生产一致性，压实企业主体责任，维护公民生命、财产安全和公共安全的基础上，为民族汽车企业发展智能网联业务提供了发展指引，影响深远。

二 面临的问题与挑战

总体来看，我国民族汽车品牌在历年产业政策的指导下，取得了一定发展成绩。但从民族汽车品牌自身发展实际来看，依然存在部分关键问题有待解决，需要更大力度、更加精准、更体系化的政策工具进一步引导、规范。

（一）产业发展与治理合力尚未形成

汽车产业链条长、涉及范围广、管理部门多，长期存在发展与治理合力不足、顶层设计"落地"困难的问题。产业链条内整车企业、零部件企业、科技企业等主体仍然基本处于聚焦自身发展、各自为战的状态；管理部门则多立足法定职权实施管理，政策持续性、协同性不足，导致民族汽车企业"多头应对"，合规压力较大。同时，近年来党和国家的各项工作注重宏观综合施策，陆续提出了"制造强国""中国制造2025"等顶层战略，对民族汽车产业发展影响深远。但由于汽车产业具有自身发展的独特规律，国家级全局战略难以实现对汽车产业重点领域的覆盖并发挥精准的战术指导作用，缺少清晰、明确的实现路径，在有效集合各方力量推动民族品牌向好、向上发展方面成效略显不足。

（二）产业短板问题依然突出

长期以来，国内汽车产业对零部件的重要性认识不足。尤其在改革开放之初，由于缺乏经验，各方面更加重视整车产业发展，对核心零部件投入不足，导致我国汽车产业链供应链发展基础较为薄弱，大量关键核心部件、产品、设备依赖进口或外资企业供应。尤其近年来中美贸易摩擦、新冠肺炎疫情更加暴露了国内汽车产业链供应链的"空心化"问题，引发社会关注，涉及关键零部件（如车规级芯片）、研发生产工具（如CAD、各类仿真软件）、试验检测设备（假人等）等多个方面。我国已出台多部政策加快"补短板""锻长板"，但就目前出台的相关政策来看，综合性鼓励政策居多，部分政策鼓励支持方向与汽车产业需求存在一定偏差，对解决汽车产业链"卡脖子"问题帮助有限。如《国务院关于印发新时期促进集成电路产业和软件产业高质量发展若干政策的通知》（国发〔2020〕8号）中，针对集成电路生产企业（晶圆加工厂商）的企业所得税减免税优惠力度依据产品制造线宽工艺分档，重点支持28纳米及以下工艺，而车规级芯片线宽工艺一般为40~180纳米，可享受的企业所得税优惠力度不足，部分产品甚至无法享受税收优惠政策。

（三）法制化管理体系尚未完全建立

从世界范围看，欧美日等汽车工业强国和地区均制定了明确的法律法规对汽车产业进行监管，如《国家交通及机动车安全法》（美）、《道路运输车辆法》（日）、《道路交通法》（日）、"Regulation（EU）2018/858"（欧）等，覆盖车辆产品准入、生产一致性、缺陷召回、用车一致性监管等内容，并据此搭建了高效有力的执法体系。通过科学立法和严格执法，欧美日等在保障安全、环境、能源等社会公共利益的同时，鼓励公平竞争、优胜劣汰，为其汽车产业发展和国际竞争力提升创造了有利的制度条件。反观国内情况，目前我国已在道路交通安全、车辆营运及维修、缺陷产品召回等环节颁布了《道路交通安全法》《缺陷汽车产品召回管理条例》《道路运输管理条例》等一系列法律法规，而直接影响车辆产品安全、环保、节能性能的车辆生产环节却一直缺少专门的法律法规加以规范。由于缺乏充分有力的法律依据，主管部门监督检查手段受限、处罚威慑力不足、落后企业难以清退，企业违法成本过低，导致非法改装、油耗和排放数据造假、大吨小标等问题屡禁不止，在带来产品安全隐患的同时，对民族汽车品牌形象造成了严重影响。此外，我国汽车产业正处于市场深度调整期和技术快速变革期，面对大数据、人工智能等新技术应用不断深入，汽车产业加快向电动化、智能化、网联化方向发展，传统监管模式已开始出现不相适应的局面，加之创新鼓励体系尚未得到有效建立，政策出台以"被动应对"居多。远程升级、信息安全等新技术领域依然存在监管空白，大量企业行为游离于监管之外，亟须加强监管。

（四）产业发展秩序有待规范

近年来，汽车电动化、智能化、网联化进程加快，包括互联网科技企业和车企高管创业企业等在内的众多市场主体积极进入汽车生产领域，形成了一股造车新势力。部分地区为拉动地方经济发展，通过给予此类企业超额投资待遇实现招商引资目的，一时间新能源汽车投资热度快速上升，企业"跑马圈地"现象频发，多地项目"烂尾"，产业资源浪费。管理部门虽出台多部文件加严相关投资项目管理，但地方政府的招商引资热情却并未衰减，大量项目仍在商谈当中。同时，在市场主体积极进入汽车行业的同时，行业退出机制目前尚未有效建立，大量劣质企业长期"存活"，对民族汽车市场发展环境的优化完善造成了负面影响。此外，部分地区仍存在地方保护现象，设立各类地方"小目录"限制产品销售流通，对民族汽车企业发展也产生了一定限制作用。

（五）企业海外布局动力不足，利益保障仍面临较大挑战

目前我国民族汽车企业海外扩张仍处于起步阶段，发展经验不足，部分民族汽车企业仍未将"走出去"作为企业发展战略中的重要部分，过于专注国内市场。同时，企业海外利益面临的经济、政治、社会、法律等风险和

挑战格外复杂，相关保护能力和经验不足使得我国民族汽车企业海外利益安全保障任务异常艰巨。整体来看，一方面我国企业海外利益保护制度体系建设滞后，缺乏针对各类海外利益保护的专门立法，部分投资保护协定相关条款由于时间久远等，已无法满足民族汽车企业海外发展需求，亟待更新升级。另一方面，企业对海外市场化安保力量的利用方面也存在欠缺，对外资私营安保公司存在过分依赖情况，受后者能力、文化、政治、利益等因素影响，民族汽车企业利益能否得到有效保障仍存在风险。

（六）民族汽车品牌发展理论研究不足

长期以来，国外经济学家开展了大量品牌理论研究工作，通过与社会学、经济学、心理学等多领域学科内容进行充分融合，在理性、定量研究基础上加强了对感性、定性部分的研究，进一步完善了理论基础，取得了大量研究成果。我国汽车品牌理论研究目前则正处于发展阶段，身处全球最大的汽车消费市场，对如何科学建立、发展民族汽车品牌开展理论研究将是一项长期的系统工作。当前我国民族汽车品牌发展理论研究工作开展力度不足，专业人才匮乏，尚未形成理论指导实践的发展局面。相关品牌发展的底层逻辑和方法论研究不足、实际操作经验的匮乏直接影响了民族汽车品牌的发展建设，企业品牌建设效果尚无法获得系统、科学的评价。

三　未来政策制定建议

（一）总体思路

基于我国民族汽车产业发展现状及问题，坚持稳中求进工作总基调，按照立足新发展阶段、贯彻新发展理念、构建新发展格局、推动高质量发展的要求，进一步创新民族汽车品牌发展思路，构建促进产业发展的长效机制，推动民族汽车品牌"由质到量"的全面提升。

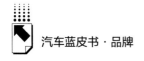
（二）具体建议

1. 强化汽车产业协同发展机制

从国务院层面出台汽车产业发展指导文件，系统拉动形成国内汽车产业管理与行业发展合力，支撑汽车产业高质量发展，支持民族汽车品牌做大做强。管理层面，应充分把握全局，统筹规划，结合各部门职责明确责任分工，加强管理协同，系统提升我国汽车产业治理水平。行业层面，应牢固把握发展民族汽车品牌的核心主题，提升政策精准性有效性，聚焦解决制约民族汽车品牌发展的体制机制问题，具体应涵盖支持创新驱动、促进质量提升、完善法律体系、优化营商环境等内容。通过行政、市场、法治等综合手段，加快新能源、智能网联汽车及关键零部件、装备制造产业协同发展，推动产业结构升级，更好满足消费者不断升级的出行需求。

2. 系统建立汽车法制化管理体系

应加快建立科学完善的汽车管理法律法规体系，理顺管理体制，为政府开展汽车全生命周期依法监管提供制度基础，将汽车管理融入社会管理体系，实现与安全、环境、能源、交通等相关领域管理制度的有效衔接，保障社会公共利益，支撑民族汽车品牌高质量发展。同时，结合产业快速发展新形势，注重创新鼓励，为民族汽车产业发展留出通道，实现产业创新与监管创新的互融互促。具体来看，法律层面应覆盖车辆全生命周期，明确国家对汽车产业管理的总体原则，理顺上下游各环节关系，搭建创新鼓励制度基础，做好监管授权，突出原则性。行政法规层面可在汽车管理各主要环节或关键领域出台多部行政法规，设定更细致明确的执法程序，突出针对性。部门规章层面，有关部门可依据法律法规授权，制定管理细则，细化管理要求，突出可操作性。

3. 全力推动卡脖子技术攻关突破

组织行业力量，包括专业技术机构、相关企业、大专院校等，系统梳理汽车产业"卡脖子"关键环节，包括关键零部件、基础材料、软件系统等领域，明确核心问题。对于汽车产业内部相关问题，出台相关专项政策，结合国家重点专项、工业强基工程等平台渠道，组织行业力量，聚焦关键环节、关键领域、关键产品的短板弱项，构建产业技术短板攻坚机制，统筹考虑、科学部署，着力解决"卡脖子"问题。针对国内已实现技术突破、具备创新基础和能力、尚未实现规模化应用的重点领域，鼓励开展规模化应用，建立可复制、易推广的应用模式，进一步巩固产业链基础。此外，还应加快建立国内关键零部件标准体系和认证测试能力，在新技术、标准、法规体系的形成过程中加强话语权，形成主导能力，推动关键核心零部件在设计、生产、测试等方面能力提升。对于汽车行业外部问题，明确问题短板，推动、支持关键问题所属领域制定"卡脖子"问题解决方案并落地实施，并在过程中充分反馈汽车产业在该领域所面临的主要问题。

4. 进一步优化投资与准入管理

《中共中央关于制定国民经济和社会发展第十四个五年规划和二〇三五年远景目标的建议》提出，要"破除妨碍生产要素市场化配置和商品服务流通的体制机制障碍，降低全社会交易成本"。建议充分考虑新兴国内市场主体发展诉求，快速回应，主动作为，为新势力企业有序进入汽车制造业提供合规路径，在规范竞争的基础上进一步促进良性竞争，可考虑放开新能源汽车公告内企业间代工、允许新势力企业与整车企业开展商标授权生产合作等方案。相关方案应符合产业政策导向，以推动民族品牌汽车产业高质量发展为核心，扶优扶强，杜绝落后企业"滥竽充数"和僵尸企业"借尸还魂"；应充分衔接现有政策，在满足相关条件后依然需要按照投资及准入管理要求办理有关手续；应保护消费者合法权益，合作生产的产品质量安全应得到保障，要求企业履行主体责任，对应开展的事中事后监管也应进一步加强。同时，搭建落后企业退出通道，简化企业退出流程，推动市场资源重组，提升市场主体活力。

5. 加大民族汽车企业海外发展利益保护力度

《中共中央关于制定国民经济和社会发展第十四个五年规划和二〇三五年远景目标的建议》强调，要"健全促进和保障境外投资的法律、政策和服务体系，坚定维护中国企业海外合法权益，实现高水平走出去"，并将构建海外利益保护和风险预警防范体系作为统筹发展和安全、确保国家经济安全的重要内容之一，这为我国"十四五"乃至更长时期推进和加强民族汽车企业海外利益保护提供了根本指引。未来，应系统完善我国企业海外利益保护相关政策法规，加强外交、商务、情报、安全和军队等相关部门间的内部协同，完善预警机制，积极吸纳社会力量参与到民族汽车企业海外利益保护当中，为民族汽车企业海外业务提供强有力的发展保障。

6. 强化民族汽车品牌发展理论研究

加大民族汽车品牌发展理论研究工作支持力度，理清理论逻辑基础，支撑相关政策出台。发动行业机构、整车及零部件企业、科技互联网公司、大专院校等形成联合研究团体，结合消费社会演变和市场环境，从市场、形象、信仰三个维度开展品牌力的测量，确立品牌向上体系和模型，构建仿真生态，推进民族汽车品牌理论研究进一步深化，在产业转型升级与高质量发展中发挥重要作用。同时，逐步组建专业学术队伍，培养专门人才，建立民族汽车品牌发展研究学科，帮助企业加深对品牌内涵的理解，提升品牌管理、运作的科学性，切实提升民族汽车品牌的建设实效。

参考文献

袁丁毅：《自媒体时代民族汽车品牌传播策略研究》，《世界汽车》2021 年第 12 期。

祁晓玲：《市场重构民族汽车品牌如何实现突围？》，《中国工业报》2021 年 12 月 31 日。

《"民族汽车品牌向上计划"正式启动》，《世界汽车》2021 年第 5 期。

张诗滢：《从知名民族汽车品牌转向市场知名品牌》，吉林大学硕士学位论文，2019。

伊双清、王更新：《我国民族汽车工业发展路径分析》，《价值工程》2018 年第 8 期。

李向聪：《中国民族汽车高端品牌的营销出路》，《汽车工业研究》2011 年第 11 期。

王青、白丽、李庆雨：《加快我国民族汽车品牌国际化进程的对策》，《中国经贸导刊》2012 年第 11 期。

潘勇：《加强知识产权联合保护　培育民族汽车自主品牌》，《安徽科技》2009 年第 9 期。

姜晨：《我国民族汽车工业国际化道路发展战略选择》，《北方经济》2008 年第 16 期。

杨靖、刘汉如：《发展民族汽车工业需要自主品牌》，《科技日报》2005 年 8 月 10 日。

B.11
中国民族汽车品牌技术发展趋势
分析与建议

李向荣　周博雅　张诗建　孙　锌*

摘　要： 随着汽车产业技术发展和用户消费水平升级，民族汽车品牌销量和影响力迅速提升。本报告首先基于行业第三方测评（C-NCAP、CCRT）结果，重点介绍了2018~2021年四年来汽车产品总体性能水平以及安全、节能、智能、健康四个重点性能的发展趋势。其次，对市场认可度较高的民族汽车品牌亮点技术进行了详细的介绍。最后，基于汽车行业发展趋势，从汽车安全、智能、低温性能、全生命周期碳排放四个方面对民族汽车品牌提出了发展建议。

关键词： 民族汽车品牌　C-NCAP　CCRT　全生命周期

一　汽车行业技术发展趋势

（一）汽车综合性能变化趋势

为表征车辆的综合性能，中国汽车技术研究中心有限公司（以下简称

---

* 李向荣，中国汽车技术研究中心有限公司汽车测评管理中心副主任，高级工程师，主要研究领域为汽车安全性能测试评价等；周博雅，环境工程博士，中国汽车技术研究中心有限公司汽车测评管理中心综合协调部部长，高级工程师，主要研究领域为汽车性能测试评价等；张诗建，中国汽车技术研究中心有限公司汽车测评管理中心主管，工程师，主要研究领域为汽车性能测试评价等；孙锌，博士，中国汽车技术研究中心有限公司中汽数据有限公司研发专家，高级工程师，主要研究领域为生命周期评价、碳排放标准政策及资源效率分析等。

"中汽中心") 于 2018 年发布了中国汽车消费者研究评价 CCRT（2018 版）规程，为消费者选车购车提供权威参考。CCRT（2018 版）的评价体系包含 6 个二级指标、21 个三级指标，能够较为客观、完整地为消费者展示测试车辆在各个方面的性能，并提供富有建设性的购车建议。具体评价体系结构如图 1 所示。

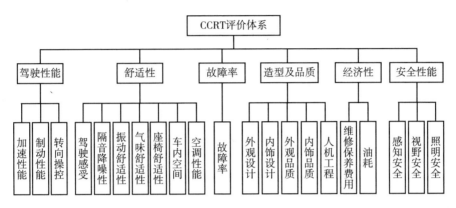

图 1　CCRT（2018 版）评价体系结构

中汽中心依据 CCRT（2018 版）对 84 款热门车型进行测评，图 2、图 3 分别展示了车型系别分布、售价区间情况。

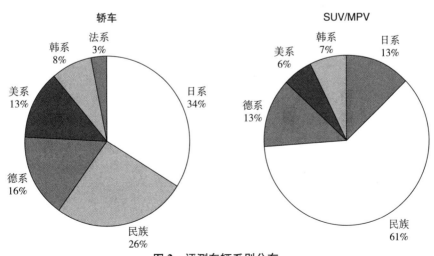

图 2　评测车辆系别分布

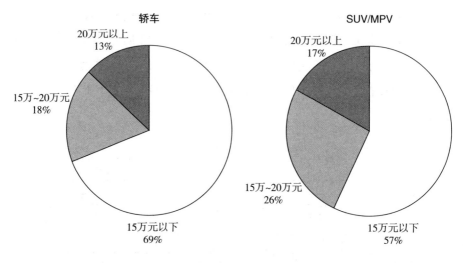

图3　评测车辆价格区间分布

CCRT（2018版）评测总得分由六个指标依据相应权重计算得出，各指标的权重如图4所示。

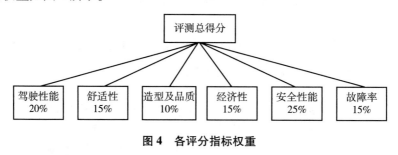

图4　各评分指标权重

图5以箱型图展示了各评分指标得分的分布情况，箱型图上下限由得分差异所决定，上下限之间距离越长，说明得分差异越大，箱体长度越长，说明数据分布越分散。综合图5，驾驶性能、经济性、安全性能三个方面的得分较为分散，即各个车型间得分有较大差异，且驾驶性能中出现了较多异常值，即个别车型的得分低于平均水平。舒适性、造型及品质、故障率三方面的箱体长度较小，即被测车辆得分较为集中，没有过大的表现差异。

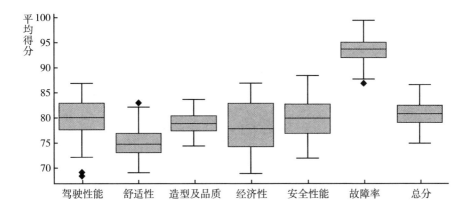

图5 各评分指标得分分布

截至2021年底，中汽中心共测评了84款热门车型，覆盖各个系别与售价区间。84款热门车型的平均得分为80.8分，其中，轿车38辆，平均得分81.0分，得分高于平均线的有18辆，占比47%；SUV/MPV共46辆，平均得分80.7分，得分高于平均线的有21辆，占比46%，各车型的得分如图6所示。

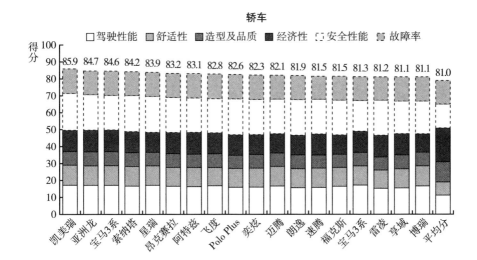

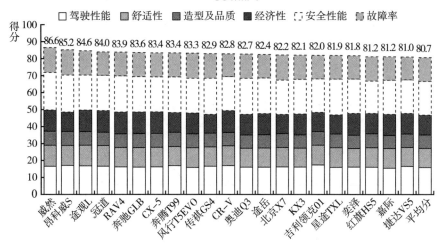

图6 各车型评测总分

车辆型系是消费者购买车辆时考虑的一个关键因素，往往影响着消费者最终的购车选择。不同的车辆型系因各自持有的专利技术、设计方案、市场政策的不同，形成了各自的技术偏好与倾向。在84款被测车型中，包含了多数主流型系，在为消费者提供购车指导的同时，也进一步展示了不同型系的特点与倾向。

图7分别展示了轿车与SUV/MPV不同车辆型系CCRT（2018版）平均得分情况。在轿车中，德系、日系得分均超过了平均水平，平均得分分别为82.3分、81.6分，韩系、民族汽车、美系三个型系平均水平相近，分别为80.7分、80.3分、79.9分。法系平均得分为78.2分，与平均水平有较大差距。

在SUV/MPV品类中，德系、日系、美系得分均超过了平均水平，平均得分为83.5分、82.6分、81.5分，韩系品牌与民族汽车品牌平均得分相近，分别为80.1分、79.7分。综合来看，德系、日系品牌得益于其工业基础、技术专利等优势，在轿车、SUV/MPV领域均取得了较高得分，美系品牌在SUV/MPV领域得分更高，民族汽车品牌经历了近

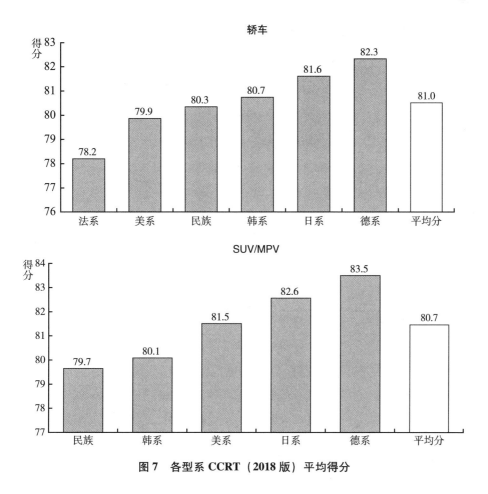

图 7　各型系 CCRT（2018 版）平均得分

几年的发展，在轿车与 SUV/MPV 两个领域均与韩系品牌获得了相近的得分。

民族汽车品牌近年来一直受到了国内消费者的重视，销量迎来大幅增长的同时，也面临着消费者更高的需求。CCRT（2018 版）测评中包含了各大主流民族汽车品牌，如长城、哈弗、奇瑞、比亚迪等。如图 8 所示，民族汽车品牌的得分与总体差距不大，在现行测评规则下逐年升高，于 2020 年得分超过了 80 分。轿车方面，2018 年总平均分为 79.5 分，仅次于德系、日系。经过几年的技术迭代与积累，2021 年民族汽车品牌总平均分达到了83.9 分，超过了总体平均分，位于第二。在 SUV/MPV 车型中，2018 年民族汽车品牌总平均分为 78.6 分，低于总体水平的 80.0 分，2021 年则达到了 82.9 分，略高于总体水平。综合来看，民族汽车品牌的产品力逐年提升，在各方面都取得较大进步的同时保持着强劲的上升趋势。

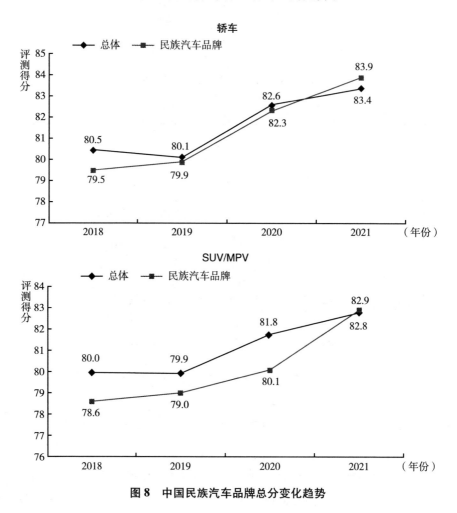

图 8 中国民族汽车品牌总分变化趋势

（二）整体安全（C-NCAP 2018~2021年成绩趋势）

自 2018 年 7 月 1 日《C-NCAP 管理规则（2018 年版）》正式实施以来，共计完成 102 款车型的测评，其中包含民族汽车品牌 60 款，合资品牌

41 款，进口车 1 款。

从测试车辆的价格维度分析，C-NCAP 测试车型基本覆盖了 8 万~57 万元的价格范围，最低车辆指导价为 8.68 万元，最高车辆指导价为 57 万元，具体分布见图 9。

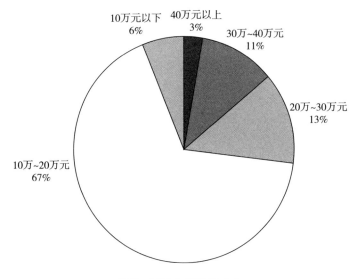

图 9　测试车辆价格分布

汽车销量数据显示，10~30 万元是汽车消费者最为关注的价格区间，C-NCAP（2018 年版）测试的 102 款车型中 82 款指导价格处于本区间内，占比 80.4%，所有测试车型的平均价格为 18.98 万元。

考虑到不同类型汽车对应的目标消费群体的需求和使用场景的差异，为使评价结果对消费者选车、购车更具指导意义，C-NCAP 将测试车型分为 7 个细分类型，具体划分标准如下。

小型轿车：车长小于等于 4400mm 或轴距小于等于 2600mm 的三厢轿车，车长小于等于 4250mm 或轴距小于等于 2600mm 的两厢轿车。

紧凑型轿车：车长大于 4400mm 且小于等于 4700mm 或轴距大于2600mm 且小于等于 2700mm 的三厢轿车，车长大于 4250mm 且小于等于 4550mm 或轴距大于 2600mm 且小于等于 2700mm 的两厢轿车。

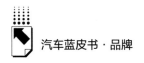

中大型轿车：车长大于 4700mm 或轴距大于 2700mm 的三厢轿车，车长大于 4550mm 或轴距大于 2700mm 的两厢轿车。

小型 SUV：车长小于等于 4400mm 或轴距小于等于 2600mm 的 SUV。

紧凑型 SUV：车长大于 4400mm 且小于等于 4700mm 或轴距大于 2600mm 且小于等于 2700mm 的 SUV。

中大型 SUV：车长大于 4700mm 或轴距大于 2700mm 的 SUV。

MPV：所有 MPV。

依照上述划分标准，C-NCAP（2018 年版）完成测评的 102 款车型包括 2 款小型轿车，19 款紧凑型轿车，18 款中大型轿车，6 款小型 SUV，25 款紧凑型 SUV，28 款中大型 SUV 以及 4 款 MPV（见表 1）。

表 1　被测车辆车型分布

单位：款

车辆类型	小型轿车	紧凑型轿车	中大型轿车	小型SUV	紧凑型SUV	中大型SUV	MPV
款数	2	19	18	6	25	28	4

其中民族汽车品牌 60 辆，日系品牌 15 辆，德系品牌 14 辆，美系品牌 8 辆，韩系品牌 4 辆，法系品牌 1 辆。各国别车型的占比情况如图 10 所示。

C-NCAP（2018 年版）完成测评的 102 款车型中有 8 款得到了 5 星+级评价，75 款得到了 5 星级评价，11 款获得了 4 星级评价，1 款获得 3 星级评价，7 款车型获得 2 星评价（见图 11）。

综合测评成绩显示，102 款车型的评价结果差异明显，表现优异的车型能够得到 90% 以上的得分率，个别车型综合得分率甚至达到了 95% 以上。安全性能欠佳的车型中，1 款综合得分率处于 60%～70%，6 款车型的综合得分率不足 60%。

在《C-NCAP 管理规则（2018 年版）》实施的四年中，国内汽车平均安全水平逐年提升，平均综合得分率由 2018 年的 75.91% 上升到 2021 年的 89.05%（见图 12）。

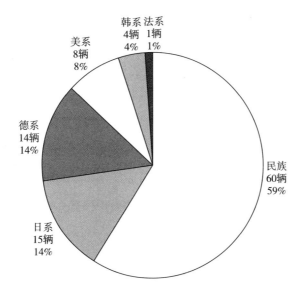

图 10　被测车辆国别分布

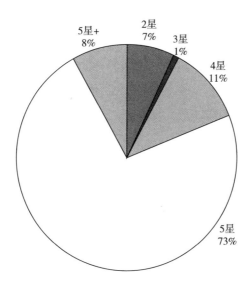

图 11　2018～2021 年 102 款车型星级分布

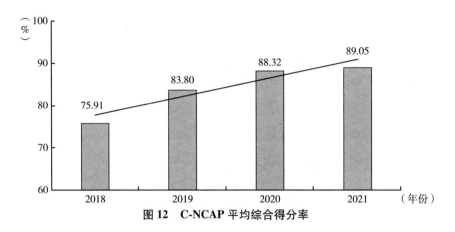

图 12 C-NCAP 平均综合得分率

1. 安全汽车

（1）乘员安全

乘员保护性能方面，C-NCAP（2018 年版）完成测评的 102 款车型中，有 15 款车型表现优异，乘员保护得分率均在 95% 以上；46 款车型乘员保护得分率在 90%～95% 区间，占比 45.1%；23 款车型乘员保护得分率处于 85%～90% 区间，10 款车型乘员保护得分率处于 80%～85% 区间，8 款车型乘员保护得分率处于 80% 以下，最低乘员保护得分率处于 60% 以下（见图 13）。

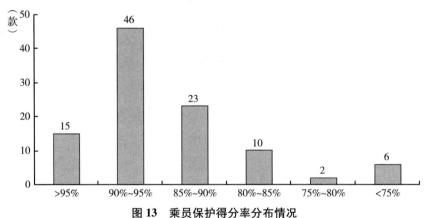

图 13 乘员保护得分率分布情况

总体来看，在乘员保护方面总体表现良好，个别车型被动安全水平还有待提升。

①正面100%重叠刚性壁障碰撞试验结果。

C-NCAP（2018年版）完成测评的102款车型的正面碰撞平均得分率为88.38%。其中前排假人头部、颈部以及大腿部位平均得分率较高，均处于97%以上，胸部与小腿的得分率偏低，得分率不足80%；后排假人头部得分率很高，而颈部和胸部得分率较低，在75%左右（见图14）。

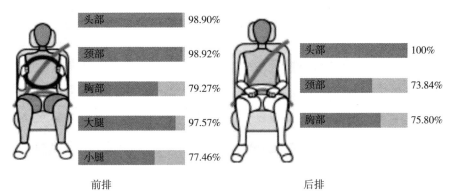

图14　前排和后排假人各部位得分率平均值（1）

②正面40%偏置碰撞试验结果。

C-NCAP（2018年版）完成测评的102款车型的正面40%偏置碰撞平均得分率为85.96%，略低于正面100%重叠刚性壁障碰撞试验结果。其中前排乘员头颈部以及大腿部位得分率较高，均高于97%，胸部与小腿的得分率偏低，平均得分率在80%左右；后排假人头颈部得分率较低，不足75%；胸部得分率为83.98%（见图15）。

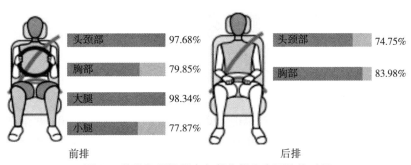

图15　前排和后排假人各部位得分率平均值（2）

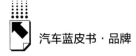

③侧面壁障碰撞试验结果。

C-NCAP（2018 年版）完成测评的 102 款车型的侧面碰撞平均得分率为 96.94%，高于正面 100% 碰撞与正面 40% 偏置碰撞。其中前排人员的头部、腹部以及骨盆的部位得分率接近 100%，胸部得分率 95% 以上，前排乘员保护总体表现良好；由于多数车辆后排未配备侧面安全气囊，导致后排乘员保护成绩相对较低，后排头部和腹部得分率均在 90% 以上，胸部和骨盆得分率分别为 87.47% 和 88.19%（见图 16）。

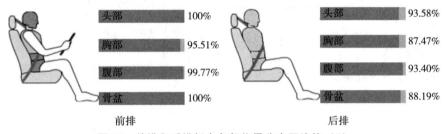

	前排		后排
头部	100%	头部	93.58%
胸部	95.51%	胸部	87.47%
腹部	99.77%	腹部	93.40%
骨盆	100%	骨盆	88.19%

图 16　前排和后排假人各部位得分率平均值（3）

④鞭打试验结果。

C-NCAP（2018 年版）完成测评的 102 款车型鞭打试验平均得分率为 83.32%，其中假人颈部伤害指数（NIC）得分率较低，不足 70%，上颈部得分率接近 90%，下颈部得分率较高为 97.64%（见图 17）。

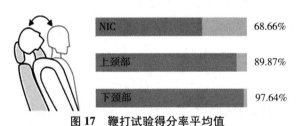

NIC	68.66%
上颈部	89.87%
下颈部	97.64%

图 17　鞭打试验得分率平均值

（2）主动安全

主动安全性能方面，C-NCAP（2018 年版）完成测评的 102 款车型中，有 48 款车型的得分率在 95% 以上，20 款车型的得分率在 90%～95% 区间，20 款车型得分率在 65%～85% 区间，14 款车型得分率低于 65%（见图 18）。

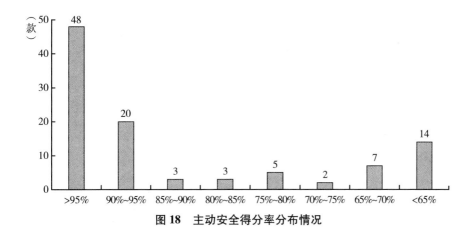

图18　主动安全得分率分布情况

主动安全由于部分车型配置率较低，其测试结果呈现"两极分化"特征，绝大部分车型都能获得ESC得分。其中2018年主动安全平均得分率为58.52%，2019年平均得分率为74.41%，2020年平均得分率为88.05%，2021年平均得分率为96.36%（见图19）。

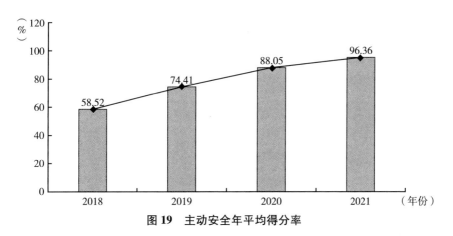

图19　主动安全年平均得分率

（3）行人保护

行人保护性能方面，C-NCAP（2018年版）完成测评的102款车型中，11款车型得分率80%以上，20款车型行人保护得分率处于75%~80%区间，30款车型行人保护得分率处于70%~75%区间，占比为29.4%，27款车型得分率在 65%~70% 区间，14 款车型得分率不足 65%。其中有 8 款车型的行人保护得分率不足 60%，行人保护性能还有较大提升空间（见图 20）。

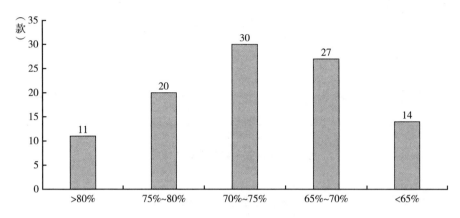

图 20　行人保护得分率分布情况

行人保护得分率呈现"正态分布"特征，均值为 70.88%。2018~2021年行人保护测评成绩逐年呈上升趋势，2018 年行人保护平均得分率为65.45%，2019 年 为 70.37%，2020 年 为 72.92%，2021 年 为 72.20%（见图 21）。

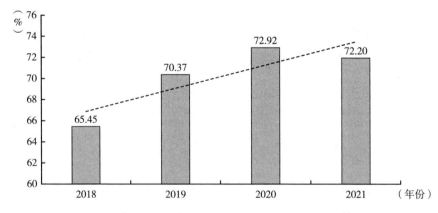

图 21　行人保护年平均得分率

2. 节能汽车

（1）中国工况油耗（CCRT 成绩）

在已评价的 38 款轿车中，以价格区间划分为 15 万元以下、15 万~20 万元、20 万元以上三个区间，其中低于 15 万元的价格区间属于主流，有 26 款车型，占比 68%；以整备质量段主要划分为 1100~1300kg、1300~1500kg、1500kg 及以上三个区间，其中 1300~1500kg 属于主流整备质量，有 17 款车型，占比 45%；按照发动机类型划分为增压车型和自然吸气车型，其中增压车型属于主流配置，有 23 款车型，占比 62%；以车系品牌划分为美系、日系、德系、民族、韩系、法系共六种主流车系，各车系占比如图 22 所示。测评 SUV/MPV 分布如图 23 所示。

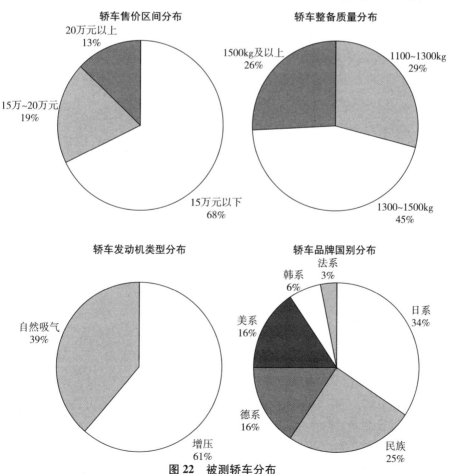

图 22　被测轿车分布

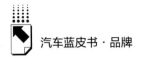

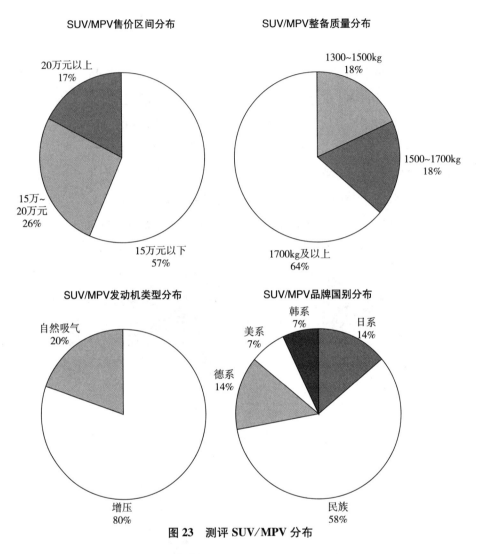

图 23　测评 SUV/MPV 分布

从平均结果看，轿车和 SUV/MPV 车型的平均整备质量分别为 1384kg 和 1562kg，对应 CCRT 中国工况油耗平均值分别为 7.82L/100km 和 8.81L/100km（见图 24）。SUV/MPV 平均油耗比轿车高 12.7%。

由图 25 可知，轿车中，增压车型 CCRT 中国工况油耗较 NEDC 认证油耗平均高出 25.6%，自然吸气车型高出 24.1%；SUV/MPV 中，增压车型 CCRT 中国工况油耗较 NEDC 认证油耗平均高出 22.6%，自然吸气车型高出

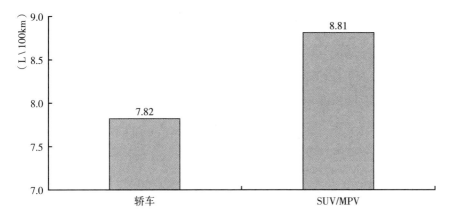

图24 中国工况油耗测试结果均值

17.3%，差距十分明显。相较于增压车型，自然吸气车型对中国工况循环（CLTC-P）的适应性更强。同时，SUV/MPV 品类对增压技术的敏感度更高，如图26所示，应用了增压技术的 SUV/MPV 车辆的油耗偏差集中在20%~30%，高于自然吸气车型的油耗偏差。

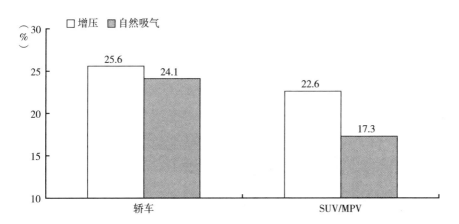

图25 增压、自然吸气技术油耗增加率

（2）空调油耗（CCRT 成绩）

空调开启是影响油耗的重要因素。CCRT 中国工况油耗法测评在常温油耗测评的基础上，增加了高温（30℃）开空调油耗。不同车型开启空调后

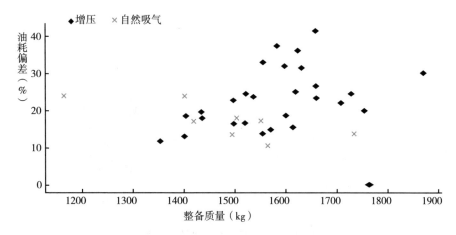

图 26 SUV/MPV 油耗偏差分布

油耗普遍增加。在已经完成的 84 款测评车型中，开启空调后百公里油耗平均增加 2.19L，平均多消耗 28.65% 的燃料。其中，轿车开启空调后百公里油耗平均增加 2.37L，平均多消耗 29.86% 的燃料。图 27 展示了被测轿车在空调开启后的油耗变化情况，其中，天籁、亚洲龙、雷凌等车型油耗增加较少，增加率分别为 11.40%、17.61%、23.00%。如图 28 所示，SUV/MPV 开启空调后百公里油耗平均增加 2.17L，平均多消耗 26.10% 的燃料。

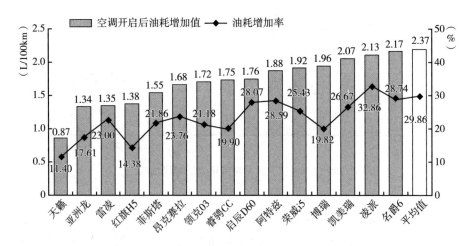

图 27 空调开启后油耗增加值及油耗增加率（轿车）

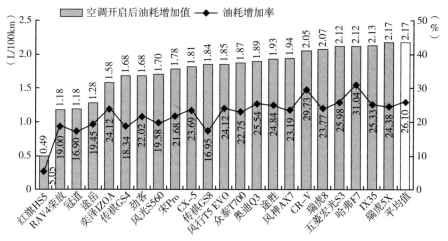

图 28　空调开启后油耗增加值及油耗增加率（SUV/MPV）

图 29 展示了不同型系的轿车在空调开启后的油耗变化情况，民族汽车品牌的百公里平均油耗增加了 1.81L，油耗增加率为 21.52%，表现最为优秀。德系、美系、法系的百公里油耗增加量分别为 2.61L、2.63L、3.16L，超过了整体平均值，其中，法系车百公里油耗增加率为 36.32%，是受空调影响最大的车系。

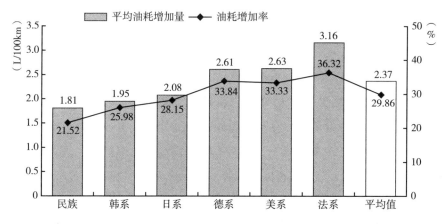

图 29　空调负载下不同型系车型油耗增加情况（轿车）

图 30 展示了不同型系的 SUV/MPV 在空调开启后的油耗变化情况，日系品牌的百公里平均油耗增加了 1.58L，油耗增加率为 21.71%，表现较为优秀。民族品牌、德系、美系的百公里油耗增加量分别为 2.23L、2.26L、2.77L。

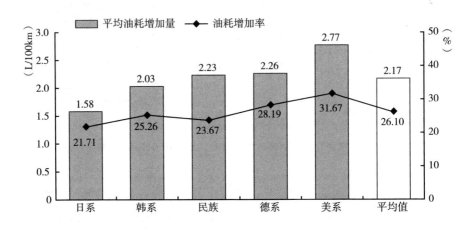

图 30 空调负载下不同型系车型油耗增加情况（SUV/MPV）

3. 智能汽车

图 31 为已测试的 10 款车型的智能驾驶总成绩，其中蔚来 EC6 和特斯拉 Model3 的测试成绩同时展示了加装软件升级后的测评结果。10 款车型的总成绩也有较大差距，最低分为 69.7 分，最高分为 87.9 分。由总成绩看，10 款车型的平均得分为 79.5 分，根据测评体系的评价标准判断，表现仍欠佳。

图 32 将得到结果的 10 款车型以新兴品牌和传统品牌区分比较，可看出在新兴品牌中的 8 款车型存在较大差距，最低分和最高分相差近 20 分，且大部分车型总得分在 70~85 分，部分车型测评结果表现较好，新兴品牌的 8 款车型平均分为 79.3 分。而传统品牌的两款车型测试表现明显较好，得分均在 85 分上下。

在 10 款测评车型中，除特斯拉 Model3 和宝马 iX3 外，其余 8 款车型均为国内民族汽车品牌产品，通过成绩对比可看出，大部分民族汽车品牌产品的分数在 75 分以上，甚至 5 款产品的评分达到 80 分以上，使得民族汽车品

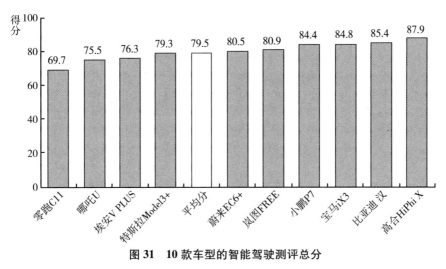

图31　10款车型的智能驾驶测评总分

注：特斯拉 Model3+（特斯拉 Model3 加装完全自动驾驶能力软件包），蔚来 EC6+（蔚来 EC6 加装 NIO Pilot 全配包）。

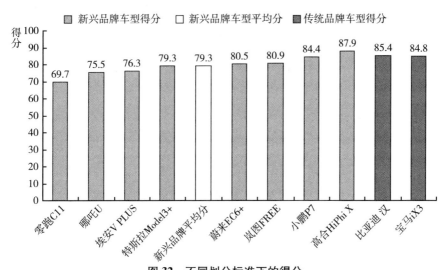

图32　不同划分标准下的得分

牌的车型平均分达到了80分；而非自主品牌的特斯拉 Model3 和宝马 iX3 分数分别为79.3分、84.8分。从图中数据可看出，国产品牌的研发能力近年来有明显提升，大部分产品已经达到行业内领先水平。

通过图 33 中产品得分与价位的对比，可以看出随着价位的提高，对应的产品综合得分也呈上升趋势，其中也出现了比亚迪汉以及小鹏 P7 等在较低价位取得约 85 分成绩的产品。宏观上看，产品价格低于 20 万元时，三款车型的总体分数都低于 80 分，而价格在 20 万元以上的产品得分基本在 80 分以上，且多数达到 85 分左右。

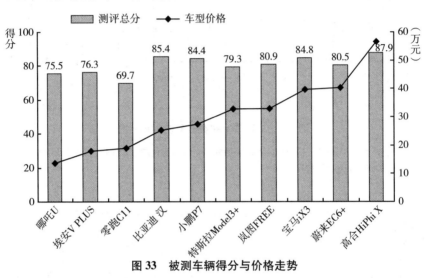

图 33　被测车辆得分与价格走势

4. 健康汽车

（1）车内空气质量（CCRT 成绩）

车内挥发性有机物是影响车内空气质量和气味等级的主要因素，其主要来自于车内内饰非金属材料的挥发。车内使用非金属材料的优劣、是否使用先进的生产工艺，以及是否对生产后的内饰在装车前进行处理，是影响内饰散发有机物的主要因素。在充分调查消费者用车需求以及用车习惯后，采用车内空气质量常温模式+高温模式的测评规程，在常温模式下测试车内空气质量以及气味等级，在高温模式下测试车内空气质量。两种模式分别模拟了消费者下班长时间停车后的用车场景以及车辆于下午临时停靠在露天停车场时的用车场景。常温模式下 84 款车型的车内空气质量平均得分为 91.83 分，优秀率（得分>90 分）为 75%，其中得分区间在 [90, 95) 的占 46.43%，得分区间在 [95, 100) 的占

28.57%；良好率（80 分≤得分≤90 分）为 25%，其中得分区间在［80，85）的占 7.14%，得分区间在［85，90）的占 17.86%（见图 34）。车内空气质量总体情况良好，依赖于行业对车内空气质量长期全面的有效管控。

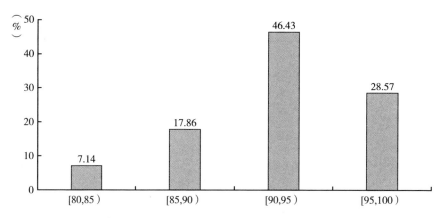

图 34 车内空气质量常温模式得分区间占比

CCRT 高温模式下 8 项挥发性有机物测评结果情况较差，平均为常温模式结果的 2 倍。甲醛和乙醛为车内空气质量的主要失分项，分别为常温模式的 3.8 倍和 1.5 倍，值得关注的是高温模式下乙醛的平均结果为国标建议值的 1.8 倍，情况较为严重。苯系物中二甲苯和苯乙烯表现较差，分别为常温模式的 2 倍和 2.3 倍（见图 35）。

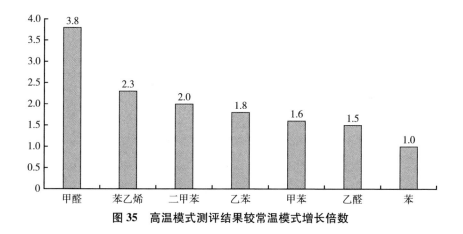

图 35 高温模式测评结果较常温模式增长倍数

车内气味良好率（3.0 级）仅为 28.57%；67.86% 的车型气味等级为 3.5 级，水平较为一般；3.57% 的车型气味等级为 4.0 级，水平较差（见表 2）。总体车内气味测评结果堪忧，车内气味水平有待改善提升。

表 2 被测车辆气味等级

气味等级	车型
3.0	风行 T5 EVO、RM-5、奕炫、威然、领界 S、星途 TXL、福克斯、思域、捷达 VS5、轩逸、途岳、速腾、领克 03、哈弗 F7、瑞虎 8、奕泽 IZOA、308、雪佛兰探界者、传祺 GS8、迈腾、IX35、瑞虎 5X、宝马 3 系、福睿斯
3.5	飞度、Polo Plus、索纳塔、星瑞、北京 X7、奔腾 T99、传祺 GS4、享域、奔驰 GLB、宝马 3 系、昂科威 S、CS75 PLUS、RAV4 荣放、宋 Pro、亚洲龙、昂克赛拉、红旗 HS5、雷凌、WEY VV6、奥迪 Q3、途胜、嘉际、传祺 GM6、凌派、雪佛兰科鲁泽、天籁、本田 INSPIRE、上汽名爵 HS、福克斯、菲斯塔、荣威 i5、风神 AX7、宝骏 530、红旗 H5、CX-5、宋 MAX、英朗、劲客、传祺 GS4、哈弗 H4、众泰 T700、五菱宏光 S3、凯美瑞、启辰 D60、卡罗拉、绅宝 D50、睿骋 CC、博瑞、领克 01、风光 S560、CR-V、WEY VV5、途观 L、冠道、自由光、阿特兹、名爵 6
4.0	KX3、朗逸、福瑞迪

（2）人体电磁防护（CCRT 2018~2021 年成绩趋势）

随着科技的发展，越来越多的用电设备进入人们的生活中。电视机、电脑、电冰箱、复印机、空调、微波炉、手机等在使用过程中会发出不同波长的电磁波，包括无线电波、红外线、可见光、紫外线、X 射线等，它们看不见、摸不着、闻不到，却切切实实威胁着人们的健康。

一般来说，温度高于绝对零度的物体都会时刻向外传送能量，这种传送能量的方式即称为辐射。辐射又可以分为电离辐射和非电离辐射，按频率增加排列，这些类型包括：电力、无线电波、微波、太赫兹辐射、红外辐射、可见光、紫外线、X 射线和伽马射线等。其中 X 射线和伽马射线频率在 1016Hz 以上，因此具有足够的能量，可以从原子、分子或其他束缚状态电离出电子，从而对生物体的 DNA 造成损害，被称为电离辐射。因此，对于电离辐射有着明确的致病机理和相应的日常累积暴露限值要求。国际防护委员会 ICRP 提出了相关的导则，国内也有对应的 GB-18871《电离辐射防护与辐射源安全基本标准》。

非电离辐射即电磁辐射广泛存在于我们的生活中，例如电视机、电冰箱等家用电器，高铁、地铁等交通工具，输电线、配电站等基础设施等。而车辆及所搭载的电器设备和元器件频率远远低于 1016Hz，能量也远远小于 12eV，因此考虑的也是电磁辐射即非电离辐射的影响。

国际公认的电磁辐射影响包括热效应和非热效应两类。其中热效应是指频率 10MHz 以上的电磁场引起的身体组织温度升高的现象，在更高的 10GHz 以上频率，加热效应主要表现为皮肤表面的温升。非热效应主要集中在 100kHz 以下，例如对神经系统感受器的影响、对肌肉刺激等。"磁光幻视"（magneto-phosphenes）是一种确切的由磁场引起的生物现象，由于视觉神经较为敏感，在较强的磁场下视网膜视场周围会产生虚晕闪烁光的感觉。

通过对 ICNIRP、IEEE 以及我国的 GB-8702-2014 标准限值进行对比可知我国最新的国家标准是其中最为严格的。

对不同驱动类型的车辆进行了摸底测试，结果见图 36。可知电动汽车和混合动力汽车由于有相关国家标准 GB/T 18387 的管控，车辆磁场辐射值并不一定比传统汽车高。因此，有必要对不同驱动类型的车辆进行人体电磁防护测评。

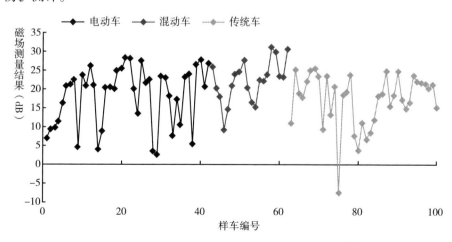

图 36　被测车辆最小裕量结果对比

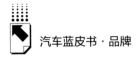

2021 年共对 7 辆汽车进行了人体电磁防护测评，测评的 7 款车型在匀速、加速、减速状态下的裕量值如图 37 所示。

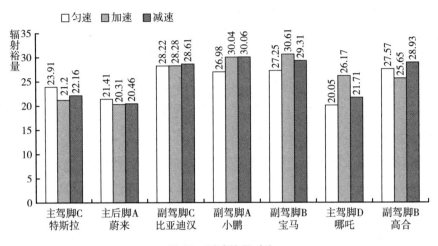

图 37　测试结果对比

为更好地对汽车产品人体电磁防护水平进行对比，同时对 2019 年下半年 EV-TEST 测评的 3 辆车和 2019 年上半年 EV-TEST 测评的 4 辆车的结果进行了对比（见图 38），可以看出，测评车型裕量的均值越来越大，反映出随着各项技术的迭代，车辆的电磁辐射值逐渐降低，电磁兼容性能越来越好，对于企业提升自身产品性能具有很大的促进作用。

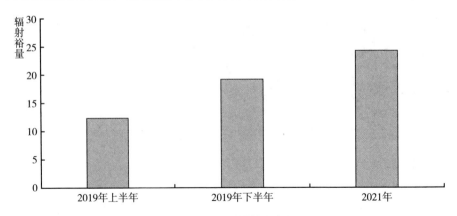

图 38　辐射裕量年度变化

二 中国民族汽车品牌引领趋势提升市场竞争力

（一）东风

岚图作为东风汽车集团旗下的高端新能源汽车品牌，在车身结构、动力总成、外形设计等方面均表现出了出色的性能。车身结构方面，岚图FREE搭载前双叉臂+后多连杆独立悬架+空气悬架等配置。与此同时，岚图汽车还展示首创TRB+Patch复合结构热成型A柱，并在B柱采用TRB铝硅涂层热成型材料；首次采用2000MPa铝硅涂层材料的车门防撞梁的白车身实物。动力总成方面，增程式驱动技术的运用提高了车辆的续航能力。专用永磁同步发电机，与1.5T四缸发动机的匹配策略，使发电机和发动机的转速高效区间保持高度一致，实现更快速高效的电动转化，从而达到最完美的高效发电效率，且具备良好的平顺稳定性。其次，采用高压屏蔽壳体材料，能够更好地保障增程器稳定运行，从而带来更高效的能量转化率，进而实现更低的油耗。配合ESSA整车平台，在54℃的环境下，以不同行车速度进行长距离馈电行驶后的全车3套循环系统（1套发动机循环管路、1套发电机+前后驱动电机及电控系统循环管路、1套动力电池热管理循环管路）的温度都处于预设状态，避免了过热的现象。车身外形方面，岚图FREE没有使用过多复杂的线条和夸张的形态，车身曲线流畅，整个造型饱满，搭配主动进气格栅与贯穿式的LED灯带，为车头营造出了饱满的横向视觉效果。同时，整车的流线型仿生设计使风阻系数降低至0.28，低于多熟同级别车型。

（二）广汽

广汽埃安以树立行业最高安全标准为目标，弹匣电池将国标的热失控报警后在"5分钟"内不能起火的标准，提高至不起火的水平。2021年3月10日，弹匣电池系统安全技术（简称"弹匣电池"）正式发布，行业首次实现了三元锂电池整包针刺不起火，攻克了公认的行业难题，重新定义三元锂电池安全标准。2021年5月20日，广汽埃安再次发布磷酸铁锂（弹匣电池）针刺试验，试验结果——不冒烟且温度仅为51.1℃，是目前针刺热失控实验中表现最优的动力电池，刷新了磷酸铁锂电池的安全新高度。该技术创新性如下。

①超高耐热稳定电芯。电芯通过正极材料的纳米级包覆及掺杂技术的应用，有效提升热稳定性，防止热失控；电解液新型添加剂的应用实现了SEI膜的自修复，从而改善电芯寿命，降低电芯短路风险；高安全电解液，通过特殊电解液添加剂，在加热至120℃以上时，在活性材料表面自发聚合形成高阻抗特性聚合物膜，大幅降低热失控反应产热。这些关键技术的应用，使电芯的耐热温度提升了30%。

②超强隔热电池安全舱。通过网状纳米孔隔热材料和耐高温上壳体，弹匣电池构筑了超强隔热的安全舱，最终实现电芯热失控不蔓延至相邻电芯，同时，电池包上壳体能耐温1400℃以上，从而有效保护电池整包。

③极速降温速冷系统。通过全贴合液冷系统、高速散热通道、高精准导热路径的设计，弹匣电池实现了散热面积提升40%，散热效率提升30%，有效防止热蔓延。

④全时管控第五代电池管理系统。弹匣电池通过采用车规级最新一代电池管理系统芯片，可实现每秒10次全天候数据采集，相比前代系统提升100倍，以24小时全覆盖的全时巡逻模式，对电池状态进行监测。发现异常时，立即启动电池速冷系统为电池降温。

（三）奇瑞

奇瑞鲲鹏动力第二款重磅产品鲲鹏2.0TGDI超级动力以欧洲、中国（芜湖、上海）三大研发中心为依托，基于奇瑞24年发动机正向开发能力沉淀和完善的产品开发体系、先进的验证体系，由1000余人总研发团队历时48个月打造完成，代表了中国汽车品牌目前最高的核心技术研发实力。该发动机采用全面升级的第Ⅱ代i-HEC智效燃烧系统、超级瞬态响应动力系统，以及奇瑞独创的全新一代智能热管理系统、全维集成超低降摩擦技术、中国品牌率先应用的全过程 NVH 开发体系等多项领先技术，实现最大有效热效率 41%，黄金热效率 38.2%，进一步优化了动力性能、能耗与 NVH 表现。瑞虎 8 鲲鹏版最大功率 187kW，峰值扭矩 390N·m，性能媲美 V6 3.5L 发动机，零百加速仅需 7.5s，百公里油耗低至 7L，在动力性与经济性之间找到了最佳平衡。作为首个通过自主创新掌握发动机、自动变速箱、底盘、发动机管理系统（EMS）以及平台技术的汽车企业，奇瑞汽车于 2021 年推出"奇瑞 4.0 时代全域动力架构"，涵盖未来主流动力形式的全领域专业动力解决方案，包含燃油、混动、纯电及氢动力多种能源形式，可满足用户所有出行场景的需求。作为 ACTECO 系列第四代产品，鲲鹏动力 2.0TGDI 发动机具有快、强、好、省四大特点，并通过六大模块共 52 项产品升级，实现安全、智能、驾控等产品力的全面进化，为消费者带来全新的用车体验及驾驶乐趣。整车性能全流程正向开发，针对包括高温、高原、高寒、高耐久性在内的"四高"极限环境，验证累计可靠性行驶里程 311 万 km，满足用户在各种极端环境、路况的使用要求，且享受业界独家发动机终身延保政策，代表奇瑞对发动机品质的绝对自信。

（四）比亚迪

比亚迪 DM-i 技术是以"超低油耗"为目标的超级混动技术，属于插电式混合动力的细分领域。在公布的骁云-插混专用 1.5L 高效版中，热效率高达 43%，加上插混车型短途用电的先天优势及比亚迪自身的工艺优势，后期的保养成本极低。根据公布的数据，在亏电状态下，该发动机的油耗仍在 4L/100km 以内。

三　中国民族汽车品牌技术发展建议

（一）安全篇

在完成测试的 C-NCAP 各个版本中，民族汽车品牌的五星占比呈现一定的上升趋势，这反映出我国总体车辆安全性能的提升，五星占比情况具体如下：2006 版 C-NCAP 为 12%，2009 版 C-NCAP 为 40%，2012 版 C-NCAP 为 71%，2015 版 C-NCAP 为 65%，2018 版为 76%（见图 39）。

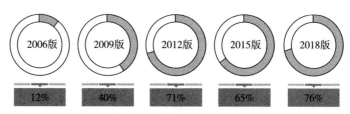

图 39　民族汽车品牌的五星比例变化情况

通过测试结果的对比，可以发现在这十多年间民族汽车品牌的被动安全性能与合资品牌的差距逐步缩小，尤其是几家头部的民族汽车品牌，其主流车型的被动安全性能已达到合资品牌车型的水准。但在民族汽车品牌内部已经呈现一定的分化趋势，头部企业车型成绩有逐年向好的趋势，而个别企业的部分车型测试成绩明显低于民族汽车品牌平均水平，对民族汽车品牌的总体成绩造成了一定的负面影响。

从历史数据看民族汽车品牌对合资品牌的追逐趋势，评价结果表明民族汽车品牌与合资品牌差距不断缩小。在被动安全方面民族汽车品牌与合资品牌的差距越来越小。2006 年，民族汽车品牌与合资品牌得分率差值为 15 个百分点，这也是 2006 版实施以来，民族汽车品牌与合资品牌差距最大的一年，在随后的数年间这一差距逐步缩小，具体表现在 2009 版为 8.12 个百分点，2012 版为 5.16 个百分点，2015 版为 4.76 个百分点。截至 2021 年 12 月，乘员保护方面平均得分率差距已经缩小至 3.21 个百分点（见图 40）。

1. 主动安全

近年来，随着主动安全技术的快速发展和自动紧急制动系统、车道保持辅助系统等新技术广泛应用，这些主动安全功能已经被证明能够有效防止事故发生或至少降低碰撞速度，使交通事故受害者人数进一步减少。随着驾驶辅助和自动驾驶技术的快速发展，未来汽车在主动安全方面还有很大的发展空间。

主动安全功能主要致力于辅助驾驶员或车辆主动避免/减轻交通事故。

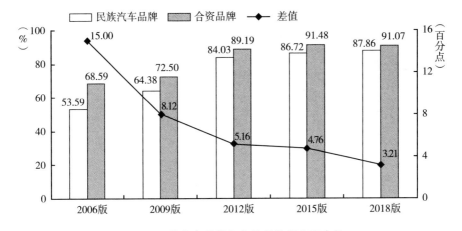

图40　民族汽车品牌与合资品牌得分率走势

建议新开发车辆在主动安全方面提升车道偏离辅助（LKA）、车道偏离预警（LDW）、盲区监测（BSD）、紧急车道保持（ELK）、驾驶员行为（分神和疲劳等）监控预警、交通标识识别报警（SAS）等功能的配置率和性能，进一步扩展自动紧急制动系统（AEB）的作用场景（例如交叉路口、倒车场景等），同时关注整车灯光性能的提升，并提升自适应近光灯和自适应远光灯等智能功能的配置率和性能。

随着车载网联技术的发展，针对毫米波雷达和摄像头等感知系统无法满足的场景，例如前车紧急制动预警、盲区预警、闯红灯预警、遮挡类冲突碰撞预警等，建议考虑通过 C-V2X 通信技术实现。

2. 被动安全

随着汽车被动安全技术的发展和成熟，在被动安全方面，需要付出较大的努力才能实现对乘员保护的有限提升。但这并不意味着汽车安全测评不再关注被动安全，无论汽车如何发展，被动安全都是汽车安全最基础的保障。汽车在发生碰撞的过程中，车身结构及约束系统（座椅、安全带、安全气囊等）对于内部驾乘人员的保护效果最大。建议新开发的车辆继续优化提升标准碰撞工况（正面100%重叠刚性壁障碰撞、正面50%重叠移动渐进变形壁障碰撞、侧面壁障碰撞、侧面柱碰撞、低速后碰撞颈部保护）的乘员保护性能，扩展对于多样化碰撞工况和翻滚等场景的覆盖，延伸对于车内各个位置乘员的保护设计，也要关注对于遗忘车内儿童的提醒设计。对于自动驾驶车辆的设计，需要加强多元坐姿（侧向、后向、躺卧等）乘员的考虑和保护设计，发挥 CAE 设计和仿真测试在车辆设计开发中的重要作用。

行人保护是汽车企业社会责任与担当的重要体现，主要致力于车辆对于外部弱势交通参与者（行人、自行车骑行者、电动车骑行者和摩托车骑行者）的保护。新开发车辆对于行人保护性能的开发需要考虑主动安全（AEB 车对行人、AEB 车对二轮车）和被动安全（头型试验和腿型试验）结合测评的方式；在保证一定的对于弱势交通参与者的被动保护的性能基础上，拓展对于主动弹起式发动机罩和新型行人安全装置探知保护系统的开发应用。

（二）电动化

1. 低温续驶里程

2015 年起，我国新能源汽车销售规模跃居世界首位，连续六年蝉联世界第一，新能源汽车保有量不断增加。2021 年纯电动汽车产量达到 294.2 万辆，同比增长 166.2%。随着纯电动汽车的迅速发展，消费者对纯电动汽车的续航充电、驾乘操控、乘员安全和智能化等各方面性能有了更高的要求。图 41 显示了 6 款被测车型低温续航的具体表现，这 6 款主流纯电动汽车常温续驶里程均达到了 400km 以上，表现最优秀的小鹏 P7 达到了 698km，低温续驶里程方面，比亚迪汉的表现最为出色，达到了 435km。总体来看，2021 年度测试车型的低温续航下降率仍然在 40% 左右，具有很大的提升空间。

2. 低温剩余里程估计准确度

图 42 展示了 15 款被测车型在常温环境与低温环境下的剩余里程估计准确度。常温环境下 15 款被测车型的剩余里程估计准确度较高，确定系数值 0.9 以上的车型有 13 款，占比 87%。由于 BMS 系统与里程预估算法受温度的影响较大，7 款车型常温环境下的估计准确度均在 0.7 以上，但在低温环境进行的准确度均低于 0.5，难以为消费者在用车过程中提供可靠的剩余续驶里程估计信息，需要企业投入更大的精力进行研发。

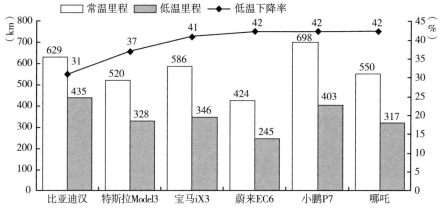

图 41　2021 年度主流车型续航里程

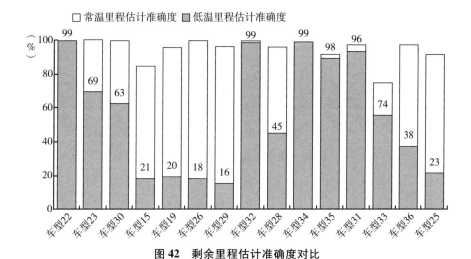

图 42　剩余里程估计准确度对比

3. 低温充电

充电是电动汽车用户的痛点问题之一，冬季充电问题更是影响消费者用车体验的关键因素。电动汽车低温百公里直流充电时间增加率是能够描述纯电动汽车冬季充电性能的一项指标，其计算公式如下：

$$K = \frac{T_{低温} - T_{常温}}{T_{低温}}$$

式中，$T_{常温}$ 为常温直流百公里充电时间，$T_{低温}$ 为低温直流百公里充电时间。

在 25℃ 常温环境下，已完成测评的 15 款电动汽车的百公里直流充电时间平均为 0.5 小时，最快时间为 0.22 小时，最慢为 0.99h，测试结果如图 43 所示。在低温环境中已完成测评的 15 辆电动汽车的百公里直流充电时间增加率平均为 66%，最小增加率（低温相对于常温）为 4%，最大增加率（低温相对于常温）为 237%（见图 44）。

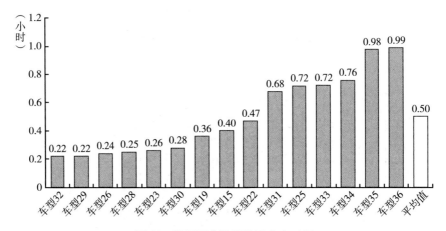

图 43 常温下直流百公里充电时间

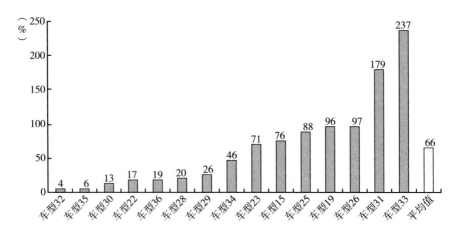

图 44 低温直流百公里充电时间增加率

（三）智能驾驶

1. 智能座舱

智能座舱的性能水平主要体现在智能电动汽车辅助驾驶系统的驾驶员交互能力上，包括系统表述、信息提示能力以及驾驶员监控能力。其中驾驶员监控能力主要测试系统对驾驶员脱手和闭眼行为的感知提示能力。

驾驶员交互测试项目主要包含系统提示以及驾驶员监控能力（见图45），其中驾驶员监控主要测试对于驾驶员的脱手检测和注意力检测，已完成测试的车型对于这两项指标均缺乏反应能力，部分车型能够对驾驶员的脱手动作和注意力做出识别，然而缺乏实际的反应措施，无法将驾驶权重新过渡到驾驶员手中，容易导致驾驶员长时间脱离驾驶状态，从而引发事故。

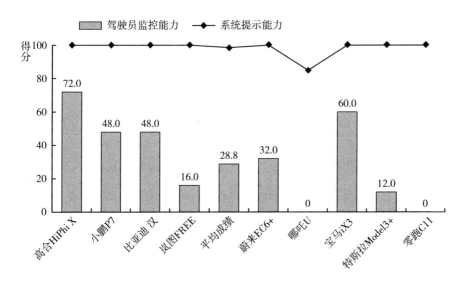

图45　驾驶员交互性能

2. 智能行车

（1）整体情况

在图46的智能驾驶总成绩中，可以看出智能驾驶部分的成绩基本和车型智能化板块的成绩吻合。其中在蔚来 EC6 车型的测评成绩中，其加装 NIO Pilot 全配包之后的测评表现和未加装之前相比有着质的飞跃。主要原因在于未加装全配包的蔚来 EC6 在跟车能力、行车组合控制能力、循线能力和智能泊车等测试项目中未表现出明显的功能，在加装全配包后，对应的测试项目均有明显提升。

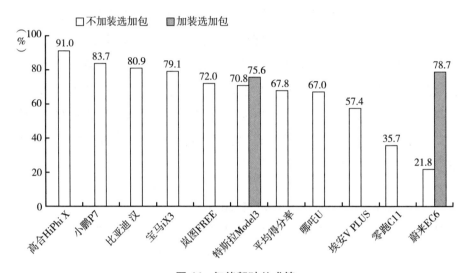

图 46　智能驾驶总成绩

（2）行车能力

辅助驾驶系统的性能表现主要为跟车能力、障碍物识别能力、行车组合控制能力、循线能力和智能泊车能力等，由测试结果来看，大部分车型的性能表现虽然优于驾驶员交互（见图 47），然而其性能表现的得分率并不高，主要在于部分测试指标中表现不足（见图 48）。在跟车能力中，各车型表现出的明显弱势指标主要有前车低速或减速识别与响应、前车切入切出识别与响应等，尤其在以二轮车为目标车的情况时，大部分车型均未做出有效响应，甚至发生碰撞。

图 49 紧急避险性能测试主要展示了测试车型在其他障碍物识别与响应测试中的表现。图中大部分车型所得分数均在 30 分左右，而该测试项目包含道路施工、交通事故以及行人横穿三个中国典型驾驶场景，大部

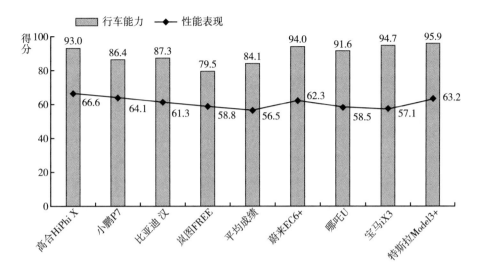

图 47　行车性能

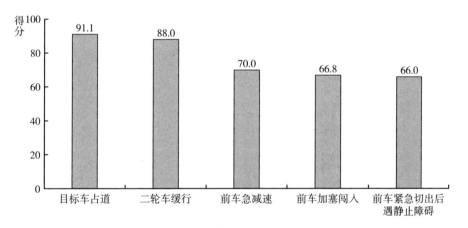

图 48　典型失分场景

分测试车型在面对这些场景时只能对其中一个或者两个场景做出有效识别与回应。

（3）智能泊车

在智能泊车测试中，大部分车型在平行车位、垂直车位和斜车位这三种车位两侧无障碍物时可以做到有效识别并完成泊车操作，然而当车

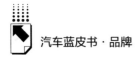

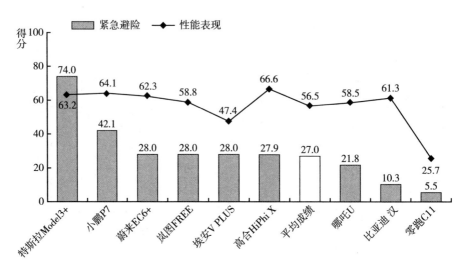

图 49　紧急避险性能

位两侧或车位内存在障碍物时，容易出现无法泊车或误停等操作（见图 50）。

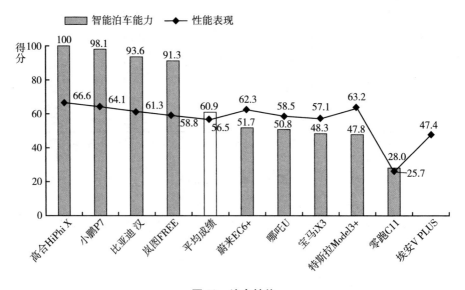

图 50　泊车性能

综上所述，测评结果显示了部分车型在面对二轮车切入切出、行人穿插以及驾驶员脱手操作等中国工况中的典型驾驶场景时缺乏识别及反应能力，究其原因，部分车型所采用的辅助驾驶系统主要为国外研究产品，车型厂商在将该辅助驾驶系统引入国内智能电动汽车产品时未能对该系统进行本土化改进，使得辅助驾驶系统在面对这些中国典型驾驶场景时出现明显的"水土不服"症状。这一结果也反映出行业内应提高辅助驾驶领域的自主研发能力，增强对中国工况典型驾驶场景的适应性。通过智能驾驶部分对辅助驾驶系统驾驶员交互能力的测评，也反映出当前智能驾驶系统的研发关注功能性而对安全性考虑不全，在未能保障行车安全的情况下，缺乏预警能力和反应措施，在面对较为复杂的路况时，难以安全过渡驾驶权，该问题也是未来智能驾驶系统开发的重点项目。

（四）汽车碳排放

1. 为什么要重视汽车碳排放

汽车行业因其产业链长、辐射面广、碳排放总量增长快、单车碳强度高的特点，已成为我国碳排放管理的重点行业之一，推动其上下游产业链绿色低碳转型，对于实现我国碳中和具有重要意义。

第一，汽车行业碳排放增速快，是当前我国碳排放增长最快的领域之一。我国作为全球最大的汽车制造国，汽车产销量连续 12 年居全球首位。如图 51 所示，2001~2020 年汽车销量整体呈增加趋势，年平均增长率为12.57%。2020 年我国汽车保有量已达 2.81 亿辆，产销量分别达 2522.5 万辆和 2531.1 万辆。同时，我国也正在成为汽车出口大国，2020 年汽车出口量达 99.5 万辆。随着汽车产销量及出口量的增加，作为典型的资源能源密集型产业，汽车行业碳排放与经济增长尚未实现脱钩，汽车行业也已成为当前我国碳排放增长最快的领域之一。2019 年道路直接二氧化碳排放近 8 亿吨，占到我国二氧化碳排放总量的 8% 左右。[①]

---

① 资料来源：中汽数据有限公司。

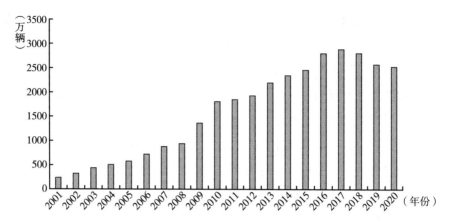

图51 2001~2020年中国汽车销量

第二，汽车行业产业链长、辐射面广，是推动上下游产业链碳中和的重要抓手。实现碳达峰、碳中和是一场广泛而深刻的经济社会系统性变革，各行各业均需加速向碳中和转型，推动碳中和目标实现。作为我国国民经济的重要支柱产业，汽车产业具有产业链长、辐射面广、带动性强的特点。根据国家统计局数据，2019年我国汽车制造业整体营收8.08万亿元，按照对上下游1∶5的带动倍数计，将间接带动约40万亿元产值规模的庞大上下游产业。汽车行业碳中和的实现将成为推动上下游产业链碳中和的重要抓手。

第三，我国单车碳排放强度高，与发达国家相比低碳竞争力薄弱。目前，中国纯电动乘用车生命周期碳排放高于欧盟约12%。随着欧洲绿色新政以及一系列低碳战略的实施，包括欧洲电池法案、循环经济行动计划、可持续和智能交通战略、欧洲氢能战略和欧盟能源系统整合战略等，预计未来中欧单车碳强度差距将进一步拉大。与此同时，发达国家正在以生命周期碳排放为基础建立新的竞争体系。首先，欧盟设立碳边境调节机制，即征收碳税，提出欧盟碳排放交易体系（EU-ETS）下的所有商品均应纳入碳关税征收范围，并涉及中间产品和终端产品（包括汽车产品）。美国、英国、加拿大等国家也在推进自己的碳边境调节税。其次，欧盟正在针对出口到欧盟的汽车零部件及整车制定碳足迹限值法规。2019 年乘用车和轻型商用车 CO_2 排放标准中提出有必要在欧盟层面评估乘用车和轻型商用车的全生命周期碳排放。应不晚于 2023 年评估建立生命周期碳排放的评价和数据报送的通用 LCA 方法学的可行性。同时指出应采取后续措施，酌情提出立法建议。《欧洲电池与废电池法》提案中提出 2027 年 7 月 1 日前将出台电池最大碳足迹限值。在此背景下，与发达国家相比我国的汽车产品低碳竞争力薄弱，中国汽车产品"走出去"将面临更大的碳排放压力与挑战。

综上，不论是在降低汽车行业自身碳排放的增速与强度方面，还是在带动上下游产业链的碳减排方面，汽车行业碳中和都具有重要的作用。加快推进汽车产业绿色低碳转型，进而向全生命周期净零排放迈进，不仅对我国实现碳中和目标有着重要意义，也是实现我国汽车强国之梦的关键里程碑，是促进人类与自然和谐共生的重要保障。

2. 行业水平或现状

根据汽车生命周期评价模型（China Automotive Life Cycle Assessment Model，CALCM）和 2020 年乘用车销量数据（未含进口车型），测算了 2020 年乘用车生命周期碳排放量。下面将对不同燃料类型的车辆进行分析。

根据单车碳排放的核算方法，将不同燃料类型乘用车销量加权取平均值，计算 2020 年不同燃料类型乘用车平均单位行驶里程的碳排放，如图 52 所示。五种不同燃料类型乘用车中，柴油车平均碳排放最高，明显高于其他燃料类型，为 331.3gCO$_2$e/km；汽油车平均碳排放次之，为 241.9gCO$_2$e/km；插电式混合动力车碳排放为 211.1gCO$_2$e/km；常规混合动力车碳排放为 196.6gCO$_2$e/km，纯电动车碳排放最低，为 146.5gCO$_2$e/km。

相比于传统的汽油车和柴油车，常规混合动力车、插电式混合动力车和纯电动车具有碳减排潜力，其中，纯电动车碳减排潜力最大，相较于汽油车和柴油车分别减排 39.5% 和 55.8%；常规混合动力车的碳减排次之，相较于汽油车和柴油车分别减排 18.7% 和 40.6%。

图 53 展示了基于不同燃料类型乘用车单车碳排放数据计算出的生命周期各阶段（车辆周期和燃料周期）的占比情况。可以看出，不同燃料类型

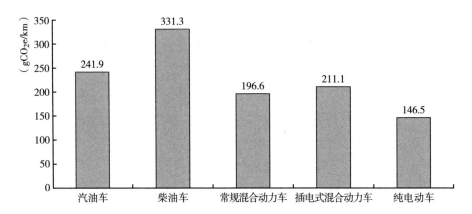

图52 2020年不同燃料类型乘用车平均单位行驶里程碳排放

乘用车的生命周期碳排放占比差异明显，五种燃料类型乘用车在燃料周期阶段的碳排放贡献均大于车辆周期阶段。汽油车和柴油车碳排放主要来自燃料周期，占比分别高达76.0%和75.3%。随着车型电动化程度的增加，车辆周期占比逐渐增大，而燃料周期逐渐减小。纯电动车车辆周期碳排放和燃料周期碳排放占比接近，但燃料周期仍略高。

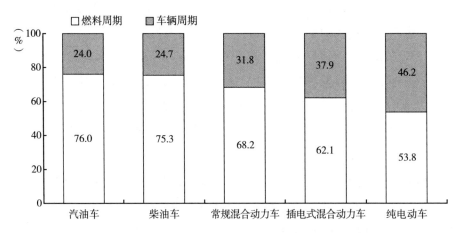

图53 不同燃料类型乘用车生命周期各阶段碳排放占比

传统燃油车和纯电动车的车辆周期和燃料周期阶段占比存在较大差距主要源于两个方面。一方面，因为电动汽车需要动力蓄电池驱动，动力蓄电池的原材料获取和电池的制造阶段会排放大量的温室气体，因此，纯电动车的车辆周期阶段碳排放相比于燃油车会增加。另一方面，因为纯电动车由电驱动，纯电动车的能源转化效率比燃油车高，且纯电动车使用过程中的直接排放为零，因此，纯电动车燃料周期的碳排放相比于燃油车会降低。

3. 下一步关于汽车低碳发展的建议

（1）近期（至 2025 年）

建立健全汽车行业碳排放标准体系。汽车生命周期碳排放标准体系是实施汽车碳排放管理的基础。建议以汽车全生命周期碳排放关键环节为切入点，逐步建立包括汽车整车、低碳材料、回收材料、氢燃料、氢燃料电池、动力电池等在内的生命周期碳排放标准体系，为国家实施碳排放管理政策提供标准支撑，也为车企加强碳排放管理能力建设提供依据。

建立完善汽车行业碳排放管理制度。预计 2020～2021 年，推动《乘用车生命周期碳排放核算技术规范》GB/T 或 HJ 标准的立项、发布工作。2021～2022 年，基于碳排放标准，推进碳排放公示制度建设，研究建立汽车碳标识制度，提高公众的低碳消费意识，督促企业低碳化转型。2023～2024年，研究制定乘用车低碳技术目录等激励措施。2025 年，推出一系列约束政策，对汽车行业碳排放进行事前、事中、事后限额管理；对碳排放较高的车型开征"融入型"碳税，引导汽车行业低碳化发展等。

加快推动汽车行业消费新型模式。目前消费者对碳减排的认知不足，势必会抵消生产端的减排努力，一方面主机厂迫于减排压力不得不转向电动车的生产，另一方面消费者更青睐传统燃油车，导致主机及上下游供应链减排风险增大，降低其减排积极性。而且，生产侧减排终究不能覆盖全部的碳排放源，其中不可避免和难以替代的碳排放源需要消费侧加以配合应对，因此需提高消费者对碳减排的认知，加强其低碳意识，改变消费者消费模式。

在短期，通过制定汽车行业碳排放核算技术规范和配套的政策措施，提高企业的碳排放管理能力以及减排意识，倒逼企业绿色低碳转型，将传统的燃油车转向碳排放更低的电动车辆，同时通过消费侧引导，降低电动车辆的过渡成本，减少主机厂的减排压力，为后续低碳技术的研发和电动化的普及

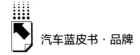
营造良好的政策环境。

（2）中期（至 2030 年）

促进低碳材料的应用。相对于汽油车，电动汽车的全生命周期碳排放向车辆周期转移，车辆周期和燃料周期碳排放大概各占一半，尤其动力蓄电池生产和报废回收阶段会产生较多的碳排放。同时，欧盟提出的《欧洲电池与废电池法》提案中对电池的碳足迹以及循环材料利用率进行了一系列强制性要求。基于减排和合规性考虑，循环材料等低碳材料在电动车辆上的应用需求更加迫切。

推动低碳技术的研发。鼓励整车企业开展低碳技术革新，改进工艺流程、提高生产能效、设计开发低碳和零碳的零部件，从而进一步降低车辆周期碳排放。同时，鼓励动力蓄电池企业开发低碳和零碳电池正负极关键材料、提升电池的生产能效，从而降低动力蓄电池的碳排放；此外，整车企业应推动供应链上下游企业协同减污降碳、协同增效，促进低碳技术在汽车全产业链的广泛应用。另外，在电动化过渡时期，可以通过提高传统汽油车的燃油效率、推广使用 E-fuels 等低碳技术降低碳排放峰值。

提高汽车电动化比例。由于电动车面临续航里程短、充电时间长、充电桩少的问题，电动车用户的用车便利性有待提高，导致我国电动车的普及率较低、行驶里程不足。因此，若要提高汽车电动化比例，进而全面普及电动汽车，一方面需要企业继续提高电动车技术，包括提高电动车的续航里程、缩短充电时间等；另一方面需要政府完善电动车基础设施，在城市规划中提前布局充足的充电桩等电动车基础设施。

促进出行方式的转变。优化现有的公共交通体系，建设城市智能公交系统，实现自动语音报站、客流量统计、班车路线管理等功能，积极改善居民公交出行的条件，促使更多居民选择公共交通出行。优化现有的共享汽车监督管理体系，提高共享汽车的安全性和规范性，促进共享汽车的安全健康发展，以提高汽车使用效率，减少私家车的拥有量。同时，优化现有道路设计，保障自行车等非机动车的路权，鼓励居民短距离内利用自行车等绿色出行方式。

在中期，通过不断推动电动车技术创新，减少车辆周期的碳排放，克服电动车面临的成本高、续航里程短、充电速度慢、车辆周期碳排放高等问题，快速提升产品性能、质量、用户体验和减排性能，逐渐提高汽车电动化比例，为下一阶段电动时代的到来创造良好的技术条件。同时，通过优化现有的公共交通体系、道路设计和共享汽车监督管理体系，鼓励更多居民绿色低碳出行，减少私家车的购买量和使用量，降低汽车行业减排压力。

（3）远期（至2060年）

加快电网清洁化转型。中国"富煤贫油少气"的化石能源资源禀赋现状，导致我国电力结构以煤电为主，电力生产的碳排放因子较高，一定程度上阻碍了电动化进程。同时，从以上研究结果可以看出，不同情景下电网清洁化的减排贡献最大。因此，推进电网清洁化转型可以加速推进汽车行业碳中和进程。目前，煤电是保障中国电力供应的主力，短期内，"一刀切"式淘汰煤电不可行。因此一方面需要推动煤电高效、清洁化利用和负碳技术应用等，另一方面逐渐提高非化石能源发电比例，最终构建以非化石能源为主的新能源电力系统。

推动电动时代的平稳过渡。在电动车技术发展成熟和电网清洁化的前提下，电动车在汽车行业碳中和中发挥的作用将进一步被放大，未来，电动车将发挥汽车碳中和的主力军作用。其间，不断推进电动车辆在各个领域的应用，平稳过渡到电动时代。

促进零碳燃料电池车的研发。加快零碳燃料电池车的研发，应用于难以电动化的远距离运输。远距离运输电耗比较高、使用周期较短，导致这部分车辆电动化难度较高。因此，可推进可再生氢等零碳燃料应用于远距离运输这些难以电动化的领域。

加快推进负碳技术的研发。负碳技术可大大降低汽车行业碳排放。因为技术条件或成本的限制，某些车辆可能无法完全实现电动化，或者生命周期某些环节无法实现净零排放，因此负碳技术对于这部分的碳排放而言非常必要，是实现碳中和的一大利器。目前负碳技术尚不成熟，成本较高，未实现商业化应用，因此这一阶段需重点推动负碳技术研发，达到商业化应用的

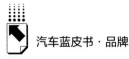
水平。

综上，远期主要通过加快电网清洁化转型、车辆电动化转型，搭配负碳技术商业化应用来实现汽车行业的碳中和。

参考文献

中国汽车技术研究中心有限公司：《中国新车评价规程（C-NCAP）》，2018。
中国汽车技术研究中心有限公司：《中国汽车消费者研究与评价（CCRT）》，2018。
中国汽车技术研究中心有限公司：《中国汽车测评蓝皮书（2018-2021）》。
中国汽车技术研究中心有限公司：《中国汽车低碳行动计划研究报告（2021）》。

B.12
中国民族汽车品牌年轻群体用户
发展趋势分析

李春生　丁纪元*

摘　要： 伴随着消费主体人群与结构的改变，年轻化转型成为许多产业与品牌发展的重要方向，汽车产业也不例外。新一轮科技革命和产业变革正在驱动汽车行业蓬勃发展，电动化、智能化、网联化成为新趋势，年轻消费者群体的崛起为汽车行业带来了新的增长机遇，成长于汽车消费普及时代的他们受到丰富的社交媒体、资讯平台、影视娱乐内容的影响，对于自我的个性与生活方式表达欲望更加强烈，因此有针对性地满足年轻群体的独特消费需求已成为各大车企抢占年轻市场的重要课题。本文通过分析年轻群体特征、消费特点及影响因素，探究年轻群体汽车消费营销策略，解读市场上部分汽车品牌年轻化案例，通过理论方法构建，内容营销、青年共创等实操玩法，与年轻用户产生情感共鸣、匹配年轻用户价值观，探寻民族汽车品牌的年轻化之路。

关键词： 年轻消费群体　汽车消费　民族汽车品牌

---

* 李春生，创意星球董事、副总经理，主持创办创意星球网，专注于产品设计、品牌营销、运营模式的全栈商业策略，主持构建"品牌年轻化"理论体系，形成"五维度重构"品牌战略咨询模型、"校园营销4×4"模型、"品牌领鲜"服务框架模型等；丁纪元，创意星球策划主管，先后为20余家大型企业提供品牌年轻化咨询服务。

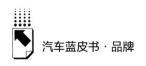
一　年轻消费群体洞察

（一）"而立前"的新青年消费群体

"Z 世代"一词近年被愈发频繁地使用，但很多人对于其所包含的人群属性却一直处于模糊认知的状态，包括"90 后""95 后""00 后""10 后"等多种组合形式，也有直接将年轻人统称 Z 世代。

"Z 世代"一词最早出现于美国，在库普兰 1991 年小说《X 世代：加速文化的故事》中使"X"符号，代表对 1965～1980 年生人未定义的期待，定义 X 世代，继而在欧美简单粗暴地出现了 Y 世代（1981～1995 年生人）以及 Z 世代（1995～2009 年生人），大致以 15 年为一个世代，并事后解释性地给予了 Z 世代一些大致共性，如受到互联网、智能手机和平板电脑等影响，从而称其为互联网世代，但是直接将欧美的定义套用到国内青年并没有足够的合理性与长效性，因此本文从中国传统文化解读，将 30 岁前（18～29 岁）离开原生家庭开始进入社会独自学习生活且尚未组建自己家庭的青年群体，称为"而立前"的"新青年"，通过研究这些"新青年"的喜好及消费特征，为汽车品牌年轻化营销提供建议。

（二）年轻群体兴趣特征

1.互联网原住民，活跃的信息接触者

"而立前"的"新青年"，是网络的原住民，也是活跃的信息接收群体。其互联网接触群体比例达到 97.7%；另外值得关注的是电影院，他们在电影院的月到达率为 62.3%，所以年轻群体在媒体接触上，更倾向于外向型和走出去的接触。① 同时，随着他们步入社会后的发展，接触到的媒体形式也日趋多样化，或者说他们接触到的媒体范围逐步扩大，接触时间也被不同

---

① CTR 媒介动量：《2019 年大学生媒介与消费趋势研究》。

媒体分割。

2. 网络视频的实力消费者

从媒体接触来看，他们是网络视频的实力消费者。年轻群体每天在网络视频和短视频的停留时间为53.5分钟，78.1%的受访者一周平均每天上网看视频和短视频两次以上。另外还有一个趋势，随着年龄的上升，他们接触网络视频的时间会缩短。

综艺、电视剧、动漫是最受欢迎的三大网络视频节目形式，除动漫这一形式彰显了年轻人的与众不同外，他们与整体人群的节目形式偏好相似。值得关注的是，男生群体是网络直播的重度受众人群，上网看网络直播的人群达到29.6%，在总体人群中这一部分的比例是16%，两部分的差异非常大。

从不同性别来看大学生观看网络直播现状，男生是网络直播的重度用户，他们不仅在时间上进行消费，在网络视频上的付费意愿也非常强，花钱看节目，在男生群体中是很普遍的事情，男生群体产生过付费行为的比例达到84.9%，对比总体人群的47.9%，可以看到，在未来可以靠用户付费获得更多回报。

3. 积极上进的"群"居动物

他们是积极向上的群居动物，有些观点认为当代青年群体非常慵懒，他们随时可以"平躺"，生活中也确实有这样一部分人。但是，有90.4%的大学生过去一年参加过体育活动，这样的比例和总体人群的78.9%也形成了明显差异。年轻人还是热爱运动的，并没有那么"宅"。

从网络社交活跃方面来看，他们过去一周中持续使用社交软件的比例是79.8%。他们主要关注这几个方面，首先，他们非常关注时事，无论在微博还是微信中，时事都排在前面；其次，喜爱美食，追求时尚和文化。

男女群体的社交偏好也不太一样，女生更多是独自表达，或者是情绪化的表达更多一些，而男生更喜欢在网络上发表他们的观点，梳理他们的思考。

同时，很多年轻人喜欢把他们的各种交流群进行分类，他们参加最多的群组是亲友群，比例为71%，这和人们潜意识里的年轻人亲情淡漠不一样，他们非常重视亲情。另外还有49.4%的大学生参加了兴趣群，福利团购群

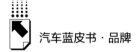

则以 46.3% 的比例排在第三，之后是有关学习的信息交流群，还有代购群等，他们会参加各种群组进行相关的讨论。

（三）年轻群体的消费特征

1. 初具实力的消费者

年轻一代消费规模和体量日趋扩大，逐渐成为商业世界乃至中国经济中不容忽视的力量。他们的消费水平随着年龄增长而不断上升，在大学期间，男生每月平均花费达到 1655.2 元，女生每月平均花费是 1571.3 元，而且从大一到研究生整个过程的增长达到 21%。

随着年龄增长他们的休闲娱乐投入增加，男生支出略高于女生，平均花费比女生高 10%。女生更倾向于买买买，喜欢逛街购物，女生的逛街/购物指数为 125，远高于男生的 57。同时，女生在团购福利群和代购群的比例也远高于男生。

而男生则更倾向于玩玩玩，男生网游指数远远高于女生，男生网游指数为 120，女生为 88；男生 App 游戏指数为 106，女生为 96，而且男生的停留时间也更长。不同性别的网络游戏人均花费，男生是女生的 2.2 倍，女生虽然也在游戏上消费时间，但是她们在游戏上并不喜欢花钱。[1]

2. 有态度的理性消费者

这一代年轻人充满文化自信，对创新传统文化的接受能力更强，国货品牌在年轻群体中越来越受欢迎，买国货、用国货、晒国货正成为表达自我情怀和文化态度的新形式。数据显示近六成受访者认同"只要有可能，我尽量购买自己国家生产的商品"。

在消费态度上，他们是理性的消费者，并不喜欢负债买他们买不起的东西。而且，有 80.7% 的受访者表示，会努力找寻正宗原版的产品，遵循认真生活的态度；还有 70.9% 的受访者更相信知名品牌，所以建立一个可识别的品牌，对未来消费者是很重要的。

---

[1] CTR 媒介动量：《2019 年大学生媒介与消费趋势研究》。

（四）年轻群体的品牌选择特征

想要了解哪些因素会影响年轻人选择品牌，最重要的是要通过科学方法研究跟年轻人打交道的品牌，分析年轻群体在消费过程中的关注点，广告人文化集团与央视市场研究股份有限公司（CTR）联合发布青年榜项目阶段性研究报告，从 220 条生活形态语句中选取年轻群体具有显著特征的 23 条语句，通过 AIO（Activity，Interest，Opinion）量表评估，选出反映群体价值观与不同消费行为模式之间关联最具代表性的语句并结合品牌价值的核心：认识-认知-认同（认识-品牌符号系统：消费者对品牌的记忆反应，包含品牌信息的接触、品牌形象的感知、品牌情感的传达等内容，起到品牌增强识别的功能；认知-品牌利益系统：消费者对品牌相关产品或服务的使用与体验的认知反应，包含对产品与服务的质量、创新、便捷等多维度的结果反馈，起到品牌信用背书的功能；认同-品牌意义系统：消费者对品牌的综合情绪与行为反应，包含品牌心智影响、品牌关注度、品牌溢价等内容，起到品牌创造溢价的功能），构建品牌影响年轻群体消费的六个维度（见图 1）。

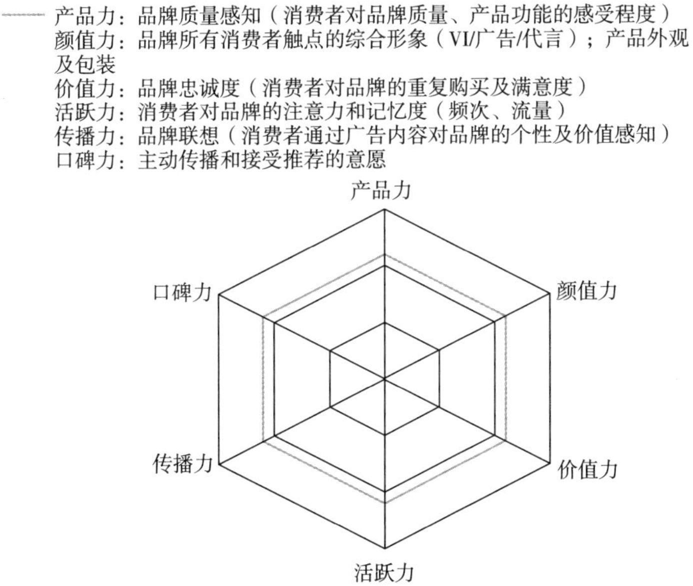
产品力：品牌质量感知（消费者对品牌质量、产品功能的感受程度）
颜值力：品牌所有消费者触点的综合形象（VI/广告/代言）；产品外观及包装
价值力：品牌忠诚度（消费者对品牌的重复购买及满意度）
活跃力：消费者对品牌的注意力和记忆度（频次、流量）
传播力：品牌联想（消费者通过广告内容对品牌的个性及价值感知）
口碑力：主动传播和接受推荐的意愿
产品力
颜值力
价值力
活跃力
传播力
口碑力

图 1　影响年轻群体品牌选择的维度

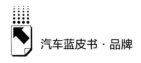
第一点是产品力，没有一个好产品，谈不上做品牌。消费能力越强的消费者，对产品品质的需求越高。

同时，品牌创新性越高，品牌产品力对男性年轻消费者吸引力越强，69.0%的男生表示过去1年自己购买某服装配饰品牌是因为该品牌"总是率先推出新产品"，高出女生近10个百分点。

独特、原创、高品质的价值力，可以对品牌形成溢价，尤其是电子类、衍生品、泛娱乐App，都有超过70%的受众，愿意为品牌支付更高的价格。而那些有着高活跃力和传播力的品牌，往往更容易实现年轻群体的消费转化，乐于社交分享的他们，通过传播种草可以有效提升品牌口碑力。

当下是颜值时代，好看也是生产力，高颜值的产品可以有效激发年轻群体的购买欲。体验和口碑，也是推动他们购买的重要原因，有50.4%的受访者表示愿意尝试网红产品，所以追求流行也是引发他们消费的点。

还需值得注意的一点是年轻消费群体对自己认可的品牌，容易建立品牌的情感和忠诚度，75.3%的受访者表示，只要是喜欢的品牌，会坚持使用它们。跟通常所认为的喜新厌旧的消费者相对比，年轻消费群体是非常有品牌忠实度的人群。

除了专业化的研究模型，未来市场的品牌偏好同样值得关注，大学生作为未来市场消费的主力军，他们的消费喜好和消费习惯在一定程度上代表着未来社会的消费趋向。广告人文化集团基于该趋势，推出了《青年榜-中国大学生爱用的品牌》，通过研究大学生群体对品牌的认知、购买及使用行为，洞察他们对品牌的"初始印象"，为企业营销、品牌年轻化提供指引方向。

大咖观点1：广告人文化集团营销总裁　陈晓庆

《中国消费趋势报告》显示，未来5年内的消费市场将出现2.3万亿美元的增量。"90后"及"00后"年轻人的消费力不但承担了这个增量中的65%，而且将以每年平均14%的速度增长，是上一代消费增速的2倍。年轻群体不仅接棒成为消费主力，还带动了中老年全体呈现趋于年轻化的消费观念，年轻人的话语权和消费主力正在迅速崛起，重视年轻消费者，与年轻人保持正确的沟通是品牌战略中不可或缺的一部分。

面对"泛娱乐化"的市场以及各种"碎片化"的现状，品牌陷入了"营销怪圈"。想要瞄准目标市场，却发现目标市场庞大，"垂直难，影响难，占领更难"。中国品牌急需找到一种与年轻人有效沟通的"捷径"。

青年市场是各大品牌竞争的重要战略市场，而这其中最不可忽视的就是大学生消费市场。从时机上来讲，第一批"00后"独生子女走进大学校园，大学校园是这一批青年消费者离开家乡的第一个全新起点，也是品牌意识的起点。作为高质量的青年人群，他们将会成为引领和带动整个年轻消费的风向标；从氛围上来讲，因为封闭而相对单纯的校园环境更容易形成"羊群效应"，成为品牌营销的新触点。因此，高校才是抢占品牌入口，赢得年轻一代的第一块营销沃土。

二 汽车行业的年轻化趋势分析

（一）汽车行业的品牌年轻化趋势

汽车消费用户正逐渐向年轻群体转移，汽车行业的生态链与行业格局正在经历新一轮的改写，与上一代人相比，一切新鲜事物都能够与汽车行业挂钩，个性化、创新已成为关键词，这不仅让各大车企在生产过程中重视品质和性能，更要注重对营销内容宣传、消费者使用体验、口碑等方面进行全方位的调整革新，快速、深度拥抱新变化，在未来市场抢得先机。

在消费升级的大背景下，消费者变得更有自我意识，也变得更具有自我表达手段；品牌很难找到消费者追逐的背书性代言和认同的价值标准。过去品牌只要做好背书，消费者就会认同和选择；现在品牌很难通过营销占领消费者心智，可背书、借力的空间越来越小，而大部分汽车品牌还停留在传统的广告营销和老用户的教育上，传统的自上而下、说教式、单一的广告投入、赞助合作，对年轻群体产生触动的作用力越来越弱，要真正做到抵达用

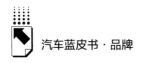

户，链接用户，服务好用户，需要在产品力、品牌力上着力，与年轻群体产生情感共鸣已成为新的营销趋势。

品牌年轻化浪潮来袭，民族汽车品牌异军突起，传统豪车品牌营销模式面临严峻挑战。新生代消费者对豪华品牌价值认知出现差异拐点，"体验即产品""超预期满足"将推动自主豪华品牌实现品牌渗透，随着新生代用户对豪华品牌衡量认知的变化，用同样的价格买到产品力更强、更符合消费需求的车型，是部分消费群体越来越看重的事情。新晋豪华品牌之所以能够跟传统豪华品牌正面竞争，主要因为这些品牌在创新方面更有优势。一是产品创新，比如自动驾驶技术上的领航辅助功能；二是用户服务体系创新，这些是消费者愿意支付溢价的原因，更重要的是需要深入洞察和把握用户变化。

根据乘联会数据统计，2021 年中大型 SUV 销量排名中，理想 ONE 高居榜首，远超宝马 X5 及奔驰 GLE（见表 1），同样的在 2022 年 1~2 月轿车销量排名中，比亚迪秦也力压宝马 5 系、奔驰 E 级（见表 2）。传统豪华车市场绝大部分份额由 BBA 长期占据，但近年来蔚来、理想等品牌跻身其中，在消费者心目中已经形成了高端品牌认知（见表 3）。这主要是因为年轻用户对豪华车的定义不再单纯地由品牌和价格衡量，体验感、科技感、个性化正在成为重要的衡量指标，这为民族汽车品牌的入市崛起提供了新的契机。

表 1　2021 年中大型 SUV 销量排名

单位：万辆，%

排名	车型	销量	同比
1	理想 ONE	9.13	172.9
2	途昂	6.73	-10.9
3	宝马 X5	5.02	3.4
4	雷克萨斯 RX	4.86	-1.3
5	奔驰 GLE	4.77	32.1

资料来源：乘联会。

表2　2022年1~2月轿车销量

单位：辆，%

排名	轿车	2022年1~2月	2021年1~2月	同比
1	轩逸	78501	81423	-3.6
2	宏观MINI	52798	43085	-15.2
3	比亚迪秦	51043	4262	
4	速腾	40275	54398	
5	凯美瑞	39178	29246	34.0
6	雅阁	36723	29155	26.0
7	宝马5系	35444	29045	22.0
8	宝马3系	34581	30290	14.2
9	全新英朗	34356	60639	-43.3
10	帝豪	32825	36911	-11.1
11	新宝来	32055	55997	-42.7
12	逸动	31108	37450	-16.9
13	奔驰E级	30398	28602	6.3
14	新天籁	29007	23218	24.9

资料来源：乘联会。

表3　2021年12月高端SUV销量

单位：辆，%

排名	高端SUV	2021年12月	2020年12月	同比
1	特斯拉（Model Y）	40500	—	—
2	理想ONE	14087	6126	130.0
3	奔驰GLC	13072	11171	17.0
4	奥迪Q5	10994	16644	-33.9
5	宝马X3	10414	10219	1.9
6	途昂	6368	8760	-27.3
7	沃尔沃XC60	5625	6513	-13.6
8	蔚来ES6	4939	2493	98.1
9	凯迪拉克XT5	3856	6239	-38.2
10	奔驰GLB	3735	5093	-26.7

资料来源：乘联会。

而在新能源车领域，年轻化带来的品牌认知改变更加明显，特斯拉、比亚迪、蔚来成为电动车消费主力人群的品牌首选（见图2）。尽管传统燃油豪华品牌也在积极布局新能源车市场，但消费者对于豪华车品牌的电气化车型远未有传统燃油车接受度高。究其原因是新势力品牌更贴合新时代消费者需求，实现以科技体验渗透市场，反哺品牌。

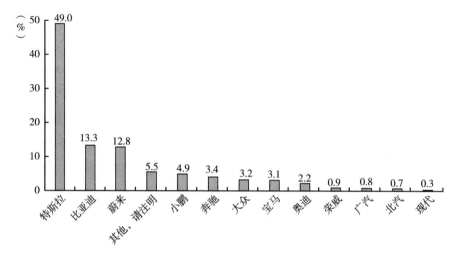

图 2　未来购买电动车品牌倾向调研情况

资料来源：虎嗅。

21 世纪第一个十年，产能扩张与产品加速引入，让中国完成了家用汽车的第一次普及。那是一个以供给推动需求的年代，消费层次也因为产品的相对稀缺而产生明显的分化。

进入第二个十年，中国汽车市场逐步转变为需求拉动供给的消费者时代。现有拥车群体的固化延长了换购周期，大量同质化产品的涌入又难以提起首购消费者的兴趣——这批新生代消费者的消费诉求已与父辈截然不同。两代消费群体的更替，给汽车品牌重塑和产品线重新布局带来了新机会，这也是中国车市进入存量争夺战时代，车企从数量型增长转向结构型增长的唯一机会。

车企们为了争抢已成为市场主力的"80 后""90 后"年轻消费者，几乎使尽了浑身解数，但其中的很多企业都"不得章法"，从产品到营销，经常给人的感觉是在堆砌所谓的年轻化素材，把一些运动风、激进的设计元素不和谐地堆在一起，营销活动也"强行有趣"，让年轻人看了止不住的"尴尬"。汽车与消费者的关系，过去是汽车提供使用便利的平台，未来则是汽车提供生活方式的延伸。汽车与消费者的生活方式越接近，消费者越容易认同它的价值，和品牌的关系也就会越深。

1. 以东风风神为例，探讨传统车企的年轻化转型

传统车企在这股年轻化浪潮中如何兼顾理想和现实？从东风风神的年轻化之路中或许可以得到借鉴。在易车发布的《准高校毕业生车市洞察报告》中，东风风神准高校毕业生"青年车市渗透率"超过85%，在一众自主品牌中排行第四位。这足以说明东风风神的产品深受准高校毕业生群体的青睐，也说明东风风神近两年大刀阔斧的年轻化改革已见成效。

要真正年轻化，就要和年轻人有一样的精神内核，作为互联网时代的原住民，这一代年轻群体比起祖辈、父辈，更为热血并富有激情，性格喜好更是五花八门、多元并存，在追求高品质的生活时，更希望获得有驾驶激情与乐趣的出行体验，东风风神在洞察年轻群体的价值观后，将品牌定位聚焦在"驾趣"上，同时推出全新的赛道标识 AEOLUS，与年轻消费群体建立起对等的沟通话语体系，为东风风神构建了更加年轻化的品牌形象。

智能化与科技感是年轻用户的关注重点，也是汽车架构的未来，东风风神与华为联合研发智能车机系统，通过不断的技术积累和突破，实现车、手机实时交互，再加上基于互联网的数据及软件更新升级，全面满足年轻消费者全场景出行需求，为年轻消费者打造智慧出行方式。

年轻化的产品是载体，更重要的是与年轻群体的直接沟通，针对追求个性的年轻群体，东风风神推出的"奕炫家族"改装大赛为他们提供展现自我的舞台，同时征战 CTCC 也为热爱汽车运动的年轻消费者搭建了线上与线下交流的社交平台。

追逐国潮与国风的时尚正在兴起，面对热爱国潮文化的青年们，东风风神与国漫 IP"一人之下"展开战略合作，彻底突破次元壁，国漫力量遇见国潮之光，将动漫圈、改装圈、潮流圈的年轻用户融合到一起，让改装的受众人群向动漫粉丝延伸，使得风神圈粉的外延不断扩大。

这些能与年轻群体平等对话的沟通方式，正是东风风神从经营产品向经

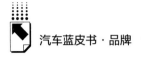

营用户的思路转变，不仅有效识别了年轻用户需求，更基于"粉丝"这个特殊群体，以年轻、活跃、会玩的姿态拉近与粉丝的距离，增加了将用户变为品牌"忠粉"的概率。

2. 以领克为例，探讨造车新势力品牌的年轻圈层打造

根据来自第三方 NCBS（新车购买用户调查）数据，截至 2021 年上半年，领克品牌用户中"90 后"用户占比高达 33%，而"95 后"用户占比为 18%，领克品牌"90 后"客群（包括"95 后"用户）占比高达 51%，远高于乘用车总体市场平均 36% 的"90 后"用户占比。对照之下，大众、本田和丰田"90 后"客群占比依次为 35%、33% 和 34%。透过这组对比数据不难发现，很显然，初出茅庐不久的领克品牌，显然比丰田等动辄百年的品牌老店，更擅于给年轻用户"种草"。

领克究竟有何种魔力能引起年轻群体的共鸣？

当车市进入买方市场时，早已过了"闭门造车"的阶段。用户需求渐趋多元化，就需要在用户需求中找准市场。一方面，品牌需要耐心听取用户的声音，另一方面，品牌需要珍惜"种子用户"，需要借助用户口碑扩大品牌影响力。

在粉丝经济模式中，通过建立有独特的价值、可以让某个特定人群产生情感寄托的载体，再向消费者推销产品的高品质和情感，就可以筛选并锁定产品受众群体，一旦维系好忠实粉丝，就通过粉丝的口碑进行传播。

很多年轻消费者喜欢新势力品牌，一个重要原因是它们与用户共创的品牌理念，领克一直在建立与用户连接的触点上寻找"多元解"，推出了领克专属 App，搭建了领克商城，带来了 Co 币新玩法，在这里可以买到领克周边潮酷产品，形成品牌黏性，这里也是一个社区，可以形成专属的文化圈层，通过这样的生态圈建设，与用户展开紧密互动，实现共创、共享，这让领克始终与用户保持共鸣，从而为产品的研发和品牌向上持续赋能。

沿着性能进阶的道路，领克深化品牌在运动文化上的营销布局，与追求性能的年轻群体形成情感链接，除了参与 WTCR 房车世界杯之外，还成立了"领克性能车俱乐部"，让品牌在运动文化热情上更加高涨。

通过张扬个性和偏重品质内涵的宣传，深刻洞察年轻用户的喜好，以用户为中心，关注用户核心诉求，用年轻人喜欢的方式，建起强韧的品牌纽带，是领克实现快速稳健发展的根本原因。

2025年，将是中国汽车市场的巨变之年，按照规划与推算，届时的传统燃油车份额将缩减至目前的50%左右，[①] 这意味着传统车企需要让自己的产品、精神、思考更先进。领克家族的崛起，从产品维度、精神维度，双向满足消费者需求，显然带给了市场新的参考方向。

（二）年轻群体的汽车观

1.购车意愿强烈，校园阶段成为品牌认知黄金期

根据公安部数据统计，截至2021年底全国汽车驾驶人数量4.39亿，18~25岁占比11.48%，约4800万。[②] 且"而立前"消费群体多数为有本无车的"本本族"，未来五年随着该群体步入社会，消费能力增加，将逐步释放汽车销售增量（见表4）。同时他们有着更强烈的购车意愿，根据数据统计，近70%的群体在学生阶段已经形成购车意向，因此在大学期间对这些潜在客户的培育成为重中之重。

表4　新购车用户的年代分布变化趋势预测

单位：%

出生年代	2015年	2016年	2017年	2018年	2019年	2020年	2025年E	2030年E
"70前"	14	13	13	11	10	9	6	3
"70后"	35	34	34	31	29	27	19	15
"80后"	45	43	40	39	38	38	38	31
"90后"	6	10	14	17	20	24	32	35
"00后"				2	2	3	6	17

资料来源：国家统计局、国家信息中心预测。

2.使用场景趋于多元化发展

汽车作为交通工具的传统功能被弱化，但智能终端属性和情感属性被强

---

① 资料来源：中汽信科数据库。
② 资料来源：中汽信科数据库。

化，汽车在他们眼中不再局限于个人或家用场景，在社交、娱乐、商务场景中都扮演着重要角色，除了个人及家庭的日常通勤外，还涵盖了交际应酬、商务工作、满足兴趣爱好等多元场景（见图3）；与商务、旅行等细分场景相关汽车相关内容，也受到了越来越多年轻群体的关注。

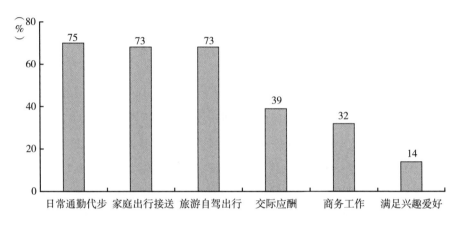

图3　Z世代汽车使用场景

资料来源：哔哩哔哩。

3. "彰显个性"的消费主张与智能化的伙伴和家庭成员

受科技产物快速涌现的影响，这一代年轻群体的消费观念和消费习惯更加前卫，他们希望在消费中完成自我塑造，不再拘泥于性价比，而是看重个性、体验与服务，同时汽车对于他们来说不仅仅是交通工具，更多的是自我表达与乐趣的体验，让他们的情感与生活获得了额外的释放空间（见图4）。对汽车品牌来说，把车辆打造成智能化的"大玩具"，在年轻群体和车辆间建立起家人和伙伴般的情感纽带，是赢得这一群体的必经之路。

4. 社交与视频平台成为突围利器，真实的个体建议更具影响力

外出吃饭，上大众点评搜附近推荐；买护肤品，在小红书上"种个草"；入手新产品，去知乎看看专业用户的建议，做攻略已经成为当代年轻人"理性购物"的必备技能，只有4.5%的受访者表示自己消费前不做攻略（见图5）。"80后"和"85后"中排名最高的购物攻略渠道是"搜索引

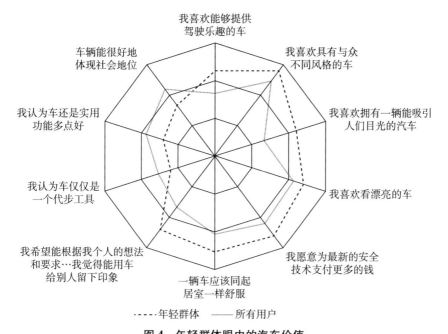

图4　年轻群体眼中的汽车价值

资料来源：孟菲、郁淑聪、吕双：《泛Z世代汽车需求偏好和消费行为演变研究》，《时代汽车》2020年第5期。

擎"，而"90后"、"95后"及"00后"中，排名最高的是"小红书、微博等社交平台"，数据占比达到60%。

年轻群体获取汽车信息的主要渠道正逐渐从熟人圈子和传统的车友交流，转移至通过短视频/直播平台等互动社交平台获取。对他们购车有影响力的人群，也逐渐扩展至专业程度高、个人魅力大的平民意见领袖或草根网络博主（见图6）。这一趋势意味汽车品牌的整合营销方案需要有针对性地向互动社交平台以及平台上的活跃意见领袖偏移。

除图片和文字之外，年轻群体也更加倾向参考不同类型的信息来帮助自己做出购买决策，已经成为国人生活中重要部分的长短视频，包括近两年新近崛起的汽车直播已经被相当一部分年轻购车者视作购买过程中重要的信息来源（见图7）。尤其是在直播内容的喜好上，年轻人群体现出相对整体明显更加高涨的兴趣和热情。这样的热情不仅停留在当下，也将在未来得到充分的

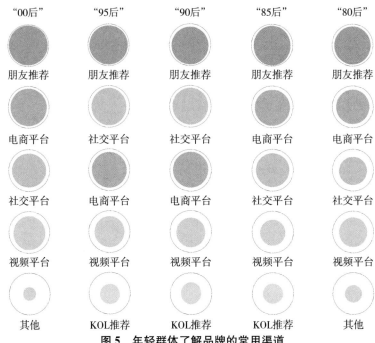

图5　年轻群体了解品牌的常用渠道

资料来源：DT财经。

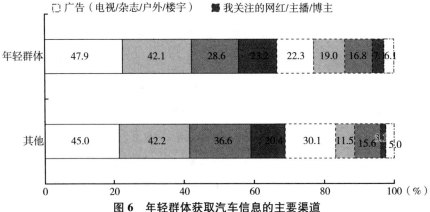

图6　年轻群体获取汽车信息的主要渠道

资料来源：《2020中国Z世代购车倾向调查》。

延续。在短期内有购车规划的年轻受访者中，计划将直播信息纳入购车参考的人群比例已经上升到了 17.5%。直播正在成为图文和视频之外，中国汽车信息的第三极。

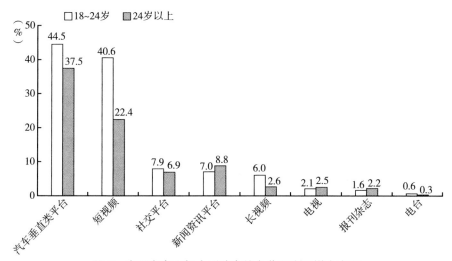

图7 中国汽车兴趣人群购车信息获取主要媒介来源

资料来源：《2021 中国新生代人群汽车兴趣洞察报告》。

5. 民族文化自信，更偏爱民族汽车品牌

随着民族品牌自主研发、自主创新能力的不断增强，国外品牌设置的技术壁垒已经较为薄弱，自主车型在性能以及可靠性上与合资品牌的差距逐渐缩小，而智能网联化的人机交互系统方面，民族汽车品牌车型的人机交互体验在全球范围处于领先水平，这无疑很对成长于互联网时代的年轻人的胃口，通过前面的分析我们了解到这一代年轻人在选择一款产品时不会完全迷信大品牌，而是会先通过各种途径去了解这款产品带来的体验，因此更贴合中国用户需求的国产品牌崛起亦是大势所趋（见图8）。

6. 传统汽车 vs 新能源车，谁更受年轻群体偏爱

2020 年下半年开始，新能源汽车市场重新进入快速发展轨道，从技术普及规律看，新能源汽车早期阶段，智能科技是主要拉动力，目前市场销量位居前列的特斯拉、蔚来、理想和小鹏等品牌均搭载先进智能辅助驾驶系

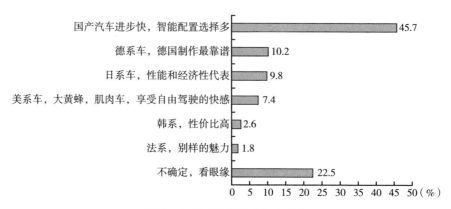

图8 年轻群体选择的汽车品牌

资料来源:《2020中国Z世代购车倾向调查》。

统,成为吸引用户的重要功能。通过调查数据分析44%的用户选择燃油车;
其次为混动车,占比33%;纯电动车占比19%(见图9),新能源车(包括
插电式混动和纯电动车)正在进一步崛起,未来汽车电动化与智能化加速
融合,新能源汽车所具备的智能化功能将进一步凸显,与传统燃油车形成差
异化竞争更为明显。根据中汽协数据,2021年我国汽车销量2627.5万辆,

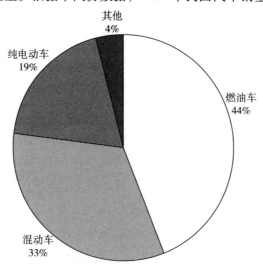

图9 年轻群体选择的汽车类型

资料来源:汽车之家。

其中新能源汽车销量 352.1 万辆，渗透率为 12%左右，远低于上述用户意向比例。这意味着，当这一代互联网原住民成为购车主力时，新能源汽车的销量会得到显著提升，助推新能源汽车发展进程。

7. 充电与续航依然是选择新能源车的最大顾虑

续航短，充电难，特别是冬季气温下降后导致需要更高频次的充电需求与充电基础设施不完善的矛盾，是影响用户选择新能源汽车的主要因素。

2021 年国庆是疫情好转后最热闹的一个黄金周，很多车主纷纷出去旅游，平时也因为疫情的管控而不能随意出行，但万万没想到的是，新能源汽车车主竟然被集中堵在了高速加油站。原因很简单：因为高速服务区的充电桩数量根本无法满足超出平常 4 倍的车流量的充电需求，不少车主是充电一小时，排队四小时，原本出行才三个小时的路程，竟然达到了七八个小时。

对于新能源汽车用户而言，充电方便与否、效率高低直接影响到用车便利性（见图 10）。根据统计，用户出行频次和出行里程越高，对快充方式就越依赖。2021 年，19.9%的电动汽车用户有跨城充电行为，平均跨越 3 个城市。从使用频次看，快充桩以其高效的充电方式成为 99.3%的用户首选。

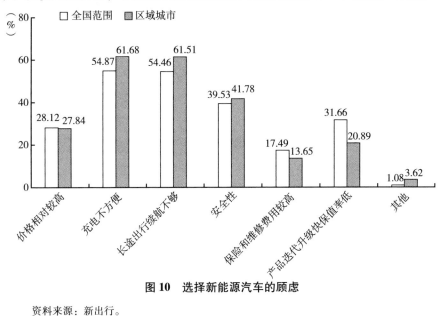

图 10　选择新能源汽车的顾虑

资料来源：新出行。

中国充电联盟数据显示，我国公共快充桩和慢充桩的比例分别为35%、65%，与用户实际需求的匹配出现矛盾。这将是未来车企、桩企和运营商亟须解决的问题。

8. 热衷智能黑科技，对科技配置期望值更高

智能科技对互联网原住民的 Z 世代群体来说，更加具有亲和力和吸引力。调查结果显示，53.7%的受访者认为新能源汽车可以实现更多智能化功能，46.3%的受访者则认为智能与能源形式无关，燃油车也可以很智能。

对于新能源汽车吸引年轻消费群体的科技功能或配置，自动辅助驾驶、自动泊车、中控大屏及多屏联动这三项"黑科技"排在前三位，紧随其后的是车载娱乐系统和语音交互功能（见图 11）。在汽车"新四化"浪潮的推动下，智能电动汽车也将迎来新的发展机遇，除了传统车企之外，造车新势力纷纷涌现，互联网等跨界玩家也相继入场，多元化的造车者将为市场提供了更多选择。

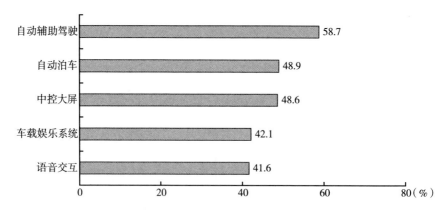

图 11 吸引年轻群体选择新能源车的功能

资料来源：《2022 新能源汽车消费趋势报告》。

9. 新能源汽车用户的整体特征和需求

通过对比现有车主与潜在车主的年龄分布区间和人生阶段，我们可以发现，新能源汽车的消费人群日趋年轻化，20~30 岁青年群体的潜在车主比重比现有车主高出 10 个百分点，他们对新鲜事物接受度较高，也更认同新能源理念，准车主的年龄还有进一步减小的趋势（见图 12）。

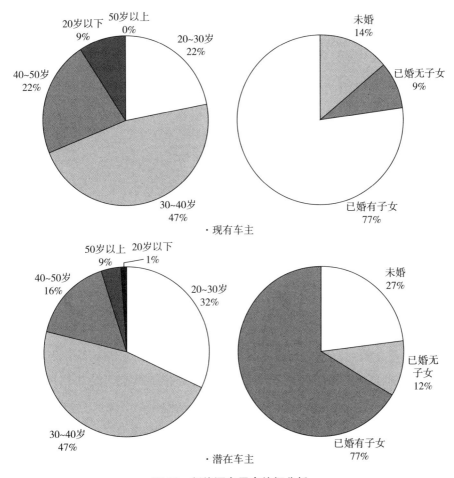

·现有车主

·潜在车主

图 12　新能源车用户特征分析

资料来源：第一电动网 & 汽车头条。

不论是现有新能源车主还是计划购买新能源车的准车主，10 万～20 万元的年收入均是占比最大的区间，占比达到 36%，其次是年收入 10 万元以下的家庭。通过对比，潜在车主年收入在 20 万～30 万元的比重较现有车主而言有所降低，而年收入在 10 万元以下区间的比重却相对提高，这与车主年轻化具有一定的关联性。年收入在 20 万元以下的潜在消费者占比 61%，是主要的消费人群（见图 13）。

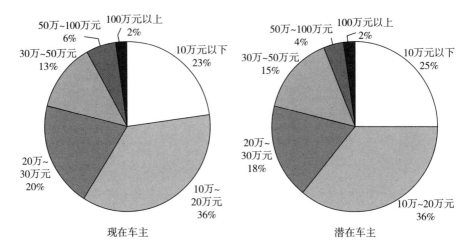

图 13　新能源车消费者年收入分析

资料来源：第一电动网 & 汽车头条。

根据调研情况，潜在消费者对于新能源车的购车预算高于现有车主的购车价格。可以看到，10 万~20 万元车型是最受关注的价格区间，现有车主这一比重为 46%，潜在车主这一比重提升至 53%。次要关注价格区间为 5 万~10 万元车型，现有车主这一比重为 36%，潜在车主降低至 30%（见图 14）。一二线城市的潜在消费者受限购政策的影响将重视选购中高端价位的车型；三四五线城市的消费者处于燃油车向新能源汽车的转变初期，潜在消费者购买 10 万元及以下的中低价位车型。

一线城市受车辆限号政策，购买新能源汽车抢号牌资源，现有车主有 6 成生活在一线城市；随着一线城市新能源号牌资源的减少，申请难度加大，新能源汽车潜在消费者占比减少，二三线城市新能源基础设施的完善和消费习惯的形成，潜在消费者比重最高达到 42%，同理，四五线潜在消费者的比重提高到 23%（见图 15）。新能源消费的主力市场由一二线城市向三四五线城市转移。

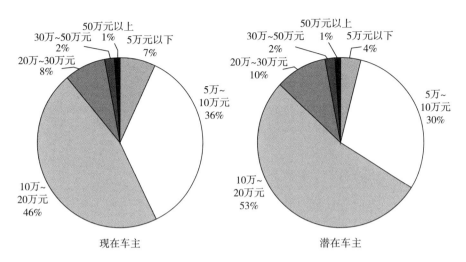

图 14　新能源车消费者购车预算

资料来源：第一电动网＆汽车头条。

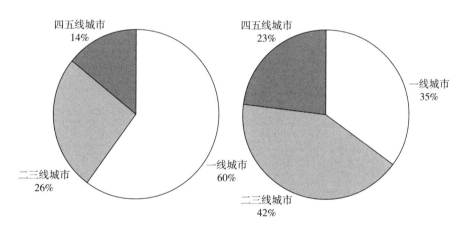

图 15　新能源车消费者所在城市

资料来源：第一电动网＆汽车头条。

大咖观点 2：凤凰网汽车事业部总经理　郝炜

汽车品牌对年轻人关注的话题、元素、对话方式的运用已经非常成熟，特别是代表时下的流行元素和具备前瞻性的科技元素。产品方面，外观设计、颜色、车标、代言人/虚拟代言人；用年轻人的语言进入年轻人语境成

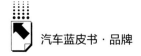
为在沟通和营销上表现突出的年轻化方式。

年轻化的过程中，一定避免太过表面或生硬嫁接；更要避免用力过猛、不用过度示好，不要只是感动自己。做年轻人的事，一定要有真正的年轻人操盘手。

注意降低焦虑感。毕竟掌握互联网话语权的并不是沉默的大多数，而真正的消费者却往往又出自沉默的大多数。我们在关注潮流和引领的时候，也需要照顾到对汽车缺少了解的一般年轻消费者。

营销的形式多变，但沟通的基本逻辑和核心不变。近些年来的消费者洞察工作过于依赖技术实现和数据表达，网络调查和大数据分析当然可以提升一定程度的工作效率，但这些调查结果多数情况下依旧是对已发生情况的归纳总结，很难说能在洞察的深层和趋势的预判上起到作用。因此对年轻人生活的观察、年轻人生活变化和整个社会变化的内在逻辑非常值得投入持续关注，在这个方面，社会学、心理学、经济学等专业人士的贡献应被重视，这对品牌的持续发展一定有重要作用。

大咖观点3：央视市场研究（CTR）总经理助理、媒介智讯总经理、CTR媒体融合研究院执行副院长　赵梅

近年来，新能源、智能驾驶以及更多互联网行业的跨界入场，迫使整个汽车行业迎来了转型与升级。与行业潮流化、智能化消费趋势相对应，汽车行业的主要消费者中涌现出一批新鲜个性的"Z世代"人群，新一代的汽车消费更是与他们新的生活方式、社交方式相呼应。"车"不仅仅是交通工具，而是重要的生活场景之一，他们更注重品质、更有活力、拥有独立的经济来源和个性化的消费态度。面对变化，汽车品牌营销需更注重多元化与个性化。通过多元化的媒体组合，丰富品牌价值，渗透品牌力。同时，通过个性化的传播渠道，传播凸显品牌产品智能化和优势技术的特色内容，完善品牌私域管理，优化产品服务体验，与消费者建立直接、有效、紧密的联系，释放品牌魅力，助力品牌长久稳健的发展。

三 汽车行业品牌年轻化建议

（一）品牌年轻化系统构建

对于现代企业来说，实施年轻化战略已经不是选择题，而是要改变消费者对品牌状态的认知，在营销过程中保持品牌与时代节奏同步。需要品牌不断与年轻消费者产生情感连接，表达品牌核心理念。

针对品牌所处的市场周期和竞争环境，品牌年轻化策略包含防止品牌老化、品牌焕新、品牌复兴、品牌重塑、品牌激活等一系列细分目的与行动。

认为品牌年轻化就是影响青年消费者的观点是片面的。品牌年轻化策略的核心是与消费者相互分享自己的追求。这将是一场持之以恒的战斗，归根结底一句话：品牌年轻化的目标是实现品牌活化，即凸显品牌的创新力、领导力、内容力、互动力。

品牌年轻化的落地通常是高度碎片化的战术，碎片化的执行虽然能带来青年人群的参与和二次传播，却无法保证实现重复消费，所以品牌年轻化不是标签更不能理解为作秀，此类策略的共性是不走寻常路，门槛是落地可执行。如果一种推广模式被验证是合适的就一定要坚持。

品牌年轻化有"雷区"："网红"产品＝卖点年轻化——但不是年轻品牌的核心价值。廉价≠年轻化——今天的年轻人需要更好的产品。未来范儿≠年轻化——年轻人可能更喜欢追求复古。小游戏、小装置≠年轻化——这类点子是拿去戛纳评奖用的，多数属于没有转化能力、无法持续，与品牌的市场前景关系不大。

1. 品牌如何年轻化

数字生活无处不在。人与人之间无处不在的网络连接让公众的批判意识、参与意识得到了极大增强，凡事敢于公开和揭底，对信息即时作出反应、直率表达的交流态度成为时代文化特征。在这样的生态中各种品牌已然

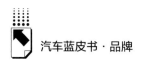

成为消费者评论的靶子，用户对其不再有神秘感和身份隔阂。

战略、传承、技术和用户，是决定公司未来的四项要素，其中的技术要素与用户要素构成了品牌实现年轻化的三个维度。

（1）青年互动——吸引青年群体深度参与的营销内容

有主题，有深度，有节奏，有互动，有成果的品牌推广活动，让消费者有兴趣长时间关注品牌动态并参与形成营销闭环：参与共创-尝试消费-品牌体验-品牌认知-意识深化-品牌认同-重复消费-品牌忠诚-参与共创。

（2）品牌保鲜——产品升级、价值创新和品牌延展

用提升产品竞争力的措施绽放品牌活力，维持消费者忠诚，同时实现新顾客扩容。同样为了形成营销闭环：SEO-消费体验-引发关注-口碑优化-增强体验-口碑扩散-消费体验。

（3）系统升级——实现品牌运营模式的变革

20世纪的营销模式和评价体系已经不能解决问题必须改变：从模组到融合——额经营系统拆除边界；从传承到迭代——品牌文化踏准节奏；从告知到转化——用户引流取代触达。

2.实现品牌年轻化必须构建系统

企业若想应对挑战，实现长期良性增长，就必须洞察趋势，自我更新，完成品牌进化和重构，从文化、战略、产品、渠道、传播等全维度进行品牌创新与再造（见图16）。

（1）从上到下的战略

品牌年轻化首先应该是企业的重要战略，是老板工作。一方面是因为品牌年轻化是项系统工程，唯有从战略层面去推动，才能在企业内部有效协调达成目标；另一方面，往往企业品牌出现老化，最主要的原因就是企业老板的意识老化，或者精力有限无法应对市场变化，或者年龄老化与新一代消费者严重脱节，造成在企业的具体决策中不小心站在了老化的一边。

（2）对话式文化系统

品牌毕竟是由人来管理运营，以及存在于人的头脑中的，要想由内而外地带动品牌年轻化，在企业内部的组织上就得首先确保年轻化，这就要在企

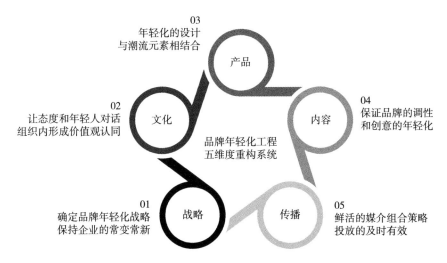

图16 品牌年轻化工程五维度重构系统模型

业文化上主动适配，企业愿景和价值观主动向年轻一代倾斜，同时在人员构成上也要保证一线员工的年轻化，尤其是负责品牌运营的部门。

（3）快速迭代产品

在整体市场严重内卷化的时代，产品差异化程度很难长期保持，能否及时发现新的消费形态和场景，快速升级迭代，不断与潮流元素结合，直接决定了产品老化的程度。

（4）保持开放的品牌态度

人们并不是讨厌衰老，而是讨厌油腻。不是所有品类都适用于年轻人，品牌也不需要无底线地一味讨好年轻人，但是品牌必须保持开放的态度，能够在自己的节奏上与时俱进，将自己的价值观、调性、态度随时注入年轻态。

（5）传播路径的动态化

互联网时代，人们的注意力时间被粉末化切割，消费者的媒体忠诚度很低，品牌需要时刻注意，避免长期将资源投入在固定媒体上，而是要踩中消费者兴趣转移的脉搏，随时调整传播路径组合，避免路径老化影响到品牌老化。

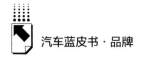

（二）青年互动实现企业的市场持续竞争力

1.跨界营销引爆年轻圈层关注点

"瞄准电竞少年"是一个极具潜力的"赛道"。根据中国音数协游戏工委（GPC）与中国游戏产业研究院联合发布的《2021年中国游戏产业报告》，2021年中国电竞游戏市场收入1400亿元，电竞用户规模超4.89亿，电竞圈层粉丝男性占比近六成，且主要分布在高线城市，19~24岁的占比54.1%，25~30岁的占比18.3%，与各大汽车品牌所争取的年轻消费群体契合，而从消费态度上来看，这部分年轻群体一旦认定一个品牌，忠实度极高。因此跨界电竞无疑对于抓住年轻消费群体而言是更为高效、快速的营销方法，跳脱出浮于表面的联名赞助，领克选择与英雄联盟战队携手，除了输送电竞设备与培养电竞人才之外，还在全国各大城市开展英雄联盟杯赛事，覆盖了30万年轻人群。从携手合作，到战队进军世界赛，再到线下赛事的开展，领克都参与其中，同时借助赛事的高人气在B站为中国战队打call，直播人气一度高达5亿。

同样关注电竞圈的还有长安汽车，长安UNI-T携手人民电竞及eStarpro共同打造的王者荣耀挑战赛同样切中了都市青年群体的内心，从自身的品牌理念出发，结合长安UNI-T"自有引力"的独特态度，开启了一次品牌营销破圈升级战，通过电竞的影响力，以及其粉丝和品牌受众的交集和理念的一致性，不断给长安UNI-T注入年轻化基因的同时，进一步深化年轻圈层认知，打通汽车圈层与电竞圈层的壁垒，打造了一场破次元壁的出圈刷屏。

除了电竞圈外，关注年轻人生活、工作，寻求年轻群体情感共鸣，长安汽车从自身的品牌理念出发，结合品牌"自有引力"活出自我的人生态度，打出了一套环环相扣的音乐营销举措，并在社交媒体平台推广，多渠道共振下强强联合迅速破圈，拉新留存用户，为品牌注入年轻活力，同时通过明星与年轻群体建立有效连接，打通汽车圈层与音乐圈层的壁垒提高长安UNI-T的品牌认知度和好感度，极大缩短用户种草拔草的路径，带来更多品牌价值变现可能。

2. 青年共创——品牌与年轻群体的双向奔赴

抓住未来消费主力军。国家统计局数据显示，中国在校大学生人数达到3700万，全国各类高校达到了2852所。庞大的数量基数也创造了千亿级别的市场规模，早在2018年我国大学生消费市场规模就已突破9449.8亿元，了解大学生消费特征，预测未来市场的发展和机遇，是未来商业体系的重要课题。虽然大学生的消费能力受限，但潜力无限，他们的消费喜好和消费习惯在一定程度上代表着未来社会的消费趋向。研究大学生群体对品牌的认知、购买及使用行为，洞察人们对品牌的"初始印象"对于品牌营销至关重要。

大学是占领年轻群体的最佳卡位。大学是未来消费主体必经的历程，他们在这个半开放的特殊环境中走向社会，走向消费独立，走向经济独立。当代大学生成长在经济增长最快、网络高速发展的时期，且仍未进入社会，拥有较强的消费欲望并带有明显的互联网印记。对于大学新生来说，离开家乡步入大学校园他们才真正拥有自主消费的权力，品牌融入生活，消费观、价值观开始建立。从品牌观念来看，随着年龄增长，15~29岁的人群尝试新品牌的意愿逐渐递减。22%的人愿意尝试新品牌，而在30~34岁人群中，这一比例则剧减为12%。由此看来，大学是一个绝佳的卡位，年轻人在这里群聚，孤而不独，线上易传播，线下易发酵。

（1）高校青年内容共创——搭建沟通桥梁，洞察青年文化

内容创作是新世代年轻人自我表达、实现个体价值的重要方式，有着共同兴趣爱好和创造力的年轻人，也会跨文化圈层形成彼此的合作。"造"动·菱菱后——五菱宏光 MINI EV 的创意工厂瞄准高校青年，联动核心高校，建立实践课题式合作，以宏光 MINI EV 为原型与高校年轻群体畅想未来生活，鼓励年轻人在一次次头脑风暴中迸发出更多创意，引发年轻人对于追求梦想、勇于挑战自我的价值讨论，并通过奖学金、实习机会等方式支持青年创想。用"年轻的姿态""年轻的话语体系"与年轻人深度沟通，在与年轻人的交流中，拥抱更开放的年轻市场，五菱实现了与消费者的直接沟通，拉近品牌、产品和用户之间的距离，对宏光 MINI EV 拓宽市场销路、

品牌形象塑造大有裨益，为五菱品牌和年轻受众之间建立起一座沟通的桥梁。

长安汽车发起的"创无界"青年创意挑战赛成功建立了与年轻群体的沟通互动通道。"创无界"是年轻无限生长的代名词，也是应对未知变化最好的方法论，长安汽车以品牌与创意共生，社会责任与年轻战略交融，以赛事的方式解锁高校版图，在年轻美学与消费创新之间架起桥梁，勾勒出汽车品牌的年轻化发展路径。

通过赛事征集向年轻人传递长安汽车"科技长安，智慧伙伴"的品牌理念，面向全国大学生群体挖掘创意，跟年轻人保持互动，让越来越多的年轻、有趣的元素注入品牌，从而构建年轻圈层，助力品牌焕新。用年轻的力量，为企业焕发新的生机，为品牌年轻化创造更多可能性。

（2）行动共创——聚焦兴趣点，渗透青年圈

潮流是领克鲜明的个性标签，无论是以"都市游乐场"为主题，打造活动区域与活动内容，还是平方青年"插电之夜"潮流派对，都是对新型"车与人"之间关系的思考，而这正是在传统意义的车展与外展上跨越传统汽车维度进行"圈粉"，在真正意义上创造了"不可复制"的独特体验。与此同时，领克又与大热动漫IP"吾皇万睡"进行了联名，这再一次打破了传统汽车品牌的思维局限，吸引了大批年轻人和小朋友前来打卡。引领汽车品牌与二次元文化的潮流联动。通过不同圈层的营销动作，领克不断拓展跨界，与拥有相同价值观的用户共创"潮流"，"圈粉"无数新生代用户。

"用户共创"是互联网思维和最佳用户体验的需求趋势，是汽车企业重构价值链的重大突破。极氪从"出道"开始就一直自带流量，并且在车市缔造了"极氪现象"，通过各种活动和互动，与用户深度沟通和链接，比如极氪三电全国用户疑问征集、让人耳目一新的开城仪式等，从ZERO概念车到ZEEKR 001的诞生过程中，极氪便根据用户的反馈进行了多达342项提升，这在传统车企中根本不敢想象，甚至开创行业之先河，向用户开放电驱品牌选装，而用户可以自行选择电动机供应商。在其他车企还在高举用户大旗的时候，极氪就已经以科技和潮流敲开了用户的心门，与他们玩在了

一起。

要真正打动年轻人，实现品牌年轻化目标，前提仍然是真正搞懂年轻大众所需。事实上，当今社交平台越发达，年轻人越渴望直面沟通；潮流玩物越多样，他们越希望精神共鸣；娱乐资讯越丰富，躁动不安的年轻消费者越期待亲身经历。在相同时代背景下成长，而又各自矛盾的年轻人，期待品牌所做的当然不仅只是简单地设立产品体验官，或是以 App 为媒介，加强线上沟通，而是以他们喜闻乐见的方式，让他们深度且更广泛地参与其中。

（3）未来用户培育——走进高校课堂，产教融合新模式主动拥抱年轻消费者

通过前面的数据我们了解到，近 70%的群体在学生阶段已经形成购车意向，因此在大学期间对这些潜在客户的培育成为汽车重中之重。

影响人越来越难，抓住人越来越难，不如直接走进年轻人中间，通过品牌入课的形式，将企业当下最新动态直观呈现给年轻人群，并结合高校教学计划，形成直接高效的消费者教育，帮助年轻人群深度了解品牌与产品，营造品牌与年轻人直接对话的场景，完成直观的用户沟通和消费者教育。

一汽奔腾走进天津大学举办"与后浪同行，与未来同在——未来汽车创新趋势"校园公开课，与天津大学学子共同探讨"共创""创新""青年力"，向学子们传达汽车行业文化，增进大家对汽车行业的认知，激发学子们的就业热情和创业热忱，推动青年创意创新的发展，为品牌积累青年口碑，同时通过与高校教师学科带头人和优秀青年学子的深入交流一线年轻消费者的需求与意见，完成了品牌年轻化的一手调查。

在"新文科、新工科"的教育浪潮下，长安马自达顺应产教融合之势，用"悦马"公开课的形式主动拥抱年轻消费群体，开辟了全新的品牌年轻化形式。"悦马公开课"校园活动为产教融合舞台，打造校企联袂同台的新模式，陆续走进了清华大学美术学院、鲁迅美术学院、南京理工大学、同济大学、湖南大学与广州美术学院六所国内顶尖学术殿堂，从品牌理念到设计技术优势，与大学生面对面探讨"艺与技的共创之美"。企业高管出席与青

年对话、重磅研发专家坐镇、分享知识点诚意满满，主动给予年轻群体近距离接触企业核心的难得机会。而这种年轻群体与品牌的共鸣，势必也会提升他们对长安马自达品牌的印象，好感度直线拉满。通过一堂堂公开课，长安马自达的产品力、品牌力得到了大部分年轻群体的认同，也颠覆了相当一部分年轻人对于长安马自达的印象。

四　结语

2025年是中国"十四五"规划的收官之年，在中国汽车发展规划和制造业发展规划的纲领性文件中，都明确提出了一个目标：到2025年，中国要成为世界汽车强国。

汽车产业正经历百年未有之大变局，汽车电动化、网联化和智能化成为时代潮流。与此同时，我国人口世代更替对未来汽车产业影响也将更加深远，汽车企业必须把握住这一发展趋势，在社会和产业大变局中寻找新的机遇。

年轻是品牌最好的未来，在新商业时代，和年轻玩在一起才是与时俱进。面对更加注重自我的年轻消费群体，一款车型包打天下的历史一去不复返，存在更多的差异化细分市场的机会，尤其在我国这样一个超大规模汽车市场中，即使一个小的细分市场也将会是一个不小的需求规模。

因此，未来中国民族汽车品牌的发展需要深度洞察年轻群体消费价值观和行为特征，把握住他们对汽车的需求偏好，尤其是要理解年轻消费群体需求的本质，比如对于智能化技术，他们需要的是炫酷科技感，还是真正能提升舒适性、安全性和便利性的功能性技术。

从产品到营销向年轻化推进，针对年轻群体重视颜值的特性，在外观设计上需要更加突出潮流、运动、时尚；在产品配置层面，智能化、网联化的布局不可或缺，最大限度地满足个性化搭配需求也是提升品牌好感度的重要一环；营销层面，搭建与年轻群体的沟通互动平台，借助互联网社交平台对品牌种草，通过打造沉浸式营销体验，缩短用户与产品之间的距离。

寻找年轻化新触点需要用心的投入，挖掘年轻群体的兴奋点；需要勇敢的尝试，实现与年轻群体的价值共创，走进更多年轻场景，贴近年轻群体，共创更多用户喜爱、品牌用心的内容，与年轻人群的同频共振可能成为民族汽车品牌年轻化破局成功的关键。

参考文献

于欣策：《破圈到固圈新阶段民族汽车品牌用户教育策略分析》，《世界汽车》2021年第12期。

李伟利：《Z世代崛起加速汽车产业格局重塑》，《汽车纵横》2021年第10期。

孟菲、郁淑聪、吕双：《泛Z世代汽车需求偏好和消费行为演变研究》，《时代汽车》2020年第5期。

昀璐：《智能汽车变革时代，领克靠什么链接年轻用户?》，《商学院》2021年第5期。

益普索、哔哩哔哩：《2021年Z世代汽车观洞察报告》。

巨量引擎：《2021中国豪华车市场研究报告》。

DT财经、第一财经商业数据中心：《2021青年消费调查报告》。

OPPO & J. D. POWER：《2020中国Z世代购车倾向调查》。

懂车帝、巨量算数、中国汽车流通协会：《2021中国新生代人群汽车兴趣洞察报告》。

汽车之家、德勤咨询：《2020中国Z世代汽车消费洞察》。

《深度解构品牌年轻化》，《声屏世界·广告人》2021年第6期。

《青年洞察是品牌年轻化的钥匙》，《声屏世界·广告人》2019年第7期。

《深耕校园创意廿年 品牌年轻化试验田》，《声屏世界·广告人》2019年第7期。

B.13
新汽车时代的新品牌与新消费

柳 燕[*]

摘 要： 在汽车产业变革大潮下，汽车已成为综合智能移动生活空间，"新汽车"的内涵和外延正在被不断刷新，汽车从不同的维度被重新定义。汽车本身的改变，带来全价值链的变化，形成全新的应用生态，衍生全新的商业模式，产业格局全面重构。当汽车被重新定义为新汽车，作为汽车价值链的核心支撑要素之一的品牌亦发生变化，从品牌的属性到呈现形式都更加多元，进入"新品牌时代"。随着消费社会的变化与消费者的变化，汽车也进入新消费时代。品牌与用户关系呈现新的特点。结合新品牌与新消费的变化趋势和要点分析，民族汽车品牌崛起的机会远远大于挑战。新汽车时代，民族品牌可在新品牌范式、满足新生代消费者体验需求、创新营销方式等方面构建竞争优势，助力实现品牌向上的新突破。

关键词： 新汽车 新品牌 新消费 民族汽车品牌

一 应运而生的"新汽车"

汽车行业常用的"新四化"趋势，具体地说就是电动化、智能化、网

---

* 柳燕，技术经济博士，中国汽车行业资深品牌营销专家，拥有在国企、合资、外资、自主车企担任品牌官的工作经历，现任中国汽车工业协会副秘书长，主管汽车行业品牌发展支持与服务工作。

联化、共享化。其中前面三个关键词，更聚焦汽车本身。电动化和智能网联的趋势，与互联网时代新一轮科技革命大潮一起，将汽车产业带入全面升级转型阶段。汽车作为新赛道上的玩家和选手，此汽车也不再是彼汽车，"新汽车"应运而生。

传统意义上的汽车，是从 A 点到 B 点的单一交通工具，承载功能属性。在 5G、AI、物联网和大数据等技术驱动之下，汽车的内涵和外延被不断刷新。"新汽车"正在从不同的维度被重新定义。

从技术层面看，汽车正在由人工操控的机械产品向电子信息系统控制的智能产品转变；从应用层面，汽车由单纯的交通工具转变为智能移动空间和超级应用终端，汽车的空间属性被充分释放，自动驾驶将使得汽车摆脱单一的驾驶场景，成为集娱乐、社交、出行、办公等于一体的"第三生活空间"，成为新兴业态的重要载体；从产业层面看，汽车的发展已经被置于更大的范畴，与绿色能源、移动通信、智能电网等的发展紧密衔接，是智能交通和智慧城市的基本单元，是拉动技术进步和产业升级的支柱性、引领型产品，是产业协同发展、融合创新的数字化大平台。

汽车本身的改变，带来了全价值链的变化，形成全新的应用生态，衍生全新的商业模式。产业格局全面重构。作为汽车价值链上的关键支撑要素之一的品牌，也随之发生变化。汽车进入"新品牌"时代。

二 新汽车时代的"新品牌"

汽车行业新发展极大地推动了汽车品牌的求新和变革。从汽车-品牌-营销的递进关系角度看，当宏观层面的汽车有了全新变化，中观层面作为汽车价值链的核心支撑要素之一的品牌必然发生变化，姑且称之为"新品牌"。新品牌之"新"，体现在从品牌的属性、类型，到呈现方式，再到品牌打造的理念和营销玩法等与品牌相关的全方位层面。

先从字面上解析新品牌之"新"。新品牌，不是指狭义的、新推出的品

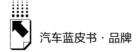

牌，而是泛指在新汽车时代新创建的品牌与全面焕新的老品牌，以及与之伴生的品牌建设的新理念。"焕新"包括表象上的 logo 换成新设计，品牌主张 slogan 更新，也包括价值体系升级及新理念、新玩法，是品牌战略的全面换新。此外，本文的"新品牌"，除了上述意义上的产品品牌、企业品牌之外，还包括从幕后走到台前曾经的"隐形品牌"——技术品牌、要素品牌，以及万物互联时代全新出现的品牌范式——生态品牌，它们共同构成了新汽车时代的新品牌集群。

（一）新品牌之"新"：新创品牌与焕新品牌

1. 新创品牌

汽车领域的新创品牌，指从竞争维度上真正的新进入者品牌。

如果将 1885 年卡尔奔驰设计制造的三轮汽车面世作为诞生时点，汽车的历史已经走过了 137 年。在这 100 多年汽车历史中，诞生了很多品牌，走到现在并且享誉全球的伟大汽车品牌中，大多已经有了百年沉淀，比如人们家喻户晓的 BBA——奔驰、宝马、奥迪，比如大众汽车，比如百年品牌福特、林肯，比如即将迎来 90 周年的丰田和日产等。在全球范围内，汽车品牌的数量其实并不多，经过多轮跨国并购，集中度不断提高，汽车集团数量已经屈指可数。中国是汽车集团数量和汽车品牌数量最多的国家。2015 年前后，中国有量产车交付的汽车品牌就超过 150 个。

即使如此，中国汽车市场仍在不断诞生新的品牌，特别是最近五年。百年汽车史上，从来没有哪个五年，像中国这样，密集地诞生了这么多新的品牌。其催化剂，就是在科技革命大潮下，中国汽车产业跑步进入了"新汽车"时代。

汽车新品牌的代表，当属人们耳熟能详的"造车新势力"头部企业"蔚小理"。作为早期的互联网造车新势力，蔚来汽车和小鹏汽车 2022 年都已经进入品牌创立的第 8 年。对于汽车这个百年产业来说，它们仍算是新创品牌。在刚刚过去的 2021 年，这三家车企新车年交付量均超过了 9 万辆，在群雄争霸的汽车市场上，暂时站稳了脚跟，也对中国汽车品牌新竞争格局产生了深刻影响。

在中国汽车市场的新创品牌中，有一部分是全新入局的，比如蔚小理、高合、哪吒，跨界而来的小米、问界等，一部分是传统车企里全新创建的品牌，比如2016年前创立的仍以燃油车为主的领克、WEY、星途等。最引人注目的是被称为"国家队"的最近两三年集中推出的定位于高端智能电动车的一系列新品牌，如东风的岚图、广汽的埃安、上汽的智己、长安的阿维塔、北汽的极狐等。这些新创品牌，瞄准智能电动汽车的新赛道，强势入局，抢夺属于自己的一席之地。

2. 焕新品牌

在汽车产业变革大潮中，从政策导向到市场环境，从产品功能到用户需求，都发生巨大变化，作为现有的汽车品牌顺应趋势、拥抱变化、创新发展的积极举措，近年来，品牌焕新成为潮流。

品牌焕新最直观的表现是换标，更换logo。汽车圈普遍所以使用"焕"字来表述品牌换新不是简单的文字游戏，而是意味着全新战略的开启。它包括全新的品牌战略目标、愿景、品牌价值体系、品牌主张、用户关系、商业模式等的全方位内容。与推出脱离以往体系轻装上阵的全新品牌不同，焕新品牌将在传承企业及品牌优势的基础上，通过变革与创新，参与到新赛道的角逐赛中。在过去的几年间，几乎传统主流品牌和企业都纷纷完成了品牌焕新。包括国外的百年品牌和中国的传统企业集团。品牌焕新，一方面通过换标，让品牌的视觉普遍更透明化、扁平化，更具简约和科技感，符合数字化时代的媒介辨识特征和新生代的审美取向；另一方面，通过发布品牌焕新，创造开启全新品牌战略的机会。近年来大车企集团纷纷"换标"，也成为新汽车时代的特有景象。

（二）"新品牌"的五种打开方式

1. 产品品牌与企业品牌

在汽车营销的大部分语境下，品牌通常指的是产品品牌和企业品牌。上述关于新创品牌与焕新品牌的阐述，均同时指这两类品牌。

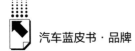

企业品牌和产品品牌是不同的商业概念，通常企业品牌是产品品牌的母品牌。在很多企业，企业品牌和产品品牌分属不同的部门和团队来负责。

关于企业品牌和产品品牌的名字，有的共享同一名字，比如大众汽车；有的不然，比如一汽作为企业旗下有解放、红旗、奔腾等，但没有叫一汽的产品品牌；有的则既共享又不同，比如吉利企业旗下有吉利、领克、几何、极氪等产品品牌。

产品品牌和企业品牌的建设理念、路径和目标受众等均有不同。产品品牌主要关注用户，而企业品牌除了用户，还要关注各利益相关方比如政府、合作伙伴、投资者、员工以及社会公众等。强大的企业品牌是产品品牌的护城河，也是旗下推出新品牌时的有力背书。

在企业的实战中，不同属性的品牌类别，在营销传播中对应着不同的述求、策略和手法。基于本人在企业层面多年的一线品牌营销实战经验，近两年来在行业工作中对整车品牌的持续洞察与思考，以及延伸到全产业链的视角，笔者认为除了企业品牌、产品品牌之外，还有三种品牌类型值得重视：技术品牌、要素品牌和生态品牌。其中，技术品牌和要素品牌不能算是新的类型，但以前的存在感非常小，生态品牌则是万物互联时代的一个全新的品牌范式。在新汽车时代的新品牌格局下，它们已经在品牌的舞台上发出了越来越大的声音，并将占据越来越重要的地位，对消费者心智影响产生不可替代的独特作用。

2. 技术品牌

顾名思义，技术品牌是对技术进行品牌化管理，从而为企业或产品进一步创建差异化竞争力。它是企业或产品品牌的延伸品牌。在汽车行业，技术品牌本身不是新生事物，但在汽车品牌历史上，成功地形成认知度和影响力的技术品牌并不多，企业将其按照品牌建设路径来打造的也并不多。

代表奥迪四驱技术的品牌 quattro，可视为汽车史上技术品牌的经典代表。奥迪历经 40 多年打造的 quattro，具备了成功品牌的一切要素，这只壁虎甚至成为四驱技术的图腾，具有极高的品牌辨识度，它是既能兼顾公路性能又能兼顾通过性能的全时四驱技术，成为奥迪整车品牌的有力支撑。此外，大众的 blue motion（蓝驱）技术，致力于降低汽车的油耗和排放；丰田的 HYBRID 双擎技术，同时具有发动机和电动机两个动力源，在大幅提升动力性能的同时，极大地降低了油耗；马自达创驰蓝天技术 SKYACTIV Technology，是将汽油与柴油引擎、手动挡与自动挡变速箱、底盘、车身结构等主要元件优化的技术，它集驾驶乐趣、安全性能和环保于一体；沃尔沃全新动力总成 DRIVE-E（E 驱智能科技动力总成）技术，涵盖两个系列（汽/柴油）共八款发动机及 8 速手自一体变速器、6 速手动变速器，它突破了缸数、排量对性能表现的约束，排量更小，效能更高，排放更低，能够达到动力与环保的完美平衡，同时还兼具智能化和电气化的创新特点。在传统汽车时代，这些史上留名的技术品牌，都是清一色的国外品牌。

而近几年，在新汽车的大潮下，车企纷纷抢占新技术的制高点，在这样的竞赛中，新的技术品牌以前所未有的数量和速度问世。中国汽车企业更是快人一步，在技术品牌赛道上同时上演"弯道超车"。

以动力技术为例，在汽车新四化趋势下，新能源汽车技术创新与传统动力优化同台竞技，汽车动力在更广义的范畴内展开阵地战。纯电动作为新能源汽车的绝对主力，各车企的重视自不必说，而仅以"混合动力"这条技术路线来说，2021 年到 2022 年一季度，国内汽车市场可谓群雄争霸，企业的营销部门也纷纷以"品牌化"方式来打造其混动技术。前有合资品牌的丰田双擎、本田锐混动、东风日产的 e-Power 等，后有中国车企的比亚迪DM-i、吉利雷神、长城柠檬、奇瑞鲲鹏 DHT 等。

其中，比亚迪 DM-i 超级混动技术最为引人关注，是声量最大、对销量赋能最强的一个技术品牌的代表。DM-i 超级混动技术是一种以电池供能为主、发动机为辅的混动技术。在架构方面，DM-i 超级混动以超安全大容量电池和高性能大功率扁线电机为设计基础，依靠大功率高效电机进行驱动，汽油发动机的主要功能是高效转速去发电，适时直驱。它以电为驱动的发动方式改变了传统的混动技术，也进一步降低了油耗。目前 DM-i 超级混动技术已经成功实现百公里油耗降至 3.8L，它为混动汽车车主解决了"少用油、多用电"的顾虑。DM-i 超级混动技术对比亚迪 2021 年销量增长贡献显著，DM 车型销量已接近比亚迪新能源汽车整体销量的一半。DM-i 在其中的品牌效应功不可没。长城汽车近两年来，高度重视"技术品牌"的打造，在其技术品牌矩阵中，独立自主设计研发的"柠檬混动 DHT"系统，成为魏牌全面混动化转型的重要支撑，品牌旗下三款主力车型摩卡、拿铁、玛奇朵已全面搭载。

技术品牌开辟了跨越技术与营销的新阵地、新机会，在新品牌时代，技术品牌已经成为营销的新战场。营销如何讲好技术的故事，让技术标签化、故事化、品牌化，为产品品牌和企业品牌有效赋能，让消费者可感知，并且成为消费者购车时的重要因素，这是汽车品牌营销人的新课题、新难题。同时，也对汽车企业技术研发与品牌营销团队的协同作战能力提出了更高的要求。

3. 要素品牌

当汽车整车产品上的材料、元素、部件等核心构成要素按照品牌来运营时，它就被称为要素品牌。

工业史上最成功的经典的要素品牌案例，就是英特尔 Intel inside。Intel inside 要素品牌战略于 1991 年推出，开启了电脑要素供应商与消费者直接沟通的先河。为推广此要素品牌，英特尔花了 3 年 1 亿美元，最终为英特尔公司带来了巨大成功。要素品牌能帮助零部件供应商通过强调其提供的部件在整车产品上的巨大作用，创建竞争优势，提高消费者对其的需求，从而在主机厂面前拥有强大话语权和议价权。

在传统汽车零部件行业，大部分企业以 2B 为主，品牌建设不是核心业务，甚至很多零部件企业没有专业的品牌团队，即使其产品很强，推广渠道也主要靠销售，是纯粹给整车做衬托，是整车的供应商。在新汽车时代，技术发展迅速，很多与新能源汽车、智能网联技术相关的新兴领域门槛很高，整车厂很难或者完全来不及把所有核心业务掌控在自己手里。如此，整零关系就发生了根本性变化。

掌握了关键技术的供应商不再是简单供货者，而是与主机厂形成了协同合作、融合发展的关系。拥有强大的"零部件"核心要素品牌，使供应商有了被动变主动的机会，它甚至能够使供应商在新的整零合作关系中占据主导地位。特别是对于定位为2B+2C的供应商，打造强大的要素品牌是不可错过的新机遇。这是新汽车时代新品牌的"新"又一个维度的表现。

当前，汽车行业要素品牌最典型的代表，就是HI-Huawei Inside，华为全栈智能汽车解决方案。HI在汽车行业，跟Intel在计算机领域一样，作为技术、品牌的核心关键要素，为整车产品提供全栈智能解决方案的加持，授权给战略合作的主机厂使用，包括智能座舱、智能驾驶、智能电动、智能网联和智能车云服务。依靠母品牌的强大背书，为整车品牌的营销提供有力支撑，提升整车产品附加值和信任度。

HI要素品牌有完整的品牌标识系统和价值体系，有严格的使用规范和露出要求，仅出现在全栈解决方案战略合作车企的产品和相关营销场景中，比如北汽极狐的HI版车型。华为的HI是目前汽车界最受人关注的要素品牌，它能否再现当年Intel inside的影响力，应用到更多的品牌上，以另外一种方式为"不造车的华为"实现其汽车梦想，有待时间检验。但HI所代表的要素品牌，已经强势地走向品牌舞台的前台，走到了消费者面前，成为新品牌时代一个全新看点。

4. 生态品牌

生态品牌是物联网时代衍生出的全新的一种品牌存在形式。生态品牌的标准定义是通过与用户、合作伙伴联合共创，不断提供无界且持续迭代的整体价值体验，最终实现终身用户及生态各方共赢共生、创造价值循环的新品牌范式。这一定义出自凯度、牛津大学赛德商学院、海尔集团于2020年发布的《物联网生态品牌白皮书》，它也完全适用于正在生态化发展的汽车行业。

新一代物联网技术革新带来海量数据的积累，尤其是精细到每一个用户、每一台生产设备、每一家零售门店的多维度信息数据，如果得到充分利用，可以让企业的商业行为在精准把控宏观规律的同时，精确掌握用户在多元场景下每一个个性需求的细节，从而使企业的商业模式获得从"千人一面、一次性购买"到"'因需而变、终身交互'的个性服务"的转变。日益发展的技术催生了共享经济、场景体验、个性化社群等新的形势，这些新形势以及逐渐多元且逐渐迭代的消费者需求，都是品牌原本能力下无法满足的。

以造车新势力为代表的诸多新品牌，从"用户型企业"理念与概念切入，创建与传统品牌相抗衡的后发优势，引领了汽车行业用户共创的全新用户关系理念和模式，由此，汽车行业的生态品牌运应运而生。

奇瑞于2021年6月发布的首款汽车生态品牌iCar生态，是其中的典型代表。iCar致力于为消费者打造"千人千车"的一站式全场景解决方案，与用户共创未来的汽车生活。未来iCar生态将以优化用户体验为初心，致力于为用户创造无界全新生态形态，实现汽车与用户之间"情感化"交互。iCar生态通过智能定制化产品解决方案，打造出用户的专属汽车，与消费者的智能生活场景更加紧密地融合在一起，赋能每个人的生活场景。奇瑞的iCar生态不仅仅与首个生态伙伴阿里云进行合作，也将与其他企业进行深层合作，如产品共创，同时会与其他生态进行关联，形成以汽车生态为基础的多领域跨界合作，为用户提供一站式多场景的使用体验。与奇瑞一样正在打造自己的生态品牌的汽车企业还有捷途品牌、东风商用车生态品牌"鲲跃"，以及开始打造生态品牌概念的一些民族汽车品牌如上汽R汽车（飞凡汽车）等。这些汽车品牌都是"新汽车"、"新消费"和"新需求"背景下，开启生态品牌创新范式的积极行动者。

所有汽车品牌都在讲"生态"，对于生态品牌的内核，各方认知亦有所差异。有的将生态解读成跨界，有的理解成从研发、销售到不断迭代优化的全链路生态系统，有的理解从单体作战到舰队作战，有的是形成类似开发者生态圈，有的通过"智慧场景"战略，围绕自身产品拓展周边。但已经形成的共识是，生态品牌不是单打独斗，是用户和合作伙伴间的共创共赢。

5. 消费者心智是品牌的终极战场

技术品牌和要素品牌，以前基本上是不被注意的"隐形"存在，它的重要性对于主机厂或零部件远没有产品品牌重要。但在新汽车时代的新品牌格局下，它们已经走到了台前，走到了消费者面前。它们与产品品牌和企业品牌一起，构成新汽车时代多元化品牌生态圈，共同占领消费者心智，在消费者购买选择中不断加大权重。

其中，技术品牌是企业品牌或整车产品品牌的延伸品牌，其属于同一个拥有者；要素品牌则是企业或产品或技术品牌的联合品牌，要素品牌虽然也以主机厂的整车产品为载体，但其拥有者是零部件公司，品牌既不归属于主机厂，也不专属于某一个主机厂。这样，其与整车品牌的关系变得微妙。

在2021年7月上汽集团召开的股东大会上，陈虹董事长在回答关于上汽在自动驾驶方面是否与华为合作的问题时说，很难接受一家供应商提供整体解决方案，这样会变成他是灵魂，我们是躯体。陈虹表示，整车厂的灵魂一定要掌握在自己的手中。这一"灵魂与躯体"之争成为汽车乃至科技圈的"热梗"，它实际上就是因华为的"整体解决方案"而起，并将随着HI要素品牌的发展而长期成为话题，值得继续密切关注。

生态品牌是品牌内涵的一次新升级，它的站位更高，着眼于更广泛的融合发展，有利于整个社会的可持续发展，兼顾企业、用户和合作伙伴的利益价值，把万物互联时代的共享精神体现得更充分。

实际应用中还有服务品牌，二手车品牌等属于品牌在营销领域的延伸，不在本文讨论之列。以上五个品牌类别，构成了新汽车时代新品牌集群的核心支撑，而占领消费者心智是所有品牌的终极战场。

三 新消费社会与汽车"新消费"

（一）新消费社会下中国汽车行业

中国目前所处的消费社会相对比较复杂，一般而言，我们认为是第二、

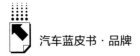
第三、第四消费社会共存的时代：第二消费社会，追求"量"，要越大越好、多多益善；第三消费社会，追求"纸"，要个性、差异、与众不同；第四消费社会，追求"简"，要简约、低欲、共享。就群体分布、地域分布而言，中国庞大的社会也能在这三种消费社会中找到对应点。

就群体分布而言，中国当前的社会阶层结构呈现橄榄形，两头小、中间大。居于两头的低收入群体，表现出第二消费社会的特征更明显一些，而富裕阶层表现出第三、第四消费社会的特征更明显一些，中间庞大的中等收入群体则相对比较复杂，要结合他们具体收入情况、地域分布、年龄层等多种因素来考虑。但就地域分布这个维度，很明显，超一线/一线城市诸如北上广深成等城市，一些高职高薪人士，对简约、环保、共享等概念接受度非常高，身体力行去实践这些概念。衣食住行，最能体现这些消费社会的差异。这些不同消费社会下的消费人群，对汽车的态度和需求也不一样。本部分聚焦"行"——汽车领域，简要阐述汽车行业发展如何引领和拥抱不同消费社会。

在汽车"新四化"（电动化、智能化、网联化、共享化）趋势下的今天，无论合资品牌还是自主品牌，以及造车新势力品牌，其产品进化与中国消费者的需求关系，从各自侧面佐证了当今中国汽车消费社会的发展。这些汽车品牌，不仅要讲产品，要讲品牌力，还要讲用车场景，讲用户，讲先进技术，讲人车共情。其提供给消费者的汽车，都是这些要素的"综合体"。

对新车的定义不仅是产品到底够不够安全、够不够舒适、够不够科技，也要定义它的服务够不够人性化、够不够与用户共情，用户的整体体验是不是完美。汽车企业在完善产品的同时，应关注产品使用的场景变化、关注场景背后的用户需求。如今的消费者买车、成为车辆使用者，其实购买的也不仅仅是汽车本身，还有它背后的其他要素，如品牌形象和口碑、服务质量、全生命周期的体验等。

（二）中国汽车消费趋势五大特征

影响汽车行业消费的因素有很多，从宏观层面，国家政策上为汽车消费创造了良好的氛围，如新能源汽车牌照政策、购置税减免政策、汽车下乡以及地方政府的阶段性政策等；从中观层面，消费社会的特点，如社会阶层的变化、地域方面的差异等都影响着汽车消费；从微观层面，消费者的组成结构、审美取向、价值观、消费观、家庭格局、事业发展、经济实力等都在发生变化。

在新四化背景下，结合消费社会发展的特点以及汽车市场参与者的变化和进步，我们认为，目前中国的汽车消费存在以下几种代表性的变化趋势。

第一，汽车消费升级和降级同时存在。所谓消费升级，是指消费品质量的提高和发展享受型消费的占比提高，带来总效用的提高。消费降级，是指收入下行甚至负增长等导致消费更低劣的商品，减少发展型消费，增加生存型消费。对于追求品质、精致、个性、与众不同等特性的中产阶层来说，买更好的和更好买的，两者都非常重要，中产阶级的消费升级就是更好买和买更好的。中国汽车品牌集体冲高，无论是燃油车传统阵地的吉利旗下领克品牌、长城旗下 WEY 品牌，还是高端电动汽车赛道上大批新势力的出现，以及豪华车市场渗透率不断提升的现象，都是消费升级最好的证明；对于面临较大压力，同时又对精致、有格、低价、超值、物美有要求的群体来说，市场推出这类产品或选择时，他们会用钱包做出选择，比如五菱宏光、宝骏、比亚迪等品牌旗下车型的热销就是现实的例子，虽然消费在降级，但消费者对品质的追求并没有因此降低。

无论是消费升级还是消费降级，对于民族汽车品牌来说，重要的都是提升品质，提升用户体验。在中低端市场，品质与性能挂钩，在中高端市场，品质比产品本身更重要。民族品牌+合理的价格+优良的品质＝"最优"和"最具性价比"的选择。值得肯定的是，经过主流民族汽车品牌的多年努力，中国车已经摆脱了早期质低价廉的印象，以优良的品质表现，全面提升了口碑。

第二，对新能源汽车接受度迅速提升。越来越多的消费者开始首选电车，尤其是装备有较高智能驾驶水平的电车，并开始放弃燃油车——这不仅仅是因为电车在智能配置、续航里程、充电时长/充电桩、电池安全性等问题上解决了消费者的顾虑，同时高油价、难停车、限牌限号等现实问题也让电车比燃油车有了更明显的优势。而且电车的价格也开始广被接受，一方面是国家补贴依然存在，另一方面随着销量提升，企业逐渐有了规模效益，在定价方面可以与燃油车拉平差距。

在电动化的竞技场上，民族品牌汽车企业相比传统合资和外资品牌，有得天独厚的优势，特别是前文提到的新创品牌，它们没有传统的产品设计、定价、渠道等方面的束缚和旧资产拖累，因此只要在关键技术（坚持研发创新）、供应链（稳定且低成本的供应链）、营销（结合消费者的新营销）和服务体系（以消费者体验为核心的服务）等方面抓住机会，后发优势明显。经过十年左右的市场培育，到2021年，中国新能源汽车实现了从量变到质变的突破，销量超过350万辆，新能源汽车进入市场爆发式增长的新阶段。这其中，中国汽车品牌做出了引领性的贡献。值得一提的是，2022年一季度，在整体市场增速减缓的情况下，中国新能源汽车延续了增长势头，产销双超百万，中国品牌新能源乘用车累计同比增长1.5倍，高于整体增速。而在乘用车总销量中，中国品牌占比高达75.1%，比上年同期继续提高，成为增长的主要力量。

第三，消费者接触汽车的媒介更多元。在信息获取渠道上，呈现线上化、碎片化及多样化特征，社交平台的内容、社群互动评论、论坛分享等均会影响消费者决策。普通消费者以往认识和熟悉汽车的主要信息渠道是线下4S店、车展、楼宇广告、电台广播等传统渠道，随着互联网和移动通信技术的发展，不仅汽车之家、懂车帝等垂直类汽车门户网站成为消费者购车前首选的信息获取渠道，抖音、快手、火山小视频等迅速兴起的短视频平台也成为消费者认识汽车甚至购买的平台，越来越多的汽车厂家开始把宣传内容搬到这些平台，短视频等信息媒体渠道也成为越来越多消费者认识和熟悉汽车的新媒介。对民族汽车品牌而言，以满足消费者、服务消费者、收获消费者为核心宗旨，充分利用新科技、新媒介做各种形式的创新营销，具备先天的优势，是提升消费者满意度、忠诚度、推荐度的重要手段。

第四，消费者的购车渠道有更多样化的选择。传统的汽车销售模式是以4S店及汽车厂家下属的二级、三级代理商为主，这种模式的内核就是线下店面销售模式。但因为存在资产规模过重、资金压力过大以及消费者各种看不见的"猫腻"等问题，这种线下店面销售模式近些年来备受市场诟病。近几年汽车销售市场的新销售模式主要有：其一，汽车连锁超市，它跳脱了某一单一汽车品牌商的禁锢，将多种汽车品牌集合在一起在同一家连锁超市里售卖；其二，线上下单+线下4S店提车模式，线上下单可使价格更透明，也给消费者带来了更加便捷的购车体验，同时通过线上下单的形式，汽车品牌厂家也可以通过线上数据掌握消费者的购车、维修以及换购需求，同时在与客户的日常交流中建立情感体系，使用户黏性不断提高；其三，诸多新势力品牌带来的购车渠道革新——线下体验中心（一般开设在一二线城市市中心的大型商场）+线上App订购车型+服务交付中心提车，这种销售模式不仅让新势力品牌规避了传统汽车品牌庞大且复杂的4S店销售的弊端，同时也是新势力品牌更懂消费者、更好地贴合和融入消费者的体现。

对于民族汽车品牌而言，新的销售模式背后购车环节的透明化、养车环节的标准化能俘获更多消费者尤其是年轻消费者，是成功占领用户心智的重要手段。同时，这些新的销售模式会带来一些新的机会点，如私域流量池和社区文化、圈层文化的建立。当民族汽车品牌对私域流量、社区运营概念等新机会点越发重视时，其不仅能维系更多消费者对品牌的满意度和忠诚度，还起到传播品牌、巩固品牌的目的。

第五，对本土品牌信任度提升，愿意为国货买单。近些年随着中国经济实力的增强、国际地位的提升，国潮风兴起，国货品牌迅速崛起，它涉及生活的方方面面，如国货数码、国潮服饰、国货美妆、国产影视、国漫国游、中国音乐、中国文学、中国美食、文化遗产、大国科技等，不断涌现网红国货品牌，国货在很多领域引领了潮流。国潮风背后，是国力的增强，更是一种文化的自信。

得益于中国民族汽车近年来日益提升的品质和口碑，对于年轻群体而言，购买和使用中国品牌汽车不再是浅层的为情怀买单，而是为对技术的认可、品质的信任和文化的认同。近年来，民族汽车品牌不但在汽车设计、制造工艺和技术、配置装备等方面有了长足进步，在服务方面也有了骄人的发展，民族汽车品牌也不再是低端劣质的代名词了。在新能源汽车领域，前有蔚来、小鹏、理想、高合等造车新势力品牌的异军突起，后有东风岚图、广汽埃安、上汽智己、北汽极狐、吉利极氪等自主品牌的高端化尝试，不断有爆款明星产品脱颖而出，民族品牌正在走集体上攻路线。目前，不少消费者用销量和口碑给予这些民族品牌以正面评价。未来，民族汽车品牌在设计、品质、价格、体验和品牌口碑等方面做更深远的努力，将大有可为，民族品牌的崛起正迎来最好的市场机会。

（三）新消费社会与消费者的变化

随着新汽车时代的到来，汽车消费趋势发生新的变化，消费者对汽车产品与服务的需求不断升级。总体而言，消费者的变化主要体现在三个方面：消费者自身变化、消费者购车行为变化以及消费者用车行为变化。

1.消费者自身的变化

消费者的变化首先源于消费者生活世界的变化，互联网科技发展将消费者带到了数字时代。在数字技术与实体产业深度融合成为大趋势的背景下，汽车产业向数字化转型顺应了产业发展潮流、迎合了发展方向。在这一转变下，消费者既主动发生变化，也在被数字时代所影响。

消费者年龄结构变化是消费趋势变化的另一个直接影响因素。汽车消费者群体逐渐向年轻化倾斜。公安部数据显示，截至 2020 年底，18~24 岁驾照持有人数量超过 4000 万。[①] 这个数字象征着中国汽车市场庞大的潜在购车人群规模。70%的中国年轻汽车兴趣人群计划在 5 年内进行个人购车，这意味着未来 5 年仅在新车销售层面，中国汽车市场中年轻人群体量将可能超过百亿。[②] 对于中国汽车产业来说，购车人群已经实现了向以年轻消费者为

---

① 资料来源：中汽信科数据库。
② 懂车帝、巨量算数、中国汽车流通协会：《2021 中国新生代人群汽车兴趣洞察报告》。

主体的结构转变。

不同代际的人群在对车的选择和需求取向方面差异明显，体现在多方面：更加"爱美"，颜值即正义；拒绝千篇一律，更爱个性爱潮流；消费不为面子为社交；更爱数字化消费；获取信息的途径更多元；决策过程更加"短链化"，决策周期变短；更能接受新品牌；拥抱新科技，对智能黑科技的体验更为热衷等。

同时，"她经济"特征在汽车消费者中亦有明显的体现。公安部公布的数据显示，2021年机动车驾驶人达4.81亿人，其性别构成为男性驾驶人占比66.32%，女性驾驶人占比33.68%。而2020年女性驾驶人仅为1.48亿人，占32.43%，更早的2014年仅占23.5%，女性驾驶人数量和占比均连续多年呈现增长趋势。[①] 这一定程度上反映出女性汽车市场潜力增大。随着家庭进入第二辆车时代，女性购车的比例逐步增加，同时女性在家庭购车中的决策影响也越来越大。由此，汽车品牌对女性需求的洞察和满足也需要从营销端延展到产品和用户的全生命周期中，"她科技"与"她营销"相辅相成，方能占据新的制高点，赢得"她经济"时代的红利。

受时代迅速发展的影响，消费者消费价值观发生变化，以"90后"为购车主力的新生代消费者具有较高的文化属性，自我观念的迅速崛起、对新科技的追捧和情感需求的提升都激发这一代消费者在消费价值观和行为上的改变。由此，他们更注重自我意识形态的消费，更热衷于拥有黑科技带来的汽车体验，并更注重情感需求的满足，愿意为情怀及故事买单，更接受能够与之共情的品牌，更乐于接受具有参与感和尊重感的品牌关系。

2. 消费者购车行为的变化

随着数字化时代的发展，消费者的消费行为也发生变化。首先体现在购买标准的变化上。汽车不再只为满足使用功能，也不再是个人地位的标签。购车中对品牌历史、技术实力等体感方面的考量不再是决定性因素，对汽车的要求已经转换到思维层面，是对于效率、链接、服务、智能、全生命周期

---

① 资料来源：中汽信科数据库。

体验等多维度的综合评定。

购买旅程的变化是消费者买车行为变化的另一个特征。社交媒体和直播、短视频平台的兴起，拓展了消费者接收信息的渠道，消费者对于品牌认知、外观、性能、价格等信息的获取更加依赖线上。在数字化时代，消费者也尝试采用线上线下结合的方式进行购买，VR 看车、网络直播卖车都成为用户青睐的全新在线购车方式。进入 2022 年，汽车与元宇宙概念正在快速结合，有望进一步为消费者提供全新的数字化体验。而在购车过程中，消费者也愿意与车企直接进行沟通，这不仅激发新零售模式的出现，也促使诸多汽车品牌，特别是那些没有旧资产拖累及没有庞大基盘老用户的新品牌，从创建之日起就以用户型企业理念进行用户运营，探索用户共创之路，以便能够与新生代消费者"玩到一起"，让消费者获得更多参与感和认同感。

智能网联、辅助驾驶、个性化、配套服务、车主管理、环保、云端升级等也成为消费者购车的重要影响因素。当然，消费者对长期、短期租赁等灵活用车模式，也表现出更为开放的态度。

最近两年，疫情对生活的冲击，也给汽车消费者的购车行为，甚至消费观念和生活方式带来影响，在 2022 年春季上海等地暴发疫情之后，这种改变还在持续。在可预见的相当长的疫情防控常态化时期内，消费渠道从线下到线上的跃迁将只增不减，而消费情绪的变化走向值得汽车企业密切关注。基于对生命的珍视和对自由的向往，消费者对身心健康、生活愉悦、家庭幸福的诉求提升，汽车产品的推出应加强对消费者个性化、场景化需求的满足，如此，将在为市场提供更多消费选择的同时，给更熟悉中国市场、更了解中国消费者，且与外资和合资品牌相比，具有更快市场需求反应能力的民族汽车品牌提供了更大的机会和空间。

3. 消费者用车行为的变化

用车行为的变化首先体现在新消费时代，用车体验需求的构成发生了变化，由传统的基础功能性体验需求，升级为"新产品"+"新关系"的全方位生活体验需求。这与新汽车的新属性密切相关。汽车与能源、交通、信息通信等领域的技术加速融合，颠覆了产品的传统架构，汽车从单纯交通工具进化为移动智慧伙伴，消费者已经习惯智能驾驶辅助、智能座舱、智能网联服务等全新体验加持下的汽车应用场景。传统汽车的销售结束即企业与消费者关系的结束，购车后的用户无法再接触到车企的其他内容，在新汽车时代，消费者通过用车的周边生活与企业产生强链接，随时随地产生交流。轻装上阵的新品牌能迅速顺应用户用车行为新特征，开展全方位用户运营。例如蔚来汽车的车主社交生活平台，用户在购车后将成功开启正式的体验服务，让车主间的沟通成为用车生活的一部分，各自分享生活体验：美味的食物、新奇特的设计等，在这个车主社交生活平台，不仅有数不尽的赞美和吐槽，还有官方"小二"能够实时与用户进行互动，了解各种用户提出的诉求并进行解答和收集，也为蔚来汽车今后的发展和迭代提供更多来源渠道。

其次，消费者对于服务的需求也发生变化。随着社会经济的发展，汽车产品功能愈加丰富，售价逐步下降，汽车对于消费者来说不再是奢侈品，而是低频次购买消费品，购车的获得感和心理满足感需求层次降低，对用车过程中服务的感知层次需求上升，由被动接受售后服务模式，升级为对智能化主动式服务的需求。主机厂则通过主动式服务通过大数据分析快速识别和解决车辆问题，实时动态地分析车主的驾驶行为、电池健康度、车况等信息，掌握车主的运营状态为其提供创新的服务产品和模式来满足用户个性化需求。如主动发送关怀提醒、故障预警、置换提醒、维保提醒等，实现从分析、需求预测到需求处理的持续性服务，提升用户关怀服务和使用感。

4. 品牌与消费者关系的变化

在消费趋势和消费者的变化之下，汽车品牌与用户的关系也发生变化，表现在三个维度：时间、空间和主体上的变化。

在时间维度上，主要体现为消费者购车决策速度加快，链路缩短，这与消费者结构中新生代逐渐成为主流购车人群高度相关，以网络原住民为主的消费者，数字化与在线化的媒介触点激增，导致消费者注意力分散，耐心变少，认知建立更早，决策更快。在空间维度上，体现为品牌对消费者的影响被大大前置，消费者被品牌"种草"的场景变得多元，无论是线上社群的粉丝裂变，还是线下门店的用户体验，品牌与消费者的触点和互动机会变得无处不在，传统销售漏斗中的各层级转换被打穿，"转化"随时可能发生，网状、多点、全时，所见即所得，"遇见就不错过"。在主体维度上，最大的变化是品牌逐渐成为与用户沟通的主体，"以用户为中心"有了全新的落地诠释，更多的品牌从幕后走到台前，直接与用户"玩到一起"，而在造车新势力带来用户型企业的概念之前，经销商充当了主机厂与用户沟通的界面，既是车辆销售时品牌的窗口和使者，也是发生用户投诉时主机厂的挡箭牌。

值得一提的是，新型品牌与用户关系的一个明显现象，就是"用户共创"的理念被越来越多的品牌崇尚和引用，催生了更多的企业向"用户型企业"转型。在当下的汽车圈，部分以"用户共创"之名推出的举措，还停留在把它作为营销噱头的层次，实际离用户很远。真正的"用户共创"是在新汽车、新品牌、新消费时代的全新经营理念下，用户真正参与到从产品命名、配置构建到营销活动再到整个品牌生态建设的全价值链中的全新用户关系模式，在这种模式下，用户与企业共创品牌、共伴成长、共享利益。

作为颠覆传统的全新模式，"用户共创"符合互联网思维和满足最佳用户体验需求的趋势，是汽车企业重构价值链的重大突破。但如同任何新生事物一样，它在实践中也遇到了重重挑战，蔚来、极氪等用户型企业均经历过传统模式中不会遇到的各种用户纠纷的困扰。"用户共创"正在前进性与曲折性伴生的过程中不断成长和成熟。但毋庸置疑的是，进入新消费时代，汽车企业的竞争将全程是用户体验的竞争，品牌与用户的全新关系，也成为创新型企业和新创品牌突破传统用户关系模式，占据新赛道的制高点，在新一轮竞争中胜出的最大机会之一。

四 结语

得益于经济和科学技术的发展、新阶层的出现和消费观念的变化，中国的消费社会进入了新型的多元消费共存时代。新消费推动新汽车的出现，汽车不再是传统的交通工具，更是一种体验和服务，汽车变成了集出行、休憩、娱乐于一体的"第三生活空间"。"新汽车"以用户为中心的思路，衍生出五种主要的品牌范式，共同占领消费者心智，从而改写了汽车品牌的竞争格局，也催生全新的营销理念、策略和打法。新一轮科技革命带来的汽车产业变革，既是汽车企业百年不遇的极大挑战，也是千载难逢的发展机会。尤其对民族汽车品牌而言，具备了前所未有的天时、地利、人和的条件，是厚积薄发、创建竞争优势、实现弯道超车的极佳机会。

从过去仰视国外品牌，到如今比肩平视对手，在新汽车时代，中国汽车未来实现在全球汽车行业的引领，已经不再是缥缈的梦，而是完全有可能在并不远的明天实现的宏图。在制造强国战略指引下，中国汽车品牌牢牢抓住机会，发扬中国企业敢为人先、用于创新、能打善拼的精神，在竞合中发展，在创新中向上，紧密围绕消费者需求开展品牌建设和营销服务，坚持为消费者创造价值的品牌营销核心理念，新汽车时代的品牌新篇章必将精彩，民族品牌向上发展取得突破、"让世界看见中国汽车"将指日可待。

参考文献

叶晓波：《视觉文化与消费社会》，《上海商业》2021 年第 9 期。

柳燕：《用户共创：成长有烦恼，然而未来在前行》，《汽车纵横》2021 年第 8 期。

何雨晴：《用户共创：双向奔赴的品牌营销新趋势》，《国际品牌观察》2021 年第 35 期。

B.14
长期品牌管理对打造汽车品牌的
持续性价值作用分析

周　伟[*]

摘　要: 本报告通过明确长期品牌管理的定义和长期品牌管理的周期,
结合汽车品牌,梳理了不同周期下品牌管理的核心环节和方法,
分析了长期品牌管理对打造汽车品牌的持续性价值作用。以大
量行业案例从品牌价值审计、品牌战略审计、品牌拓展审计和
品牌投资组合审计全方位论述,品牌审计是打造汽车品牌持续
性价值的基础环节;从品牌一致性、维持品牌资产来源、运用
品牌杠杆和调整营销模式多方面分析,品牌强化是打造汽车品
牌持续性价值的核心环节;从确保产品质量、加强品牌创新、
调整品牌定位和改变目标市场多维度明确,品牌激活是打造汽
车品牌持续性价值的重要环节;从生产全球化、研发全球化和
营销全球化三方面归纳品牌全球化是打造汽车品牌全球化持续
性价值的关键环节。

关键词: 品牌管理　汽车品牌　品牌价值

汽车产业是建立在众多工业和技术相关产业基础上的综合产业,在发达
国家的经济体系中占据着重要的地位。我国的汽车工业从单纯模仿到消化吸

---

* 周伟,高级编辑,央视市场研究融媒体研究院研究员、中国广告协会学术委员会常委,享受
国务院政府特殊津贴专家。

收，如今已经进入自主研发的新阶段，在新能源汽车方面已呈现多方面领先的格局。今天，品牌已经是我国汽车产业升级的重心。在汽车品牌管理方面，从创建到成长，品牌面临的是长期发展的课题。

有效的品牌管理要求有长远的营销决策视野。企业的任何营销活动都会改变消费者对品牌的认识，从而给品牌带来变化，这些改变又会对未来的营销活动构成影响。激活品牌、强化品牌，调整品牌组合、扩展品牌，开拓新市场、实现全球化，对打造品牌的持续性价值有着重要的意义。对汽车品牌管理而言，亟待引入长期品牌管理的理念和方法打造持续性价值。

一　长期品牌管理的周期

（一）长期品牌管理的定义

现代营销学之父菲利普·科特勒指出，品牌就是名称、术语、标记、符号或它们的组合模式，用于识别消费者或消费者群体的产品或服务，并将其与竞争对手的产品或服务进行区分。品牌管理是对现有品牌进行管理，使得品牌在企业管理中能够发挥良好的促进功能，并进一步提升企业以及品牌在市场上的竞争力。大部分情况下，即使是拥有优质且强势品牌的企业，在长期发展的过程中也将面临不断涌现的各种各样的新问题，因此长期品牌管理问题不容忽视。长期品牌管理正是品牌管理的核心内容之一，是对现有品牌进行有规律的长期管理，帮助打造品牌的持续性价值，是品牌高质量发展的持久之道。

（二）长期品牌管理的周期

长期品牌管理的周期主要包括四个阶段：品牌审计、品牌强化、品牌激活和品牌全球化。

1. 品牌审计
品牌审计是在品牌资产来源的层面对品牌开展全方位的审查。长期品管理必须建立在对品牌准确的审查之上，因此品牌审计是长期品牌管理的首要环节。品牌审计通常以消费者为核心，通过特定的流程判断品牌的质量，明确品牌资产的来源，制定战略维护品牌权益。完美的品牌审计能够从品牌的基本构成中反映出品牌的长期特性。

2. 品牌强化

品牌强化是指通过广告、促销等手段，利用适当的媒介传播品牌信息，提高市场对品牌的认知度，提升消费者对品牌的忠诚度，吸引潜在的消费者并提升品牌资产的过程。在我国品牌强化也是随着国家产业政策调整和优化的过程，党的十九届六中全会强调，中国经济发展正在从高速发展进入高质量发展的新阶段，我们需要贯彻创新、发展、绿色、协调、共享的新理念，构建高质量发展新格局。与此同时，"十四五"发展规划及"2035远景目标纲要"更指明了中国汽车工业的发展方向，更具体的《工信部关于加快现代轻工产业体系建设的指导意见（征求意见稿）》及国家碳达峰、碳中和及新能源产业规划都对汽车产业发展给出了明确规划，汽车品牌的长期发展必须由此应时而变。品牌强化是长期品牌管理中最关键的阶段，是品牌面对不断加剧的市场竞争采取的最有效的手段。品牌强化对于品牌的长期发展至关重要，品牌要争取做到全面强化，才能最终获得更大的市场份额。

3. 品牌激活

品牌激活是指采取各种有效的手段转变品牌的衰退趋势，让品牌重新获得消费者的认可的过程，也可称为品牌复兴或品牌活化。在长期品牌管理的过程中，不可避免地会出现品牌失去活力或陷入困境的状况，这时候就需要进行品牌激活。理想的品牌激活能够帮助老品牌获得新的生命力，能够使处在成熟期的品牌保持年轻化。

4. 品牌全球化

品牌全球化是指企业利用外国资源进行全球性的生产经营，在全球树立品牌形象，进入全球市场的过程。随着经济全球化的发展，全球化经营必将成为所有企业的发展方向，品牌全球化已经成为长期品牌管理的必然趋势，对于品牌的发展至关重要。品牌全球化不是要求品牌对全球所有市场制定相同的发展战略，而是使品牌定位于全球化市场，同时在不同海外市场实施有区别的发展战略，最终发展为全球著名品牌。

二 不同周期下品牌管理的核心环节和方法

根据第一部分介绍的长期品牌管理的周期，结合本文的研究对象——汽车品牌，本部分针对不同周期下品牌管理的核心环节和方法进行介绍，重点围绕汽车品牌分析如下。

（一）品牌审计的核心环节和方法

品牌审计可以归结为四个环节，分别是品牌价值审计、品牌战略审计、品牌拓展审计以及品牌投资组合审计。

1. 品牌价值审计

品牌价值是企业和消费者相互作用形成的综合概念，具体体现在企业通过拥有品牌获得的物质和文化价值与消费者通过购买和使用品牌获得的功能和情感价值。品牌价值能够使产品获得比没有品牌时更多的收益，也能够使品牌在市场竞争中取得更大的优势。品牌价值审计就是审计品牌真正的价值。品牌价值审计的方法包括基于财务视角的审计方法、基于市场视角的审计方法和基于消费者视角的审计方法。其中，基于财务视角的审计方法有成本价格法、收入计算法、市场价值法等，基于市场视角的审计方法有Interbrand法、Brand Finance法和World Brand Lab法等，基于消费者视角的审计方法有BrandZ法、顾客忠诚因子法和Sinobrand法等。

目前，汽车品牌的品牌价值审计主要依赖于专业的品牌价值审计机构提出的品牌价值审计方法，其中最为权威的包括Interbrand法、Brand Finance法和BrandZ法。Interbrand法是目前认可度最高的审计方法，具有较强的可操作性。Brand Finance是唯一为汽车品牌价值单独发布品牌价值榜单的机构。BrandZ法是唯一考虑了消费者因素的品牌价值审计方法。相比其他品牌，汽车品牌更加关注消费者购买或使用品牌产品后所获得的功能和情感，因此在汽车品牌价值审计中要着重考虑消费者因素，而 BrandZ 法作为唯一考虑了消费者因素的品牌价值审计法也逐步成为汽车行业关注度最高的品牌价值审计方法。

2. 品牌战略审计

品牌战略审计主要是审计消费者对于品牌的定位期望以及品牌未来的发展方向。当前激烈的市场竞争导致只依靠品牌形象研究无法获取制定品牌战略所需的信息，品牌战略很大程度上取决于消费者对于品牌的看法和感受，因此有必要审计消费者对于品牌的定位期望。消费者对于品牌的定位期望审计通常利用定位调研的方法来展开。定位调研是通过心智扫描问卷对品牌的新老消费者开展心智扫描，旨在找到品牌在消费者心中的形象和位置。例如，长城汽车正是通过心智扫描找到消费者心中的潜在市场，开启了经济型 SUV 品牌哈弗和豪华型 SUV 品牌 WEY。

此外，品牌未来发展方向的审计通常采用内部调查的方法来展开。内部调查是在企业内部通过小型座谈会或一对一访谈等方式调查企业内部人员对于品牌未来发展方向的思考和想法。内容包括但不限于目前品牌的发展是否偏离战略定位，品牌联想是否需要强化，品牌未来发展存在何种机会和挑战等。通过内部调查能够有效识别当前品牌战略的优缺点并判断品牌未来的发展方向。例如，当同时涉足皮卡、SUV、MPV 和轿车等多个产品领域时，长城汽车曾开展战略讨论：针对"对于长城来说，最有优势和机会的到底是什么产品"这一问题进行了深度讨论，最终决定聚焦 SUV。

3. 品牌拓展审计

品牌拓展是企业将现有的强势品牌拓展到新产品上。品牌拓展审计主要是审计品牌拓展的效果，即品牌拓展是否能被消费者所认可。品牌拓展类型主要包括横向品牌拓展和纵向品牌拓展。其中，横向品牌拓展还包括产品线拓展和类拓展。产品线拓展是指将品牌拓展到与原产品同类但针对新细分市场的新产品上，例如，奔腾品牌的产品线拓展包括时尚车型的奔腾 B 系列、科技潮流车型的奔腾 T 系列、电动智享车型的奔腾 E 系列。类拓展是指将品牌拓展到与原产品不同类的其他产品种类上，例如，五菱的品牌类拓展包括五菱牌口罩、五菱牌螺蛳粉等。纵向品牌拓展包括向上拓展和向下拓展。向上拓展是指将品牌拓展到具有更高端定位、市场和价格的产品上，例如，长城品牌的向上拓展品牌WEY，吉利品牌的向上拓展品牌帝豪。向下拓展是指将品牌拓展到具有更低端定位、市场和价格的产品上，例如红旗品牌曾经向下拓展到红旗出租车。

品牌拓展审计的方法主要有两大类，第一类方法是根据消费者对于品牌拓展的评价、态度或购买意向来判断品牌拓展的效果，考虑到汽车品牌重点关注消费者因素这一特点，这种方法也是当前汽车品牌拓展审计中最常用的方法。例如，WEY品牌在消费者满意度排名中名列前茅，赢得好评如潮，被评为民族汽车品牌向上拓展成功的第一品牌，获得了消费者的认可。第二类方法是根据品牌拓展对企业绩效的影响来判断品牌拓展的效果，其中品牌拓展对企业绩效的影响包括品牌拓展投资回报、实际销售数据、品牌拓展产品的溢价、公司现金流的变化等。例如，WEY品牌上市仅6个月时就实现了5万辆的销量，而且根据长城汽车业绩公告，WEY品牌销量占比提高能够带动长城汽车整体盈利水平提升，足以证明WEY品牌拓展的成功。

4.品牌投资组合审计

品牌投资组合是企业所经营的所有品牌线的组合，企业通常发展一系列不同的品牌组合并定位于不同的细分市场。品牌投资组合审计是审计品牌投资组合是否需要缩减或补充。品牌投资组合审计方法主要是企业收益计算法。当企业收益能够通过减少品牌数量而增加时，说明当前的品牌组合规模过大，需要对其中无法增加企业收益的品牌进行缩减；当企业收益能够通过增加品牌数量而增加时，说明当前的品牌组合规模还不足，需要补充能够增加企业收益的品牌。

品牌投资组合中有不同的品牌角色定位。"战略品牌"是已经处于主导地位且能够给企业带来重要销售额和利润的品牌，例如，长城汽车的哈弗品牌，近年来哈弗品牌的销量始终能够达到长城汽车总销量的六到七成。"现金牛品牌"是那些销售额有所减少但仍有足够多消费者的品牌，例如，长城汽车的长城皮卡品牌，随着近年来针对皮卡的政策逐渐友好，国内企业纷纷推出皮卡新品，导致长城皮卡也受到了一定的影响，但长城皮卡作为国产皮卡当之无愧的领军品牌，仍然能够给长城汽车带来持续的收益。"低端进入品牌"是在品牌投资组合中价格相对较低的品牌，企业通常利用这种低价品牌吸引消费者的关注，再将消费者转换到高价品牌消费。例如，上汽通用五菱的宝骏品牌，能够利用其较低的价格吸引消费者的关注，再利用时尚、科技和智能的特点使年轻消费者注意到新宝骏这一价格相对更高的品牌。"高端威望品牌"是在品牌投资组合中价格相对较高的品牌，企业通常利用其提高品牌名声和威望，例如，吉利的帝豪品牌，承担着提升吉利品牌价值和形象的重任。识别品牌投资组合中不同品牌的角色定位能够帮助企业制定有区别的营销手段。

（二）品牌强化的核心环节和方法

品牌强化主要包括保持品牌一致性、维持品牌资产来源、运用品牌杠杆、调整营销模式四个环节。

1. 保持品牌一致性

品牌强化最关键的就是要保持品牌一致性，品牌一致性对于消费者对品牌的认知和取向十分关键。保持品牌一致性并不是指品牌的营销方案不能有任何改变，相反，维持品牌一致性需要有多种方案和战略，实现品牌的动态平衡，保持品牌的发展方向。伴随着市场的波动，产品的特点会发生变化，营销方案也不断更新，保持品牌一致性的核心在于长久地保持品牌的核心价值和内涵。品牌一致性也是使消费者发展为品牌忠实客户的首要原因。

保持品牌一致性通常体现在保持品牌核心价值一致性和保持品牌视觉形象一致性。保持品牌核心价值一致性的方法主要是通过在品牌拓展的过程中保持与母品牌核心价值的一致性来实现。长久以来，我国民族汽车品牌对于核心价值的确立存在较大的缺失，远远落后于发达国家汽车品牌，但近年来，民族汽车品牌逐步意识并改善这一问题，不断探索并提出自身的品牌核心价值。例如，东风品牌"品质 智慧 和悦"的核心价值，旨在追求产品、企业和员工在品质上有机统一，在智慧上全面进步，并实现共赢发展。东风旗下所有品牌共同诠释着"品质 智慧 和悦"的核心价值。东风品牌"双飞燕"的车标象征着展翅高飞的双燕，寓意着不断向前的车轮，代表东风专注于优质的汽车产品，与东风品牌的核心价值相辅相成。东风 2020 年推出的高端新能源汽车品牌岚图，在实现"自由随心，不断探索，向上突破"的精神追求中，也传承了东风"品质 智慧 和悦"的核心价值。

保持品牌视觉形象一致性的方法主要是通过保持产品外观设计的一致性来实现，品牌产品的外观设计要给消费者带来新鲜的设计体验的同时，更重要的是保持品牌传统的风格特点。例如，比亚迪的"龙颜"外观设计，以大面积的中网为"龙嘴"，一对狭长形状的大灯是"龙颜"，两条腰线是"龙须"。比亚迪将"龙颜"外观设计应用到每款新车型。比如比亚迪汉 EV，前脸去掉了大面积的进气格栅，但仍然保留了"龙颜"的设计语言。

2. 维持品牌资产来源

品牌资产是指能够增加或减少品牌价值的与品牌相关的资产，品牌资产来源是消费者的品牌认知。维持品牌资产来源可以理解为提高消费者的品牌认知。

提高消费者的品牌认知最重要的就是提高品牌形象认知，提高品牌形象认知的方法主要包括，第一，通过广告宣传、活动赞助、事件营销等方法提高品牌知名度。其中，广告宣传可以通过电视、网络、杂志等多种媒介，例如，吉利帝豪在中央电视台综合频道，全球访问量最大的汽车网站汽车之家以及中国发行量最大、版面最多的汽车专业杂志《汽车杂志》上均投放了广告。活动赞助应选择那些品牌消费群体重点关注、有影响力且有意义的活动，例如，吉利汽车赞助 2022 年杭州亚运会，成为国内首个赞助重要洲际综合性运动会的民族汽车品牌。事件营销可以选择公益事件、新闻热点事件等开展活动。例如，吉利汽车为抗击新冠肺炎疫情捐款 2 亿元，是民族汽车品牌数目最大的捐款；在 2017 年春晚珠海分会场上，比亚迪无人驾驶车队和纯电动双层大巴驶过港珠澳大桥向全国人民拜年。第二，利用品牌代言人、品牌故事等方法强化品牌联想。其中，品牌代言人形象要与品牌形象相契合，例如，国际足球巨星克里斯蒂亚诺·罗纳尔多曾是长城汽车旗下WEY 品牌代言人，他挑战极限、永远向前的体育精神与 WEY 品牌的领导者精神非常契合。品牌故事是品牌创建和发展过程中的重要事件，能够使消费者获得产品以外的情感体验。例如，中央电视台综合频道播出的比亚迪品牌故事短片《新能力引领新能源》，获得了媒体和企业的一致好评，更打动了无数观众。第三，通过品牌定位、情感共鸣等方法塑造品牌个性，其中，品牌个性塑造必须符合品牌定位，适当的情感定位能够与消费者产生共鸣，使品牌个性更加深入人心。例如，名爵将年轻和运动做到了极致，在消费者心中树立了"会玩"的品牌个性，不断使产品在年轻的目标消费群体中产生共鸣，拉进品牌与他们的距离。第四，通过意见领袖、网络媒体等提升品牌社会形象。其中，意见领袖包括亲友、专家或有社会影响力的人士等，他们在很大程度上会影响消费者对于品牌的认知，例如，深圳市委书记王荣乘坐比亚迪品牌的电动车上下班，给比亚迪品牌带来了极大的口碑效应。网络媒体能够快速扩大品牌的口碑传播。例如，在汽车测评类网络节目 38 号车评中心的 2021~2022 年度汽车评选中，WEY 品牌旗下"拿铁 DHT"被选为年度最高效的混合动力车，哈弗旗下大狗被选为最焕然一新的车，在网络上引起了热议。

3. 运用品牌杠杆

品牌杠杆是通过现有的品牌资产整合外部资源的同时利用外部资源的发展来提高品牌资产的过程，外部资源的主要类型包括人、事物、其他品牌和源头。第一，人主要是指品牌代言人，具体方法包括名人代言，能够提高消费者对于品牌的关注度；典型顾客代言，能够增强品牌的亲和力，例如，东风风神曾选择五组车主作为风神品牌的"品质代言人"；专家代言，能够突出品牌的专业性，例如，对于专注电动汽车的时风品牌，中国工程院院士陈清泉曾题词"时风电动，省钱好用"，中国工程院院士杨裕生曾说"时风电动车是我国电动车的开路先锋"。第二，事物包括事件及第三方机构等，其中，事件主要指事件赞助，第三方机构主要指通过权威的第三方机构认证提高品牌在消费者心中的形象。例如，奔腾品牌旗下产品 B70 获得国内唯一的碰撞测试第三方机构——中国新车安全评鉴协会（C-NCAP）的五星安全认证，使奔腾品牌成功地在消费者心中树立了安全的形象。第三，其他品牌包括联合品牌、整合品牌等，通过与其他品牌合作提高品牌认知度。例如，五菱汽车和喜茶品牌合作推出"粉色喜茶版"联名车，吸引了众多年轻消费者的目光。北汽集团旗下北汽新能源和北京汽车整合推出 BEIJING 新品牌，利用集团化优势，加快北汽集团民族品牌体系重塑。第四，源头主要是指品牌公司、渠道终端等，好的源头可以使品牌从中借力提升品牌形象。例如，在品牌公司方面，宝骏、新宝骏等品牌借助上汽通用五菱公司的良好声誉推动品牌发展；在渠道终端方面，比亚迪搭建了十分密集的线上线下双渠道，线上商城功能体验不断完善，线下能够做到在一至四线城市没有服务盲区，保证消费者购物体验，这均有利于提高品牌资产。

4. 调整营销模式

品牌强化还可以通过在产品设计、制造和销售方面调整品牌营销模式实现。对于民族汽车品牌来说，调整营销模式的方法包括完善营销理念、调整营销渠道和丰富营销手段。第一，完善营销理念是指完善品牌营销过程中对于市场、企业和消费者之间关系的观念。近年来，汽车品牌营销理念逐渐从追求销量向追求销售服务满意度的方向转变，例如，长城汽车的营销理念在原本"市场领先"的基础上增加了"客户满意"。第二，调整营销渠道是指调整汽车厂商和经销商之间的销售渠道。近年来，汽车销售渠道呈现以 4S 店为主、多种销售渠道并存的趋势，包括"品牌直营"和"直营+经销"等。例如，广汽埃安选择在商圈开发直营体验中心，吸引了众多年轻人的目光。此外，蔚来、小鹏等品牌也选择了直营店模式。第三，丰富营销手段是指丰富营销过程中采用的策略手段。例如，近年来，东风风光、蔚来、长安逸动等多个民族汽车品牌采取"体验式营销"的手段。疫情期间，许多民

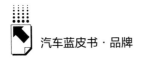

族汽车品牌也创新了营销手段，上汽、小鹏、蔚来等品牌纷纷开启线上汽车销售渠道，吉利、长安等品牌开启线上发布会，东风风行、广汽传祺等品牌推出VR"云看车"功能，长城汽车启动"零接触"计划等。

（三）品牌激活的核心环节和方法

品牌激活主要包括确保产品质量、加强品牌创新、调整品牌定位和改变目标市场四个环节。

1.确保产品质量

品牌激活最基本也最重要的就是确保产品质量，尤其在汽车行业，汽车质量关系着消费者的生命安全，高质量的汽车能够得到消费者的认可，从而进行品牌激活。高质量产品能够有效提高品牌认知，从而完成品牌激活。各企业有必要从设计研发、生产等各个环节提高汽车产品质量。在设计研发环节，提高产品质量要掌握消费者的需求，并将消费者的需求落实到产品的设计研发当中。在生产环节，企业要做到质量相关信息的及时有效反馈，确保标准化作业的完成，并实现持续改进。例如，奇瑞作为中国最早累计销量过百万的民族汽车品牌，曾被业界奉为分量十足的民族"品牌一哥"。但从2011年开始，奇瑞汽车销量持续走低，品牌逐步走向衰落。近年来，奇瑞让企业各部门、各环节的质量管理活动相互联系，建立质量保证体系。为了了解消费者的真正需求，奇瑞建立了全球客户产品审核体系。为了保证高质量的产品制造，奇瑞打造了统一标准的生产管理体系。为了实现整车质量提升，奇瑞成立了多个质量优化小组。通过完善的质量管理，确保产品质量，奇瑞走出了一条高质量的品牌激活之路。

2.加强品牌创新

加强品牌创新是品牌激活的重要步骤，创新是企业发展的核心竞争力，没有创新，品牌就会逐渐老化。汽车品牌的创新主要包括两个方面，品牌形象创新和技术创新。第一，品牌形象创新。品牌对外形象能够对消费者产生最直接的影响，汽车品牌形象创新主要包括改变品牌名称和更改车标。例如，在品牌名称方面，上汽大通在销量下滑时，宣布改名迈克萨斯，虽然与雷克萨斯仅有一字之差的品牌名称引起了一定的争议，但也因此迅速打开了品牌知名度。在改变车标方面，长安汽车在面临销量下滑的困境时，更换了品牌 logo，将立体的长安标志改为扁平的黑色平面图标，展现了长安汽车的新面貌，更反映了长安汽车向智能化和新能源化转型的决心。第二，技术创新。对于民族汽车品牌来说，许多核心技术都掌握在外国公司手中，比如民族汽车的电喷系统几乎全部依赖德国博世、美国德尔福和日本电装的电喷技术。因此，技术创新对于民族汽车品牌激活至关重要。近年来，众多民族汽车品牌坚持自主研发，不断进行技术创新。仍以 2011 年开始销量持续走低的奇瑞为例，奇瑞近年来不断开展技术创新，目前已经在多个关键核心技术方面取得了突破性成果，特别是奇瑞自主研发的中国芯 1.6TGDI 发动机已经达到了国际领先水平。通过不断的自主创新，奇瑞走出了一条创新发展的品牌激活之路。

3. 调整品牌定位

当确保产品质量和加强品牌创新都无法成功激活品牌时，企业就需要考虑调整品牌定位，即品牌再定位。品牌再定位主要包括三种方法，功能型再定位、情感型再定位和自我表现型再定位。第一，产品的功能是消费者购买产品的前提，功能型再定位是指品牌通过为消费者提供创新或独特的功能进行再定位。例如，面对从 2021 年开始的销量下滑和转型困难状况，WEY 品牌对品牌定位进行了重新梳理，将品牌定位从"中国豪华 SUV 领导者"变为"新一代智能汽车"，专注于为消费者提供智能化产品。第二，情感型再定位是指品牌通过使消费者在购买或使用产品时获得情感满足进行再定位。例如，欧拉品牌在 2020 年上半年销量表现疲软后，将其"新一代电动精品小车"的定位调整为"全球更爱女人的汽车品牌"，在满足女性消费者用车需求的同时，更满足了女性消费者的情感需求。第三，自我表现型再定位是指品牌通过成为消费者表达个人身份、地位或品味的载体进行再定位。例如，在奔腾品牌十五周年之际，奔腾重新确立了品牌定位，从"物联网汽车领创者"转变为"成为中国主流汽车市场的中高端品牌"，以满足消费者对于中高端民族汽车品牌的追求。

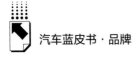

4. 改变目标市场

当原本的目标市场萎缩时，品牌就需要及时改变目标市场，进入新市场。改变目标市场的方法是进入细分市场，细分市场是指企业根据消费者的实际需求和不同特点，将产品的市场划分为针对不同消费者的市场。细分市场中既包括现有的细分市场，也包括潜在的细分市场，潜在的细分市场通常具有极大的发展潜力，需要品牌进行更加缜密的调研和分析才能够寻找到，是品牌激活的重要手段。

汽车行业进入的细分市场主要包括四种，地理因素细分市场、人口因素细分市场、心理因素细分市场和行为因素细分市场。第一，地理因素细分市场主要是指按照消费者所在的地理位置细分的市场。例如，奔腾品牌进入四五线城市细分市场后市场迅速萎缩，选择回归一二线城市细分市场。第二，人口因素细分市场主要是指按照消费者性别、年龄等因素细分的市场。例如，在性别方面，欧拉品牌在销售市场出现一定疲软后，选择专注于女性细分市场。在年龄方面，由于逐渐淡出年轻人的视野，红旗品牌选择通过 H5 进入年轻细分市场。第三，心理因素细分市场主要是按照生活方式、个性特征和购买动机等因素细分的市场。例如，在生活方式方面，在面临销量持续下跌的情况下，广汽传祺推出 GS4 PLUS 定位"进取顾家的新青年"细分市场，挽回了局面。在个性特征方面，在面对 2020 年销量持续走低的状况下，WEY 品牌推出了坦克系列进入潜在的硬派越野细分市场，销量连创新高，虽然随后坦克品牌开始独立运营，但是对于 WEY 品牌的激活也发挥了极大的作用。在购买动机方面，由于旗下 SUV 同质化过高，吉利品牌推出 ICON 打入潜在的求新动机的细分市场。第四，行为细分市场是指根据消费者进入市场的程度、消费数量等进行细分的市场。例如，在消费者进入市场的程度方面，面临市场份额下降的情况，长安欧尚品牌推出 2021 款科赛 5 定位"年轻人的第一辆 SUV"细分市场。在消费数量方面，由于新能源汽车在不限行限牌的二三线城市的发展受到限制，宝骏品牌推出 E100 和 E200 定位"家庭的第二辆车"的细分市场。

（四）品牌全球化的核心环节和方法

对于民族汽车品牌来说，海外市场不仅有着巨大的利润空间，还有利于树立国际品牌形象，增加品牌价值，因此，品牌全球化是民族汽车品牌走向成功和长期稳定发展的必然趋势和最终出路。民族汽车品牌全球化的核心环节主要包括生产全球化、研发全球化和营销全球化。

1. 生产全球化

以前，民族汽车品牌进入海外市场主要通过整车出口的方式，但由于许多国家对于进口整车的政策和关税限制，极大影响了民族汽车品牌的出口量。近年来，越来越多的民族汽车品牌选择本土化生产的方式，通过在海外收购工厂或海外建厂迈向全球化市场。例如，吉利汽车已经在印度尼西亚、英国、埃及、乌拉圭等国家建立了7座工厂。长城汽车接连收购了印度的塔里冈工厂、泰国的罗勇府工厂以及巴西的伊拉塞玛波利斯工厂。目前，民族汽车品牌在海外收购工厂和海外建厂的数量和规模都大幅增长，这对于实现品牌全球化是一个好的开端。

2. 研发全球化

相比于国外知名汽车品牌，我国民族汽车品牌的研发能力还不够强，为了缩小与国际研发水平的差异，在海外市场的竞争中站稳脚跟，民族汽车品牌必须走研发全球化的道路，通过聘请国外研发专家或建立海外研发中心等方式使民族汽车品牌具有全球化先进品质。例如，长城汽车曾聘请自动变速器专家格哈德·亨宁担任长城汽车公司传动模块的项目执行总工程师，同时长城汽车在日本、美国、印度、奥地利和韩国等国家均建立了研发中心。

3. 营销全球化

民族汽车品牌在海外市场的竞争力和认知度还不够高，营销全球化是民族汽车品牌全球化发展的关键环节。民族汽车品牌的营销全球化主要包括文化整合和营销策略制定两个环节。第一，民族汽车品牌在海外市场营销首先要文化整合，注重当地的文化背景和风俗习惯，防止由于语言、习惯或禁忌等对品牌造成误解或给品牌全球化带来负面影响。例如，哈弗品牌的英文名

"Hover"是"自由翱翔"的意思，充分体现了哈弗汽车追求自由真心的价值观。第二，制定民族汽车品牌在海外市场的营销策略，主要包括产品策略、价格策略、渠道策略、促销策略四个方面。其中，产品策略是指针对不同的海外市场要推出具有不同特点的产品。例如，江淮汽车在欧洲市场主推外观和发动机性能更好的车型，在伊朗市场改装了汽车排气管过滤器，增加了热带专用水箱以适应伊朗的热带性沙漠气候。价格策略是指根据各个海外市场的消费水平推出不同价格的产品。例如，江淮汽车在欧洲和北美洲市场主推高价智能的中高端车型，在亚洲和南美洲市场主推性价比更高的中端车型，在非洲市场主推低价耐用的简装车型。渠道策略是指针对各个海外市场要采取适合的销售渠道。例如，东风品牌在俄罗斯市场采取了海外直销模式，在阿尔及利亚市场选择阿斯纳威集团作为经销商。促销策略是指开展多样的活动鼓励各个海外市场消费者购买的策略。例如，哈弗汽车在澳大利亚赞助了备受关注的铁人三项运动，在新西兰搭载圣诞老人参与圣诞游行，吸引了众多消费者的目光。其中，参与国际会展、赞助国际性体育赛事等活动能够快速扩大民族汽车品牌在海外市场的知名度，推动民族汽车品牌全球化的发展。例如，吉利汽车是首个受邀参加德国法兰克福车展的民族汽车品牌，以及作为2022年杭州亚运会官方汽车服务合作伙伴，吉利汽车成为首个赞助重要洲际综合性运动会的民族汽车品牌。此外，整合多种营销工具也是推动营销全球化的一种方法，对于汽车品牌在海外市场的整合营销工具包括但不限于广告、促销、直销、赞助、展会、口头传播、体验营销等多种方式。

三　如何打造汽车品牌的持续性价值

品牌的持续性价值是指在较长一段时间持续的品牌价值，可以理解为品牌的长期价值。在汽车行业，随着技术的不断成熟和汽车保有量的急剧攀升，现如今汽车的更新换代越来越快，市场中也不断涌现出新的汽车品牌，因此，保持长期发展，打造持续性价值，对于汽车品牌非常重要。同时，对于汽车品牌而言，如果做不好长期品牌管理，很容易落后，甚至彻底消失，因此做好长期品牌管理对于打造汽车品牌的持续性价值具有十分重要的意义，本部分主要分析长期品牌管理如何打造汽车品牌的持续性价值。

（一）品牌审计对打造汽车品牌持续性价值的作用

主动持续的品牌审计是打造汽车品牌持续性价值的基础环节。近年来，汽车行业遭遇了销量负增长的状况，行业的转型发展、技术升级、供应链动荡不断给汽车行业带来风险和不确定性。企业更需要保持对品牌状况全方位的把握。时刻保持对品牌资产的关注能够帮助品牌更好地把握消费者对汽车品牌的想法和感受，明确当前汽车品牌提供给消费者的产品或服务，了解竞争汽车品牌的经营状况，助力汽车品牌长期稳定发展。

品牌价值审计通过明确汽车品牌价值，采取一系列手段提高汽车品牌价值，进一步打造汽车品牌的持续性价值。同时，具有高品牌价值的汽车品牌，通常具有更好的经营状况，不仅能够实现更高的品牌溢价，还能够帮助汽车品牌在未来获得更为稳定的收益。例如，在凯度 BrandZ 发布的 2021 中国品牌价值百强榜中，蔚来品牌位列民族汽车品牌领域第一，反映了蔚来品牌价值较高，品牌溢价能力较强，稳住了其国产豪车品牌的地位，打造了蔚来品牌的持续性价值。

品牌战略审计通过明确消费者对于汽车品牌的定位期望，开展战略性汽车品牌发展方向分析，进而制定符合消费者对于汽车品牌定位期望和汽车品牌发展方向的营销计划，打造汽车品牌的持续性价值。例如，随着多年领跑中国 SUV 销量排行榜，哈弗品牌已经在消费者的心中形成了中国 SUV 领导者的品牌定位，未来哈弗也将继续专注发展 SUV，夯实中国 SUV 全球领导者的市场地位。同时，第一个进入消费者心中的品牌所拥有的市场份额通常是最大的，而且不会轻易降低。作为占据 SUV 领域最大市场份额的哈弗，已经在很长一段时间内主导市场，成功打造了哈弗品牌的持续性价值。

品牌拓展审计通过审计汽车品牌拓展的效果，保留成功的汽车品牌拓展，放弃失败的汽车品牌拓展，从而实现汽车品牌的长久发展。失败的汽车品牌拓展会消耗汽车品牌价值，稀释汽车品牌形象，使汽车品牌陷入产品拓展陷阱，即汽车品牌由于拓展而变得普通，甚至无法引起消费者的品牌意识。相反，成功的汽车品牌拓展能够提高品牌价值，树立汽车品牌形象，有利于打造汽车品牌的持续性价值。例如，2020年底，长城的高端拓展品牌WEY成为首个累计销量突破40万辆的中国豪华SUV品牌，牢牢占据中国豪华民族品牌的领航地位，同时助力长城汽车连续6年突破百万销量并连创历史新高，打造了长城品牌的持续性价值。

品牌投资组合审计通过识别汽车品牌投资组合中各个汽车品牌对整体收益的影响进行汽车品牌的增减，汽车品牌投资组合中没有收益的汽车品牌会损害汽车品牌的持续性价值，因此主动识别并消除没有收益的汽车品牌有利于打造汽车品牌的持续性价值。例如，在皮卡和SUV领域风生水起的长城品牌也曾推出过旗下的轿车品牌，但由于销量不佳被放弃了，之后长城专注于皮卡和SUV领域，成为各自领域的领导者，成功打造了长城品牌的持续性价值。

（二）品牌强化对打造汽车品牌持续性价值的作用

在竞争日益激烈的汽车行业中，不向上发展就会落后，因此品牌强化对于汽车品牌尤为重要。通过不断的品牌强化打造强势的汽车品牌，拥有强势汽车品牌的企业将保有长期且稳定的竞争力，同时未来很长一段时间里都能够依靠强势汽车品牌获得持续收益，因此品牌强化是打造汽车品牌持续性价值的核心环节。

保持品牌一致性有利于打造汽车品牌的持续性价值。保持了品牌一致性的汽车品牌才能够保留汽车品牌定位的关键因素和核心资产，并将其持续长期保留在汽车品牌含义当中，能够成功地给消费者传递汽车品牌价值，持续重复地使消费者形成对汽车品牌的认知印象，进而打造汽车品牌的持续性价值。例如，比亚迪自成立以来，一直保持着"技术为王、创新为本"的品牌理念，坚持技术创新，坚持自主研发。当前，比亚迪已经掌握了领先其他竞争者的核心三电技术，每一款产品都称得上是先进技术的结晶，成功登上国内新能源汽车头把交椅。

维持品牌资产来源有利于打造汽车品牌的持续性价值，通过提高消费者的品牌认知维持汽车品牌资产来源，消费者对汽车品牌内涵和价值的认识和理解程度越高，在消费过程中越容易选择购买该汽车品牌。其中，参与公益活动、扩大口碑传播等提高品牌认知的手段更容易打造汽车品牌的持续性价值，尤其是参与公益活动，能够自觉履行社会责任的品牌更容易保持长期发展，容易在消费者心中获得更高的信任，也易于打造汽车品牌的持续性价值。例如，在疫情初期，国内口罩短缺，五菱积极整合自身领先的研发能力和制造优势，率先跨界转产口罩和口罩机，并且提出"只赠不卖"的原则。疫情期间，五菱还开发了多项防疫黑科技，包括可实现"快速、安全、零接触"，并能 24 小时高效测温的宝骏新能源测温车，以及基于宝骏 E100 研发的无人消杀车等。一直以来，五菱积极助力国家抗疫和经济复苏，时刻践行着"人民需要什么，五菱就造什么"的口号，使消费者对五菱有了更加深刻的认识。

合理运用品牌杠杆有利于打造汽车品牌的持续性价值，通过品牌与外部资源相结合、相联系实现汽车品牌的长期发展。其中，第三方机构认证、优化渠道终端等外部资源最有利于打造汽车品牌的持续性价值。例如，在中国汽车工业协会联合汽车之家发布的《2020 中国汽车消费指南》中，五菱位列民族汽车品牌认知度和保值率第一。在中国汽车流通协会联合精真估发布的《2021 年上半年中国汽车保值率研究报告》中，五菱位列 2021 年上半年民族汽车品牌保值率第一。截至 2021 年底，五菱汽车累计销量突破 2500 万辆，继续稳坐中国民族汽车品牌销量榜首，成功打造了品牌的持续性价值。

优化营销模式有利于打造汽车品牌的持续性价值。其中，营销手段中的体验式营销最能给消费者留下深刻的印象。在汽车品牌中，通过试驾、参加汽车比赛、参加汽车文化展览等，让消费者真正感受到汽车的质量和性能，给予消费者良好的体验感觉，并使消费者所获得的良好感觉与产品的存在同步，消费者为了保持良好感觉而选择购买相应产品，从而帮助汽车品牌打造持续性价值。例如，东风风光将体验式营销做到了极致，举办超级粉丝节，包括为300位超级风迷提供风光汽车参与4天3晚的丽江自驾游，连续7天让前往三亚过年的人们免费使用等。此外，东风风光拿出1亿元，打造"72小时尊享体验"、"风光智能体验店"和"探索中国好风光"三大体验平台。这些出色的体验式营销，使东风风光不断创造历史最佳成绩，打造了风光品牌的持续性价值。

（三）品牌激活对打造汽车品牌持续性价值的作用

一些汽车品牌，尤其是一些早期的民族汽车品牌，其品牌定位模糊，同时缺乏较为鲜明的品牌形象，导致品牌很快发生老化和衰退的现象。品牌激活是帮助处于衰退趋势的汽车品牌重新赢得消费者的信任，也是帮助衰退汽车品牌重新打造持续性价值的重要环节。

保证汽车质量是在品牌激活过程中打造汽车品牌的持续性价值的基础。汽车出现质量问题会导致企业的售后成本增加、口碑下滑等严重问题，而保证汽车质量，不仅是为消费者提供安全的汽车，更是维持汽车品牌持续发展的关键。例如，广汽传祺最热销的产品传祺GS4于2018年开始质量问题频发，导致消费者对于品牌的信任度骤降，产品销量也急速下跌。随后，广汽传祺专注于保证产品质量。在全球最权威的第三方调研机构J. D. Power发布的"2020中国新车质量研究（IQS）"中，广汽传祺获得主流车市场中国品牌第一的荣誉，也是唯一进入榜单前十的民族品牌，创造了民族品牌的历史最好成绩。同时，在中国汽车质量网发布的2021年度中国汽车品牌质量排行榜中，广汽传祺也荣登民族品牌第一。广汽传祺凭借过硬的产品质量，重新获得了消费者的认可，打造了广汽传祺品牌的持续性价值。

加强自主创新是打造汽车品牌持续性价值的动力。如果没有创新，汽车品牌将受制于人，很快被市场淘汰。只有坚持自主创新，汽车品牌才有可能在激烈的市场竞争中站稳脚跟，实现长久发展。例如，比亚迪第一款车型F3 的成功很大程度上要归功于模仿，模仿虽然是中国民族汽车品牌创业之初的必经之路，但在 F3 大获成功后很长一段时间里，比亚迪的模仿痕迹仍旧明显，这也成为比亚迪汽车的掣肘。因此，比亚迪开始了向自主创新的转型。比亚迪累计获得专利奖 48 项，累计申请专利超过 3.3 万件，已授权专利 2.1 万余件，在国内汽车企业中排名第一，并且凭借宋 MAX 外观设计、全新一代唐外观设计、SBID 技术和混合动力技术获得了 4 项专利领域最高荣誉的中国专利金奖。2021 年 7 月，比亚迪在 2021 年中国汽车创新大会上获得了自主创新主体榜首。当前，比亚迪已逐步形成了具有自身特色的创新成果，打造了比亚迪品牌的持续性价值。

高速增长的中国经济也带来汽车消费和品牌偏好的不断改变和升级，不断有汽车品牌在变化中落伍。因此，调整汽车品牌定位，能够帮助衰退的汽车品牌重新回到市场，从而实现汽车品牌的激活，进而实现汽车品牌的长期发展。例如，吉利汽车最初以"造老百姓买得起的好车"的理念，依靠低价成功抢占市场，但随着原材料价格上涨和汽车消费升级，低价车的生存空间越来越小。2007 年，吉利提出了"造最安全、最环保、最节能的好车"的理念，发布了全球鹰、帝豪、英伦三个品牌，但由于技术和经验不足，销量并不理想。2014 年，吉利合并了三个品牌，并提出了"造每个人的精品车"的全新理念，随后吉利销量快速增长，品牌形象也得到了明显提升，保证了吉利品牌的长期发展。

此外，子品牌的"新陈代谢"也能够实现汽车主品牌的激活，进而强化品牌的持续性价值。例如，2010 年奇瑞汽车成为国内首个全年整车销量突破 70 万辆的民族品牌，但随后发布了开瑞、威麟、瑞麟等子品牌，导致产品线冗余，销量逐年走低。2013 年，奇瑞放弃老的子品牌，并发布艾瑞泽、观致、瑞虎、凯翼等新品牌及系列。2017 年，由于观致、凯翼等品牌在各自细分市场上的失败，奇瑞将目标市场集中到 SUV 领域，轿车领域仅保留艾瑞泽系列，随后两年推出的星途、捷途和新一代瑞虎销量逆势增长，成功迈向品牌激活之路。

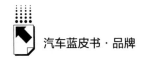

（四）品牌全球化对打造汽车品牌持续性价值的作用

品牌全球化是长期品牌管理更高阶段的一个环节，也是在全球范围内打造汽车品牌持续性价值的关键环节。尤其是对于我国民族汽车品牌来说，国内市场的占有率持续上涨，发展空间逐渐缩小，向海外市场发展已经成为民族汽车品牌的必然选择。

相比于通过出口进入国外市场的方式，在海外收购工厂和建厂等生产全球化手段能够更加深入目标市场，更加准确地了解当地市场的需求，提高汽车品牌对当地市场的适应能力，助力汽车品牌在国外市场的长期发展，打造汽车品牌的持续性价值。例如，长城哈弗的俄罗斯图拉工厂，作为民族汽车品牌首个完全涵盖冲压、涂装、焊接和总装四大生产工艺的海外工厂，实现了从研发制造到营销售后的高度本土化，帮助哈弗品牌真正融入当地市场，打造了哈弗品牌在俄罗斯市场的持续性价值。

研发全球化能够为海外市场的消费者研发和打造更符合其需求的汽车，帮助汽车品牌快速融入全球汽车产业价值链，推动汽车品牌研发理念的国际化，提高汽车品牌在国际上的竞争力，实现汽车品牌的持续性发展。例如，奇瑞汽车在欧洲、北美、巴西均建立了研发中心，不断加强全球化的技术合作，帮助奇瑞汽车研发能够满足不同海外市场需求的产品，随着研发全球化的发展，奇瑞汽车海外销售量屡创新高，成功打造了奇瑞品牌在海外市场的持续性价值。

成功的海外营销能够帮助汽车品牌在海外市场塑造全球化的品牌形象，让海外消费者快速了解汽车品牌的定位和价值理念，提高汽车品牌在海外市场的知名度，以及快速抢占海外市场份额。因此，营销全球化是实现汽车品牌在海外市场长期发展的重要环节。注重文化习俗的汽车品牌能够在海外消费者心中形成良好的形象，将汽车品牌与当地文化习俗相结合能够向消费者展示品牌对当地市场的重视，帮助汽车品牌快速融入海外消费者的日常生活当中，拉进汽车品牌与海外消费者之间的距离，在海外市场树立汽车品牌，实现汽车品牌在海外市场的长久发展。例如，哈弗汽车赞助了在白俄罗斯备受关注的一年一度的"美丽绽放"女性城市奔跑活动，成功融入当地的文化习俗，推动了哈弗汽车在当地市场的销量，打造了哈弗品牌在当地市场的持续性价值。此外，整合营销通过协调采用多种营销手段，发挥不同营销工具各自优势，能够提高汽车品牌营销的效率，降低汽车品牌宣传成本，形成促销高潮，在满足消费者需求的同时使汽车品牌在海外市场具有持久的竞争优势。例如，哈弗在海外多次举办极具本土化特色的试驾活动，在热门商圈打造"哈弗移动体验空间"，将产品植入游戏、影视等媒介，还通过国外社交媒体组织典型用户和跨圈层意见领袖一起参加的线上交流活动。哈弗的整合营销取得了很好的品牌传播效果，打造了哈弗品牌在海外市场的持续性价值。

综上，汽车品牌的长期品牌管理是一项系统性、科学性极强的工作，在我国汽车产业高速发展的今天，是发展的短板，给我们带来了严峻的挑战，也是我们成长最快的领域，开始被行业内外关注。发展过程中诸多实战的教训和成功经验，结合系统化理论的逐渐形成，对我国汽车品牌的长期管理有着巨大的价值。在这个领域的研究和探讨将会不断深入，推动我国汽车品牌的高质量、可持续发展。

参考文献

梅清豪：《品牌审计研究和估值》，《中国品牌》2007 年第 3 期。

何佳讯、秦翕嫣、杨清云、王莹：《创新还是怀旧？长期品牌管理"悖论"与老品牌市场细分取向——一项来自中国三城市的实证研究》，《管理世界》2007 年第 11 期。

谢佩洪、孟宪忠：《品牌激活：创新还是怀旧？》，《市场营销导刊》2008 年第 1 期。

赵寰：《中国企业品牌全球化传播的问题与对策》，《新闻传播》2012 年第 5 期。

曹晓昂：《如何有效提升汽车品质》，《汽车纵横》2015 年第 1 期。

朱鹏：《安徽省汽车企业跨国经营研究》，安徽大学硕士学位论文，2016。

胡旺盛、魏晓敏：《品牌杠杆作用下品牌创新的策略研究》，《商业经济研究》2017 年第 19 期。

范定希：《B2B 品牌形象建构与传播研究》，上海大学博士学位论文，2017。

刘斌斌：《中国汽车企业品牌国际化策略研究》，中南财经政法大学硕士学位论文，2019。

B.15
2022年中国民族汽车品牌
发展建议与展望

陆 梅*

摘　要： 突如其来的新冠肺炎疫情冲击，加速汽车市场百年变局的演进发展，使得中国汽车市场内外部环境更加趋于严峻、复杂和不确定。在可以遇见的未来，汽车行业面临的竞争将更加激烈。对于民族汽车品牌来讲，如何突破重重困境，实现品牌向上？本文首先简要回顾了2021年中国汽车市场发展现状，以2021年汽车市场亮点引出对中国汽车市场趋势的预判。基于行业现状和趋势预判，对民族汽车未来的发展提出几点建议：民族汽车要在稳中求进总基调下，充分利用新能源汽车，抓紧智能化发展大势，推动国内外"双循环"协同发展，重塑民族汽车品牌战略。在心态上，坚信民族品牌大有可为；在产品上，做好品质建设；在方向上，向行业发展趋势转型；在品牌上，制定合适的营销策略；在用户上，形成用户至上的理念，要抓住历史机遇，加速品牌向上。

关键词： 民族汽车品牌　品牌建设　汽车产业

一　回顾篇——2021年中国汽车市场发展情况

2021年，是"十四五"规划的开局之年，我国汽车行业经历了严峻的

---

* 陆梅，中国汽车技术研究中心有限公司党委副书记、董事、总经理。

考验，在销量连续三年下滑之后，中国汽车市场终于在2021年恢复正增长。与此同时，中国汽车产业也面临着全球疫情继续蔓延和国内疫情散点暴发、芯片短缺导致供应不足、原材料价格持续高涨等挑战。整个汽车行业不畏困难，知难而进，主动出击，稳固了行业总体发展行情和步伐，表现出中国汽车市场的强大动力和坚实基础，为汽车产业的发展奠定了稳固的基础。其中，新能源汽车产销勇攀高峰、民族汽车品牌强势反弹、汽车出口创历史新高等是2021年汽车市场的几大亮点。

（一）新能源汽车销量攀新高

新能源汽车的销量突增，投射整个汽车行业，成为2021年汽车行业最大的事件之一。新能源汽车产业已经从政策驱动型转向市场拉动型的新发展阶段，在发展质量、市场规模上呈现双提升的发展态势，并继续领跑全球。

2021年，我国新能源汽车交出年销量超336万辆的优异成绩单，同比增长超过1.2倍，并连续七年占据全球榜首。2021年，市场占有率达17%，比上年提高9个百分点。从新能源汽车的全年市场销量行情来看，新能源汽车的产量和销量都保持了爆发式增长，2021年3月新能源汽车的销量突破20万辆大关，不足半年后就超过30万辆，紧接着，3个月后达到40万辆，到12月已经超过50万辆，呈现持续爆发式增长的强劲趋势。

再从企业的发展情况来看，无论是传统车企还是造车新势力，2021年都在新能源汽车领域取得了不错的发展成绩。传统车企方面，比亚迪纯电、插混两条路线齐发力，新能源乘用车的全年销量超过59万辆，是2020年的3.3倍，占据国内新能源汽车销量的首位；五菱mini EV 2021年全年销量超过55万辆；特斯拉的产量接近50万辆，在中国市场的交付占到总交付量的66%。上述三家企业，拿下国内新能源汽车前三强。

造车新势力方面，蔚来、小鹏、理想年销量均超过9万辆，距离年销10万辆目标仅有一步之遥。第二梯队的哪吒、威马、零跑也实现了不错的增长态势。

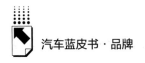
（二）民族汽车市占率逐月增加

2021 年，我国乘用车生产 1970 万辆，较 2020 年增加了 6.3%。在我国强劲的消费市场的推动下，乘用车销量已经连续 7 年超过 2000 万辆大关。由于疫情影响，2021 年初，我国乘用车销量基数较低，因此，相对来讲 2021 年全年的销量呈现大幅增长的态势。但是，随着车规级芯片的供应短缺问题凸显，加之基数的大幅增长，我国乘用车销量出现短期下滑迹象，且降幅持续扩大，直到 2021 年底，车规级芯片的供应问题得到逐步缓解后，我国乘用车市场才逐步趋于平稳，降幅逐渐回落。

相比于合资汽车品牌，在 2021 年的严峻考验下，民族汽车品牌有着更加差异化的产品和相对灵活的市场调整机制，因此，受到的打击比合资汽车品牌相对要小。此外，民族汽车品牌，尤其是新能源汽车在海外市场销量大幅增长，这也在无形中增加了民族汽车品牌的市场占有率。

对于民族汽车品牌来说，2021 年乘用车共销售 954 万辆，较上一年增长 23.1%，占我国乘用车总销量的 44%，其占比较上一年提高 6 个百分点。① 具体而言，第一、二梯队的民族品牌乘用车企业均保持着良好的发展态势，多家企业实现了增速双位数的发展。此外，民族品牌向上也有所突破，红旗汽车的销量首次超过 30 万辆大关，领克汽车的销量首次突破 20 万辆。2021 年，吉利、长城、长安三家民族汽车品牌依然占据前三位，且三家汽车品牌的竞争依然激烈。其中，吉利汽车 2021 年全年销量 132 万辆，较上一年增长 1% 左右；长城汽车 2021 年全年销量突破 128 万辆，比上一年增长 15% 以上；长安汽车 2021 年全年销量超过 120 万辆。第二梯队方面，沉寂几年的奇瑞汽车在 2021 年迎来了全面爆发，销售 96 万辆，比 2020 年增长近 30%；在新能源汽车销量激增的大背景下，2021 年比亚迪乘用车销量达到 73 万辆，较上年同期增长 75.4%；上汽乘用车则实现销量 80 万辆，同比增长约 22%。三家企业的销量都创下历史新高，有望迈进百万辆大关。

---

① 中国汽车工业协会：《2021 年汽车工业经济运行情况》。

（三）民族汽车海外销量乐观

近两年，由于疫情席卷全球，很多产业链不完整的国家在汽车生产时遇到了问题，而大众所了解的"芯荒"问题，只是冰山一角而已。我国汽车产业体系相对完整，所以在生产、物流等供应链上受到的影响较小。因此，在全球疫情蔓延且难以控制的情况下，我国汽车产业产能受冲击较小，能够在"非常时期"突飞猛进。2021年，第一次出口量突破200万辆，较上年增长101.1%，结束了过去10年徘徊在100万辆左右的局面。

多家民族汽车品牌出口表现优异。2021年，上海通用汽车出口乘用车29万辆，是2020年的1.7倍；奇瑞汽车出口26万辆紧随其后；长城汽车、吉利汽车2021年的出口量也突破10万辆大关；值得注意的是，吉利汽车旗下的子品牌领克汽车受到欧洲用户的钟爱。此外，蔚来汽车、小鹏汽车等新势力品牌也纷纷在2021年进入海外市场，但是不同于传统汽车品牌，它们纷纷选择优先进入欧洲开拓新市场。

2021年，位于出口销量前十的民族汽车品牌中，9家企业实现了出口销量增长，其中4家企业出口销量增幅超过100%。乘用车和商用车出口均实现增长，在乘用车方面SUV占绝对主导地位，民族汽车品牌在SUV市场具有更强的竞争力；新能源汽车出口销量超过31万辆，实现井喷式增长，业绩尤为突出，较往年增长近3倍之多。其中，在比利时、英国、法国、挪威等欧洲市场表现良好，这也意味着我国新能源汽车具有非凡的国际竞争力。这一过程中，直接投资、海外建厂都发挥了功不可没的作用，为支撑民族汽车品牌在国外生根发芽奠定了坚实的基础。

（四）消费需求升级趋势明显

随着中国宏观经济系统性恢复、居民收入水平提高，以及汽车消费者对品牌、品质、服务等汽车附加属性更加关注，供需两端共同作用下消费升级趋势愈加明显，首购和换购人群购置高档车型的比例不断增加，中国乘用车市场的消费结构越来越显著地体现出向高端化发展的特征。

在乘用车市场由增量向存量转变的过程中，市场竞争愈加激烈。某些中低端汽车企业、中低端车型逐渐被市场淘汰，民族汽车品牌纷纷向高端化转型，例如红旗、领克、魏牌等独立的高端品牌实现向上突破，在产品整体的外观造型、内饰设计、智能化配置以及配套的服务体验方面逐渐超越传统合资品牌，获得消费者的认可。

2021年，高端乘用车销量为347万辆，较上一年增长20%，比整个汽车行业增速高13.5个百分点；其中高端乘用车销量占乘用车总销量的16%，较上一年提高2个百分点。随着消费者可支配收入的增加和消费由功能需求向情感需求的转变，对于汽车行业本身来讲，汽车已经不再仅仅是满足出行需求的交通工具，而更多地承载了消费者的情感、生活和价值寄托。因此，近年来，高端汽车、豪华汽车、智能汽车受到年轻人的追捧。可以预见，在不远的未来，随着"90后""00后"成为市场的绝对中坚力量，他们将更加钟爱个性化、高端化、科技化的汽车；此外，随着中产阶级队伍的壮大，以及生育政策的放宽，增换购用户将逐年增加，甚至超过首购用户，汽车市场也将进入存量之争，以前采取的低价、低端市场占有模式将不再可行。

二 预判篇——中国汽车市场趋势预判

2021年，中国汽车行业在严峻的市场行情下交出了一份较为乐观的成绩单。2022年，面对日益严峻的市场竞争、错综复杂的外部环境，民族汽车将面临怎样的市场行情，哪些市场力量将推动我国汽车产业的发展，值得每个汽车企业深入研究。

首先，我国经济发展势头强劲，稳定向前的行情不会改变；为实现"双碳"目标，新能源汽车的普及趋势不会改变；推动我国汽车制造业高质量发展，做强做大民族汽车品牌的决定不会改变；面对消费升级，消费者对美好生活的向往不会改变。接下来，本文从以下五个方面展开，对中国汽车市场的趋势进行预判。

（一）我国汽车市场总体将稳中有升

李克强总理在 2022 年《政府工作报告》中，提到"坚持稳中求进的工作总基调"。稳中求进，是总基调，也是做好一切工作的方法。稳中求进中的"稳"是基础前提，保持稳定才有进的可能；稳中求进中的"进"是方向目标，保持经济增长的总目标，"稳"与"进"不可分割、相得益彰。我国坚持处理好疫情防控和经济发展的关系、安全与发展的关系，持续改善群众生活水平，保持经济合理发展，维持社会稳定，这一系列政策也为我国汽车市场的稳中有增提供了欣欣向荣充满活力的市场大背景，保障我国汽车市场持续增长的势头。

我国汽车消费市场需求仍然旺盛，蕴含巨大潜力。随着生产生活秩序的全面恢复，汽车消费市场也将保持平稳回升的总态势。此外，在国内大循环的发展格局和供给侧结构性改革的浪潮下，汽车行业的改革不断深化，我国汽车产量有望持续增长。值得注意的是，近年来在智能网联和新能源政策的引领下，我国汽车产业新技术不断突破，汽车企业提供的产品较好地满足了消费者需求，消费者对自动驾驶汽车、新能源汽车的关注度越来越高、接受度越来越高，新技术的突破与消费者的接受，共同促进我国汽车市场的发展与变革。

（二）"双碳"目标下新能源汽车强劲发展

为了实现《巴黎协定》的目标，全球都将面临并经历世界上最重要的变革。这一变革将深刻影响全球政治、经济、文化等方方面面，也将深刻影响全球制造业（包括汽车产业）的发展。各个国家和地区都在积极思考并践行《巴黎协定》。值得注意的是，发达国家用 40~60 年的时间完成脱碳行动，而我国仅仅计划花费 30 年的时间完成。[①] 这一重要决策，也反映出我

---

① 工信部原部长、中国工业经济联合会会长李毅中于 2021 全球绿色经济财富论坛开幕式暨"碳中和"主题论坛上提出。

国的责任与大国担当。

在"双碳"目标下，低碳经济随之而来，碳排放直接关系到企业的生产制造和最终获利能力，更多的碳排放势必带来更高的生产成本和更低的利润率。汽车作为交通领域碳排放大户，是脱碳的重要领域之一。对于整个汽车行业来说，脱碳成为不可逃避的问题，同时也蕴含着先机。

全球各大车企都在践行脱碳目标：福特汽车、大众汽车纷纷预估在2050年实现碳中和，现代汽车预期在2045年实现碳中和……在第26届联合国气候变化大会（COP26）上，六家车企签署协议，明确在2040年前不再生产燃油汽车。在脱碳的背后，是各大汽车企业在制造工艺、产品优化、商业模式等方面的追逐与竞争。

长期来看，无论是实现国家的"双碳"目标，还是智能网联汽车技术的叠加、商业模式的创新，都将在很大程度上加速新能源汽车的普及。《"十四五"现代能源体系规划》提出，中国很可能会提前实现2025年和2030年新能源汽车渗透率分别达到20%和40%的目标。[1] 在"双碳"战略的推动之下，中国新能源汽车市场将继续保持增长；汽车正在加速从传统制造行业变成跨产业融合的高科技产业，中国智能网联汽车前景巨大，中国也逐步成为全球汽车产业的创新支点。

（三）新能源汽车市场过渡到快速发展期

当下，我国新能源汽车市场已经从最开始的起步萌芽时期逐步向快速发展时期迈进。新能源汽车产业在跨越10%的渗透率节点后，也将正式由从0到1走向从1到100，进入由市场驱动的高成长阶段。中国新能源汽车渗透率从0%增长到5%用了近十年时间，但从5%到10%的突破，再增长到13%却仅用了一年时间。

从供给侧看，市场可供选择的智能电动等新车型显著增加，迎合不同细分市场和目标人群的差异化需求。中国新能源汽车市场正全面过渡到由需求

---

① 国家发展改革委、国家能源局：《"十四五"现代能源体系规划》。

驱动的高成长阶段，并在产品数量和竞争力、总拥车成本、消费者偏好和态度、基础设施就绪度四个关键驱动因素上对销量形成强有力的支撑。现有新能源汽车明星产品将持续发力，在三电技术、智能座舱、高级别辅助驾驶等新兴领域建立起系统能力和生态体系，并且加快核心技术的投产和规模化，促进汽车的技术范式升级，加速导入更多优质的新能源汽车产品，全面提升电动汽车产品对消费者的吸引力。

从需求侧看，增换购将引领中国汽车消费的结构性增长。2021年增换购需求超过首购成为中国汽车销量的主要增量来源，消费者对车辆新兴技术及其带来的使用价值的接受度和认可度明显提升，这不仅体现在爆发式增长的新能源汽车销量上，也体现在持续攀升的高级别辅助驾驶软件安装率上。根据德勤《2022年全球汽车消费者研究》，40%有购车意向的中国消费者考虑购买节能和新能源汽车，超过70%的受访车主愿意为电动车支付比同级别燃油车更高的溢价；近七成消费者愿意为拥有高阶自动驾驶汽车和安全类功能支付超过2500元，其中近两成消费者愿意为自动驾驶功能支付超过1万元。

供需两侧将形成合力共同驱动汽车销量的稳步上行。撇开短期的产销波动，中国新能源汽车消费中长期韧性十足，并且将开启新的增长曲线。

（四）民族汽车的出口更具竞争力

得益于世界经济的恢复，汽车消费也在复苏中。汽车行业产业链比较长，对企业相关配套的要求比较高。我国汽车产业拥有较为完整的生产体系，产业上下游较为完善，在疫情的大背景下，也能够为国外的消费者提供具有竞争力的汽车产品。此外，以欧美为代表的国家也在履行"减碳"目标，各个国家纷纷对新能源汽车进行扶持，这些扶持政策也为民族新能源汽车的海外出口提供了良好的政策保障。

目前，我国已建立起较为完整的电动汽车产业链。与此同时，在国内新能源汽车竞争日益激烈的市场背景下，民族品牌新能源汽车的发展较为成熟和先进。现阶段的民族品牌新能源汽车，无论是智能化、续航还是安全性能都处于世界一流水平。相比燃油车,民族品牌新能源车型有更充足的底气进入发达国家。目前,民族品牌新能源车型的足迹已经遍布英国、挪威、德国、法国、比利时、意大利、西班牙和葡萄牙等地。除了拥有高端电动车型应对发达国家消费者的高品质要求,还有满足"一带一路"沿线发展中国家消费者低价需求的低速电动车。整体而言,民族品牌新能源车型比海外主流品牌新能源车型更具竞争力。

(五)年轻用户和增换购用户成主力

在消费者可支配收入逐年增长的大背景下,消费者对于汽车的需求也在逐步升级,具体表现为中高端汽车需求更加旺盛。《2021 中国汽车消费趋势调查报告》的数据表明,中国消费者购买汽车的预算有所上升,增加近 3 万元,在消费升级的大趋势下,消费者更喜欢花多一点钱买好一点的车型,消费者购车价位不断提高。[①] 汽车消费市场正在从增量市场向存量市场转变,增换购的消费者占比逐年增加,在未来将占据主导地位。消费者对中高端汽车的需求也将加速释放,凸显汽车消费市场的升级。

随着中产阶级队伍的壮大以及生育政策的放宽,增换购用户将逐年增加,甚至超过首购用户。预计到 2025 年,首购比例会降到 50% 以下,这意味着很多用户在买第二辆车或者第三辆车。这部分用户更懂车,消费理念更加成熟,也更倾向于购买中高端车型。换购实则是消费升级,这类群体购车首先是彰显自己的身份,其次更关注舒适性、安全性,也更关注科技感和个性化,更加关注购车的服务体验。

值得注意的是,30 岁以下用户的比例大幅增长,由 2017 年的不足两成增长到 2021 年的三成,对于中国庞大的人口基数来讲,近 10 个百分点的增幅是一个非常大的数量,在汽车存量时代这群"80 后"年轻人将撑起汽车市场。[②]《2021 中国新生代人群汽车兴趣洞察报告》显示,超过七成的新生

---

① 21 世纪经济报道中国汽车金融实验室、尼尔森:《2021 中国汽车消费趋势调查报告》。
② 资料来源:中汽信科数据库。

代消费者预计在五年之内购买属于自己的汽车。[①] 消费人群更加年轻化，是市场的总趋势，因此年轻人的需求不可忽视。很多年轻人对于汽车的选择也与成熟稳重的中年消费群体不同，年轻人买车不再只是为了满足出行需求，更愿意"物以类聚，人以群分"，通过买车结识更多志趣相投的小伙伴。此外，年轻人对于品牌的偏好呈现两个极端分化的趋势，他们热爱豪车也热爱国潮，追求实用主义也追求极致，他们愿意享受生活，更愿意玩转硬件黑科技。对于年轻消费者来说，购车不再简单取决于"性价比"，他们更愿意为外观迷人、配置智能、体验满意的汽车产品支付更高的溢价。

三 筹谋篇——民族汽车品牌未来发展建议

《资本论》中有这样一句话，"从商品到货币，是一次惊险的跳跃"。在这次跳跃中，如果失败，摔坏的不是商品本身，而是商品的所有者。对于民族汽车品牌来说，如果跳跃不好，就会对民族汽车品牌本身造成巨大的损失。面对当下疫情依旧、经济下行、竞争激烈的大背景，民族汽车品牌应该如何做，才能跳得好、跳得高，大多数汽车企业都在摸索和探究中。

面对突如其来的疫情，内外部环境变得复杂、严峻，不可预估。民族汽车品牌应该正视挑战，下定决心。发展是不变的主旋律，改革是当下的最强音。在政策的引领下，在我国汽车行业的共同拼搏下，汽车产业必将大有可为。本文基于现状分析和趋势预判，对于民族汽车品牌提出几点建议。

（一）在心态上，坚信民族品牌大有可为

突如其来的新冠肺炎疫情引发世界经济格局的转变，深刻影响全球产业价值链的重新构建。目前，我国新冠肺炎疫情已经得到基本控制，经济增长逐步恢复，在国内大循环、国内国际双循环的新发展格局下，民族汽车品牌面临前所未有的机遇。在新发展格局下，商业进化狂飙突进，市场竞争空前

---

① 懂车帝、巨量算数、中国汽车流通协会：《2021 中国新生代人群汽车兴趣洞察报告》。

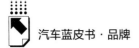

激烈。民族汽车品牌突破困境、向上发展，是我国经济建设的重要任务之一，也是我国汽车产业发展的重要需求之一。

作为民族汽车品牌，首先应该在心态上，坚信民族品牌大有可为。习近平总书记在一汽考察时提出："我们要立这个志向，把民族汽车品牌搞上去"。品牌是一个企业的核心灵魂，是一个企业的重要领袖，品牌自信是一个企业最大的文化自信，拥有品牌自信，才能具备更强的竞争力。

一个有态度、有情怀、有实力的民族汽车品牌，要敢于走出舒适区、挑战无人区，精耕细作，在熟悉的领域占领品牌制高点，拥抱数字经济，不断创造顾客价值，同时做到服务消费者对于美好生活的向往。通过促进制造和消费、服务的融合，打造中国民族品牌的核心竞争力，建立强有力的中国品牌力量，深刻影响甚至引领消费者需求。

从20世纪90年代联想等民族电脑品牌的兴起，到近些年华为、小米等民族手机品牌的崛起，在全球化的大背景下，民族品牌不断引燃国内的市场竞争环境，在技术中创新，在管理中升级，不断练就本领，开拓市场，完成了从"一叶扁舟"到"豪华战舰"的发展与突破。事实证明，只要咬定青山不放松，自力更生，就完全有能力、有信心实现从制造大国向制造强国的转变，把民族品牌搞上去。

民族汽车品牌要立足中国市场，放眼世界市场，逐步强化把握国内外市场行情和消费者需求的能力，找到适宜自身的创新发展之路，一步步走下去，最终让民族汽车品牌成为企业创造财富的"加速器"，成为消费者实现美好生活的"助力器"，成为国家塑造形象提升软实力的"推力器"。

（二）在产品上，做好品质建设

为了让品牌可持续、深入人心的发展，品牌建设过程中必须将基本功做扎实。民族汽车品牌需要练好品牌建设基本功，而不是盲目提升品牌知名度。品牌力的核心在于民心。在这个时代，哪个企业可以获得消费者的心智，哪个企业就抓住了购买力、抓住了消费市场。而获得消费者心智的有力抓手必定是产品本身。民族汽车品牌，需要内外结合，不仅做到"品牌向上"，也要做到"产品向上"，要确保为消费者提供高质量、高科技的优质产品，从由内的"产品向上"渗透到由外的"品牌向上"。只有苦练产品向上的基本功，才能得到广大消费者的认可，才有可能在消费者心中形成品牌认可度和品牌忠诚度，最终才有可能让消费者成为品牌的推广者。

因此，民族汽车品牌必须通过产品支撑品牌向上，通过提升产品品质，树立优质的品牌形象，让消费者喜欢、放心、愿意购买。民族汽车要加速在新赛道创新突破，推动汽车产业高质量发展。

1. 抓住关键核心技术

中国作为最大的电子产品制造强国，仍然面临"缺芯少魂"的问题，我国人工智能产业走在世界前列，但是算法、架构领域的基础仍然十分薄弱，地基有待强化，关键核心技术有待研发，比如贯穿 2021 年的"缺芯"问题已经制约了我国汽车行业的发展，严重影响汽车产量，困扰我国汽车产业的前进。

当前世界面临百年未有之大变局，无论是国内形势，还是国外行情，都在发生复杂、严峻的深刻变革。着眼全球，在新一轮产业变革下，全球产业体系面临重新建构，全球经济结构面临重新塑造，全球科技创新空前活跃密集。面向国内，我国经济正在向高质量发展转型，转变生产方式，优化产业结构愈演愈烈。加强核心技术研发，攻坚克难，是汽车产业转型升级的必由之路。

回顾我国过去几十年的发展历程，汽车企业最初通过"市场换技术"战略，以合资企业的形式获得技术，但事实上至今也未掌握核心技术。这意味着，关键核心技术是很难通过"市场换技术"获得的。民族汽车企业若没有掌握关键核心技术，就难以产出让人眼前一亮的产品，相反还有可能被关键核心技术"卡脖子"。

很多民族企业近几年也意识到掌握关键核心技术的重要性，在激烈的国内外市场竞争下，加强技术研发，在一定程度上奠定了民族汽车品牌的基础。比如，长安的"蓝鲸 NE 动力平台"、吉利的"CMA 超级母体"模块化架构体系，给民族汽车的造车技术注入新的活力，将造车技术带入新的层次。但不可否认的是，民族汽车品牌掌握关键核心技术还有很长的路要走。

作为国民经济的重要支柱产业之一，汽车产业掌握关键核心技术，把民族汽车品牌搞活，是内循环经济时代的使命，有实力、有理想的主流中国品牌，应当挑起市场重担。科技人员、工程师，需要少一些浮夸，多一些务实，耐得住寂寞，从基础做起，不放过任何细节，埋头苦干，掌握关键核心技术，才有可能在竞争激烈的市场中保持立身之本；汽车企业应该勇于舍弃短期效益，少一些恶性价格战，登高望远投资未来，研发新产品，俯下身去关注细节，完善每一个成熟产品。只有这样，才能够在即将到来的产业重构、大浪淘沙的时代大潮中，成为闪亮的金子。

因此，对于民族汽车品牌来说，掌握关键核心技术是做强做大的必由之路。经验表明，汽车行业实现高端化发展，根本上靠的是核心技术的研发与创新。民族汽车品牌需要通过创新驱动，加强对关键核心技术的自主研发，做强做大，实现民族汽车高质量发展，向汽车强国目标迈进。

2. 加强汽车产业链纵深发展

随着汽车由信息孤岛转变为移动的数据终端和万物互联的关键节点，其也由满足代步需求的交通工具转变为支撑多样化智能生活的移动数字空间，进一步促进汽车与城市生活融为一体。在这一进程中，单一结构的汽车产业链已经被时代淘汰，网状智能产业链群将是未来发展的方向之一。

民族汽车品牌的高质量发展已经不仅仅是汽车企业自身的责任，更涉及产业链上下游、汽车相关行业。我国汽车上下游产业链资源丰富、类型完善，汽车市场最为开放包容。民族汽车品牌要想实现高速平稳发展、换道超车，就不能闭门造车、独立发展，需加强产业链纵深发展，合作打造生态，聚合能量，共同进步；要在合作中积累优势，提升自主研发能力，促进产业可持续发展，为全球汽车产业发展贡献中国方案。

民族汽车要尽快完成产业链的纵向整合，掌控上游稀缺资源，建立关键零部件战略联盟，掌控优势资源；与下游企业建立同舟共济、牢固的合作关系；率领上游企业主动与下游一个或多个整车企业，建设庞大的产业集群，相互促进、共同提高。在不久的将来，能够存活的企业（或企业集团）数量必然有限，优势企业之间的强强联合可实现优势互补，再与占据地利优势、具有特色的小企业进行整合，可迅速实现全国布局，同时也可避免在产业激烈的竞争中大批小企业破产转产，造成行业的产能浪费和投资浪费。

产业链群中的相关企业有义务持续推动链条纵深发展、深度融合，有义务自觉提升自主创新能力，与其他相关方互助互赢，共同推进产业链群的稳固发展。当下，车规级芯片领域，需要相关方协同发展，打造民族汽车芯片产业链群，为本土芯片厂商提供更稳定的生存空间，最终实现汽车芯片自主可控，这对实现汽车产业高质量发展尤为重要。

（三）在方向上，向行业发展趋势转型

当前，中国汽车行业进入历史发展的崭新阶段，面对全球汽车产业格局的全新变革，民族汽车必须带着足够的勇气出征。当前，汽车产业面临深刻变革，对于民族汽车品牌来说，则面临前所未有的机遇，将迎来发展的拐点时刻。面对中国汽车产业崛起的最佳时机，民族汽车品牌应顺势而为，勇于引领潮流；逆势而升，勇于向上突破；借势而起，勇于开放创新，以长远发展的必胜信心，坚定不移地推动民族汽车品牌向前发展。

1. 能源绿色是民族品牌的驱动力

汽车作为交通领域碳排放的大户，是落实"双碳"目标的重要责任主体。汽车行业需要积极践行"减碳"政策，将碳达峰、碳中和作为企业发展的长期目标，积极协调低碳发展，推动新能源汽车充分发展，矢志不渝地完成"减碳"的重要课题。民族汽车企业一定要充分利用新能源汽车，重塑企业品牌战略，打造国际品牌。

民族汽车品牌要坚持以纯电动驱动、多种技术路线共同发展的路径。"以纯电动驱动"的新能源汽车是践行"减碳"政策的有力做法之一。推动新能源汽车覆盖更多的使用场景，应该优先部署在碳排放多、油耗多、里程长的商用车上。与此同时，在重点发展"以纯电动驱动"的新能源汽车的基础上，也应注重节能技术在传统燃油汽车上的应用。要始终坚持绿色、低碳技术创新，这也是中央经济工作会议传达的精神。对于民族汽车品牌来

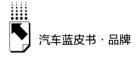

说，能否攻克产业链的关键低碳核心技术，决定了企业的发展前途。

能源绿色革命需要企业实现融合发展。以纯电动驱动的新能源汽车需要与智慧（电力）系统深度融合，以智能科技驱动的智能网联汽车需要与智慧（交通、城市）系统深度融合，融合是交通领域实现"减碳"目标必须突破的环节，深度融合也将成为民族汽车品牌的重要核心竞争力之一。

2. 科技创新是民族品牌的牵引力

科技进步所产生的影响，往往超乎所有人的想象。回顾汽车的发展历史，每一次技术进步，都对汽车行业的发展起到了颠覆性作用，使得整个汽车生态发生重构。科技深刻地影响着汽车产业的发展与变革，科技创新是民族汽车品牌向上发展的牵引力。

动力电池技术的突破，使得电动汽车走入人们的生活；大数据、云计算等技术的高速发展，使得智能网联汽车走进人们的视野。随着科技的创新，汽车已经不再是单一的出行工具，而是演变成高新技术平台，一改传统汽车的封闭生态，实现了与智慧城市、智慧能源的融合，实现了新的生态模式。

民族汽车品牌要坚持科技创新，着力推进科技创新工作。在新的时代背景下，科技创新不仅仅是汽车企业自己的工作，还依赖于产业链上下游企业的通力配合。因此，在一定程度上讲，技术创新需要产业融合创新。民族汽车品牌需要加强与上下游企业的合作互通，共同探索并解决汽车产业链中的关键核心问题和"卡脖子"问题，不断提升民族汽车品牌的综合实力和科技创新水平。"以纯电动驱动"的新能源汽车，要着力与智慧能源系统协同发展，助力提升发电效率、降低能源消耗、减少污染气体排放；以人工智能驱动的智能网联汽车，要着力与智慧交通、智慧城市协同发展，促进道路交通安全、提升道路通行效率、优化用户驾乘体验。

3. "双循环"协同发展是内生动力

中央多次提到要推动形成以国内大循环为主体、国内国际双循环相互促进的新发展格局。面对国内国外复杂严峻、不稳定和不确定的市场大背景，通过"国内国际双循环"战略，推动我国经济高质量发展。

对民族汽车品牌而言，国家的"双循环"战略也是其重要的战略发展机遇。为此，民族汽车品牌可以充分利用国内优势、挖掘国内潜力，打通流通的各个环节，构建完整的内需体系，以提高内循环效率；同时，可以将国内的市场规模优势和生产体系优势运用到国际合作与国际竞争中，形成新的优势，进而形成国际循环与国内循环相互促进、相互发展的局面。由此可见，汽车企业可将"双循环"转化为促进自身高质量发展的内生动力。

民族汽车品牌要抓住电气化、智能化的行业趋势，坚持"走出去"战略，积极探索向欧美等发达国家深度开拓市场，在全球市场中为中国汽车抢占良好席位。因此，对于民族汽车品牌来讲，应牢牢抓住历史赋予的机遇，抓住国际市场，加快市场开拓，加速品牌向上。

（四）在品牌上，制定合适的营销策略

在当前"信息大爆炸"的时代，铺天盖地的信息投放使得消费者应接不暇。如何在海量信息中，让消费者抓住自己的产品信息，值得企业深思熟虑。民族汽车品牌需要制定合适的营销策略，吸引消费者的感知。深挖产品亮点和核心价值，围绕品牌价值、品牌理念开展一致性和持续性营销活动，吸引潜在用户。

一说到安全性，都会想到德系车；一提到低油耗，都会想到日系车，那么，对于民族汽车品牌来说，消费者给它的品牌标签是什么？目前，这一标签并不明确。民族汽车品牌，一定要建立好自己的品牌标签，打造好自己的品牌形象，让营销为品牌带来溢价，探索汽车营销新趋势，以求在新的赛道上实现流量销量的"增量"突破。

面对当下的市场变革，汽车产业的市场营销也需要发生改变。如何迎接智能化、电气化、网联化的新浪潮，如何适应新时代的营销环境，在新浪潮中乘风破浪一往无前是每个民族汽车品牌都需要考虑的重要课题。以往的单项互动、枯燥营销越来越没有生存市场，面向互联网、数字化和体验化的新时代营销思路是企业需要深思熟虑的。

虽然汽车是传统的出行交通工具，但新时代的消费者寄予其更多期待和

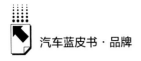

希望。随着消费者需求从功能需求向情感需求升级，汽车被看作身份的象征、自我个性的表达。因此，民族汽车品牌需要考虑与消费者建立情感联系，使得消费者与品牌产生共情，引导其赋予品牌更高的情感价值溢价，提升品牌忠诚度。

此外，对于汽车产品来说，如何满足消费者的体验需求也是永恒的话题。试乘试驾、性能测试都是汽车营销中的重要环节，如何利用体验式营销、良好的服务体验获得消费者的认可是值得企业探索的重要问题。体验店空间的设计、体验流程的优化，如何让体验场景更加生动、引人入胜，值得民族汽车品牌不断探索。随着汽车产业智能化、电气化、网联化的飞速演变和推进，汽车行业也面临新的技术变革浪潮，如何向用户传递，提供智能化、科技感的体验，也将成为民族汽车品牌可探索的营销路径之一。

值得注意的是，随着我国的国家地位不断提升，中国传统文化也逐步走向世界，并引起世界的高度关注。民族汽车品牌可以深度挖掘传统文化价值，在汽车品牌中融入中国传统文化元素，这将刺激消费者通过文化而产生情感共鸣，有助于消费者通过情感认同对品牌产生忠诚和信赖，这也将成为民族汽车品牌可探索的营销路径之一。

综上，新时代背景下，民族汽车品牌需要摒弃原有的传统观念，利用数字技术不断创造新的商业模式。在品牌塑造方面，民族汽车品牌应将目光放得更长远一些，要对未来产业发展方向有预判，并提早布局，不要过度追求眼前的得失，要在品牌向上的道路上有耐心、信心、恒心。在这个过程中，品牌主体和属性也应该由企业转向用户，品牌向上更是企业和用户融合的结果，不是一朝一夕之事，需要时间去精心打磨。

（五）在用户上，形成用户至上的理念

面对年轻群体的消费升级、需求升级，企业也需要顺应升级趋势，为消费者提供符合其需求的产品。当下，汽车已经不再是简单的出行工具，更多地扮演着消费者出行伙伴、情感伙伴的角色。对于民族汽车品牌来

说，要理解消费者的需求升级，挖掘消费者的深层感知，引领消费者的生活方式。

未来几年，随着"90后""00后"成为汽车消费市场的绝对中坚力量，随着增换购用户的增加，以及女性群体用车需求的增长，不同的用户群体将出现不同的用车需求。因此，需要汽车企业抓住不同消费群体的典型特征和差异化需求，提供差异化产品，在细分市场吸引更多的消费者，牢牢抓住细分市场中消费者的心。

从大众消费、从众消费到分众消费、小众消费、个性消费、有价值有意义的消费、生命价值的消费、快乐的消费、健康的消费，市场经济更加注重消费的价值，所以从品牌建设的角度来看，未来的品牌建设要更加关注顾客，由企业与消费者共同创造价值。

1. 用户共创是品牌与用户深度融合的方式

要做到与用户共存共生，深度绑定用户，加强与用户共创共建，加强用户与品牌之间的融合沟通。随着消费者的需求升级和理念转变，精准捕捉消费者的需求和理念将成为汽车产品设计的重中之重。要想实现精准捕捉，用户共创必不可少。虽然目前用户共创还处于理论研究阶段，但用户共创的实践可以同步展开。用户共创是用户与汽车品牌形成互动的良好途径，通过用户共创，汽车企业可以很好地了解用户的需求，指导产品的设计；借助用户共创，用户可以深入了解汽车的品牌行动，加强与汽车企业的联系，成为品牌的忠实粉丝。民族汽车品牌可以大胆尝试用户共创，构建相关体系，以用户为原点，让用户参与到产品定义、产品设计、产品制造等各个环节，使得产品在一开始就能得到消费者的认可。

2. 主动了解年轻用户，与年轻人同频共振

年轻消费群体是市场的中坚力量，品牌要想发展，就需要了解年轻消费者的需求。年轻消费者注重情感体验，又注重个性化需求。如何更好地满足年轻消费者的需求，成为汽车企业顺应市场潮流的要点。当新的赛道出现时，民族汽车品牌需要捕捉用户、发现用户需求，并积极拥抱变化，快速响应用户需求。

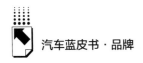

值得注意的是，品牌的年轻化从来不是一味地"讨好"年轻人，民族汽车品牌需要凭借自身对青年文化的思考和理解，深耕内容领域，打造品牌吸引力，收获大量年轻粉丝，在互动的过程中产生创意内容，促使品牌声量不断扩大。

民族汽车品牌需要了解年轻用户，懂得年轻用户的生活理念。让产品与品牌真正走进年轻消费者的内心，走入年轻消费者的生活，与年轻消费者同频共振，激发年轻消费者对于民族品牌的忠诚感。

3. 挖掘用户用车生命周期，注重用户运营

民族汽车品牌要注重挖掘用户用车生命周期价值，让直面用户的部门参与决策，注重建设运营用户关系，合理调整研发模式和销售模式。民族汽车品牌需要跟用户建立多触点联系，通过各种各样的活动巩固关系，引入业务场景塑造产品口碑，最终实现流量的转化。

着力打造"以用户为中心、以产品为主线"的组织管理模式。车企经销商可利用巨量引擎全数据体系对结构、竞争、心智、投放效率等维度进行诊断，从而得到更精准的洞察报告。制定相应营销策略，通过内容 IP、直播、商业产品等手段，针对多种营销场景提升用户拉新、培育和转化效率，最终实现知行合一的效果。

四　展望

当前，全球新一轮科技革命和产业变革蓬勃发展。随着能源革命和数字化时代的到来，汽车产业也正在经历一场深刻的变革。无论时代如何变迁，对于汽车企业来讲，最终都会落到产品和品牌上，因此，转型升级和产业结构调整是不能逃避的。在转型与变革的征程中，民族汽车品牌不仅要满足消费者的物质需求，打造产品核心竞争力，也要满足消费者的精神需求，打造品牌忠诚度。品牌向上，不是一朝一夕的事情，需要由内而外，不断打磨。

参考文献

金永花：《新发展机遇期我国新能源汽车产业链水平提升研究》，《经济纵横》2022年第1期。

张厚明：《我国新能源汽车市场复苏态势及推进策略》，《经济纵横》2021年第10期。

王小明：《中国汽车产业变革升级发展审视》，《重庆社会科学》2020年第4期。

安志、路瑶、张郁：《技术创新、自主品牌与本土企业出口参与》，《当代经济科学》2018年第6期。

李殿云、王超：《中国自主品牌汽车产业发展路径及对策研究》，《蚌埠学院学报》2021年第4期。

Abstract

"Automobile Blue Book · Brand" is an annual research report on the development of Chinese automobile brands. This book is jointly written by a number of researchers from China Automotive Technology and Research Center Co. , LTD, as well as experts, enterprises and institutions in related fields in the industry under the guidance of a number of senior experts and academic consultants in the related industry, with the special support of China FAW Group Co. , LTD.

This annual report takes the development of national automobile brands as the main line, which is divided into four parts: general report, enterprise article, Evaluation article and special article. The general report summarizes the development of Chinese auto brands since 2021; The enterprise article section is analyzed in combination with the actual situation of national automobile brand development, covering new energy track development, brand image building, user co-creation and high-end brand and other themes; The Evaluation article introduces the brand competitiveness measurement and promotion in the research of "National Automobile Brand Upward Plan", including the theoretical construction of automobile brand competitiveness, the measurement indicators and models of automobile brand power, the mechanism of influencing factors of automobile brand power improvement, and the measurement results and reason analysis of automobile brand power; The special article covers the development status and trend analysis of policies, regulations and technologies of national automobile brands, pain points and demand characteristics and development trend analysis of young automobile users, digital development trend, brand management analysis, development prospects and suggestions of national automobile brands, etc.

In 2021, The overall Chinese automobile market shows a trend of recovery, with the total sales volume of 19703000 units, up 6. 3% year on year. At present, the continuous and in-depth development of electric and intelligent automobile industry in China has occupied a dominant position in the field of new energy vehicles. Meanwhile, with the further development of national automobile brand technology and the further improvement of product quality, The Chinese automobile market presents the competition pattern of national automobile brands and joint venture automobile brands, fuel vehicle brands and new energy brands. At present, national automobile brands are competing in the middle and high-end market, the young group market and the new energy market. The definition of the high-end of national automobile brands is not limited to the static price and the high-end level of the industry, but refers to the process of dynamic upward promotion of the brand, which is the all-round and multidimensional upward development of the brand. Under the influence of rich social media, information platforms and entertainment content, young people growing up in the era of automobile consumption are more eager to express their personality and lifestyle. It has become an important issue for major automobile companies to seize the young market by meeting their unique consumer needs. National auto brand innovation not only in the field of new energy brand development strategy, and actively implement the "going out" of course, to the user as the center, take the market as the guidance, in the new era electric smart car show core competitive ability and strength, national car brand implementation brand upward, overtaking "corner" of the implementation of new energy track may be just around the corner. In the face of more complex competition situation, the importance of brand building has become increasingly prominent. Long-term brand management, brand image building and user co-creation have become the hot words of automobile brands in recent years. In this context, China Automobile Technology Research Center Co., Ltd. has set up a major special project of "National Automobile Brand Upward Plan". Using the research results of brand competitiveness measurement and promotion to help national automobile brands to continue to develop upward. Looking forward to the future, China's auto market is facing increasingly severe market competition environment, as well as policy support, digital and intelligent technical support, the national automobile to seek improvement in stability under total tone, make full use of new energy vehicles, grasping the intelligent development trend, build " binary " coordinated development at home and abroad, reshaping national car brand strategy.

The purpose of this book is to provide innovative results for the research field of automobile brand power, to provide guidance for practitioners in the automobile industry, and to provide methods and help for the upward development of national automobile brands. At the level of scientific research, it enriches the research system of automobile brand, innovatively puts forward the concept of automobile brand power, brand power measurement and influencing factor model, and provides a new research point for the majority of experts and scholars. At the industry level, the analysis of the development status and future trend of Chinese automobile brands and the research results of automobile brand power can provide guidance for the development of the industry; At the enterprise level, the analysis of young groups and marketing methods, the measurement model and influence model of brand competitiveness and the upward practice of national automobile brands can provide the whole link methodology of brand monitoring, comparison and promotion for national automobile brands in theory and practice.

Keywords: Automobile Brand; Automobile Industry; Brand Construction

Contents

I   General Report

Abstract: In 2021, under the influence of the rapid development of new energy vehicles, China's auto market sales show a trend of recovery, with the overall sales volume of 19703000 units, up 6.3% year on year. At present, China's automobile industry electric intelligent sustained and in-depth development, already take the dominant position in the field of new energy vehicles, at the same time, with the further development of national auto brand technology and further enhance the quality of the products, and China's car market presents the national brands and joint venture brands, new energy automobile brands and fuel car brand competition. Reviewing the development history of national automobile brands and looking forward to the future development trend, national automobile must pay attention to its own brand construction if it wants to become bigger and stronger in the new period. By the state-owned assets supervision committee bureau of social responsibility to support and guide, China Automotive Technology and Research center co., LTD., a key topic "national car brand up plan" in this context came into being, published since the project was established brand force definition and measuring dimension model, brand influence factor model up research results, It aims to provide guidance for practitioners in the automobile industry and help the upward development of national automobile brands. Looking into the future, national automobile should comply with the opportunities and challenges of the automobile market, strengthen the awareness of brand construction, and promote the sustainable development of national automobile brand from the aspects of organization management, brand system construction and brand marketing strategy.

Keywords: Automobile Brand; Automotive Industry; Brand Construction

II Enterprise Reports

B.2 New Energy Track Helps China Automobile
Brand Development   *Wu Zhixin* / 031

Abstract: China's new energy vehicle market is developing rapidly, of which, Chinese independent brands have become an important force to be reckoned with. Both traditional fuel car companies with certain industry background and ambitious new car makers are trying to complete a brand upward path in the fierce competition. In this once-in-a-century auto market change, brands seize the opportunity to develop the hard power of technological innovation, play the soft power of service leadership, rely on the strong support of national policies and the unprecedented consumer confidence in domestic brands, and actively carry out strategic layout. The new energy vehicle brand not only innovates the brand development strategy, but also actively implements the development route of "going out", taking the user as the center and the market as the guide to show the core competitiveness and combat power in the new era of electric intelligent vehicles. Domestic brands to achieve brand upward, to achieve the new energy track "bending over" may be just around the corner.

Keywords: New Energy Vehicle; National Automobile Brand; Brand Strategy

B . 3   Brand Renewal and Brand Image Building   *Chen Xu* / 056

Abstract: There are five important nodes in the life cycle of automobile brands. For many brands at present, brand decline is not simply to give up the brand, but to obtain new development opportunities through new track and brand renewal. Brand renewal is very important to the shaping and maintenance of brand image. Affected by the market environment, competitive pattern and consumer changes and other multiple factors, more and more automobile brands have carried out brand refresh, change logo, slogan, brand positioning and replace the actual marketing method is the most common means of refresh automobile brands. At present, brand renewal is emerging "+ national tide", "+ crossover", "multiple new marketing" and "content is king" and other trends. Brand renewal is a "self-help" campaign for the "old" brand, and an opportunity for the new brand to break out of the siege and tell a new story. Reasonable brand renewal is conducive to stable, positive and positive brand image shaping and maintenance. For the national automobile brands, it is urgent to pay attention to the packaging of brand image, strive to greatly enhance the brand value and enhance the sense of identity of consumers.

Keywords: Automobile Brand; Brand Renewal; Automobile Market

B . 4   Users Create and Build Brand Development   *Wu Baojun* / 085

Abstract: At present, the improvement of China's national income level and the introduction of relevant national policies make the upgrading trend of people's consumption obvious, consumer demand increasingly toward personalized, diversified direction. In this context, the significance of brand development is more prominent, and brand development is ultimately focused on consumers. User-co-creation is a consumer-centered brand building method, which originated from the co-creation of enterprise value and was first widely used in the Internet industry. The so-called user-co-creation simply means that users participate in the value creation process of enterprises, so that enterprises and users can achieve a win-win creation method. Many car companies have also users create methods in recent years, mainly reflected in the new car brand, as new car brand in the new era, many new power building cars themselves with Internet industry of genes, thus better able to transfer the Internet industry's operating method, and easier to jump out the influence of the traditional enterprise distribution model, establish a more direct communication and contact with the user. User co-creation in automobile industry can be classified from the perspective of automobile value creation, including product design and development co-creation, production and manufacturing co-creation, marketing and promotion co-creation and consumer after-sale co-creation. According to the characteristics of automobile industry, enterprises need to pay attention to the systematization of co-creation strategy, assign different co-creation roles according to the characteristics of users, grasp the scale of co-creation by users, pay attention to the suitability between organizational form and co-creation strategy, and empower the co-creation by building intelligent data platform.

Keywords: Brand Construction; User Co-creation; Automobile Industry

B . 5 High-end Brand Development Trend and Suggestion

Zhu Xianglei / 102

Abstract: With the development of automobile industry technology, the upgrade of user consumption level, and the in-depth development trend of new energy vehicles, the rise of national automobile brands and competition are accelerating, national automobile brands have to high-end transformation, hoping to occupy a place in the middle and high-end market. The definition of the high-end of national automobile is not limited to the static price and the high-end level of the industry, but refers to the process of the dynamic upward promotion of the brand, which is the all-round and multidimensional upward development of the brand. In this paper, the connotation, background and status quo of the high-end development of national automobile are briefly summarized. Combining with the excellent case of LYNK & CO, which emerged in the process of high-end development of national automobile brand, the case analysis is made, and it is suggested that enterprises promote the high-end development of brands from the aspects of users, products, marketing and service.

Keywords: Automobile Brand; Brand Construction; Automobile Users

Ⅲ Evaluation Reports

B.6 Automobile Brand Competitiveness (C-ABC)

Measurement Method and Model Construction

Wang Tie, Fu Lianxue / 126

Abstract: The influence of the continuous rebound of the global epidemic and many economic and political factors has brought great challenges to the development of the automobile industry. China's supply chain has been impacted, and the research and development of high-end technology lag. However, due to China's efficient epidemic prevention and control measures, the economy is growing steadily. The automobile industry should develop in line with the current situation, develop towards electrification and networking, and pay more attention to shaping the core value of independent brands. In recent years, China's automobile enterprises rank at the forefront of global sales, but there are still fundamental problems. The brand strength and competitive advantage of China's automobile brands need to be improved, and China's automobile industry still needs to strive to find a characteristic development path. Understanding the construction of brand value and brand strength measurement model plays an important role. For the existing relevant brand research, this paper introduces the stages of brand development history and the definition of brand value from different perspectives in detail. Taking the automobile industry as the research core, this paper comprehensively analyzes the brand strength measurement models and

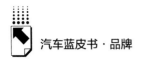
methods at home and abroad. Secondly, it summarizes the three elements of brand evaluation and further explains the analysis steps and calculation methods of its model construction based on the development of China's automobile industry. According to the operation and evaluation perspectives of various models, their advantages and disadvantages are comprehensively analyzed. This paper introduces the meaning of brand power and the eight brand power measurement dimensions in detail and further refines the indicators of the dimensions. Finally, it provides a detailed and comprehensive industry evaluation method for the measurement method of the indicators, hoping to further improve the attention of enterprises and consumers to brand power and enhance the brand development of China's automobile industry.

Keywords: Automobile Industry; Brand Competitiveness; Brand Value; Brand Measurement Model

B.7 The Measurement Results of China Automobile Brand Competitiveness (C-ABC) and the Analysis of the Advantages and Disadvantages of China Automobile Brands

Gu Hongjian / 142

Abstract: This study combines subjective and objective methods to reflect the development of automobile brand power from broader and comprehensive perspective. Objective market data which includes brand market share, residual value and net flow of consumers were collected from database of Chinese automobile information and technology, and subjective evaluation data which includes brand awareness, brand association, brand attitude, brand resonance and brand premium were collected from consumer survey. The overall level of brand power of national automobile brands and joint venture automobile brands was revealed by the brand power index. The advantages and disadvantages of national automobile brands and joint venture automobile brands are revealed through the calculation and analysis of eight indicators one by one. It is found that the development of national automobile brands on net flow of consumers is better than that of joint venture automobile brands, but in terms of the overall level of brand power and other seven dimensions, national automobile brands are weaker than joint venture automobile brands. National automobile brands still need to struggle to improve their brand power.

Keywords: Brand Competitiveness; National Automobile Brand; Joint Venture Automobile Brand

B.8 Study on the Influence Mechanism and Strategy of

C-ABC Promotion *Yang Jing, Zhao Bowen* / 164

Abstract: The research took the lead in summarizing four core paths of brand power improvement, including "expanding market share", "establishing the brand image", "building the brand belief", and "improving the brand premium". It explored and built an influencing factor system of improvement in automobile brand power, including five subsystems, that are "brand products", "brand services", "brand marketing", "brand culture" and "brand innovation", so as to provide the element support for practical activities of brand improvement. On this basis, by constructing the influencing mechanism, this paper reveals the performance of five influencing factors under the four brand developing paths, and analyzes the strategic mechanism required for automobile brands to achieve the path objectives. This study aims at help enterprises and brands that have identified their own brand competitiveness and brand developing goals to promote the improvement of the overall level of brand power, by achieving the most efficient and rational allocation of resources and energy in practical business activities.

Keywords: Brand Competitiveness; National Automobile Brand; Automobile Brand Power

375

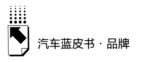

汽车蓝皮书·品牌

IV   Special Reports

B.9   Brand Building Analysis under Digital Trend   *Liang Yi* / 191

Abstract: In terms of the general process of brand building, brand building mainly includes brand positioning, brand building, brand communication and brand maintenance. With the development of computer, artificial intelligence and other technologies, the deepening of the Internet trend, the digital trend has penetrated into every aspect of People's Daily life. In the industrial field, intelligent is the core of the industrial 4.0, predecessor is inevitable stage of digital as intelligent, also in profound change affects the automobile industry, automobile industry of digital transformation including the digitization of production research and development, organization and management digitalization, digital marketing, and focus on several aspects, such as digital user requirements. Under the digital trend, automobile enterprises should rethink the methods and strategies of brand positioning, brand building, brand communication and brand maintenance to adapt to the development trend of the new era and do a good job in brand construction.

Keywords: Brand Building; Digital Trend; Brand Positioning; Brand Shaping

B.10   Analysis and Suggestions on the Development Policy
Trend of National Automobile Brands

Zhu Yifang, Wang Jinming / 209

Abstract: China's automobile industry has entered a key stage to be stronger. As an important symbol of the development level of China's automobile industry, how to realize its healthy, orderly and high-quality development has long been an important issue explored by our government, experts and scholars from all walks of life and entrepreneurs. Practice has proved that, the formulation and implementation of systematic and reasonable industrial policies has a great impact on promoting the development of national automobile brands. This paper analyzes the current situation of policies related to national automobile brands and the problems and challenges they are facing, and puts forward suggestions for future policy-making, in order to provide help for the development of national automobile brands in the future.

Keywords: National Automobile Brand; Automobil Industry Policy; Technology Innovation

B.11 Analysis and Suggestion on Development Trend of National Automobile Brand Technology

Li Xiangrong, Zhou Boya, Zhang Shijian and Sun Xin / 224

Abstract: With the technological development of the automobile industry and the upgrading of user consumption levels, the sales volume and influence of national automobile brands have increased rapidly. Based on the results of industry third-party assessments (C-NCAP, CCRT), this report focuses on the overall performance level of automotive products and the development trends of four key performances of safety, energy saving, intelligence and health in the four years from 2018 to 2021. Secondly, the highlight technology of national auto brands with high market recognition is introduced in detail. Finally, based on the development trend of the automobile industry, suggestions for the development of national automobile brands are put forward from the four aspects of automobile safety, intelligence, low temperature performance, and carbon emission in the whole life cycle.

Keywords: National Automobile Brand; C-NCAP; CCRT; Life Cycle

B. 12　Analysis and Suggestions on the Development Trend of

National Automobile Brand User Groups-based on

Young Groups　　　　　　　　　　*Li Chunsheng*, *Ding Jiyuan* / 271

Abstract: With the change of consumer population and its structure, many industries and brands are realizing the importance to turn to the young people, and the automobile industry is no exception. As an application of the new round of scientific and technological revolution, automobile products are transforming and upgrading to the .direction of electrification, intellectualization and network collaboration. The rise of young consumer groups has brought new growth opportunities to the automobile industry. Growing up in the era when automobile consumption is popular, they are influenced by the rich content of social media, information platforms and film and various forms of entertainment, and their unique personality and lifestyle will be increasingly integrated into automobile consumption, How to meet the personalized and differentiated automobile consumption needs of new consumer groups has also become an important arena for major automobile enterprises.

By analyzing the group identity, consumption characteristics and influencing factors of young groups, this paper explores the automobile marketing strategies to the young, interprets somecases of automobile brands in the market, resonates with young users through theoretical methods, content marketing, youth co-creation and other practical methods, matches with young users' values, and explores the solution to the transformation of national automobile brands.

Keywords: Young Consumer Groups; Automobile Consumption; National Automobile Brands

B. 13   New Brand and New Consumption in New Automobile

Era   *Liu Yan* / 304

Abstract: Under the tide of automobile industry reform, the automobile has become a comprehensive intelligent mobile living space, the connotation and extension of "new automobile" is being constantly refreshed, and the automobile is being redefined from different dimensions. The change of automobile itself brings about the change of the whole value chain, forms a new application ecology, derives a new business model, and reconstructs the industrial pattern comprehensively. When the automobile is redefined as a new automobile, the brand, as one of the core supporting elements of the automobile value chain, also changes, and becomes more diversified from the brand attributes to the presentation form, entering the "new brand era". With the changes of consumer society and consumers, the automobile has also entered a new era of consumption. Brand-user relationship presents new characteristics. Combined with the analysis of the changing trend and key points of new brands and new consumption, the opportunity for the rise of national automobile brands is far greater than the challenge. In the new automobile era, national brands can build competitive advantages in new brand paradigm, meet the experience needs of the new generation of consumers, and launch innovative marketing methods to help achieve new breakthroughs in brand advancement.

Keywords: New Automobile; New Brand; New Consumption; National Automobile Brand

B. 14   Analysis on the Role of Long-term Brand Management

in Building the Sustainable Value of Automobile Brand

Zhou Wei / 324

Abstract: By clarifying the definition of long-term brand management and

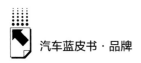

the cycles of long-term brand management, this report sorts out the core links and methods of brand management in different cycles in combination with automobile brands, and analyzes the sustainable value effect of long-term brand management on building automobile brands. With a large number of industry cases, it is discussed that brand audit is the basic link to build the sustainable value of automobile brand from the comprehensive aspects of brand value audit, brand strategy audit, brand expansion audit and brand investment portfolio audit; Analyzed that brand strengthening is the core link of building automobile brand sustainable value from the aspects of maintaining the source of brand equity, using brand leverage and adjusting the marketing model; Clarified that brand activation is the important link in building automobile brand sustainable value from multiple dimensions of ensuring product quality, strengthening brand innovation, adjusting brand positioning, and changing target markets; Summarized that brand globalization is the key link to build the globalization sustainable value of automobile brand from three aspects of production globalization, research and development globalization, and marketing globalization. The effect of long-term brand management on the sustainable value of automobile brand is systematically analyzed.

Keywords: Long-term Brand Management; Automobile Brand; Brand Value

B.15 Suggestions and Prospects for the Development of National Automobile Brands
Lu Mei / 346

Abstract: Under the impact of the pandemic in the 21st century, the evolution of the century-old situation has accelerated, and the external environment has become more complex, severe, and uncertain. It is foreseeable that the competition among auto companies for the market and users will intensify. How can our national automobile achieve breakthrough? This paper first reviews the development status of China's automobile market in 2021, and predicts the trend of China's auto market with the highlights of the auto market in 2021. Based on the present situation and trend in the industry, some suggestions are put forward for the future development of national automobile. It is suggested that under the general tone of seeking progress while maintaining stability, national automobiles should make full use of new energy vehicles, seize the general trend of intelligent development, build a "dual cycle" coordinated development at home and abroad, and reshape the national automobile brand strategy. In terms of mentality, we must firmly believe that national brands have great potential; in terms of products, we must do a good job in the quality construction of products; in terms of direction, we must transform to the development trend of the industry; in terms of brand, we must grasp the appropriate marketing plan; in terms of users, the formation of customer first. We should seize the historical opportunity to accelerate the brand upward.

Keywords: National Automobile Brand; Brand Construction; Automobile Industry

社会科学文献出版社

皮书

智库成果出版与传播平台

❖ 皮书定义 ❖

皮书是对中国与世界发展状况和热点问题进行年度监测，以专业的角度、专家的视野和实证研究方法，针对某一领域或区域现状与发展态势展开分析和预测，具备前沿性、原创性、实证性、连续性、时效性等特点的公开出版物，由一系列权威研究报告组成。

❖ 皮书作者 ❖

皮书系列报告作者以国内外一流研究机构、知名高校等重点智库的研究人员为主，多为相关领域一流专家学者，他们的观点代表了当下学界对中国与世界的现实和未来最高水平的解读与分析。截至2021年底，皮书研创机构逾千家，报告作者累计超过10万人。

❖ 皮书荣誉 ❖

皮书作为中国社会科学院基础理论研究与应用对策研究融合发展的代表性成果，不仅是哲学社会科学工作者服务中国特色社会主义现代化建设的重要成果，更是助力中国特色新型智库建设、构建中国特色哲学社会科学"三大体系"的重要平台。皮书系列先后被列入"十二五""十三五""十四五"时期国家重点出版物出版专项规划项目；2013~2022年，重点皮书列入中国社会科学院国家哲学社会科学创新工程项目。

皮书网

（网址：www.pishu.cn）

发布皮书研创资讯，传播皮书精彩内容
引领皮书出版潮流，打造皮书服务平台

栏目设置

◆ **关于皮书**
何谓皮书、皮书分类、皮书大事记、
皮书荣誉、皮书出版第一人、皮书编辑部

◆ **最新资讯**
通知公告、新闻动态、媒体聚焦、
网站专题、视频直播、下载专区

◆ **皮书研创**
皮书规范、皮书选题、皮书出版、
皮书研究、研创团队

◆ **皮书评奖评价**
指标体系、皮书评价、皮书评奖

◆ **皮书研究院理事会**
理事会章程、理事单位、个人理事、高级
研究员、理事会秘书处、入会指南

所获荣誉

◆ 2008 年、2011 年、2014 年，皮书网均
在全国新闻出版业网站荣誉评选中获得
"最具商业价值网站"称号；
◆ 2012 年,获得"出版业网站百强"称号。

网库合一

2014年，皮书网与皮书数据库端口合
一，实现资源共享，搭建智库成果融合创
新平台。

皮书网

"皮书说"
微信公众号

皮书微博

权威报告·连续出版·独家资源

皮书数据库
ANNUAL REPORT(YEARBOOK)
DATABASE

分析解读当下中国发展变迁的高端智库平台

所获荣誉

- 2020年，入选全国新闻出版深度融合发展创新案例
- 2019年，入选国家新闻出版署数字出版精品遴选推荐计划
- 2016年，入选"十三五"国家重点电子出版物出版规划骨干工程
- 2013年，荣获"中国出版政府奖·网络出版物奖"提名奖
- 连续多年荣获中国数字出版博览会"数字出版·优秀品牌"奖

皮书数据库

"社科数托邦"
微信公众号

成为会员

　　登录网址www.pishu.com.cn访问皮书数据库网站或下载皮书数据库APP，通过手机号码验证或邮箱验证即可成为皮书数据库会员。

会员福利

- 已注册用户购书后可免费获赠100元皮书数据库充值卡。刮开充值卡涂层获取充值密码，登录并进入"会员中心"—"在线充值"—"充值卡充值"，充值成功即可购买和查看数据库内容。
- 会员福利最终解释权归社会科学文献出版社所有。

数据库服务热线：400-008-6695
数据库服务QQ：2475522410
数据库服务邮箱：database@ssap.cn
图书销售热线：010-59367070/7028
图书服务QQ：1265056568
图书服务邮箱：duzhe@ssap.cn

中国社会发展数据库（下设12个专题子库）

紧扣人口、政治、外交、法律、教育、医疗卫生、资源环境等12个社会发展领域的前沿和热点，全面整合专业著作、智库报告、学术资讯、调研数据等类型资源，帮助用户追踪中国社会发展动态、研究社会发展战略与政策、了解社会热点问题、分析社会发展趋势。

中国经济发展数据库（下设12专题子库）

内容涵盖宏观经济、产业经济、工业经济、农业经济、财政金融、房地产经济、城市经济、商业贸易等12个重点经济领域，为把握经济运行态势、洞察经济发展规律、研判经济发展趋势、进行经济调控决策提供参考和依据。

中国行业发展数据库（下设17个专题子库）

以中国国民经济行业分类为依据，覆盖金融业、旅游业、交通运输业、能源矿产业、制造业等100多个行业，跟踪分析国民经济相关行业市场运行状况和政策导向，汇集行业发展前沿资讯，为投资、从业及各种经济决策提供理论支撑和实践指导。

中国区域发展数据库（下设4个专题子库）

对中国特定区域内的经济、社会、文化等领域现状与发展情况进行深度分析和预测，涉及省级行政区、城市群、城市、农村等不同维度，研究层级至县及县以下行政区，为学者研究地方经济社会宏观态势、经验模式、发展案例提供支撑，为地方政府决策提供参考。

中国文化传媒数据库（下设18个专题子库）

内容覆盖文化产业、新闻传播、电影娱乐、文学艺术、群众文化、图书情报等18个重点研究领域，聚焦文化传媒领域发展前沿、热点话题、行业实践，服务用户的教学科研、文化投资、企业规划等需要。

世界经济与国际关系数据库（下设6个专题子库）

整合世界经济、国际政治、世界文化与科技、全球性问题、国际组织与国际法、区域研究6大领域研究成果，对世界经济形势、国际形势进行连续性深度分析，对年度热点问题进行专题解读，为研判全球发展趋势提供事实和数据支持。

法律声明

"皮书系列"（含蓝皮书、绿皮书、黄皮书）之品牌由社会科学文献出版社最早使用并持续至今，现已被中国图书行业所熟知。"皮书系列"的相关商标已在国家商标管理部门商标局注册，包括但不限于LOGO（▧）、皮书、Pishu、经济蓝皮书、社会蓝皮书等。"皮书系列"图书的注册商标专用权及封面设计、版式设计的著作权均为社会科学文献出版社所有。未经社会科学文献出版社书面授权许可，任何使用与"皮书系列"图书注册商标、封面设计、版式设计相同或者近似的文字、图形或其组合的行为均系侵权行为。

经作者授权，本书的专有出版权及信息网络传播权等为社会科学文献出版社享有。未经社会科学文献出版社书面授权许可，任何就本书内容的复制、发行或以数字形式进行网络传播的行为均系侵权行为。

社会科学文献出版社将通过法律途径追究上述侵权行为的法律责任，维护自身合法权益。

欢迎社会各界人士对侵犯社会科学文献出版社上述权利的侵权行为进行举报。电话：010-59367121，电子邮箱：fawubu@ssap.cn。

社会科学文献出版社